Metropole: Bilden
Metropolis: Education

I0792733

IBA_HAMBURG

3

METROPOLE: BILDEN

METROPOLIS: EDUCATION

JOVIS

ULI HELLWEG

Stadt - Bildung

Prolog

Warum befasst sich eine Internationale Bauausstellung (IBA) mit Bildungspolitik? Welchen Einfluss haben nicht nur die funktionalen und sozialen, sondern auch die gestalterischen Qualitäten der Stadt, des Quartiers, der Architektur auf die Bildung eines Menschen? Was also hat Bauen mit Bilden zu tun?

Leon Battista Alberti, dem ersten Architekturtheoretiker der Neuzeit, verdanken wir die Einsicht, dass Architektur auch eine moralische Qualität hat: „Die Schönheit," so schreibt Alberti im sechsten seiner *Zehn Bücher über die Baukunst*, „wird sogar gefährliche Feinde veranlassen, ihren Zorn zu zügeln und sie unverletzt zu lassen; ja, ich möchte sogar wagen zu behaupten, dass ein Werk durch nichts vor der Gewalttätigkeit des Menschen auf gleiche Weise so sicher und unverletzbar ist als durch die Würde und Anmut seiner Form."[1] Ist es nicht tatsächlich so, dass wir oft mit Staunen zur Kenntnis nehmen, wie schön gestaltete – und entsprechend unterhaltene – Plätze, Fassaden oder Kunstwerke im öffentlichen Raum selbst in so bezeichneten Problemquartieren offensichtlich soviel Respekt oder gar Bewunderung auslösen, dass sie wie durch Wunderhand vor Vandalismus bewahrt werden? Jedenfalls solange, wie der Bann der Unberührbarkeit nicht durchbrochen wird.

Die „moralische" und damit zugleich „erzieherische" Wirkung der Ästhetik wurde im 18. Jahrhundert zu einem Grundmotiv des deutschen Bildungshumanismus. Bei Schiller (*Über die ästhetische Erziehung des Menschen*) bedeutet Bildung die mühselige persönliche Vervollkommnung zum „Wahren, Guten und Schönen". Die ästhetische Erziehung nimmt dabei eine zentrale moralische Rolle bei der Überwindung der Dualität von Geist und Materie ein; sie erhebt den Menschen über seinen Naturzustand und macht ihn damit überhaupt erst frei. Das architektonische Ideal der Schönheit sah Schiller wie viele seiner Zeitgenossen, darunter der Begründer des humanistischen Bildungssystems Wilhelm von Humboldt, in der griechischen Antike und der italienischen Renaissance – also jenem Baustil, dessen moralische Wirkung schon Alberti konstatiert hatte.

Die sozio-ökonomische Entwicklung des 19. Jahrhunderts und das damit verbundene explosionsartige Wachstum der Industriestädte führte freilich zu einer ganz anderen baulichen und sozialen Realität, die mit den ästhetischen Vorstellungen des deutschen Idealismus wenig gemein hatte. So sah die moderne Stadtkritik von Friedrich Engels (*Zur Wohnungsfrage*) bis Werner Hegemann (*Das steinerne Berlin*) dann auch vor allem die negativ sozialisierende Wirkung der sich rasant entwickelnden Mietskasernen in gründerzeitlichen Spekulationsquartieren. Die Stadt des 19. Jahrhunderts wurde als Ursache für den generellen „Sittenverfall", für sich ausbreitende Epidemien und für Verwahrlosung und Kriminalität verantwortlich gemacht. Das entstehende Schulsystem sahen die damaligen Bildungsreformer zudem nicht als einen Ausweg aus dem kulturellen Niedergang, sondern als ein Erfordernis der kapitalistischen Industrie und ohne jeden emanzipatorischen Charakter. Aus der Kritik an diesem Schul- und Erziehungssystem entstanden wissenschaftliche, lebensreformerische und theosophische

Utopisch-sozialistisches Idealstadt-Modell: Chaux, Arc-et-Senans (Architekt: Claude-Nicolas Ledoux)
Model of the ideal Utopian-socialist city: Chaux, Arc-et-Senans, France (architect: Claude-Nicolas Ledoux)

ULI HELLWEG

Metropolis—Education

Prologue

Vue perspective de la Ville de Chaux

Theorien einer „neuen Erziehung“ (Steiner, Montessori) eines „neuen Menschen“, die sich einem Bildungsideal verschrieben, das nicht durch die Gesetze des Marktes geprägt war, sondern durch die Entfaltungsmöglichkeiten des Einzelnen in der Gemeinschaft.
Vergleichbares spielte sich im Bereich der Stadttheorien ab. Bereits in der ersten Hälfte des 19. Jahrhunderts hatten sich in England und Frankreich, den am weitesten entwickelten Industriestaaten, aufgeklärte Intellektuelle und Industrielle gegen die Auswüchse der kapitalistischen Ausbeutung wie den 14-Stunden-Arbeitstag, die Kinder- und Frauenarbeit, die Zerstörung der Umwelt und der sozialen Beziehungen gewandt. Sie entwarfen Modelle einer neuen, durch Egalität geprägten Stadtgesellschaft, in der die Erziehung des Einzelnen nicht dem Diktat des Produktionsprozesses unterworfen, sondern durch den Ethos der Gemeinschaft geprägt werden sollte. Es entstanden utopisch-sozialistische Idealstadtmodelle (Owen, Fourier), im Bereich der Kunst und Architektur bildeten sich etwa mit Arts & Crafts anti-industrielle Stilrichtungen aus. Gegen Ende des Jahrhunderts kam die Gartenstadtbewegung (Howard u.a.) in England und Deutschland dazu, die Stadt und Land in einer neuen Utopie vereinen wollte.
In diesem Milieu gedieh auch die erste deutsche Bauausstellung in Darmstadt. Durch die Wiederbelebung des künstlerischen, vorindustriellen Handwerks wollte der letzte Großherzog von Hessen-Darmstadt, Ernst Ludwig, eine Künstlerkolonie entstehen lassen, in der sich ein ganzheitliches Verständnis von Architektur, Kunst, Arbeit und Gemeinschaft entfalten konnte, und in welcher der Mensch – ganz im Sinne der lebensreformerischen Ideale seiner Zeit – „gebildet“ wurde. Wie hoch der reformpädagogische Anspruch war, lässt sich daran ermessen, dass in der Denkschrift von 1898 die Wiederbelebung des Handwerks mit der Bedeutung der Einführung der Technischen Universitäten im 19. Jahrhundert verglichen wurde. Mit insgesamt vier weit beachteten Veranstaltungen bis 1914, an denen sich namhafte Künstler wie Joseph Maria Olbrich und Peter Behrens beteiligten, begründete Ernst Ludwig damit ein in Europa einzigartiges Format, das sich bis heute in der Tradition der Internationalen Bauausstellungen erhalten hat.
Wenngleich jede dieser Ausstellungen ihren eigenen Schwerpunkt finden muss, ist ihr entscheidendes gemeinsames Merkmal der Mehrwert des Bauens und der Architektur gegenüber dem reinen Errichten und Konstruieren: Es galt und gilt, nicht nur bemerkenswerte Gebäude auszustellen, sondern ein Stück Utopie am jeweiligen Ort sichtbar zu machen. Jede Internationale Bauausstellung will paradigmatisches Vorbild sein, weshalb Städtebau und Architektur als bildende Kunst wahrgenommen werden.

Bauen und Bilden – zwei Seiten eines Begriffs

„Bauen“ und „bilden“ liegen sinngemäß nah beieinander. Wer baut, bildet, gestaltet etwas. Bildung ist die Gestaltung des Menschen. Entwickelt sich etwas „erbaulich“, dann gedeiht es. Das indogermanische *bheu*, das dem „bauen“ wortgeschichtlich zugrunde liegt, bedeutet soviel wie „werden“, „wachsen“, „gedeihen“, „wohnen“, „sein“. Martin Heidegger hat in dem bemerkenswerten Vortrag *Bauen, Wohnen, Denken* in Darmstadt 1951 auf den Bedeutungswandel des Wortes „Bauen“ hingewiesen. Ursprünglich ging es nämlich weniger um den technischen Aspekt des Bauens – im Sinne des lateinischen *aedificare* –, sondern um das lateinische *colere*, das dem *cultura* für „Bearbeitung“, „Veredlung“, „Anbau“, „Bebauung“, „Pflege“, also der „Kultur“ zugrunde liegt.
Diese tiefe Bedeutung des Bauens ist nicht nur der des „Bildens“ eng verwandt, sie verweist auch auf den gemeinsamen gesellschaftlichen Gestaltungsauftrag der beiden Handlungsfelder, die Erziehung und die Architektur.
Heidegger weist in seinem Vortrag weiter darauf hin, dass der eigentliche – auch sprachgeschichtliche – Sinn des „Bauens“ das „Wohnen“ ist, und zwar als Ausdruck eines „pflegenden“ und „schonenden“ Umgangs mit der Erde. Schonen heißt, so Heidegger, die Erde („das Geviert“) „in seinem Wesen hüten“. Insofern beruht „die eigentliche Not des Wohnens darauf,

Neue anti-industrielle Stilrichtungen: Reihenhäuser in der Gartenstadt Hellerau, Dresden (Architekt: Richard Riemerschmid) New anti-industrial styles: terraced houses in the garden city of Hellerau, Dresden (architect: Richard Riemerschmid)

Ganzheitliches Verständnis von Architektur, Kunst, Arbeit und Gemeinschaft: Mathildenhöhe, Darmstadt (Architekt: Joseph Maria Olbrich) An integrated understanding of architecture, art, work, and community: Mathildenhöhe, Darmstadt (architect: Joseph Maria Olbrich)

Why does the Internationale Bauaustellung (IBA; International Building Exhibition) concern itself with educational policy? What influence do not just the functional and social, but also the design qualities of city and district architecture have on the education of a human being? What, in short, has building got to do with education?

We have to thank Leon Battista Alberti, the first writer in the early modern age on the theory of architecture, for his insight that architecture also has a moral quality: "Beauty," Alberti writes in the sixth of his *Ten Books on Architecture*, "will have even dangerous enemies rein in their rage and leave it unharmed; indeed, I would dare to claim that there is nothing that will make a work safer and less likely to be harmed by the violence of man than the dignity and grace of its form."[1] After all, don't we often see with astonishment how beautifully designed—and also beautifully kept—squares, façades, or works of art in public spaces, even in so-called problem areas, evidently create such respect or indeed admiration that they appear to be miraculously protected from vandalism? At least for as long as the magic spell of untouchability remains unbroken.

In the eighteenth century, the "moral" and at the same time "educational" effect of aesthetics became a basic principle of German humanist education. For Friedrich Schiller (*On the Aesthetic Education of Man*), education means the laborious path to personal perfection of "the True, the Good, and the Beautiful." Aesthetic education, in this process, plays a central moral part in overcoming the duality of the spiritual and the material; it raises Man above his natural state and is what makes him free. Schiller, like many of his contemporaries, including Wilhelm von Humboldt—the founder of the humanist system of education—saw the architectural ideal of beauty in Ancient Greece and the Italian Renaissance: the very style of building whose moral effect had already been affirmed by Alberti.

The socio-economic developments of the nineteenth century and the associated explosive growth of industrial cities, however, led to a quite different structural and social reality that had little in common with the aesthetic ideas of German idealism. Modern criticisms of city life, from Friedrich Engels (*On the Housing Question*) to Werner Hegemann (*Stone Berlin*) do indeed primarily concern themselves with the negative social effects of the rapidly developing tenements in districts prey to speculative building at the end of the century. The nineteenth century city was blamed as the cause of a general "moral decay," for the spread of epidemics, and for neglect and crime. The educational reformers of the time also saw the developing system of universal schooling not as a way out of general cultural decline, but as a requirement of capitalist industry, and, therefore, without any liberating features. From criticism of this school and education system, scientific, life-reforming, and theosophical theories of a "new education" (those of Rudolf Steiner and Maria Montessori, for instance) arose—theories that subscribed to an ideal of education not formed by the laws of the market, but by the potential for development of the individual within the community.

dass die Sterblichen das Wesen des Wohnens immer erst wieder suchen, dass sie *das Wohnen erst erlernen müssen*".[2] Das ist eine weitsichtige Aussage ein halbes Jahrhundert vor der Klimakatastrophe, die uns vor Augen führt, dass „Bauen" – im Sinne des Bewohnens der Erde – viel mit der Verantwortung vor unseren Lebensgrundlagen und denen zukünftiger Generationen zu tun hat: „Die Sterblichen wohnen, insofern sie die Erde retten."[3] So wenig sich also das Bauen auf die rein technischen und handwerklichen Aspekte des Herstellens reduzieren lassen darf, so wenig kann sich die Bildung auf das rein pädagogische Vermitteln formaler Kenntnisse beschränken. Wer PISA sagt und nur den abprüfbaren Wissensstand meint, greift genauso kurz wie derjenige, der „Architektur" sagt und nur das Herstellen von Bauten meint.

Staatsbildung – die Idealstadt als Bildungsideal

Bauen und Bilden gehören auch geistesgeschichtlich zusammen. Staatsordnung und Bildungsideale stellen seit Platon ein System wechselseitiger Analogien dar. Das räumliche Medium dieser analogen Ordnung war schon bei Platon die Stadt bzw. der Stadtstaat, idealtypisch verkörpert durch das versunkene Atlantis. In der italienischen Renaissance, die den Bildungshumanismus der Neuzeit begründete, erlebten die Idealstadtmodelle eine Wiederbelebung und wurden bis ins 20. Jahrhundert zum Topos gesellschaftlicher Utopien. Filaretes *Sforzinda*, Thomas Morus' *Utopia* oder die *Città Del Sole* des Tommaso Campanella, um nur die bekanntesten zu nennen, sind baulich verfasste ideale Staatsordnungen eines neuen Rationalismus, der sich bewusst gegen die Allmacht der katholischen Kirche und den gottgewollten Determinismus in Staat und Gesellschaft wandte. Das Mittelalter kannte keine Utopien, weil es neben dem Paradies keine gab bzw. keine geduldet wurden. Die Staats- und Stadtmodelle der aufziehenden Neuzeit schufen eine neue, auf der menschlichen Vernunft basierende Ordnung. Descartes erklärte sie, genauso wie die Philosophie, aus den Gesetzen der Mathematik. Daher war es nur konsequent, dass die gebauten oder auch nur imaginierten Manifestationen des neuen Vernunftstaates ausnahmslos auf streng geometrischen Formen basierten.
Am sinnfälligsten wurde diese mathematisch-rationale Maßgabe in den militärischen Festungsbauten verwirklicht, die gewissermaßen als Allegorien einer vernunftgeleiteten Gesellschaft zu verstehen sind.
Bereits die frühen Idealstadtmodelle verkörperten im Wesentlichen die bis in die Moderne hinein wirkenden Zutaten: Aufhebung des Privateigentums, staatlich geregelte Verteilung der Güter und Versorgungsleistungen, Abschaffung der Armut und des Geldes, staatliche Regulierung der Geschlechterbeziehungen und kollektive Kindererziehung. Die Privatsphäre gilt den idealen Staats- und Stadtmodellen seit Plato nicht als Sphäre persönlicher Freiheit, der Intimität und des individuellen Glücks, sie steht stattdessen für Armut, Not und die Abhängigkeit von Familie und Sippe. Stadtutopien fußen nicht auf der Zufälligkeit von Geburt, Stand und Tradition, sondern auf einer vernunftbasierten Ordnung von Staat und Gesellschaft, die den Menschen von der Wiege bis zur Bahre erzieht, versorgt und führt. Claude-Nicolas Ledoux, der mit der Salinenstadt Chaux, Arc-et-Senans das Ideal der funktionalistischen Stadt der Moderne begründete, hat die auf die Vergesellschaftung des Menschen abzielende „erzieherische Funktion" des gebauten Raumes in einem berühmten Satz auf den Begriff gebracht: „L'architecture, par ses attractions, est la souveraine du monde" – wegen ihrer Anziehungskräfte ist die Architektur der Souverän der Welt.
Die Gegenbewegung zur Vereinnahmung des Individuums durch die Gesellschaft und ihre Institutionen entstand ebenfalls im 18. Jahrhundert. Jean-Jacques Rousseau wählte für seinen Muster-Zögling „Emile", den Helden des gleichnamigen Erziehungsromanes, das Dorf auf dem Lande als das geeignete Erziehungs- und Lebensmilieu: „Die Stadt ist der Schlund, der das Menschengeschlecht verschlingt. Nach einigen Generationen geht die Rasse zugrunde oder entartet. Sie muss sich erneuern und

Baulich verfasste ideale Staatsordnung: *Die Insel Utopia* von Thomas Morus (1477–1535), englischer Humanist und Staatsmann The ideal state system expressed in structural terms: *The Island of Utopia* by Thomas More (1477–1535), English humanist and statesman

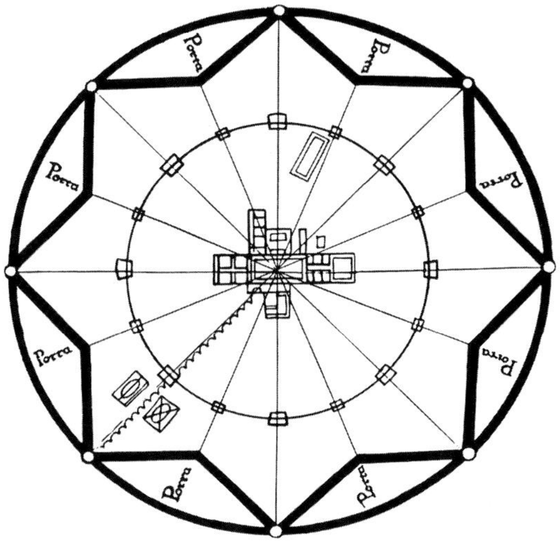

Idealstadt Sforzinda: Sternförmiger Stadtgrundriss des Architekten Filarete für den Mailänder Fürsten, 1461. Zwei Quadrate werden übereinandergelegt. Vier Ecken versinnbildlichen die vier Elemente, die anderen die vier aristotelischen Fähigkeiten (Trockenheit, Feuchtigkeit, Kälte und Wärme). The ideal city of Sforzinda: the star-shaped city layout by the architect Filarete for the Milanese rulers, 1461. It comprises two squares on top of one another. Four of the corners symbolise the four elements, and the others the four Aristotelian properties (dryness, humidity, cold, and heat).

A comparable development took place in urban planning theories. As early as the first half of the nineteenth century, enlightened intellectuals and industrialists in England and France, at the time the most developed industrial states, began to combat the more monstrous features of capitalist exploitation such as the fourteen-hour work day, child and female labour, the destruction of the environment and of social relationships. They devised models of a new urban society, distinguished by equality, in which the education of the individual was not subject to the dictates of the production process but moulded by the ethos of the community. Utopian socialist models of ideal towns were created (for example by Robert Owen and Charles Fourier); in the field of art and architecture, style moved in anti-industrial directions, as demonstrated by the Arts and Crafts movement. Towards the end of the century, these developments were joined by the Garden City movement (Ebenezer Howard and others) in England and Germany, which wanted to unite town and country in a new utopia.

It was in this environment that the first German building exhibition, held in Darmstadt, proved a great success. The last grand duke of Hessen-Darmstadt, Ernst Ludwig, wanted to revive artistic, pre-industrial craft skills by creating a colony for artists where a holistic understanding of architecture, art, work, and community could unfold, and in which human beings—very much in the sense of the reforming ideals of his time—would be "educated." The great claims made for the educational reform to be brought about by this project are exemplified by the fact that, in the memorandum of 1898, the revival of crafts was compared in importance to the introduction of the Technical Universities in the nineteenth century. With a total of four widely respected events in the years up to 1914, in which renowned artists such as Joseph Maria Olbrich and Peter Behrens took part, Ernst Ludwig founded a tradition unique in Europe, and one that continues as part of the spirit of the Internationale Bauaustellung to this day. Although each of these exhibitions needs to find its own focal point, their decisive common feature is the superior value of building and architecture above mere construction and design. It was and is important not only to exhibit remarkable buildings but also to make a little piece of utopia visible in the place in question. Each Internationale Bauausstellung wants to be a paradigmatic model for the reasons why town planning and architecture should be seen as visual—and educative—art.

Building and Education—Two Sides of a Single Term

"Building" and "education" are not that far apart in meaning. If you build, you are shaping, making something. Education is the shaping of a human being. If you have successfully "built up" something, it is thriving. Indo-European *bheu*, the etymological foundation of "build," means something like "become," "grow," "thrive," "live," "be." In his remarkable lecture *Building, Dwelling, Thinking* given in Darmstadt in 1951, Martin Heidegger drew attention to how the word for "to build" (*bauen* in German) has changed in meaning. Originally, it had less to do with the technical aspect of building—in the sense of Latin *aedificare*—but more with Latin *colere*, the origin of *cultura*, the word for "adapting," "improving," "planting," "cultivation," "care:" that is to say, "culture." This deep meaning of "building" is not just closely related to that of "education"; it also refers to the common social task of these two fields of action, education and architecture.

In his lecture, Heidegger also points out that the actual meaning—including the historic linguistic meaning—of "building" is "dwelling," as an expression of a "nurturing" and "caring" treatment of the Earth. Caring, according to Heidegger, means protecting the Earth ("*das Geviert*," "framework") in its essence. To this extent, "the actual hardship of dwelling consists in the fact that mortals have to keep on seeking out the essence of dwelling over and over again, that *they first have to learn to dwell*."[2] This is a far-sighted statement, made half a century before catastrophic climate change has so plainly shown us that "building"—in the

immer ist es das Land, das dazu beiträgt. So schickt eure Kinder also dorthin, wo sie sich selbst erneuern."[4] Nicht der Staat soll den Menschen erziehen, sondern die „Natur". Durch den *contrat social* müssen sich die Menschen notgedrungen und eigentlich entgegen ihrer Natur der Gesellschaft und ihren Institutionen stellen. Folglich lebt der Mensch dort am besten, wo er der Natur am nächsten ist – auf dem Land. Der Idealstadt trat mit Rousseau erstmals die „Idealnatur" als Ort alternativer Erziehungs- und Lebensmodelle gegenüber – ein Topos, der bis heute die Fantasien aller Stadtflüchtlinge, Landkommunen und „New Urbanists" beflügelt. In Wahrheit liegt das Utopia der idealen Natur gar nicht soweit entfernt von dem der Idealstadt. Seit Thomas Morus sind Idealstädte – selbst im Verhältnis zu den Größenordnungen ihrer Zeit – eigentlich Ideal-Kleinstädte. Stadtwachstum war nicht vorgesehen; überschritten sie eine bestimmte Größe, sollten sie nicht ausgeweitet, sondern neue gegründet werden. Die Ursache hierfür war die Angst vor der zunehmenden Anonymität und abnehmenden Überschaubarkeit des Gemeinwesens bei wachsender Größe. In diesem Punkt waren sich die Stadtutopisten mit den Stadtkritikern seit Rousseau einig: Die unberechenbare Großstadt war die Quelle allen sozialen und gesellschaftlichen Übels, sie war kein Ort, um gesunde Kinder großzuziehen und in Frieden zu leben. Kein Wunder also, dass Le Corbusier mit dem Plan Voisin anderthalb Jahrhunderte nach Jean-Jacques Rousseau Paris ein weiteres Mal vom Tisch wischen wollte. Sein idealer Erziehungshort war gleichwohl nicht das Land, sondern die moderne Siedlung: „Eine serienmäßig hergestellte Siedlung von guter Anordnung", schreibt er in *Ausblick auf eine Architektur*, „würde einen Eindruck von Ruhe, Ordnung und Sauberkeit auslösen und ihren Bewohnern unweigerlich Disziplin beibringen."[5]

Stadtutopien eröffnen Möglichkeitsräume und laufen doch gleichzeitig Gefahr, auch neue Gefängnistüren zu öffnen. Sie veranschaulichen, dass Zukunft mehr ist als die Fortschreibung der Gegenwart; sie antizipieren – zumindest in Teilaspekten – das Wünschbare. So sind sie notwendige und unverzichtbare Bestandteile des Menschheitstraums vom Glück – und im besten Fall kleine Schritte dahin. Stadtutopien beziehen ihre Faszination aus einem grundlegenden Zusammenhang: nämlich der Konstituierung von Orten durch gesellschaftliche Machtstrukturen und soziales Verhalten. Städtebau und Architektur sind Produktionen des gesellschaftlichen, rechtlichen und kulturellen Alltags und wirken in einem vielfältig verflochtenen Prozess auf die Existenz des Einzelnen und die gesellschaftliche Wirklichkeit zurück. Stadtutopien stellen diese Verhältnisse auf den Kopf und verabsolutieren sie zu einer einfachen Mechanik: Stadt bildet Mensch. Da, wo Stadtutopien als konkrete Handlungsanweisungen – und nicht als Kritik an den herrschenden Zuständen oder als historische Visionen – verstanden werden, enden sie im Totalitarismus und der totalen Entmündigung des Einzelnen. Stadtutopien sind eben – wie es Michel Foucault genannt hat – „Orte ohne realen Ort (und) ihrem Wesen nach zutiefst irreale Räume."[6] Die Vorstellung, man könne eine Idealstadt eins-zu-eins realisieren, beruht auf dem gleichen Irrglauben wie die Hoffnung, man könne durch den Idealstaat den Menschen „bilden".

Ein neues Bildungsverständnis von Stadt

Auch heute spielt die Stadt in der modernen Bildungsdiskussion – das zeigen viele Beiträge dieses dritten Bandes der IBA-Schriftenreihe – eine besondere Rolle. Zum einen wird die Stadt als „Lernort" für die schulische Ausbildung der Kinder und Jugendlichen entdeckt, zum andern entwickeln sich die Städte selbst zu Orten der Bildung und Weiterbildung. In den letzten Jahrzehnten ist eine Kulturindustrie von privaten und öffentlichen Bildungseinrichtungen entstanden, die etwa mit Edutainment- oder Science-Centern zur Belebung des Städtetourismus beitragen. Städtereisen mit dem Besuch von Theatern und Museen oder Festivals ziehen immer mehr Menschen an. Bildung ist zu einer der beliebtesten Freizeittätigkeiten geworden. Sie bietet den Menschen großartige Chancen,

Entwurf einer idealen Stadtanlage: das Hüttenwerk, nach einer Zeichnung von Claude-Nicolas Ledoux, 1804 Plan of an ideal city layout: the smelter, based on a drawing by Claude-Nicolas Ledoux, 1804

sense of living on the Earth—has a great deal to do with responsibility for the basis of our lives and those of future generations. "Mortals dwell to the extent that they save the Earth."[3] Just as building must not be reduced to the purely technical and craft aspects of production, education must not be limited to the simple teaching of formal knowledge. If you say "education" and mean only the level of knowledge that can be tested, you will fall short, just like the person who says "architecture" and means no more than the construction of buildings.

State Building—the Ideal City as an Educational Ideal

Building and education also go together in the history of thought. Ever since Plato, the organisation of the state and ideals of education have formed a system of mutual analogies. As early as this, the spatial medium of these analogous arrangements was the city, or rather the city state, represented as an ideal by sunken Atlantis. In the Italian Renaissance, the founding period of modern humanist education, the models of ideal cities were revived, and up to the twentieth century, they provided a theme for social utopias. Filarete's *Sforzinda*, Thomas More's *Utopia*, or *The City of the Sun* of Tommaso Campanella, to name only the best known, are the constructed ideal states of a new rationalism, consciously opposing itself to the all-powerful Catholic Church and divinely approved determinism in state and society. There were no utopias in the Middle Ages, because none existed—or were tolerated—apart from Paradise. The state and city models of the rising modern age created a new order based on human reason. Descartes explained it, just as he did philosophy, using the laws of mathematics. This meant that it was only consistent that the built or even only imagined manifestations of the new rational state should, without exception, be based on strict geometrical forms. The most obvious way in which these mathematical and rational measures were realised was in those military fortifications that were, in a sense, intended to be seen as allegories of a society governed by reason.

The early ideal city models already incorporated those features that, in essence, were to continue to the present day: the abrogation of private property, state-regulated distribution of goods and services, the abolition of poverty and of money, state control of relations between the sexes, and collective raising of children. Since Plato's time, the private domain in the ideal state and city models has not been considered one of personal freedom, intimacy, and individual happiness, but of poverty, adversity, and the dependence on family and clan. Urban utopias are not based on the accident of birth, status, and tradition, but on an order of state and society based on reason, educating, nurturing, and guiding people from the cradle to the grave. Claude-Nicolas Ledoux, who with Salines de Chaux founded the ideal of the modern functional city, summed up the "educational function" of the built environment aimed at socialising human beings as follows: "L'architecture, par ses attractions, est la souveraine du monde"—because of its attractions, architecture is the sovereign of the world.
The counter-movement to the appropriation of the individual by society and its institutions also arose in the eighteenth century. For his exemplary pupil Emile, hero of the didactic novel of the same name, Jean-Jacques Rousseau chose a village in the country as a suitable environment for education and life: "The city is a maw that devours the human race. After a few generations, the race decays or degenerates. It must renew itself, and it is always the country that contributes to the renewal. Therefore send your children to the place where they will renew themselves."[4] It is not the state that is to educate human beings, but "Nature." Because of the *contrat social*, human beings are forced, actually very much against their nature, to submit themselves to society and its institutions. As a consequence, human beings live best where they are closest to Nature—in the country. In Rousseau, the "ideal of Nature" was for the first time opposed to the ideal city as a place of alternative models of education and living—a theme that survives to the present day to breathe life into

neue Erfahrungen zu sammeln, den Bildungshorizont zu erweitern und verschafft dank der neuen Kommunikationstechnologien einen nie gekannten Zugang zu Menschen und zu Informationen. Keine Generation zuvor verfügte über die Möglichkeit, sich so umfassend – auch im idealistisch-humanistischen Sinne – zu bilden.
Andererseits: die gesellschaftliche Segregation wird nirgends deutlicher als unter den Fragestellungen der Bildungschancen, der Bildungsteilnahme und der Bildungserfolge. Und: Nichts prägt unsere Städte in sozial-räumlicher Hinsicht mehr als das Bildungsgefälle. Das sozialdemografische Bild unserer Städte deckt sich vollkommen mit dem Bildungsprofil. Wenn die „Bildungslandschaft" gespalten ist, dann sind es die Stadtlandschaften allemal. Seit Jahren wird mit isolierten, punktuellen und fachdisziplinierten Ansätzen versucht, die Situation in den „Problemquartieren" zu verbessern. Viel Geld wurde in Städtebauförderung und Arbeitsbeschaffung gesteckt – mit begrenztem Erfolg. Die Stigmatisierung der Stadtteile mit „schlechten Adressen" hat eher zu- als abgenommen.
Aus diesem Grund liegt es nicht nur nahe, neue Strategien eines koordinierten Vorgehens in der Bildungs- und Stadtplanung zu entwickeln, sondern es ist geradezu zwingend notwendig, wenn unsere Städte nicht ihre größte soziale Qualität, nämlich ihre Integrationskraft, verlieren sollen.
Bildung entscheidet – und das ist wahrlich keine neue Erkenntnis – über die Chancen der Teilhabe am gesellschaftlichen Leben und über den persönlichen beruflichen und wirtschaftlichen Aufstieg. Die niedrigste Bildungsrate und der geringste Bildungserfolg – und auch das ist nicht neu – liegen bei denjenigen, die über wenig oder geringe Sprachkenntnisse verfügen. Dabei sind besonders migrantische Kinder und Jugendliche aus sozial schwächeren Haushalten betroffen. Angesichts der Tatsache, dass beispielsweise in Hamburg bereits heute fast jeder zweite Jugendliche unter 18 Jahren einen solchen Hintergrund hat, müssen gerade die Stadtquartiere mit einem hohen Anteil an Kindern und Jugendlichen aus Einwandererfamilien und einem hohen Anteil an Arbeitslosigkeit und Transfereinkommen im Fokus der Bildungspolitik stehen. Nur dann ist der Teufelskreis aus Armut, sozialer und kultureller Isolation und mangelnder Kompetenz zu durchbrechen.
Die Renaissance der Stadt muss auch zu einer Renaissance der Stadt als Bildungsraum werden – und das nicht nur für die schon Gebildeten.
Anders als bei den historischen Vorläufern geht es jedoch nicht um eine imaginierte Idealstadt, die „bildet", sondern es ist die reale Stadt, das Stadtquartier, das konkrete Lebensumfeld, das den Ausgangspunkt für den Bildungsprozess bietet. In modernen reformpädagogischen Konzepten, wie sie beispielsweise von dem Erziehungsphilosophen Paulo Freire entwickelt wurden, beinhaltet der Respekt vor dem „popularen Wissen" der Menschen aus bestimmten Milieus und Kulturkreisen „notwendigerweise (auch) den Respekt vor dem kulturellen Kontext. Die konkrete Lebenswelt der Zu-Erziehenden ist der Ausgangspunkt, um zu verstehen, wie sie ihre Welt konstruieren. ‚Ihre' Welt ist letztlich die erste und unaufgebbare Ausformulierung von der Welt selbst."[7]
Kinder und Jugendliche sind keine leeren Hülsen, die mit Wissen vollgestopft werden. Es sind Menschen mit einer konkreten sozialen und kulturellen Geschichte, die der Ausgangspunkt eines gemeinsamen Lernprozesses von Schülern und Lehrern ist. Ziel dieses Bildungsprozesses ist nicht nur die Vermittlung von formalem Wissen, sondern ein bewusstes „In-der-Welt-Sein" (Freire); es geht also um das Wissen von der gesellschaftlichen Realität, ihrer Bedingtheit, aber auch ihrer Veränderbarkeit. Oder anders gesagt: Das Ziel lautet nicht, die Menschen durch die materielle Konstitution des Raumes zu „bilden". Es lautet vielmehr, die materielle Konstitution des Raumes als gesellschaftlichen Bildungsprozess zu begreifen, der durch bewusstes Handeln gestalten werden kann.
Anders als in den Staats- und Stadtutopien der Vergangenheit sind Stadt und Gemeinschaft nicht der Imperativ der Erziehung, nicht der übergeordnete Lehr- und Zuchtmeister, sondern der Gegenstand und das – veränderbare – Beziehungssystem des Erziehungs- und

Utopie des 20. Jahrhunderts: Plan von Le Corbusier aus den 1920er Jahren zur Umgestaltung der Pariser City, 1932 Twentieth century Utopia: Le Corbusier's 1920s plan for redesigning the city of Paris, 1932

the fantasies of all urban refugees, country communes, and "New Urbanists."
In actual fact, the utopia of ideal Nature is not that far from that of the ideal city. Ever since Thomas More, ideal cities—even in relation to the town sizes of their times—have in fact been more like ideal small towns. There were no plans for the growth of cities; if they exceeded a certain size, they were not to be expanded, but new cities were to be founded. The reasons for this were fear of increasing anonymity and of loss of the manageable scale of the community as size increased. On this point, all urban utopians have, ever since Rousseau, been of the same mind as the critics of cities. The unpredictable big city was the source of all social evils, and it was no place to bring up healthy children and to live in peace. No wonder then that Le Corbusier's plan "Voisin" wanted to wipe Paris off the map again a century and a half after Jean-Jacques Rousseau. Le Corbusier's ideal place for education was, however, not the country, but the modern residential estate: "An industrially produced residential estate, well arranged," he wrote in *Towards a New Architecture*, "would give an impression of peace, order, and cleanliness, and would inevitably teach its inhabitants discipline."[5]
Urban utopias open up possibilities, and yet, at the same time, they run the risk of opening new prison doors. They can show us that the future is more than the continuation of the present; they anticipate—at least in some aspects—what is desirable. This makes them necessary and essential components of the human dream of happiness and, in the best cases, little steps towards it. The fascination of urban utopias lies in their basic context: namely, the shaping of places by the power structures of society and social behaviour. Urban planning and architecture are products of everyday social, legal, and cultural life, and affect the existence of individual and social reality in a complex interwoven process. Urban utopias turn this situation upside-down and make it a matter of absolute, simple mechanics: the city shapes—and educates—the human being. In places where utopian cities have been considered concrete plans of action, and not as criticisms of the existing conditions or historical visions, they end in totalitarianism and the complete disenfranchisement of the individual. Urban utopias are simply—as Michel Foucault called them—"Places without a real place (and) in essence deeply unreal spaces." The idea that an ideal city could be made real in a direct, simple process is based on the same mistaken belief as the hope that one could "shape" or "educate" the human being through the ideal state.

A New Educational Understanding of the City

In today's debates on education the city continues to play a special role—as many contributions in this third volume of the IBA series of publications show. On the one hand, the city has been discovered as a "place of learning" for the school education of children and young people, and, on the other, the cities themselves have developed into places of ongoing education. Over the last few decades, a cultural

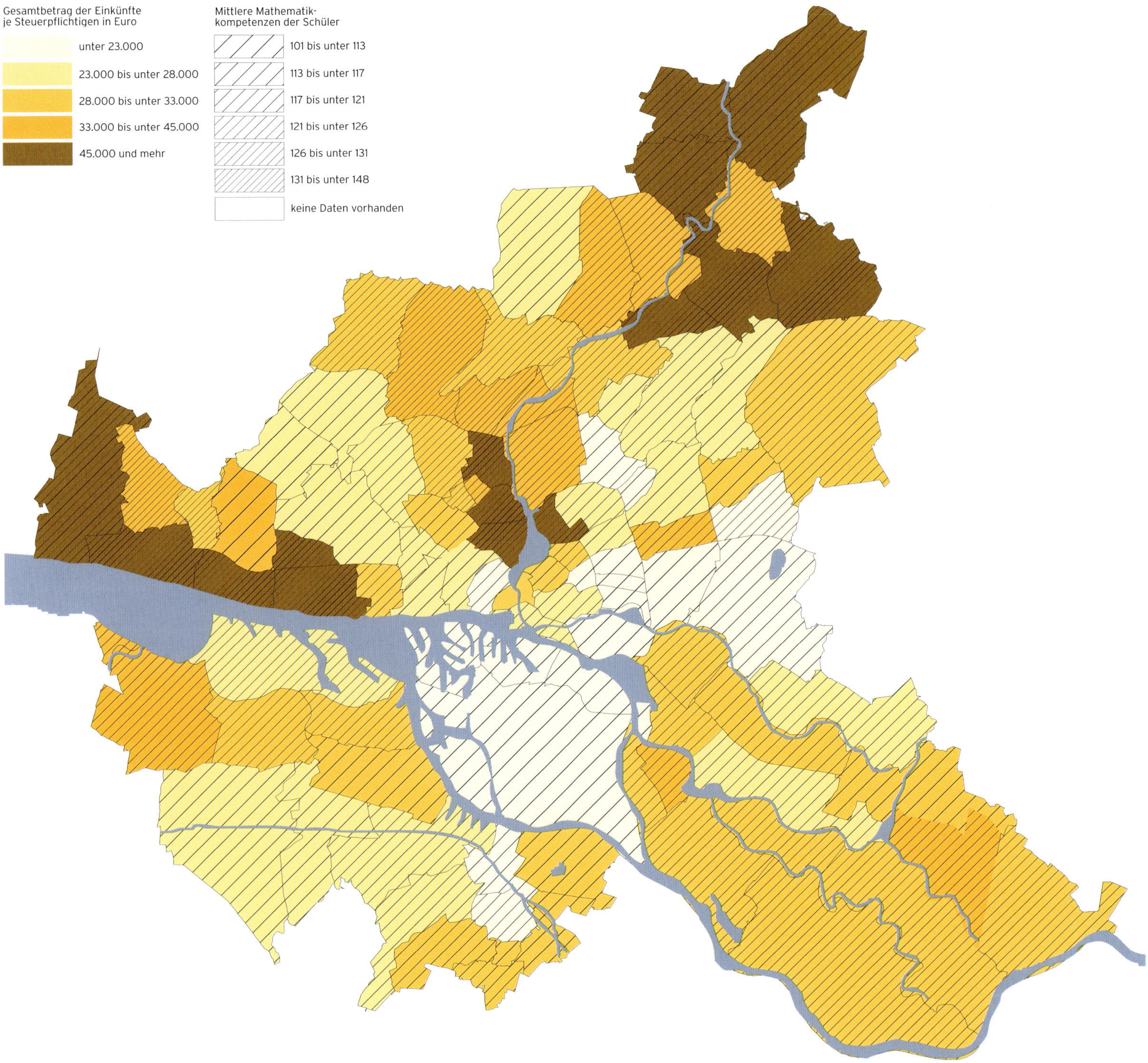

Korrelation von Einkunftsverhältnissen und Mathematikkompetenz in Hamburg Correlation between income background and mathematical competence, Hamburg

industry of private and public educational institutions has grown up, contributing to enlivening urban tourism with "edutainment" or science centres. City tours that include visits to theatres and museums or festivals attract more and more people. Education has become one of the most popular leisure activities. It offers people splendid opportunities to enjoy new experiences and to widen their cultural horizons, and thanks to new communications technology it creates hitherto unknown access to people and information. No generation has ever before had the opportunity to educate itself—including in the idealistic, humanist sense—so widely.

On the other hand, social segregation is never so clear as when it comes to educational opportunities, taking part in education, and educational success. And in a social and spatial sense, nothing shapes our cities more clearly than differences in education. The social demography of our cities perfectly matches the educational profile. If the "educational landscape" is divided, the city landscape is bound to be. For years there have been isolated, selective, and professional attempts to improve the situation in "problem areas." Much money has been spent on urban regeneration and job creation—with limited success. The stigmatisation of city districts with a "bad address" has increased rather than decreased.

It is, therefore, not only important to develop new strategies for coordinated action in education and urban planning, but absolutely essential, if our cities are not to lose their greatest social strength, their power of integration. Education is decisive—and this is hardly a new insight—for the opportunities to participate in social life and for personal, professional, and economic progress. The smallest share in education and the lowest level of educational success—and this too is hardly news—lies with those who have little knowledge of language or whose language skills are poor. This particularly affects children from migrant families and young people from socially deprived households. Given the fact that in Hamburg, for example, almost every other young person under eighteen comes from such a background, it is necessary for educational policy to focus on those city districts with a large proportion of migrant children and young people, and a high level of unemployment and state benefits. This is the only way to break the vicious circle of poverty, social and cultural isolation, and lack of skills. Urban renaissance must also become a renaissance of the city as a space for education—and not just for those who are already educated. However, in contrast to the historic precedents, it will not be an imagined ideal city that will "educate," but the real city, the district, the actual lived-in environment, that will form the starting point for the educational process. In modern ideas of educational reform such as, for example, those developed by the educational philosopher Paulo Freire, respect for the "popular knowledge of people from certain social and cultural environments" necessarily includes "respect for the cultural context. The actual world those to be educated live in is the starting point for understanding how they construct their world. 'Their' world is in the end the first and indispensible formulation of the world itself."[7] Children and young people are not empty shells to be stuffed with knowledge. They are people with a real social and cultural history, which is the starting point for a joint learning process by students and teachers. The aim of this educational process is not just the imparting of formal knowledge, but a conscious "being in the world" (Freire); we are concerned with knowledge of the social reality, its limitations, but also its possibilities for change. Or, to put it another way, the aim is not to "educate" people by the material constitution of their space. It is rather to understand the material constitution of their space as a social process of education, which can be shaped by conscious action.

In contrast to the state and urban utopias of the past, the city and the community are not imperatives in education, not superior schoolmasters and disciplinarians, but the object and the—changeable—system of relationships in the educational process. On this point, we can see interesting parallels with a new understanding of urban planning as an active participatory

Bildungsprozesses. In diesem Punkt ergeben sich interessante Parallelen zu einem neuen Verständnis von Stadtplanung als aktivem Partizipationsprozess und zu einem neuen Berufsverständnis von Planern und Architekten. Sie haben in den letzten Jahrzehnten gelernt (oder sollten es zumindest gelernt haben), dass Bürger- und Nutzerbeteiligung keine überflüssige Pflichtübung in Planungsverfahren bedeutet. Stattdessen sind die Bürger und Bewohner eines Stadtteils oder eines Quartiers die besten Erfahrungsexperten ihrer Lebenswelt. Ihr Wissen ist nicht der ausschließliche, wohl aber ein wesentlicher Bestandteil des Planungs- und Bauprozesses. In diesem Sinne sind Planungsverfahren – wie pädagogische Prozesse - auch dialogische Lernerfahrungen, in denen beide Seiten – die Professionals wie die Betroffenen – bereit sind, ihre (vorgefassten) Meinungen zur Diskussion zu stellen und gegebenenfalls zu revidieren. Am Ende eines ernstgemeinten Beteiligungsverfahrens steht daher – wie in jedem Lernprozess – etwas anderes als am Anfang, etwas, das im dialektischen Sinne „besser" ist. Bildung und Bauen sind schöpferische Prozesse, die die Kreativität der Akteure fordern und fördern und sie zum aktiven Handeln in sozialer Verantwortung, zur „vita activa" im Sinne Hannah Arendts, befähigen sollen. Das utopische Element der modernen Stadtplanung scheint heute – ähnlich wie in der Bildung – nicht im „großen Entwurf" der Idealstadt (sowenig wie in einem entsprechend idealen Menschen) zu liegen, sondern in inkrementalistischen Verfahren und Projekten der Zivilgesellschaft. In vielen kleinen und großen Projekten, sowohl im Bereich der Bildung wie des Städtebaus, der Umwelt und Ökologie hat sich in den letzten Jahrzehnten gezeigt, dass eine andere Zukunft denkbar ist als der Status Quo. Entscheidend ist eine neue Prozesskultur, die von engagierten, dialogfähigen Menschen unterschiedlichster kultureller Provenienz und Kompetenz getragen und gestaltet werden kann. Es geht um einen „Konsens-Bildungsprozess" – allerdings nicht im Sinne des „kleinsten gemeinsamen Nenners", sondern um das Aushandeln von Lösungen im Sinne einer *Best*-, oder besser noch einer *Next-Practice*. Hierzu einen Beitrag zu leisten ist die Aufgabe und Herausforderung jeder Internationalen Bauausstellung.
Dieser dritte Band der Schriftenreihe der IBA Hamburg weiß von vielen ermutigenden und zukunftsweisenden Kooperationsprojekten von Bauenden und Bildenden zu berichten – nicht zuletzt auch im Rahmen der IBA Hamburg selbst. In diesen Beispielen, die im wahrsten Sinne des Wortes „Schule machen" sollten, liegen neue Möglichkeitsräume für die Entwicklung unserer Städte und ihrer jungen und erwachsenen Bürger. Es sind „konkrete Utopien" einer neuen aktiven Verantwortungsethik aus Bauen und Bilden, die sowohl mit Blick auf die kulturelle Globalisierung der Städte und die globale Verstädterung der Kulturen sowie deren ökologische Folgen dringend benötigt werden.

Anmerkungen

1 Zit. nach Hanno-Walter Kruft: *Geschichte der Architekturtheorie*. München 2004, S. 52.

2 Martin Heidegger: *Bauen Wohnen Denken*. Vorträge und Aufsätze, Stuttgart 1964, S. 156 (Hervorhebung im Original).

3 Ebd. S. 144.

4 Jean-Jacques Rousseau: *Emile oder Über die Erziehung*, Stuttgart, 1963, S. 151.

5 Le Corbusier: *Ausblick auf eine Architektur*. Braunschweig/Wiesbaden 1982, S. 182.

6 Michel Foucault: „Von anderen Räumen". In: Jörg Dünne/Stephan Günzel (Hg.): *Raumtheorie*. Frankfurt am Main 2006, S. 320.

7 Paulo Freire: „Kein Abschied vom Traum einer humaneren Welt", In: Peter Schreiner (Hg.): *Paulo Freire. Bildung und Hoffnung*. Münster 2007, S. 57.

process and a new understanding of the profession of town planner or architect. In recent years, they have learnt (or at least they should have learnt) that the involvement of citizens and persons concerned is not a superfluous duty within the planning procedure. Instead, those who live in a district or an area have the best expert experience of the world they live in. Theirs is not the only, but, nonetheless, an essential component of the planning and building process. In this sense, planning procedures—like educational procedures—are also learning experiences in dialogue form, where both sides, professionals as well as the people affected, are prepared to put their (preconceived) ideas up for discussion, and, if necessary, to revise them. The situation at the end of a serious participatory process is, therefore, just as in any other learning process, rather different than at the beginning, something "better" in the dialectic sense.

Education and building are creative processes, demanding and encouraging creativity in those who perform them, and enabling them to act with social responsibility, to lead the "vita activa" in the sense of Hannah Arendt. The utopian element in modern urban planning, rather like in education, does not appear to lie today in the "grand design" of the ideal city (neither does it in the corresponding ideal human being), but in incremental procedures and projects in civil society. Recent years have shown, in many small and large projects, both in education and in the building of cities, in environmental and ecological matters, that a future different from the status quo can be envisaged. The decisive factor is a new culture of process, supported and shaped by committed people open to dialogue and of the most diverse cultural backgrounds and competences. We are concerned with a "consensual educational process"—though not in the sense of the "lowest common denominator"—but with the negotiation of solutions in the sense of "best" or, perhaps even better, of "next" practice. It is the task of, and the challenge to, every IBA to contribute to this process.

This third volume in the series of publications by the IBA Hamburg is able to report on many encouraging and future-oriented projects involving cooperation by builders and educators—not least within the bounds of the IBA Hamburg itself. These examples, intended in the true sense of the word to "teach by example," contain new possibilities for the development of our cities and their young and adult citizens. These are the "real utopias" of a new, active ethic of responsibility in building and education, an ethic urgently needed with regard to both the cultural globalisation of cities and to global urbanisation, as well as the ecological consequences of both.

Notes

1 Quoted in Hanno-Walter Kruft: *Geschichte der Architekturtheorie*. Munich 2004, p. 52.

2 Martin Heidegger: *Bauen Wohnen Denken*, Vorträge und Aufsätze. Stuttgart 1964, p. 156, emphasis in the original.

3 Ibid., p. 144.

4 Jean-Jacques Rousseau: *Emile oder Über die Erziehung* [*Emile, ou l'education*]. Stuttgart, 1963, p. 151.

5 Le Corbusier: *Ausblick auf eine Architektur* [*Vers une architecture*]. Braunschweig/Wiesbaden 1982, p. 182.

6 Michel Foucault: "Von anderen Räumen". In: Jörg Dünne/Stephan Günzel (eds.): *Raumtheorie*. Frankfurt/Main 2006, here p. 320.

7 Paulo Freire: "Kein Abschied vom Traum einer humaneren Welt". In: Peter Schreiner (Hg.): *Paulo Freire. Bildung und Hoffnung*. Münster 2007, esp. p. 57.

Die schnelle Wandlung unserer Industriegesellschaft in eine Wissensgesellschaft erfordert eine neue Form der Bildung, besonders in den Metropolen. Aber was bedeutet Wissen heute und wer sind die Experten? Welche Fähigkeiten brauchen wir, um uns Wissen anzueignen und welche Möglichkeiten bietet uns die Stadt dazu? Gibt es Bildung außerhalb der klassischen Bildungsanstalten, abseits von Schulen und Universitäten? Wie müssen sich diese verändern? Was lehrt uns die Nachbarschaft, was die Stadt? Wie entstehen neue Netzwerke der Bildung? Die Beiträge dieses ersten Kapitels thematisieren die veränderte Berufswelt. Sie erweitern den Begriff der Bildung und stellen neue Orte, neue Formen und Netzwerke der Bildung vor. Sie beschreiben, wie die Kunst dieses Thema aufnimmt und zeigen die Beziehungen auf, die sich zwischen Schule und Stadt ergeben.

The rapid transformation from the industrial society to the knowledge-based society requires a new form of education, particularly in the cities. But what does knowledge mean today and who are its experts? What skills do we need in order to be able to assimilate knowledge, and what opportunities does the city offer us for doing so? Is there learning outside the classical educational institutions, aside from schools and universities? How do these need to change? What does the neighbourhood teach us, and the city? How are new education networks established? The articles in this first chapter address the changes in the world of work. They expand the term education and present new locations as well as new educational forms and networks. They describe the interpretation of this issue in art and illustrate the relationships that develop between school and city.

STADT UND WISSEN

CITY AND KNOWLEDGE

CORNELIA KOPPETSCH

Glanz und Elend der Symbolanalytiker. Die Experten der Wissensgesellschaft

Ein Zeitreisender aus dem 20. Jahrhundert, abrupt in unsere Epoche versetzt, wäre nicht schlecht erstaunt über die neuen Experten der Gegenwart: Firmenberater, die „Kulturen" in Unternehmen errichten; „Coaching" für die Fernsehauftritte von Politikern; Werbeagenturen, die aus Kirchen und Parteien „Marken" machen; Investmentbanker, deren Einkommen alle Vergleichsmaßstäbe sprengen; und nicht zu vergessen: das Heer der „Numerati"[1] – mathematisch geschulte Experten, darauf trainiert, Kreditkarten, Computerdateien und Webseiten auf Kunden- und Wählerprofile zu untersuchen. Diesen Experten, wie auch vielen anderen, ist gemein, dass es ihnen nicht um die Beherrschung und Vermittlung von Spezialwissen geht, sondern um die Vermarktung von Ideen und Konzepten unter Bedingungen von Kontingenz, das heißt unter Bedingungen zunehmender Vielfalt von konkurrierenden Deutungsangeboten und Wissensformen.

Ich möchte die neuen Experten im Anschluss an Robert Reich[2], der unter Präsident Clinton amerikanischer Arbeitsminister war und selbst zu dieser Gruppe gerechnet werden kann, als „Symbolanalytiker", das heißt als Informationsmanager mit Gespür für profitable Ideen, bezeichnen. Symbolanalytiker sind Protagonisten einer Gesellschaftsform, die heute als „Wissensgesellschaft"[3] bezeichnet wird und die mit dem Aufstieg der „leichten Moderne" einhergeht. Sie verstehen sich als Spieler im Netzwerk der Möglichkeiten, immer bereit, gute Gelegenheiten beim Schopf zu ergreifen. Aber der Expertentypus bietet nicht nur Chancen, sondern auch Risiken, wie zum Beispiel unsichere Erwerbsformen und große Ungleichheiten innerhalb der Berufsfelder.

Symbolanalytiker in der Wissensgesellschaft

Meine zentrale These lautet, dass Symbolanalytiker zu den wichtigsten Trägergruppen der modernen Wissensgesellschaft gehören, weil sie der Unbeherrschbarkeit der modernen Welt und der Pluralität der Wissens- und Deutungsangebote begegnen (ohne diese zu leugnen) und Orientierungspunkte im Chaos der Deutungen herstellen. Die Wissensgesellschaft hat nicht einfach zu mehr Wissen im Sinne eines linearen Erkenntnisfortschritts geführt, sondern, paradoxerweise, zu mehr Ungewissheiten – zu einer größeren Heterogenität der Wissenskulturen, die bewirkt, dass die Landschaft der Wissensbestände heute disparater und chaotischer ist, als traditionelle Experten und die klassische Bildungspolitik es wahrhaben wollen.

Die Ursachen dafür liegen zum einen in der Erweiterung technologischer Kommunikations- und Informationsstrukturen, durch die die „Vermischung" disparater Wissenssphären in multimedialen Informationsnetzwerken und die Transnationalisierung von Weltbildern stattgefunden hat, zum anderen im „Aufplatzen" des Wissens, das heißt seinem Eindringen in die Gesellschaft und seine Verflechtung mit allen Lebensbereichen, allen voran der Sphäre von Ökonomie und Markt. Das Resultat ist die Vervielfältigung des Wissens und eine zunehmende Konkurrenz um „richtige" Problemsichten und Lösungsansätze. Unsicherheiten und

Rechts: Aktienhändler an der Deutschen Börse in Frankfurt am Main sind zu einem Sinnbild des heutigen Expertentums geworden. Right: Stockbrokers at the German stock exchange in Frankfurt am Main have become symbolic of today's expertism.

Robert B. Reich, Politiker und Autor, war Arbeitsminister der USA unter Bill Clinton. Er bezeichnet die neuen Experten als „Symbolanalytiker". Robert B. Reich, politician and author, was the US Secretary of Labor under Bill Clinton. He describes the new experts as "symbol analysts."

CORNELIA KOPPETSCH

The Highs and Lows of the Symbol Analysts. Experts in the Knowledge-Based Society

A time traveller from the twentieth century, suddenly landing in our times, would be more than mildly astonished at the new experts of the current age: corporate consultants establishing "cultures" in companies; "coaching" for television appearances by politicians; advertising agencies turning churches and political parties into "brands"; investment bankers whose salaries bear no relation to any benchmarks; and, not to be forgotten, the army of "numerati"[1] mathematically qualified experts, trained to examine credit cards, computer data, and web sites for customer and voter profiles. What these practitioners, and many others like them, have in common is that they are not concerned with the mastery and communication of specialist knowledge, but with the marketing of ideas and concepts under conditions of contingency, meaning under conditions of increasing diversity of competing analytical and knowledge forms.

I am going to describe these new experts by referring to Robert Reich[2], who was the US Secretary of Labor under President Clinton and who can be considered a member of this group, a "symbol analyst," meaning an information manager with a flair for profitable ideas. Symbol analysts are protagonists in the form of social system referred to today as the "knowledge-based society," [3] which is accompanied by the rise of "light modernity." They see themselves as players in a network of possibilities, ever ready to seize a good opportunity. Yet this type of expert brings not only opportunities but also risks, such as insecure forms of employment and major inequalities within occupational fields.

Orientierungslosigkeit werden dadurch zu einem Dauerzustand, da Wissen niemals „fest steht", sondern immerzu durch neue Bedeutungen und neue Mitspieler herausgefordert wird. Wer heute über Wissen verfügt, hat kein Eigentum an Fachwissen und Spezialkenntnissen erworben, sondern verfügt über eine generalisierte Kompetenz, die ihn oder sie befähigt, mit den Unwägbarkeiten und Unbestimmbarkeiten des Lebens in Arbeit, Beruf und Gesellschaft zurande zu kommen. Die politische Relevanz der Thematik zeigt sich in einer Reihe von Feldern: Infrastrukturmaßnahmen im Bereich der Informations- und Kommunikationstechnologien (Stichwort: Datenautobahn), „Greencard"-Initiative für IT-Fachleute, die Initiativen „D-21" und „Schulen ans Netz", Forderungen nach einer Reform des Bildungswesens und Kontroversen um den Schutz des intellektuellen Eigentums. Diese Themen verorten sich im Übergang von der Industriemoderne zur Informationsgesellschaft. Auch meine Diagnose eines neuen Expertentypus der Wissensgesellschaft setzt hier an. Symbolanalytiker besitzen ein tiefes Wissen um diese Pluralität und verfügen über eine große Toleranz im Umgang mit Unsicherheiten und Ambiguitäten. Sie betrachten sich trotz der prinzipiellen Ungewissheit der Zukunft nicht als „Opfer" von Umständen, sondern beanspruchen, diese Umstände selbst mitgestalten zu können. Symbolanalytiker sind Experten, die das Koordinatensystem ihrer Weltsicht gemeinsam mit ihren Lösungsvorschlägen gratis mitliefern – Lösungen für Probleme, die außerhalb dieser Weltsicht womöglich nicht existieren würden. Ihren Aufstieg verdanken sie jedoch nicht ihren eigenen Anstrengungen, sondern einem Bruch mit den Produktions- und Denkstrukturen der Industriemoderne.

Der Wandel von Raum und Zeit: Von der schweren zur leichten Moderne

Der historische Abschnitt der Industriemoderne, der sich heute seinem Ende nähert, kann laut Zygmunt Bauman[4] auch die Ära der „Je-größer-desto-besser-Moderne" oder der „schweren Moderne" genannt werden. Das war die Epoche der Werkzeuge, der Hardware, der immer größeren Maschinen – die Epoche der fordistischen Fabrik. Es war eine Epoche, in der Gesellschaften eine klare räumliche Ausdehnung besaßen und in denen das Hauptziel in der Eroberung und Nutzbarmachung des Raums bestand. Der Raum des Industriezeitalters war der Besitz von Mächtigen – eingezäunt und mit Schildern versehen: „Durchgang verboten"; „Für Unbefugte ist der Zutritt nicht gestattet". Im Zeitalter der schweren Moderne bedeutet Fortschritt Wachstum und räumliche Ausdehnung. Es war, wie Bauman plastisch herausgearbeitet hat, das Zeitalter der Eroberungen. Riesige Imperien dehnten sich in jeden Winkel des Globus aus und dazwischen lag das herrenlose Niemandsland – der leere Raum. Auch die Vorstellung, die sich die Menschen von der Gesellschaft machten, war durch räumliche und geografische Metaphern bestimmt. Man stellt sich die Gesellschaft als System ineinandergeschachtelter Räume vor, die durch Röhren mit-

Das von Henry Ford in die Produktion eingeführte Fließband wurde zu einem Fortschrittssymbol der „schweren Moderne", während eine „wehrhafte" Architektur (rechts: Krupp-Werke, Essen, um 1932) für ihren Raumanspruch steht. The production line, introduced by Henry Ford, became a symbol of the progress of "heavy modernity" while a "well-fortified" architecture (right: Krupp's factory, Essen, around 1932) represents its spatial demands.

Symbol Analysts in the Knowledge-Based Society

My main hypothesis is that symbol analysts are among the most important carrier groups in the modern knowledge-based society because they confront the uncontrollable nature of the modern world and the plurality of knowledge and analyses (without repudiating them), creating points of reference in the chaos of interpretations. The knowledge-based society has not simply led to more knowledge in the sense of a linear accumulation of insights but, paradoxically, to increased uncertainties—to a greater heterogeneity of knowledge cultures, with the result that the knowledge landscape today is more disparate and more chaotic than traditional experts and classic educational policy would like to believe.

The reasons for this lie, firstly, in the expansion of technological communication and information structures, which have brought about the "fusion" of disparate spheres of knowledge in multimedia information networks, and the transnationalisation of world views. Secondly, there is the "explosion" of knowledge, meaning its penetration of society and its integration into all areas of life, particularly the economic and market spheres. The result is the duplication of knowledge and increased competition surrounding the "right" problem perspectives and solution approaches. Uncertainty and disorientation thus become a permanent state because knowledge is never "fixed," but is constantly being challenged by new meanings and new participants. Anyone in possession of knowledge today has acquired, not expert and specialist knowledge, but a generalised competence, enabling him or her to come to terms with life's imponderability and indeterminate nature in the work, professional, and social environments. The political relevance of these issues is evident in a range of areas: infrastructure measures in the fields of information and communication technology (buzz word: information highway), the "Greencard" initiative for IT experts, the "D-21" and "Schulen ans Netz" ("Schools on the Net") initiatives, demands for educational reform, and controversies surrounding the protection of intellectual property. These issues are features of the transition from the modern industrial age to the information society. My diagnosis of a new type of expert in the knowledge-based society also has its origins here.

Symbol analysts possess a profound knowledge of this plurality and have a tremendous tolerance in dealing with uncertainties and ambiguities. Despite the fundamental uncertainty of the future they see themselves not as "victims" of circumstance, instead laying claim to being able to play a role themselves in creating these circumstances. Symbol analysts are experts who deliver the system of coordinates for their world view free of charge together with their proposed solutions for problems that would probably not exist outside of this world view. They owe their rise not to their own efforts, however, but to the break with the production and thinking structures of the modern industrial age.

einander verbunden waren. Macht und Reichtum sind schwerfällig und sperrig, fixiert in Stahl und Beton, im wahrsten Sinne des Wortes „verkörpert", denn Volumen und Gewicht bilden ihren Maßstab. Die Fabrik der Industriemoderne, hinter großen, von Stacheldraht und Glassplittern gekrönten Ziegelmauern versteckt, erzeugt ein festes, einförmiges und unflexibles Zeitregime innerhalb ihrer pyramidenförmigen Hierarchien: die routinisierte Zeit. Die Zeit musste formbar und wandlungsfähig bleiben, musste sich in gleich große Stücke unterteilen lassen. Es war das Zeitalter des „eisernen Gehäuses" von Max Weber, in dem die Arbeitskraft fest auf dem Boden der immobilen Fabrikanlagen verankert war. Weder Arbeit noch Kapital wollten oder konnten sich fortbewegen. Es war das Zeitalter der Massenproduktion und der Produzenten, denn die Zukunft war das Resultat von Arbeit und Planung (durch Experten) und als solche vorhersehbar und beherrschbar.
All dies ändert sich mit der Heraufkunft der Wissensgesellschaft, die die „leichte" Moderne, wie Zygmunt Bauman das Zeitalter des flexiblen Kapitalismus nennt, einläutet. Nicht die Hardware von Werkzeugen und Maschinen, sondern Wissen und Information bilden nun das „leichte" Gepäck des Kapitalismus. Die wichtigste Arbeit, derer sich der heutige Kapitalismus bedient, ist körperlos, denn die Hauptquelle des Profits sind Ideen und weniger materielle Produkte. Arbeit ist immateriell geworden. Damit sind auch die umständlichen Systeme räumlicher Überwachung und der Drill der einstigen fordistischen Fabrik überflüssig geworden. Ja mehr noch: Das Kapital wird mobil. Es bewegt sich überall auf der Welt und vorzugsweise dorthin, wo es die besten Leistungen zum bestmöglichen Preis und die billigsten Routinearbeiter vorfindet. Dies ist auch der Grund, warum der Preis für Routinearbeit (Jedermanns-Qualifikationen) auf dem globalen Arbeitsmarkt zu einem Lohn gehandelt wird, der deutlich unterhalb des bisherigen Lohnniveaus der hochentwickelten Länder liegt. Das Management der Unternehmen orientiert sich am *shareholder-value*, das heißt an ihrem Wert für die Aktionäre, für dessen Steigerung es sich keine Loyalitäten

zu konkreten Standorten und Belegschaften leisten kann.
Allerdings bedarf die Mobilität des Kapitals eines Verbündeten – es bedarf der Existenz eben jener kosmopolitischen, mobilen und flexiblen Intelligenz der Symbolanalytiker, die profitable Ideen hervorbringen und zwischen den disparaten Wissenswelten und der Sphäre der Ökonomie vermitteln. Diese Intelligenz produziert unentwegt Entwürfe, Konzepte und Ideen, von denen das „Kapital" allerdings nur wenige auswählt und umsetzt. Auch die spektakuläre Verbesserung der weltweiten Kommunikations- und Transporttechnologien hat zur Bedeutung der Symbolanalytiker als Expertentypus beigetragen. Konstruktionszeichnungen, Anleitungen, Ratschläge, designerische Entwürfe, Bild- und Tonsymbole können immer schneller den Globus umrunden, bei immer höherer Genauigkeit zu immer geringeren Kosten. Auf

Flexibilität bei der Einrichtung der Büroräume, Transparenz und fließende Raumübergänge sind für zeitgenössische Architekten probate Mittel der Rauminszenierung. Sie geben der „leichten Moderne" so eine architektonische Form. Die Werbeagentur Montfort in Klaus, Österreich (Architekten: Oskar Leo Kaufmann/Albert Rüf) (oben). Die Büros des Medienpools Waterloohain in Hamburg (Architekt: Carsten Roth) (rechts).
Flexible office interiors, transparency, and flowing spaces between rooms are proven spatial design solutions for contemporary architects. They give light modernity its architectural form: the Montfort advertising agency in Klaus, Austria (architects: Oskar Leo Kaufmann/Albert Rüf) (above); the offices of the Waterloohain media pool in Hamburg (architect: Carsten Roth) (right)

The Modification of Space and Time: From Heavy to Light Modernity

According to Zygmunt Bauman[4], the chapter of the historical modern industrial age, which is currently drawing to a close, can also be referred to as the era of "the bigger the better modernity," or "heavy modernity." It was the period of tools, of hardware, of ever larger machines—the era of the Ford factory. It was an age in which societies possessed clear spatial dimensions and in which the main objective was the capture and utilisation of this space. The industrial age's space was owned by the powerful—fenced in and bearing signs: "No Entry;" "No Unauthorized Access."

In the age of heavy modernity, progress means growth and spatial expansion. It was, as Bauman vividly demonstrates, the age of conquests. Huge empires extended to every corner of the world and what lay in between was unowned no man's land—empty space. People's concepts of society were also determined by spatial and geographical metaphors. Society was seen as a system of interconnected spaces linked to one another by means of pipes. Power and wealth are bulky and cumbersome, set in steel and concrete, "embodied" in the truest sense of the word, their dimensions formed by volume and weight. The modern industrial age factory, hidden away behind high brick walls topped with barbed wire and broken glass, generates a fixed, uniform, and inflexible time-frame within its pyramid-shaped hierarchies: time as routine. Time had to remain pliable and versatile, had to be able to be divided into segments of equal size. It was the age of Max Weber's "iron cage," in which the workforce was firmly anchored on the floor of the static factory premises. Neither work nor capital could or wanted to move. It was the age of mass production and of the producers, for the future was the result of work and planning (by experts) and, as such, was predictable and manageable. All of this changed with the emergence of the knowledge-based society, heralding "light modernity", as Zygmunt Bauman calls the age of flexible capitalism. Not the hardware comprising tools and machines, but knowledge and information now make up the "light" luggage of capitalism. The most important form of work utilised by today's capitalism is non-physical, for the main source of profit is ideas, less so material products. Work has become intangible. This has made the complex systems of spatial surveillance and the former Ford factory drill superfluous. And what's more: capital has become mobile. It moves all over the world, especially to where the best performance for the best possible price and the cheapest routine workers are to be found. This is also the reason why the price of routine work (all-purpose qualifications) is negotiated on the global labour market at a wage that is significantly below the previous wage level in highly developed countries. Company management focuses on shareholder value, namely on value for the shareholders, the increasing of which makes no allowances for any form of loyalty to concrete locations and workforces.

digitalen CDs erreicht Michael Jacksons Stimme in perfekter Klarheit Milliarden Hörer. Die Aktiendeals der Broker werden in Bruchteilen von Sekunden überall auf der Welt „realisiert". Internet und Video-Konferenzschaltung ermöglichen es Konstrukteuren, Beratern, Künstlern oder Managern, überall auf der Welt in Echtzeit miteinander in Kontakt zu treten.

Symbolanalytiker als Spieler im Netzwerk von Möglichkeiten

Welche gesellschaftlichen Gruppen können zu den Symbolanalytikern gezählt werden und wie arbeiten sie? Symbolanalytiker umfassen ca. zehn Prozent der Beschäftigten. Sie stammen aus unterschiedlichen Berufsfeldern, konvergieren aber hinsichtlich wesentlicher Eigenschaften. Es handelt sich um folgende Expertengruppen: Experten, deren Kernarbeit „konzeptionell" ist. Ihre wichtigsten Produkte stellen „Ideen", das heißt Innovationen, Entwürfe, Design, Theorien, Modelle, Symbole, Problemlösungen, etc. dar, mittels derer Unternehmen höhere Gewinne erzielen können. Zu diesen Gruppen gehören zum Beispiel Wissenschaftler, Ingenieure, Informatiker, Berater, Finanzdienstleister, Architekten, Modedesigner und andere Kreative in Werbung, Film und Unterhaltung, Gelehrte, etc.
Dazu kommen Experten, die gesundheitsbezogene, psychologische oder wissenschaftliche Dienste auf kommerziellen Märkten anbieten (kulturelle bzw. moralische Unternehmer) und/ oder Experten, die zwischen unterschiedlichen Sphären vermitteln bzw. übersetzen und die aus diesem Grund „Neuland" betreten. Dazu gehören zum Beispiel Wissenschaftler mit Medienkompetenz oder Architekten, die zwischen Architektur und Politik vermitteln und alle Experten, die ihre Laufbahnen zwar innerhalb der klassischen, professionellen Berufsfelder beginnen, ihren Erfolg jedoch in erster Linie ihrer Präsenz in den Medien verdanken – zum Beispiel international bekannte Experten aus Kunst, Wissenschaft und Technik.
Diesen Expertengruppen ist die Fähigkeit gemein, Wissen immer neu zu verknüpfen und effizient und kreativ einzusetzen. Dazu reicht die vollständige Beherrschung der klassischen Wissensdomänen nicht aus und ist vielleicht auch nicht einmal mehr nötig. Symbolanalytiker können sich oftmals Wissensinhalte mit einem Tastendruck auf den Bildschirm holen und haben die Fähigkeit, Fakten, Regeln und Formeln jederzeit abzurufen. Es handelt sich um hochqualifizierte kultur- und wissensbezogene Experten, die innerhalb der ökonomischen Sphäre Aufgaben der Wissens- und Kulturvermittlung („ökonomische Kulturvermittler") übernehmen und um Experten mit abweichenden Interpretationen und Sinn für „experimentelle Informationsverknüpfungen", also berufliche Akteure, die zwischen den Handlungs- und Wissenssphären übersetzen und deren Karrieren aus diesem Grund zwischen den etablierten Berufsfeldern verlaufen. Symbolanalytiker rotten sich meist in spezifischen urbanen Zonen zusammen und bilden Netzwerke, in denen Ideen und Informationen zirkulieren und die neue Ideen hervorbringen. Beispiele solcher „symbolanalytischer Zonen" stellen etwa Silicon Valley in Kalifornien, Soho in New York, die Medienstadt Hamburg und die Textilindustrie in Norditalien dar.
Symbolanalytiker haben gelernt, flexibel und grenzübergreifend tätig zu sein und sich in einem Netzwerk vielfältiger Möglichkeiten zu bewegen. Sie wissen, dass Problemlösungsansätze und Deutungsmuster, wie auch die Angebote, das Leben der Menschen zu „verbessern", heute keinem einfachen Fortschrittsmodell mehr gehorchen, sondern unübersichtlich und umstritten geworden sind, und dass über die Frage, ob die angebotenen Ideen wirklich eine Verbesserung darstellen, im freien Wettbewerb entschieden wird. Wenn Unsicherheit jedoch zu einem Dauerzustand wird, kann Expertenwissen und Expertenhandeln nicht mehr als gesetzmäßige und kumulative Kette von logischen Verknüpfungen erfolgen, es gleicht eher einem Spiel, das nicht durch Planung, sondern durch Zufälle strukturiert wird. Zukunftspläne werden dann kurzfristig, unbeständig und erfassen nur die unmittelbar nächsten Züge.
Damit einher gehen neue Berufsbiografien: In der Industriemoderne mit ihren pyramiden-

Diesen Expertengruppen ist die Fähigkeit gemein, Wissen immer neu zu verknüpfen und effizient und kreativ einzusetzen.

Capital mobility does need an ally; however, it requires the existence of precisely this cosmopolitan, mobile, and flexible intelligentsia of symbol analysts who come up with profitable ideas and act as mediators between the disparate worlds of knowledge and the economic sphere. This intelligentsia steadfastly produces designs, concepts, and ideas, only very few of which are selected and implemented by "capital," however. The spectacular improvements in worldwide communication and transport technology have also contributed to the importance of symbol analysts as a breed of experts. Construction drawings, instructions, advice, design plans, image, and audio symbols are able to circulate round the globe ever faster, with ever more precision at ever lower costs. On digital CDs Michael Jackson's voice reaches billions of listeners with perfect clarity. The brokers' share deals take place all over the world in fractions of a second. Internet and video-conferencing enable construction engineers, consultants, artists, or managers worldwide to communicate with one another in real time.

Symbol Analysts as Players in the Network of Possibilities

Which social groups are to be found among the symbol analysts and how do they work? Symbol analysts account for approximately ten per cent of employees, coming from a variety of occupational fields, but converging with regard to key qualities. They include the following groups: experts whose core work is "conceptional." Their most important products constitute "ideas," namely innovations, plans, designs, theories, models, symbols, solutions to problems, etc., with which their companies are able to achieve significant profits. This group includes, for instance, academics, engineers, computer and other scientists, consultants, financial service providers, architects, fashion designers, and other creative individuals in the advertising, film, and entertainment industries, etc.

Then there are the experts offering health-related, psychological, or academic services on the commercial market (cultural and/or moral entrepreneurs) and/or those who mediate and/or interpret between different spheres, treading "new ground" in the process. These include, for example, academics with media skills or architects who mediate between architecture and politics, and all of those practitioners who begin their careers within the classic professional occupational fields, but who owe their success primarily to their presence in the media—such as internationally renowned art, science, and technology experts.

What these groups of experts have in common is the ability to constantly recombine knowledge and to communicate it efficiently and creatively. This requires more than complete mastery of the classic domains of knowledge, which is perhaps not even necessary anymore. Symbol analysts are often able to summon knowledge content on the screen at the push of a button and to download facts, rules, and formulae at any time. These are highly qualified cultural and academic experts who take on the task of disseminating knowledge and culture within the economic sphere (economic culture communicators); they have differing interpretations of, and a flair for, "experimental information links," i.e., as professional players mediating between the operational and knowledge spheres, whose careers span the different established professional fields for this reason. Symbol analysts usually band together in specific urban zones and form networks in which concepts and information circulate, which generates new ideas. Silicon Valley in California, Soho in New York, the media city of Hamburg, and the textile industry in northern Italy constitute examples of such "symbol analytical zones."

What these groups of experts have in common is the ability to constantly recombine knowledge and to communicate it efficiently and creatively.

Symbol analysts have learnt to work flexibly and across borders, moving within a network of diverse possibilities. They know that, today, problem-solving approaches and patterns of interpretations, as well as the options for "improving" people's lives, no longer obey a simple model of progress, but have become complex and controversial, and that the issue of whether the proposed ideas really constitute an improvement will be decided in open competition. When uncertainty becomes a permanent state,

förmigen Unternehmen und Bildungseinrichtungen waren Karrieren festgefügt und in Hierarchien und in den koordinierten Zwängen von Raum und Zeit verortet. Demgegenüber ist es in den Unternehmen der Gegenwart zunehmend wichtiger, lockere organisatorische Formen zu schaffen, die sich wechselnden Erfordernissen besser anpassen können. Entsprechend schlagen Symbolanalytiker keinen Berufsweg ein, der durch eine Reihe vorab definierter Stufen strukturiert ist und für den klar definierte Zugangsvoraussetzungen existieren. Symbolanalytiker leben und arbeiten in „Projekten".[5] Sie arbeiten ständig an der Erweiterung des Spektrums ihrer Kontakte und Möglichkeiten. Sie gehen einer Sache nicht bis zuletzt auf den Grund, sondern reiten auf einer Welle, während sie schon die nächste anvisieren. Dabei hüten sie sich vor zuviel emotionalem Engagement und bleiben emsig darauf bedacht, sich alle Möglichkeiten offen zu halten, um Entscheidungen jederzeit revidieren und auf einen neuen lukrativen Zug aufspringen zu können.

Chancen und Risiken: Die Elite der Symbolanalytiker und die neuen Strategien sozialer Schließung

Nicht alle Symbolanalytiker können zur „Elite" gerechnet werden. Im Gegenteil: Häufig agieren sie in sozialen und beruflichen Feldern, die durch extreme Ungleichheiten und Erwerbsunsicherheiten gekennzeichnet sind. Nur wenigen gelingt der Aufstieg in die Welt der globalen Elite, die meisten fristen ihr Dasein auf bescheidenem Niveau, denn die Berufsfelder der Symbolanalytiker sind durch individualistische und stark konkurrenzbestimmte Karrierestrukturen geprägt. Anders als die Fachleute und Professionen früherer Zeiten werden sie durch keine kollektive Interessensvertretung – durch Berufsverbände oder Gewerkschaften – vor unliebsamen Konkurrenten geschützt, sondern sind den Kräften von Angebot und Nachfrage schutzlos ausgesetzt.
Hatte sich die alte Intelligenz der Ingenieure, Wissenschaftler, Gelehrten, Humanisten, Pädagogen und Sozialarbeiter noch am Modell des Professionalismus, das heißt an der Berufsstrategie der sozialen Schließung durch die Behauptung exklusiven Wissens orientiert, so bleibt der neuen Intelligenz der Symbolanalytiker nichts anderes übrig, als gute Miene zum bösen Spiel des Marktes zu machen. Insbesondere in den Berufsgruppen der Kultur-, Informations- und Unterhaltungsindustrien, wo Wissen kaum objektivierbar ist und Reputation und beruflicher Aufstieg durch Marktprinzipien gesteuert werden, gibt es weder Einkommensgarantien noch klare Erwerbsbiografien. Während eine kleine Elite gefragter Ideengeber Spitzeneinkünfte erzielt, wird die breite Masse der Berufseinsteiger und „Durchschnittstalente" schlicht ausgebeutet.
Doch dürfen sich die klassischen Professionen keineswegs in Sicherheit wiegen, denn auch hier weht der kalte Hauch der Konkurrenz. Hatten Ärzte einst ein Monopol auf Fragen von Gesundheit und Krankheit, so müssen sie heute mit Psychotherapeuten (Psychosomatik), Heilpraktikern, Ernährungswissenschaftlern und anderen Experten um das Recht auf „Heilung" und Gesundheitsprävention konkurrieren. Universitätsprofessoren müssen sich „Exzellenzwettbewerben" unterziehen, bei denen die „Spreu" vom „Weizen" getrennt wird: Während die Verlierer langfristig zu „Lehrprofessoren" herabgestuft werden, dürfen die Gewinner sich auf baldige „internationale Sichtbarkeit" freuen. Und wurde Bildung im Industriezeitalter noch ausschließlich im Bildungssystem erworben, so finden wir heute eine unübersehbare Vielfalt von Einrichtungen, die vorgeben, „Bildung" zu vermitteln. Aber Vorsicht: Nicht alle „Wettbewerbe" erhöhen den „freien" Wettbewerb. Häufig handelt es sich um verkappte Formen sozialer Schließung: Exzellenzwettbewerbe legen Gewinner und Verlierer ein für alle Mal fest – wer verliert, darf nicht mehr mitspielen. Ideen- und Talentwettbewerbe in den Kreativindustrien erzeugen kumulative Effekte: Wer einen goldenen Löwen in der Filmbranche gewinnt, befindet sich fast schon außer Konkurrenz. Hoffentlich trifft das für unser Thema in dieser Konsequenz nicht zu.

Anmerkungen

1 Stephan Baker/Karsten Peterson: *Die Numerati. Datenhaie und ihre geheimen Machenschaften.* München 2009.

2 Robert B. Reich: *Die neue Weltwirtschaft. Das Ende der nationalen Ökonomie.* Berlin 1993.

3 Von den vielen Möglichkeiten, die moderne Gesellschaft der Gegenwart zu charakterisieren – Beispiele sind die „Risikogesellschaft" (Ulrich Beck), die „Erlebnisgesellschaft" (Gerhard Schulze), die „Postmoderne" (François Lyotard) oder die „flüchtige Moderne" (Zygmunt Bauman)- hat sich der zeitdiagnostische Begriff der „Wissensgesellschaft" unter allen Beschreibungen als besonders diskursmächtig und öffentlichkeitswirksam hervorgetan.

4 Zygmunt Bauman: *Flüchtige Moderne.* Frankfurt a.M. 2003, S. 136ff.

5 Luc Boltanski/Eve Chiapello: *Der neue Geist des Kapitalismus.* Konstanz 2003.

Die Automobilproduktion am Fließband wird durch die Architektur von Zaha Hadid zur medialen Inszenierung: das BMW-Werk Leipzig. Vehicle production lines become a media production with Zaha Hadid's architecture: the BMW plant in Leipzig.

however, then expert knowledge and expert action no longer take place as a legitimate and cumulative chain of logical links; instead they resemble a game that is structured not by planning, but by coincidence. Plans for the future become short term, inconsistent, and impinge on the very next features.
Hence the emergence of new professional biographies: during the modern industrial age with its pyramid-shaped companies and educational institutions, careers were entrenched and embedded in hierarchies and in the coordinated constraints of space and time. In contrast, for the contemporary entrepreneur, it is increasingly important to create informal organisational structures that are better able to adapt to changing requirements. Accordingly, symbol analysts do not follow a professional path consisting of a series of pre-defined steps and for which there exist clear entry requirements. Symbol analysts live and work in "projects."[5] They constantly work at expanding their range of contacts and possibilities. They do not necessarily aim to get to the bottom of something, but, rather, ride the wave while setting their sights on the next one. In the process, they avoid too much emotional involvement and remain diligently intent on keeping all options open in order to be able to revise decisions at any time and to leap onto another lucrative path.

Risks and Opportunities: the Symbol Analyst Elite and the New Strategies of Social Closure

Not all symbol analysts can be considered members of the "elite." On the contrary, they are often active in social and professional fields characterised by considerable inequality and employment insecurity. Only a few manage to work their way up into the world of the global elite, the majority languishing at a more modest level. The professional environment of the symbol analysts is characterized by individualist and strongly competitive career structures. Unlike the professions and specialisms of the past, they are not protected from unwelcome competition by any collective representative interest group (professional associations or trade unions), but are defenceless, exposed to the forces of supply and demand.

Die Werbeagentur H2e in Ludwigsburg (Architekten: bottega + ehrhardt) benutzt die Möblierung als Baukastensystem. Die modularen Elemente können von den Mitarbeitern jederzeit umgebaut werden.
The H2e advertising agency in Ludwigsburg (architects: bottega + ehrhardt) uses furnishing as a unit assembly system. The modular components can be rearranged by the staff at any time.

Just as the former intelligentsia of engineers, academics, scientists, humanists, educationalists, and social workers remained focussed on the professional model—namely the occupational strategy of social closure through the assertion of exclusive knowledge—the new intelligentsia of the symbol analysts has no choice but to put on a brave face in the marketplace. Within the professional groups in the cultural, information, and entertainment industries, in particular, where knowledge is hardly verifiable, and reputation and success are controlled by market principles, there are neither income guarantees nor distinct employment histories. While a small elite of sought-after idea providers command top salaries, the vast majority of young professionals and the "averagely talented" are simply exploited.
The classic professions have no cause to feel smug, however, because the cold winds of competition are blowing here, too. While doctors once had a monopoly over issues of health and illness, they now have to compete with psychotherapists, alternative practitioners, nutritionists, and other experts for the right to offer "healing" and preventative healthcare. University professors have to endure "excellence competitions" to sort the "wheat" from the "chaff." While the losers are demoted to "lecturing professors" in the long term, winners are able to enjoy the prospects of imminent "international visibility." And while education in the industrial age was still acquired solely through the educational system, we now find a complex diversity of facilities purporting to provide it. Caution, however: not all "competition" is "free." It can often be a form of social closure in disguise—excellence competitions establish winners and losers once and for all—the losers are no longer allowed to play. Idea and talent contests in the creative industries produce a cumulative effect: anyone winning a golden lion award in the film industry finds him or herself practically without competition. Hopefully this is not a phenomenon in our field.

Notes

1 Stephan Baker/Karsten Peterson: *Die Numerati. Datenhaie und ihre geheimen Machenschaften.* Munich 2009.

2 Robert B. Reich: *Die neue Weltwirtschaft. Das Ende der nationalen Ökonomie.* Berlin 1993.

3 Of the many options for characterising modern, contemporary society—examples include the "Risikogesellschaft" (risk society) (Ulrich Beck), the "Erlebnisgesellschaft" (experience society) (Gerhard Schulze), the "Postmoderne" (post-modernist) (François Lyotard), or the "flüchtige Moderne" (elusive modernity) (Zygmunt Bauman)—the time-analytical term "Wissensgesellschaft" (knowledge-based society) has established itself, of all of these descriptions, as being particularly potent in discourse and openly comprehensible.

4 Zygmunt Bauman: *Flüchtige Moderne.* Frankfurt/Main 2003, pp. 136ff.

5 Luc Boltanski/Eve Chiapello: *Der neue Geist des Kapitalismus.* Konstanz 2003.

RENATE FREERICKS

Was heißt hier Bildung?

Wissensaneignung ohne Schule und Universität: das spielerische Lernen in der Freizeitwelt

„Was heißt hier Bildung?" ist eine Frage, die sich an Science Center, Zoos, Themenparks und andere Freizeiteinrichtungen richtet. An Einrichtungen dieser Art, die Bildung und Unterhaltung verbinden, knüpfen sich zunehmend Hoffnungen auf eine frühzeitige Entwicklung von Lerninteressen und eine nachhaltige Anregung des Lernens in der Lebenswelt. Die Praxis zeigt: Lernen und Erlebnis lassen sich durchaus verbinden, und die so entstehenden hybriden Formen aus Unterhaltung und thematischen Lern-Arrangements stoßen beim Publikum auf zunehmendes Interesse.

Eindeutig erkennbar ist, dass eine nachhaltige Entwicklung der Gesellschaft Anstrengungen in vielen Bereichen erfordert – nicht zuletzt bei der Gestaltung von Bildungsräumen für die nachwachsende Generation und für die Bewältigung gesellschaftlicher Transformationsprozesse. Das formale Bildungssystem ist in einer Krise, neue Chancen ergeben sich durch eine Entgrenzung des Lernens. Doch ist eine Wissensaneignung ohne Schule und Universität überhaupt vorstellbar? Welche Potenziale stecken in einem spielerischen Lernen in der Erlebniswelt? Inwiefern können Erlebnisangebote und Inszenierungen das formalisierte Bildungsangebot einer Stadt ergänzen? Und wie sollten sich die Bildungsräume einer Stadt verändern, um ein zukunftsorientiertes und nachhaltiges Lernen zu fördern? Diesen Fragen geht der folgende Beitrag nach. Er bezieht sich dabei vor allem auf zwei Handlungsforschungsprojekte des Instituts für Freizeitwissenschaft und Kulturarbeit (IFKA). Bereits in dem Projekt „Erlebnisorientierte Lernorte der Wissensgesellschaft" wurden vielfältige Lernformen in Freizeit-Erlebniswelten nachgewiesen. Das ebenfalls vom Bundesministerium für Bildung und Forschung geförderte Folgeprojekt „Aktivierung und Qualifizierung erlebnisorientierter Lernorte (Aquilo)" zielte daran anknüpfend auf die Optimierung von Lernszenarien für eine informelle Bildung.

Zum Verhältnis von Freizeit und Bildung

Kennzeichnend für die erziehungswissenschaftliche Betrachtung von Freizeit und Bildung ist ein dualistisches Denken. Das Verhältnis von Freizeit und Bildung ist nicht in eine Richtung aufzulösen. Es geht von beiden Seiten aus und einer Verschränkung von beiden. Die jeweiligen Mischungsverhältnisse machen das jeweilige Verhältnis zu interessanten Vorhaben für ein breites Teilnehmerspektrum von Jung bis Alt. Im Sinne einer „bildungsorientierten Freizeitgestaltung" können Freizeitsituationen durch zusätzliche Bildungselemente zu komplexen Erfahrungsräumen angereichert werden. Auf der anderen Seite lassen sich in Bildungssituationen Freizeitaspekte wie Spaß und Geselligkeit integrieren, die zu einer neuen Qualität von Bildungsprogrammen führen können. Drei „Anspruchskriterien" geben dabei einen formalen Rahmen für Ansätze der Freizeitbildung: Bildung in der Freizeit, für die Freizeit und freizeitgemäße Bildung.

Bildung in der Freizeit

Freie Zeit ist eine elementare Voraussetzung für Lernen, Bildung und persönliche Entwicklung. Zeitfenster[1] für die Teilnahme an Bildungsange-

Rechts: Der Ausstellungsraum im Science Center phaeno in Wolfsburg (Architektin: Zaha Hadid) ist wie eine Wissenslandschaft modelliert.
Unten: Außenansicht des Science Center phaeno
Right: The exhibition space in the phaeno science center in Wolfsburg (architect: Zaha Hadid) is modelled like a scientific landscape. Below: phaeno science center, exterior view

RENATE FREERICKS

What Does Education Mean Here?

Assimilation of Knowledge without Schools and Universities: Learning Through Play in the Leisure Environment

"What does education mean here?" is a question directed at science centres, zoos, theme parks, and other leisure facilities. Locations of this nature, combining education with entertainment, are increasingly linked with hopes of the early development of an interest in learning and sustained motivation for learning in the real world. Practice shows that learning and experience can indeed be combined, and the resultant hybrid forms of entertainment and themed learning arrangements are meeting with increased public interest.

What is clearly evident is that sustained social development requires effort in many areas—not least, in the design of educational environments for the next generation, and for dealing with social transformation processes. The formal education system is in a state of crisis; new opportunities arise through a delimitation of learning. Is assimilation of knowledge without schools or universities in any way conceivable? What hidden potential is there in learning through play in the context of experience? To what extent can experience, options, and staged interpretations complement a city's formal educational offering? And how should the city's educational locations be changed in order to promote future-oriented and sustained learning? These are the questions addressed by this article, which refers primarily to two activity research projects by the Institut für Freizeitwissenschaft und Kulturarbeit (IFKA) (Institute for Applied Leisure Studies and Cultural Activity). The "Erlebnisorientierte Lernorte der Wissensgesellschaft" (Experience-Oriented Places of Learning in the Knowledge-Based Society) project has already demonstrated a range

boten sind wichtig. Dafür gilt es auch in Zukunft zu streiten. Die vorhandene Freizeit, viele Freizeitorte und Freizeitsituationen können aber auch für das Lernen aktiviert werden. Die neueren Konzepte des informellen, selbst gesteuerten Lernens setzen hier an. Freizeit als Lernzeit zu erschließen, ist nach wie vor ein zukunftsweisendes Programm.

Bildung für die Freizeit

Auf der anderen Seite erschließt sich der Raum vielfältiger individueller Freizeitmöglichkeiten heute oftmals nur durch ein Lernen für die Freizeit. Individuell befriedigende und „sinnvolle" Freizeitmuster müssen auch gelernt werden. Jede neue Freizeitaktivität (aktuell zum Beispiel Nordic Walking) bringt Einführungsveranstaltungen, Trainings, differenzierte Programme für Fortgeschrittene usw. mit sich. Jede Sportart oder kulturelle Betätigung ist mit Lernen, Üben, Verfeinern und einer Annäherung an Standards verbunden. Erst dann erschließt sich dieser Freizeitraum: ohne Bildung kein Erlebnis und kein Zugang zu bestimmten Freizeitbereichen (Segeln, Tauchen, Fliegen). Bildung in der Freizeit kann darüber hinaus verwoben sein mit bürgerschaftlichem Engagement, kann auf eine Partizipation im Stadtteil und auf die unmittelbare Mitgestaltung von Lebensqualität zielen. Angebote der Freizeitbildung tragen damit, ergänzend zu anderen Bildungsangeboten, zu einer umfassenden Kompetenzentwicklung bei. Vieles, was heute den „Schlüsselkompetenzen" zugerechnet wird, könnte durchaus in der Freizeit erworben worden sein. Bildung für die Freizeit lässt überschießende Effekte und einen möglichen Transfer auf andere Tätigkeitsfelder vermuten, wie aktuell der Ansatz des „Lernens im sozialen Umfeld" nahe legt.[2]

Freizeitgemäße Bildung

Ein drittes Anspruchskriterium betrifft die freizeitgemäße Form der Bildung und bezieht sich auf methodische und didaktische Aspekte der Angebotsgestaltung. Wesentliche Aspekte wie Selbstbestimmung, Verständigung über Ziele, Inhalte und Zeiten des gemeinsamen Handelns, aber auch Offenheit und Veränderbarkeit von

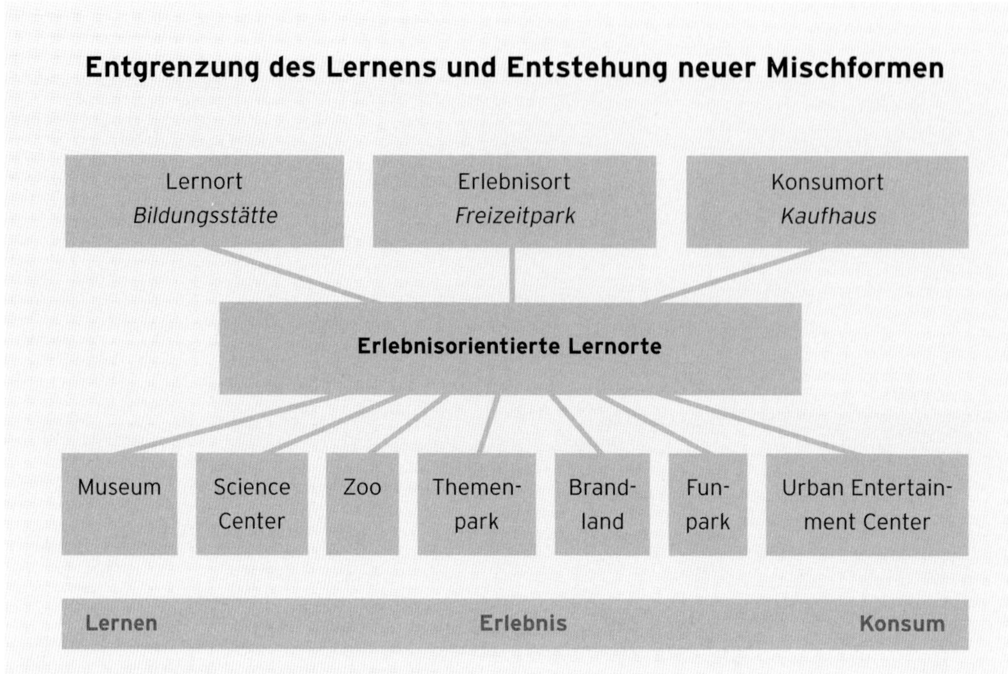

Freizeitsituationen müssen auch in integrierten Angeboten der Freizeitbildung erhalten bleiben. Es geht um ein stärker emotionales Lernen mit allen Sinnen, um Spaß und Geselligkeit und um eine „Inszenierung von anregenden ‚Räumen', in denen sich Bildungserlebnisse ereignen können"[3]. Freizeitgemäße Bildung, so die bildungspolitische Hoffnung, soll auch Menschen erreichen, die eine gute Ausbildung ausgeschlagen haben oder denen sie nicht vergönnt war. Sie soll gerade bei ihnen Interesse wecken und individuelle Bildungswege eröffnen.

Entgrenzung des Lernens in der Wissensgesellschaft

Die Förderung und Entwicklung von individuellen Kompetenzen zur Problemlösung erscheinen heute überlebenswichtig für die Wissensgesellschaft. Individuell Informationen heranziehen, verstehen und bewerten zu können, ist der Kern dieser Kompetenz. Darauf weist der internationale Schulleistungsvergleich PISA (Program for International Student Assesment) hin und mahnt eine Reform des institutionalisierten Lernens an. „Die motivierenden Anfänge für eine vertiefende Kompeten-

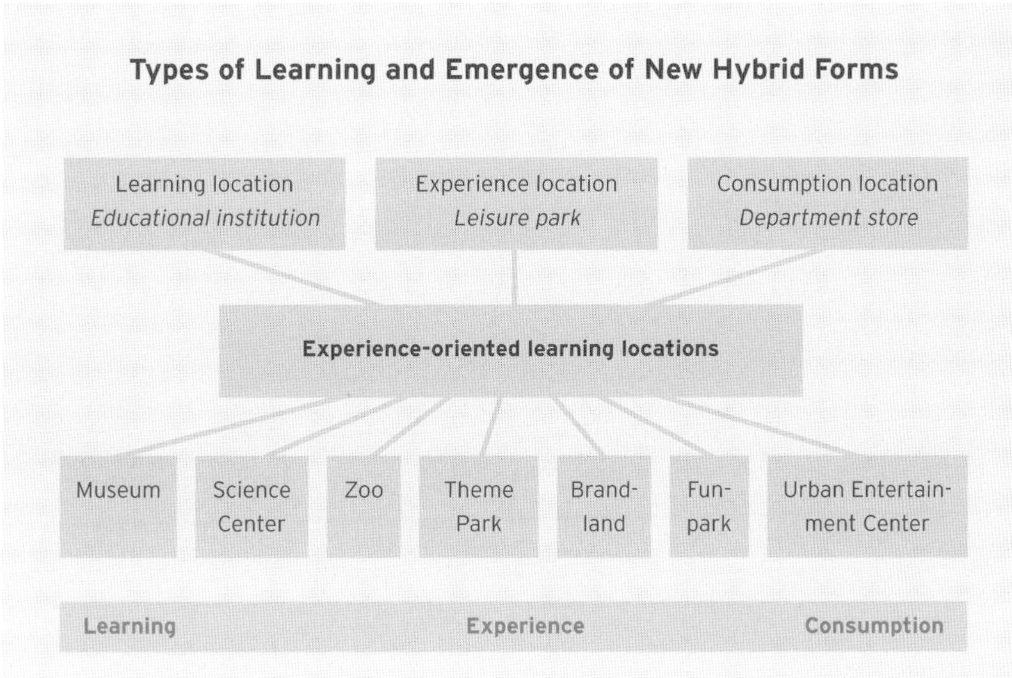

of learning forms in leisure experience environments. The follow-up project, also supported by the German Federal Ministry of Education and Research, "Aktivierung und Qualifizierung erlebnisorientierter Lernorte (Aquilo)" (Activation and Qualification of Experience-Oriented Learning Locations), was subsequently aimed at optimising learning scenarios for informal education.

The Relationship between Leisure Time and Education

Dualistic thinking is characteristic of the educational science perspective of leisure time and education, whose relationship cannot be reduced to a single direction—it emanates from both sides and is a fusion of both. The respective proportions make each relationship into an interesting project for a wide spectrum of both young and older participants. Leisure situations can be enhanced through additional educational elements to create complex experience spaces in the sense of "education-oriented leisure time." Educational situations, on the other hand, can incorporate leisure aspects such as fun and companionship, which can lead to a new quality of educational programme. There are three "conditions" providing a formal framework for approaches to leisure activity: education during leisure time, for leisure time, and leisure time-like education.

Education during Leisure Time

Free time is an elementary prerequisite for learning, education, and personal development. Time slots[1] for participation in educational activities are important, though this will be a source of controversy in the future. The leisure time available, the many leisure time locations, and leisure time situations can also be harnessed for learning. This is the starting point for newer concepts of informal, self-managed learning. Incorporating leisure time as learning time is a future-oriented programme.

Education for Leisure Time

On the other hand, the scope of diverse, individual leisure time options today often develop only through learning for leisure time. Individually satisfying and "meaningful" leisure time models also have to be learnt. Each new leisure activity (such as Nordic Walking, to quote a current example) involves introductory events, training courses, differentiated advanced programmes, etc. Every type of sport or cultural activity is related to learning, practicing, improving, and an approximation of standards. It is only then that this leisure time dimension develops: without education there is no experience and no access to specific leisure time activities (sailing, diving, flying). What's more, education in leisure time can be combined with social involvement, aimed at neighbourhood projects, and directly involved in the determination of the quality of life. Leisure time educational options, as a complement to other educational opportunities, contribute to comprehensive skills development. Many of what are today referred to as "key competencies" could in fact be acquired in leisure time. The far-reaching effects of education for leisure time and the possibility of their application in other fields of activity are indicative of just how topical the "learning in the social environment" approach is.[2]

zaneignung können aber durchaus in Freizeiterlebniswelten liegen und durch neue Formen informeller Bildung gestützt werden".[4] Lernen im sozialen Umfeld, also auch Bildung in der Freizeit, erfährt damit eine Aufwertung – teilweise als Ergänzung anderer, formaler Lernorte, aber auch als ein Faktor der Innovation.
Das Phänomen der „Entgrenzung des Lernens" in der Wissensgesellschaft geht einher mit der anhaltenden Krise des formalen Bildungssystems und seiner Schwierigkeiten, zu einer zukunftsorientierten Entwicklung beizutragen. In den Mittelpunkt der Betrachtungen rückt erstmals ein Spektrum von Einrichtungen, in denen Mischformen aus Lernen, Erleben und Konsum das Angebot prägen. Sie scheinen einen eigenen Typ von Lernorten zu formen, jenseits von formalen Bildungseinrichtungen. Sie erhalten als neue Lernorte der heraufziehenden Wissensgesellschaft Bedeutung im gesellschaftlichen Umbruch. Es gilt also, eine neue Infrastruktur und eine neue Ökonomie der Erlebnisangebote zu analysieren.
Typisch für erlebnisorientierte Lernorte sind folgende Charakterisierungen: sie befinden sich außerhalb formaler Bildungsinstitutionen; sie bieten hybride Formen von Bildung und Unterhaltung; sie sind als komplexe Erfahrungsfelder inszeniert, die der Nutzer weitgehend selbst erkunden kann; sie integrieren reale und mediale Angebote, und sie sind Teil einer „experience economy".
Eine breite Klammer vom Museum bis zum Urban Entertainment Center erscheint sinnvoll, um die Lernmöglichkeiten im Freizeitsektor, außerhalb genuiner Bildungsinstitutionen insgesamt zu umreißen. Sie umfasst Angebote und Strukturen im Schnittfeld von Lernen, Unterhaltung und Konsum – also in hybriden Formen. Zum Spektrum gehören Museen, Science Center, Zoos, Themenparks, aber auch Brandlands und Urban Entertainment Center. Sie können insgesamt als eine sich entwickelnde neue Infrastruktur für das lebensbegleitende, selbst gesteuerte Lernen im Freizeitsektor angesehen werden. Sie integrieren reale und mediale Angebote und sind Teil der wachsenden „experience economy".

Erlebnisorientierte Lernorte bieten einen Freiraum für eigene Erkundungen und regen die Besucher an, sich mit bestimmten Themen zu beschäftigen. Sie sind gleichzeitig Orte für Spaß, Unterhaltung und Geselligkeit. Beides schließt sich nicht aus. Auch in den Erwartungen der Besucher an die Orte finden sich gleichermaßen Aspekte von Unterhaltung und Lernanregung. Deutlich wird, dass sich in der nachindustriellen Gesellschaft neue Lernräume entwickeln und dass sich das Bedürfnis nach Lernerfahrungen mit Kopf, Herz und Hand nicht nur an Schule und Weiterbildung richtet, sondern ebenso an Einrichtungen im Freizeitbereich.
Unterstützt wird diese Perspektive von der neurobiologischen Forschung. Das Gehirn geht in der Freizeit nicht auf Stand-by, sagt der Gehirnforscher Manfred Spitzer und ermutigt dazu, die Lernchancen von Freizeit-Erlebniswelten offensiver zu vertreten.[5] Daran kann man anknüpfen, neue Möglichkeiten gestalten und Perspektiven für ein Erfahrungslernen im Freizeitbereich entwerfen. Projekte wie „Wissenschaft im Dialog" und „Stadt der Wissenschaft"weisen hier mit Science-Festivals, mobilen Ausstellun-

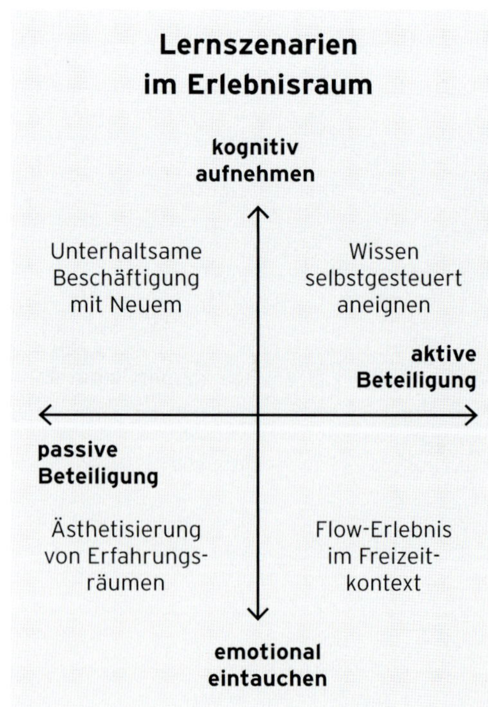

Das Ausstellungsschiff MS *Wissenschaft* bei der Eröffnung auf dem Rhein in Bonn: Die Ausstellung „Wissenschaft im Dialog" kommt so zu ihren Besuchern, die hier neue Erlebniswelten zum Lernen in der Freizeit finden. Opening of the exhibition ship MS *Wissenschaft* (Science) on the Rhine in Bonn. The exhibition "Science in Dialogue" is brought to visitors, who find new worlds of experience in leisure time.

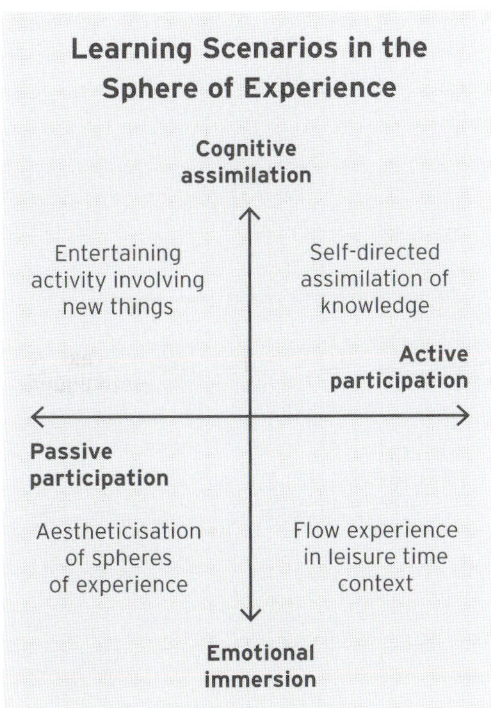

Leisure Time-Like Education

A third condition is related to the leisure time-like form of education and refers to the methodical and didactic components of the activity structure. Key aspects, such as self-determination, agreement on the goals, content, and timing of joint activities, as well as the openness and flexibility of leisure time situations, also need to be retained in integrated leisure time education opportunities. It is about learning more emotionally with all the senses, about fun and companionship, and about "staging inspirational 'parameters' in which educational experiences can take place."[3] The hopes of educational policy are that leisure time-like education should also reach those people who have rejected good training opportunities or those who were never granted such opportunities. It is intended to attract the interest of just such people, opening up paths for individual education.

Delimitation of Learning in the Knowledge-Based Society

The promotion and development of individual problem-solving skills seem to have become essential for survival in today's knowledge-based society. The ability to access, understand, and evaluate information individually forms the core of this competency. This is indicated by the PISA (Programme for International Student Assessment) international school performance comparison, which urges a reform of institutionalised learning. "The inspirational start for more substantial skill assimilation can indeed be found in the world of leisure time experiences and can be supported by new forms of informal education."[4]
Learning in the social environment, or education during leisure time, is thus undergoing a reassessment—partly as a complement to other, formal places of learning, but also as an innovation factor.
The phenomenon of the "delimitation of learning" in the knowledge-based society is accompanied by the ongoing crisis in the formal education system and its difficulties in contributing to future-oriented development. Attention has focussed, for the first time, on a spectrum of facilities characterised by hybrid forms comprised of learning, experiencing, and consumption. They appear to form a specific type of learning location, removed from formal educational institutions. They are accorded significance as new places of learning within the social upheaval of the emergent knowledge-based society. There is, therefore, a new infrastructure and a new economy of experience options to be analysed.
The following characteristics are typical of experience-oriented places of learning: they are located outside of formal educational institutions; they offer hybrid forms of education and entertainment; they are staged as complex fields of experience that the users are largely able to explore themselves; they integrate real and media options, and they form part of an "experience economy."
An overall outline of the learning opportunities in the leisure sector, outside of actual educational institutions, encompasses a wide range: from museums through to theme parks. It covers options and structures at the intersection between learning, entertainment, and consumption—in hybrid forms. The spectrum includes museums, science centres, zoos, theme parks, as well as "brandlands" and urban entertainment centres. Overall they can be seen as a new, developing infrastructure for lifelong, self-managed learning in the leisure sector.
Experience-oriented learning locations provide scope for investigation by visitors, who are encouraged to take an interest in specific topics. They are places of fun, entertainment, and companionship at the same time, one not excluding the others. The visitors' expectations of these places reflect equally aspects of entertainment and learning motivation. It is clear that new places of learning are developing in post-industrial society and the requirement for learning experiences involving the head, the heart, and the hands are directed not only at school and further education, but also at leisure sector facilities.

gen (Schiff, Bahn) und Mitmachaktionen einen Weg. Neue erlebnisorientierte Lernorte wie das phaeno in Wolfsburg oder das in diesem Jahr eröffnete Klimahaus 8° Ost in Bremerhaven stellen weitere Beispiele dar.

Inszenierungen im mehrdimensionalen Erlebnisraum

Wie aber können erlebnisorientierte Lernorte ihr Angebot an Szenarien qualifizieren und in neue Erlebnisbereiche vorstoßen? Inszenierung in dem hier verwendeten Sinn meint eine bewusste Gestaltung von Erlebnisräumen, um Stimmungen, Eindrücke, Bilder und Erinnerungen bei den Besuchern hervorzurufen. Dabei geht es um eine Emotionalisierung von Themen, um eine Verpackung in Geschichten, eine sinnliche Ansprache des Publikums und um neue Formen eines informellen, spielerischen Lernens in Freizeitzusammenhängen. Inszenierung bedient sich hierzu verschiedener Medien und Künste, setzt auf Raumgestaltung, interaktive Exponate, aber auch auf Formen der persönlichen Ansprache wie Theater und Animation.

Die Vielfalt der realisierbaren Inszenierungen im Erlebnisraum lässt sich anhand des von B. Joseph Pine und James H. Gilmore 1999 vorgeschlagenen Vierfeldermodells des Erlebnisraums darstellen.[6] Szenarien können eher kognitiv oder emotional ausgerichtet sein. Kognitiv dominierte Ansätze zielen auf das Aufnehmen neuer Informationen, emotionale Szenarien ermöglichen das Eintauchen in Gefühlswelten. Szenarien können als weitere Dimension dieses Modells eine eher passive oder aktive Beteiligung der Besucher vorsehen. Bei einer passiven Beteiligung sind die Besucher nur das Publikum. Sie sind Flaneure in der Vielfalt des Angebots und nehmen hier und da neue Eindrücke wahr. Bei einer aktiven Beteiligung werden die Besucher viel stärker in das Szenario einbezogen: Sie bauen, probieren, testen, experimentieren und spielen. Die Kombination beider Dimensionen zeigt Perspektiven in vier Denkrichtungen. Gute ergänzende Lernszenarien haben einen Bezug zur Erlebniswelt, sie sind nicht losgelöst von den Themen, Objekten, Möglichkeiten am Ort. Sie haben aber auch einen Bezug zu gesellschaftlichen Zukunftsfragen und zur Lebenswelt der Besucher. Sie bereichern die Lern-Erlebnis-Situation, machen sie vielfältiger, interessanter und komplexer. Rahmenbedingungen sind auf jeden Fall die freiwillige Teilnahme und ein Gestaltungsspielraum für die Nutzer. Ein formalisiertes Schulungsprogramm bleibt ausgeschlossen. Es gibt aber eine Modellierung des selbst gesteuerten Lernens, Anregungen, unterschiedliche Zugänge und aktive Beteiligungsmöglichkeiten. Schließlich ermöglichen gute ergänzende Angebote auch eine Vernetzung von Erfahrungsmöglichkeiten, schlagen Brücken zu anderen Institutionen, Medien und Aktivitäten. Vier Gruppen von praktischen Szenarien lassen sich dabei gut unterscheiden: einmal das Arrangement von entsprechend beschilderten Lernstationen; zweitens die Konzentration auf „Lern-Events"; drittens die persönliche Vermittlung im Rahmen von Animation, Shows oder Workshops; und zuletzt die Ausgabe von Lernmaterialien vor, während oder nach dem Besuch der Inszenierung.

Erfolgsfaktoren für inszenierte Lernumgebungen

Bei der Inszenierung erlebnisorientierter Lernumgebungen können Erkenntnisse hilfreich sein, die im Rahmen des Projekts „Aquilo" am Beispiel von Freizeitparks, Science Centern, Zoos und Museen gewonnen wurden.[7]

Aus der unmittelbaren Beobachtung der Aquilo-Lernaktionen lassen sich sechs Erfolgsfaktoren für Lernszenarien in Erlebniswelten bestimmen, die Nutzung, Bewertung durch die Teilnehmer, Erinnerung und Lernen beeinflussen. Im Einzelnen sind dies die aktive Beteiligung der Besucher, die persönliche Vermittlung oder Animation, ein relativ kompaktes Volumen der Lernelemente; dazu die emotional-sinnliche Ansprache, das Engagement der Betreiber. Wichtig ist nicht zuletzt die Vernetzung mit passenden Partnern: Inszenierte Erfahrungsräume mit einem hohen Qualitätsanspruch können heute kaum noch von einer Einrichtung

Das Klimahaus Bremerhaven (Architekt: Thomas Klumpp) bietet Möglichkeiten für das Erfahrungslernen. Es nimmt die Besucher auf eine Weltenreise mit. Oben ist die Inszenierung für Kamerun zu sehen.
The Klimahaus (Climate House) in Bremerhaven (architect: Thomas Klumpp) provides learning opportunities. It takes visitors on a world tour. Above: the Cameroon interpretation

This perspective is supported by neurobiological research. The brain does not go on standby during leisure time, says the neurologist Manfred Spitzer, who urges a more aggressive representation of learning opportunities in the leisure and experience environments.[5] There are links to be made here, new possibilities to be designed, and experience learning perspectives in the leisure sector to be developed. Projects such as "Wissenschaft im Dialog" (Knowledge in Dialogue) and "Stadt der Wissenschaft" (City of Knowledge) are breaking new ground here with science festivals, mobile exhibitions (ships, trains), and interactive activities. New, experience-oriented places of learning, such as the phaeno science centre in Wolfsburg or the Klimahaus 8° Ost in Bremerhaven, which opened this year, constitute further examples.

Interpretations in the Multidimensional Field of Experience

How can experience-oriented places of learning improve their range of scenarios and move forward towards new fields of experience? Interpretations in this sense mean the conscious design of experience venues in order to evoke moods, impressions, images, and recollections among visitors. It is about emotionalising topics, about packaging them in stories, evoking a sensory response by the public, and about new forms of informal, playtime learning in leisure contexts. Interpretations also make use of differing media and arts, focus on spatial design and interactive displays, as well as on forms of personal address such as theatre and animation.

The diversity of possible interpretations in the experience sphere can be demonstrated using the four field model proposed by B. Joseph Pine and James H. Gilmore.[6] Scenarios can be focussed on either the cognitive or the emotional. Cognitively dominant approaches are aimed at the assimilation of new information, while emotional routines enable immersion in the world of feelings. Scenarios can envisage a more passive or a more active participation on the part of the visitor as a further dimension of this model. In the case of passive participation, the visitors are merely the public. They stroll amidst the multitude of options and gain new impressions here and there. With active participation, visitors are incorporated into the narrative to a much greater degree: they build, sample, test, experiment, and play. The combination of both dimensions demonstrates perspectives in four thought directions.

Good complementary learning scenarios are related to the world of experience; they are not detached from topics, objects, and local options. They are also related to questions about society's future, and to the visitors' living environments. They enrich the learning-experience situation, making it more diverse, more interesting, and more complex. The general conditions certainly include voluntary participation and a sphere of influence for the users. While there is no formal schooling

allein realisiert werden. Unterstützer auf der fachlichen Seite (wie Hochschulen und Forschungsinstitute) spielen hierbei eine wichtige Rolle, aber auch Marketing- und Medienpartner. Insgesamt wächst so das Erfahrungsfeld für die Teilnehmer, es gibt mehr Lernoptionen und es entwickelt sich idealerweise ein Lernen in Netzwerken. Vor und nach dem Besuch besteht die Möglichkeit, auf begleitende Medienangebote zuzugreifen. Wichtig für den Erfolg solch kooperativer Strukturen sind die gute Abstimmung untereinander und ein „Coaching" der Projektbeteiligten.

Fazit

Ein Netzwerk erlebnisorientierter Lernorte ist eine interessante Perspektive für die Stadt des 21. Jahrhunderts. Angebote zur Aneignung von Wissen außerhalb von Schule und Universität auf eine freizeitgemäße Weise haben ein großes Entwicklungspotenzial. Erlebnisorientierte Lernorte können zu einer Profilierung der Stadt als Ort der Wissenschaft beitragen, Impulse im Sinne eines problemlösenden, zukunftsorientierten Lernens setzen und ein innovatives Element im Städtetourismus darstellen. Dabei gilt es, Angebote für unterschiedliche Zielgruppen (Kinder, Familien, Senioren) zu konzipieren und dauerhafte Kooperationen zwischen Freizeit-Erlebniswelten und Bildungseinrichtungen zu stützen.
Eine weitere Qualifizierung von Lernmöglichkeiten und darauf bezogenen Inszenierungen ist sicher notwendig. Aber keine Frage: Bildung für eine nachhaltige Entwicklung erscheint möglich durch vielfältige Szenarien, Beteiligungsmöglichkeiten und eine emotionale Ansprache der Besucher. Spielerisches Lernen in der Freizeitwelt macht Hoffnung, den großen Zukunftsfragen für eine Gestaltung der Lebenswelt näher zu kommen.

Anmerkungen

1 Wolfgang Nahrstedt/Dieter Brinkmann u.a.: *Neue Zeitfenster für Weiterbildung.* Bielefeld 1998.

2 Vgl. Dieter Kirchhöfer: *Lernkultur Kompetenzentwicklung. Begriffliche Grundlagen.* Berlin 2004.

3 Wolfgang Nahrstedt/Renate Freericks u.a.: *Bildung und Freizeit. Konzepte freizeitorientierter Weiterbildung.* Bielefeld 1994, S. 20.

4 Wolfgang Nahrstedt/Dieter Brinkmann/Heike Theile/ Guido Röcken: *Lernort Erlebniswelt. Neue Formen informeller Bildung in der Wissensgesellschaft.* Bielefeld 2002, S. 11.

5 Vgl. Manfred Spitzer: *Lernen. Gehirnforschung und die Schule des Lebens.* Berlin 2002.

6 B. Joseph Pine/James H.Gilmore: *The Experience Economy.* Boston 1999.

7 Vgl.: Renate Freericks/Dieter Brinkmann u.a.: Projekt Aquilo: *Aktivierung und Qualifizierung erlebnisorientierter Lernorte.* Bremen 2005.

Ausstellung im *Science Express*: „Expedition Zukunft", Jungen im „Mitmachlabor"
Rechts: Der *Science Express* macht Station in Berlin.
Exhibition in the *Science Express*: "Expedition Future"; boys in the "Join-In Laboratory"
Right: *Science Express* stops in Berlin.

programme, there is a model of self-managed learning, inspiration, a variety of access options, and possibilities for active participation. Finally, good complementary opportunities facilitate the networking of experience possibilities, forming bridges between other institutions, media, and activities. Four groups of practical scenarios can easily be distinguished: firstly, the arrangement of appropriately signposted learning stations; secondly, the concentration on "learning events"; thirdly, personal communication by means of animation, shows, or workshops; and finally, the handing out of learning materials prior to, during, or following the visit.

Success Factors for Staged Learning Environments

Insights gained with leisure parks, science centres, zoos, and museums, for instance, during the "Aquilo" project, can be useful in the staging of experience-oriented learning environments.[7]
Direct observation of the Aquilo learning activities revealed six success factors for learning scenarios in experience environments; they influence the use, the assessment by the participants, the recollection, and the learning. These are active participation by the visitors, personal communication or animation, a relatively compact volume of learning elements; also the emotional-sensory approach, and the commitment of the operator.
No less important is networking with appropriate partners: today high quality staged experiences can hardly be produced any more by the facilities alone. Expert support (such as universities and research institutes) plays an important role, as do marketing and media partners. The field of experience for the participants is thus growing overall, there are more learning options, and, ideally, networked learning develops. Access to accompanying media options is provided before and after the visit. What is important to the success of such cooperative structures is good internal coordination and the "coaching" of those involved in the projec

Conclusion

A network of experience-oriented places of learning provides an interesting perspective for the twenty-first century city. Options for the assimilation of knowledge outside of schools and universities, on a leisure time basis, have tremendous development potential. Experience-oriented places of learning can contribute to a city's image as a knowledge location, provide stimuli for problem-solving, future-oriented learning, and constitute an innovative element within urban tourism. This requires the development of concepts for different target groups (children, families, senior citizens) and support for enduring cooperation between leisure-experience environments and educational facilities. Further development of learning possibilities and related staged interpretations is sure to be necessary. Yet there is no question: education for sustained development is evidently possible using diverse scenarios, participation possibilities, and an emotional approach to visitors. Learning through play in the leisure time environment gives cause to hope for a more meaningful approach to the major issues relating to the planning of our future living environment.

Notes

1 Wolfgang Nahrstedt/Dieter Brinkmann et al.: *Neue Zeitfenster für Weiterbildung.* Bielefeld 1998.

2 Cf. Dieter Kirchhöfer: *Lernkultur Kompetenzentwicklung. Begriffliche Grundlagen.* Berlin 2004.

3 Wolfgang Nahrstedt/Renate Freericks et al.: *Bildung und Freizeit. Konzepte freizeitorientierter Weiterbildung.* Bielefeld 1994, p. 20.

4 Wolfgang Nahrstedt/Dieter Brinkmann/Heike Theile/Guido Röcken: *Lernort Erlebniswelt. Neue Formen informeller Bildung in der Wissensgesellschaft.* Bielefeld 2002, p. 11.

5 Cf. Manfred Spitzer: *Lernen. Gehirnforschung und die Schule des Lebens.* Berlin 2002.

6 B. Joseph Pine/James H. Gilmore: *The Experience Economy.* Boston 1999.

7 Cf.: Renate Freericks/Dieter Brinkmann et al.: *Projekt Aquilo: Aktivierung und Qualifizierung erlebnisorientierter Lernorte.* Bremen 2005.

SILKE EDELHOFF

Probieren geht über Studieren: JAS - Jugend Architektur Stadt

Stadt und Architektur als Lern- und Erfahrungsfeld

Alltags- und Stararchitektur, Straßenzüge, öffentliche Räume, Parks und Infrastruktur, kurz: Unsere gebaute Umwelt und die Art, wie wir sie nutzen, zeugen von den vielfältigen Facetten unseres gesellschaftlichen Zusammenlebens, von historischen Zusammenhängen ebenso wie vom technischen und sozialen Fortschritt. Wir sind tagtäglich von dieser gebauten Umwelt umgeben, wir sind von ihr geprägt und prägen sie umgekehrt auch mit. Stadt und Architektur bieten ein reiches Lern- und Erfahrungsfeld für fächerübergreifendes Lernen, für kulturelle und demokratische Bildung ebenso wie für die Entwicklung von Kreativität, Lösungskompetenz und Verantwortungsbewusstsein.

Hier setzt die gemeinnützige Organisation JAS (Jugend Architektur Stadt) an. JAS ist 2005 aus dem Anliegen heraus entstanden, Kinder und Jugendliche an Stadt und Architektur heranzuführen. Ziel ist es, ihnen Deutungsmuster und Werkzeuge zu vermitteln, um ihre gebaute Umwelt verstehen zu lernen und sich in deren Gestaltung einzubringen. Kinder und Jugendliche sollen erfahren, dass die gebaute Umwelt Teil unserer Kultur und Geschichte ist. Sie ist veränderbar und man kann sich an ihr beteiligen, vorausgesetzt, man hat die Chance, einen Zugang und ein Verständnis für räumliche Zusammenhänge zu entwickeln.

JAS und das 2009 gegründete JAS WERK als Ansprechpartner für JAS im Norden entwickeln Workshop- und Kommunikationskonzepte sowohl im schulischen als auch im außerschulischen Kontext. Ziel ist es, die gebaute und gestaltete, (meist) städtische Umwelt als Lernort zugänglich zu machen, sie mit Kindern und Jugendlichen zu erforschen und ihnen Möglichkeiten zum Entwerfen und Mitgestalten zu eröffnen. Als interdisziplinäre Initiative aus Architekten, Landschaftsarchitekten, Stadtplanern und Pädagogen versteht sich JAS auch als Laboratorium zur Weiterentwicklung von Methoden und Formaten zur Erkundung von Stadt und Architektur. Es ist für alle Beteiligten ein beständiger Lernprozess, junge Menschen in ihrer Lebenswelt abzuholen und sie in ihrer eigenen Kreativität zu fördern, ihnen aber auch gestalterische und planerische Fragestellungen zu vermitteln und ihren Horizont zu erweitern. Das eigene Erleben, Entwerfen und Bauen spielt dabei eine zentrale Rolle. Bilder, Beispiele, Informationen, Literatur von (erwachsenen) Fachleuten sind dazu eine gute Ergänzung, sie können aber die eigene (Raum-) Erfahrung und das eigene Tun nicht ersetzen. Vor diesem Hintergrund hat sich in der Arbeit von JAS ein methodischer Dreiklang bewährt, den ich hier skizzieren möchte: Wahrnehmen und Erkunden, Entwerfen und Gestalten, Präsentieren, Diskutieren und Mitgestalten.

Wahrnehmen und Erkunden

Die aufmerksame Wahrnehmung von Stadt und Raum bietet einen guten Ausgangspunkt, um Kinder und Jugendliche in ihren eigenen Erfahrungen abzuholen und ihnen einen Zugang zu Architektur und Stadt zu vermitteln. Orientierung und Atmosphäre sind dabei wichtige Stichworte. Wo liegt was, welche Orte sind mir wichtig, woran orientiere ich mich? Wie

JAS arbeitet mit dem methodischen Dreiklang: Erkunden (oben), Gestalten (rechts), Präsentieren (unten).
JAS works with a threefold methodology: investigation (above), design (right), presentation (below).

SILKE EDELHOFF

An Ounce of Practice is Worth a Pound of Theory: JAS—Jugend Architektur Stadt

Cities and Architecture as Terrain for Learning and Experience

fühle ich mich an einem bestimmten Ort, wie riecht es dort, welche Geräusche höre ich, was springt ins Auge, wie wird der Ort genutzt?
Ob Spurensuche, Kartierungen, Fotosafaris, Interviews – es gibt viele Wege, eine solche Erkundung zu gestalten. Wichtig ist dabei, diese Eindrücke zu dokumentieren und eine Kommunikation über unterschiedliche Räume und ihre Wirkung in Gang zu setzen – sowohl unter den Kindern selbst als auch zwischen Kindern und Erwachsenen.
Über die eigene Anschauung können Kinder und Jugendliche einen Zugang zu abstrakteren Themen gewinnen (zum Beispiel Denkmalschutz oder klimagerechtes Bauen). Zugleich kann die intensive Wahrnehmung kreative, selbstständige Lösungsprozesse in Gang setzen. In dem Workshop „Frederick und die Ideensammler" mit einer Wilhelmsburger Grundschule zur Gestaltung der neuen Kantine entwarfen zwei Siebenjährige beispielsweise eine „gut riechende Kantine" mit Kräuterwand und duftenden Pflanzen – eine Idee, die von Fantasie und Einfallsreichtum ebenso wie von aufmerksamer „Sinnesforschung" zeugt.

Entwerfen und Gestalten

Gefragt nach dem Verständnis des Begriffs „Entwerfen", gab ein Schüler einmal zur Antwort: „Entwerfen bedeutet erfinden." Dieses Erfinden gelingt Kindern und Jugendlichen tagtäglich. Sie gehen unbelasteter als Erwachsene an die Nutzung und Interpretation von Räumen heran – und damit auch an deren Gestaltung. Zwei Stühle, zwei Decken – viel mehr braucht es nicht, um aus dem Bürgersteig eine Wohnung zu machen. Eine Bank wird zur Bühne, eine Treppe zum Skate-Parcours.
Bei der Ideenentwicklung und Vermittlung von gestalterischer Kompetenz gilt es, an diesen spielerischen Zugang anzuknüpfen und die Kinder in ihrer eigenen Kreativität zu fördern, zugleich aber auch den Blick für Gestaltungsmöglichkeiten jenseits dessen, was sie bereits kennen, zu öffnen. Ein sehr kreativer und für alle Beteiligten aufschlussreicher Einstieg in die gestalterische Arbeit mit Kindern und Jugendlichen ist die Markierung und konkrete Veränderung von Räumen mit dem Ziel, diese Räume besser zu verstehen und sie aus einem neuen Blickwinkel zu sehen. In den Workshops „Space Invader I und II" mit Achtklässlern in Hannover bekamen die Jugendlichen die Aufgabe, ihre liebsten Aufenthaltsorte zu verändern und zu zeigen, was ihnen dort wichtig ist. Das Ergebnis war aussagekräftiger als alle Worte: So wurden der Flur und eine Restfläche in einem Treppenhaus als Orte zum Plaudern entdeckt und erkennbar gemacht.
Die entwerferische Arbeit erfüllt damit mehrere Aufgaben: Sie unterstützt das Raumverständnis, die Kreativität und Lösungskompetenz; sie regt an, sich über Verantwortung und einen sorgsamen Umgang mit gebauter Umwelt Gedanken zu machen und sie fördert Kompetenzen wie Teamfähigkeit oder Einfühlungsvermögen in die Belange anderer.

Präsentieren, Diskutieren und Mitgestalten

Jede Arbeit, jede Erkundung sollte von den Kindern und Jugendlichen selbst präsentiert werden. Sie sollen darin bestärkt werden, ihre Sichtweisen und Ideen ernst zu nehmen, zu zeigen und darüber zu diskutieren. Dabei geht es nicht darum, Kinder und Jugendliche Architekten oder Stadtplaner „spielen" zu lassen. Die Übersetzung von Bedürfnissen und Ideen in realisierbare, stimmige Entwürfe durch Architekten und Planer bleibt unentbehrlich. Im Vordergrund steht vielmehr das Ziel, eine Kommunikation über Atmosphäre, Ideen und Wünsche an Architektur und Stadt in Gang zu bringen und im Idealfall in reale Veränderungen umzusetzen. Wichtig ist, Kindern und Jugendlichen eine realistische Einschätzung des Machbaren zu ermöglichen, ohne dabei ihrem Einfallsreichtum von vornherein die Flügel zu stutzen. Sogar die Idee eines fliegenden Teppichs kann – wie dies beim Projekt „Park Fiction" im Hamburger Stadtteil St. Pauli deutlich wird – in eine realisierbare Planung übersetzt werden.
Dabei ist eines sicher: Jedes Projekt ist immer auch ein Experiment, bei dem alle voneinander

In dem JAS-Workshop „Frederick und die Ideensammler" entstand die Idee einer gut riechenden Kantine, für die die Kinder eine Kräuterwand entwarfen und bastelten. The JAS workshop "Frederick und die Ideensammler" (Frederick and the Idea Gatherers) produced the idea of a "good-smelling canteen," for which the children designed and made a herb wall.

Everyday architecture and the work of star architects: rows of houses, public spaces, parks, and infrastructure, in short, our built-up world and the way we use it, are testimony to the diverse facets of our society's way of life, to historical contexts as well as technical and social progress. We are surrounded daily by this constructed environment: it characterises us, and we, in turn, help to characterise it. Cities and architecture provide a fertile terrain for learning and experience in acquiring interdisciplinary skills, for cultural and democratic education, as well as for the development of creativity, problem-solving expertise, and a sense of responsibility.

This is where the non-profit organisation JAS (Jugend Architektur Stadt/Youth Architecture City) comes in. JAS was founded in 2005 with the aim of familiarising children and young people with cities and architecture. The goal is to provide them with interpretive models and tools with which they can learn to understand their built environment and become involved in its design. The intention is for children and young people to appreciate that the constructed surroundings form part of our culture and our history. This is a changeable environment in which one is able to participate if granted access and the chance to develop an understanding of spatial contexts.

JAS and JAS WERK, founded in 2009 as the JAS northern contact, develop workshop and communication concepts in both school and extracurricular situations. The objective is to make the built and designed urban (usually) environment accessible as a place of learning, to explore it with children and young people, and to create opportunities for them to participate with plans and designs. As an interdisciplinary initiative by architects, landscape architects, urban planners, and educationalists, JAS also sees itself as a laboratory for the evolution of methods and formats for the study of cities and architecture. Involving young people in their living environment, encouraging their own creativity while also confronting them with design and planning dilemmas, and broadening their horizons is an ongoing learning process for all those involved. Their own experience, designs, and building activities play a key role. Images, examples, information, and literature by (adult) experts are worthy supplements, but they are no substitute for young people's own (spatial) experience and own activity. With this background, JAS's work has developed a threefold methodology, which I would like to outline here: observe and investigate; devise and design; present, discuss, and participate.

Observe and Investigate

Attentive observation of urban environments and space provides a good starting point for involving children and young people in their own experiences and affording them access to architecture and the city. Orientation and atmosphere are key words in this context. Where is what, which places are important to me, how do I orientate myself? How do I feel in a certain place, what does it smell like there, what noises do I hear, what catches my eye, how is the place used? It could be searching for clues, mapping, photo safaris, interviews–there are many ways to organise such investigations. What is important is that these impressions are documented and a dialogue about the different spaces and their effects is initiated–both between children themselves and between children and adults. Forming their own opinions makes the more abstract issues accessible to children and young people (historical monument protection or climate-friendly construction, for example). Intensive observation can trigger creative, independent, problem-solving processes at the same time. For instance, in a "Frederick und die Ideensammler" (Frederick and the Idea Gatherer) workshop with a primary school in Wilhelmsburg, aimed at planning a new canteen, two seven year olds designed a "good-smelling canteen" with a herb wall and aromatic plants–an idea indicative of fantasy and imagination as well as attentive "sensory research."

Devise and Design

When asked what he understood by the term "devise," one schoolboy answered: devising means inventing. Children and young people

lernen: Die Kinder untereinander, die Erwachsenen von den Kindern und schließlich auch die Kinder von den Erwachsenen. Entscheidend ist, Stadt und Architektur so zugänglich zu machen, dass diese Lernprozesse möglich sind, sowie Stadt und Architektur als Lernumgebung zu gestalten, in der geforscht, verstanden, erfunden, diskutiert und im besten Falle auch realisiert werden kann.

Das Projekt „Park Fiction" in Hamburg-St. Pauli ist stark durch den Einfallsreichtum der Anwohner geprägt. Die Nachdrücklichkeit, mit der sie ihre Wünsche vortrugen, ließ auch „Fliegende Teppiche" Realität werden. The "Park Fiction" project in Hamburg's St Pauli district owes much to the inventiveness of the residents. The insistence with which they conveyed their aspirations even made the "Fliegende Teppiche" (Flying Carpets) into a reality.

invent on a daily basis. They are much less restrained than adults in their approach to the use and interpretation of spaces–and, therefore, to their design. Two chairs, two blankets–you do not need much more than that to convert a pavement into a dwelling. A bench becomes a stage, a staircase a skating rink.
The development of ideas and the imparting of design skills mean utilising these fun associations and encouraging the children's own creativity, while also opening their eyes to design possibilities that, at the same time, go beyond what they already know. A highly creative introduction to design activities with children and young people, enlightening for all concerned, is the designation and actual alteration of spaces with the goal of understanding these areas better and of looking at them from a new perspective. In the "Space Invader I and II" workshops with thirteen year olds in Hannover, the children were given the task of making changes to their favourite places and demonstrating what about these places is important to them. The results were more revealing than any number of words: the corridor and an empty space on the landing were identified and recognised as places to chat.
The design work therefore fulfils a number of functions: it stimulates spatial understanding, creativity, and problem-solving skills; it encourages the children to think about responsibility and develop a conscientious approach to the built environment, and it fosters expertise such as teamwork or empathy with the needs of others.

Present, Discuss, and Participate

Each activity and investigation is presented by the children and young people themselves, so as to encourage them to take their viewpoints and ideas seriously, to demonstrate them, and to discuss them. It is not about having children and young people "play" at being architects or urban developers. The translation of requirements and ideas into practicable, coherent plans by architects and planners remains essential. The focus is far more on the goal of establishing communication about architectural and urban atmosphere, ideas, and aspirations, ideally implementing real changes as well. What is important is enabling children and young people to make a realistic assessment of what is feasible, without clipping the wings of their imagination from the outset. Even the notion of a flying carpet can be translated into a feasible design–as is clearly illustrated by the "Park Fiction" project in Hamburg's St Pauli district.
One thing is certain. Every project is an experiment in which all of the participants are able to learn from one another: the children from each other, the adults from the children, and finally the children from the adults as well. What is important in making urban environments and architecture sufficiently accessible to enable these learning processes is the presentation of both urban surroundings and architecture as learning environments in which research, comprehension, invention, discussion, and ideally implementation too, take place.

UDN-TEAM, SABINE DE BUHR, RENÉ RECKSCHWARDT

UdN - Universität der Nachbarschaften

Ermöglichungsarchitektur für die lernende Stadt

Denk- und Handlungsraum 2008-2013

Die IBA Hamburg und die HafenCity Universität Hamburg (HCU) setzen sich mit den immer komplexer werdenden Anforderungen an die Metropolen auseinander. Während die IBA mit baulichen, sozialen und kulturellen Projekten konkrete Antworten auf komplexe Herausforderungen sucht und dabei auf den Dialog in Laboren und anderen öffentlichen Foren setzt, beschäftigt sich die HCU mit ähnlichen Fragen in Lehre und Forschung. Die inhaltliche Nähe beider Ansätze bietet vielfältige Potenziale für ein gemeinsames Vorgehen von Stadtentwicklungs- und Hochschulpraxis. Die „Universität der Nachbarschaften" ist hierfür ein gutes Beispiel. Ausgangspunkt für das Kooperationsprojekt bildet das Areal des seit gut zehn Jahren leer stehenden Gesundheitsamtes im Wilhelmsburger Reiherstiegviertel: Grundstück und Gebäude dienen als Lern- und Experimentierfeld für die zukünftige Entwicklung von Metropolen. Der zeitlich befristete Spielraum und die Freistellung von einer „Verwertungslogik" spielt eine entscheidende Rolle für den Versuchsaufbau.

Vom Experiment zur UdN

Am Anfang stand 2007 ein studentischer Wettbewerb zur temporären Nutzung des brach liegenden Areals. Alle Entwürfe diskutierten innovative Entwicklungsperspektiven und alternative Handlungsmodelle. Die mit dem ersten Preis ausgezeichnete Arbeit „Grenzposten" rückte überdies den Umgang mit dem Bestand ins Blickfeld: Das Innenleben wird einer neuen Nutzung zugeführt, Altes akzeptiert, Neues hinzugefügt.
„Das Phänomen der Verstädterung manifestiert seine Universalität. Schon diese Tatsache würde die Gründung einer Universität rechtfertigen, die sich ausschließlich mit dessen analytischer Untersuchung befasst."[1]
Nach intensiver Weiterentwicklung des Projekts entstand Mitte 2008 das Konzept einer „Universität der Nachbarschaften". Ihr Ziel ist es, einen innovativen und inspirierenden Arbeits- und Veranstaltungsort zu kreieren und Raum für einen öffentlichkeitsbezogenen Dialog zu bieten. Die UdN eröffnet damit die Chance, situativ und praxisbezogen Ausbildungsinhalte auf ihre Relevanz zu überprüfen. Das schließt eine Diskussion über die Berufspraxis und das Berufsverständnis mit ein.

Universität und Nachbarschaft

Die Möglichkeiten von Wissensproduktion und -vermittlung werden auf diese Weise aus dem universitären „Elfenbeinturm" herausgeholt und in eine konkrete urbane Situation verlagert. Der Begriff der „Universität" verweist in diesem Zusammenhang auf Fragen, was Wissen überhaupt sein könnte, wie es in die Welt kommt, wer welches Wissen möchte und wie er es erlangen kann. Nachbarschaft hingegen bedeutet lokale Einbindung, soziale Beziehungen, Gastfreundschaft und auch: Verantwortung und Fürsorge.
Das Projekt ist interdisziplinär angelegt und zielt daher nicht allein auf die temporäre

Das UdN-Team besteht aus:
Team UdN consists of:
Michael Koch
Bernd Kniess
Christopher Dell
Renée Tribble
Ellen Fiedelmeier
Benjamin Becker

Impressionen des Umbauprozesses, des Nachbarschaftsfestes und der Eröffnung der Universität der Nachbarschaften (Mai-Juli 2009) Scenes from the conversion process, the neighbourhood festival, and the opening of the Neighbourhood University (May-July 2009)

TEAM UDN, SABINE DE BUHR, RENÉ RECKSCHWARDT

UdN—Universität der Nachbarschaften

Enabling Architecture for the Learning City

Bespielung des Gebäudes, sondern auch auf die programmatischen Synergien unter den beteiligten Fachrichtungen. Dazu werden sich die angehenden Architekten, Stadtplaner, Bauingenieure und Geomatiker nicht nur mit den Leitthemen der IBA beschäftigen. Sie sollen auch weitere Themen und Fragestellungen aus dem Stadtteil aufgreifen und bearbeiten. Die UdN versucht auf diesem praxisbezogenen Weg den Anspruch der HCU auf neuartige Lehr- und Forschungskonzepte einzulösen.

Lernende Stadt und lernende Planung: die Transformation sozialer Räume

Die UdN will sich in die Diskussion über Bildung und Ausbildung auf Stadtteilebene einbringen und auf ihre Weise einen Beitrag zum Stichwort „Lernende Stadt" leisten. In der Beschäftigung mit dem Lebensalltag im Stadtteil werden die strukturellen Merkmale von Raumproduktion sozialer, ökonomischer und kultureller Selbstorganisation als wichtigem Phänomen zukunftsfähiger Urbanität untersucht. Dabei wird das Lernen als Aneignungsprozess weitreichender, raumverändernder und gestaltender Kompetenzen verstanden. Die UdN ist in diesem Kontext eine polyvalente, lernende Einrichtung – sie ist sowohl Labor und Baustelle als auch Bühne, Interaktions-Lern-Raum und Community Center. Neben Projektveranstaltungen, Bauprozessen, angewandten Forschungen zu Um- und Restnutzungen und *Low-Budget Housings* sowie der Entwicklung von Szenariotechniken sind orts- und situationsspezifische performative Ereignisse eine tragende Säule des Arbeitens. Durch die forschende Begleitung dieser Praxis erhoffen wir uns Beiträge zu einem erweiterten Planungsverständnis. Vielleicht kann von einer „relationalen" Planung gesprochen werden – einer Planung, die ihre Grenzen immer wieder selbst überschreitet und Möglichkeiten neu auslotet.

Es ist also von einem erweiterten Raumbegriff auszugehen, der ästhetische, soziale und zeitliche Phänomene und Dimensionen sowie Aneignungsvorgänge integriert. Die Aufgabe der verschiedenen Fachrichtungen lautet, Rahmenbedingungen offen zu legen, die Selbstbestimmungs- und Aneignungsprozesse von Stadt ermöglichen. Gerade weil diese Prozesse situations-, orts- und akteursabhängig sind, gilt es, neue räumliche Bezüge und sozioökonomische und kulturelle Chancen zu erkunden und auszuhandeln. Nur so kann Urbanität als spezifisches und an besondere Umstände gebundenes Raum- und Beziehungsgefüge verstanden und mitgestaltet werden. Das heißt auch: Transformationsprozesse können nicht von außen geplant, sondern müssen von innen heraus, durch Teilhabe entwickelt werden.

Raum und Performanz, Bestände als Ressource: Ermöglichungsarchitektur für die lernende Stadt

Nach den Geografen Nigel Thrift und Ash Amin ist Performance-Kunst diejenige Disziplin, die urbane Potenziale am besten aufzeigt und bespielt. Raum wird von ihnen als performativ Produziertes verstanden. Wenn wir also davon ausgehen, dass Raum relational ist, dass er aus Handlung entsteht, brauchen wir Fachleute, die sich mit der Gestaltung performativer Situationen auskennen. Einen Partner hierfür haben wir in der Kulturfabrik Kampnagel gefunden. Dabei gehen wir davon aus, dass Kunst und Kultur wichtige Impulse für ein zeitgemäßes Berufsverständnis und -handeln geben.

Grundlegend für die Zusammenarbeit mit der UdN sind Performancegruppen oder Regisseure, die tradierte Formen des Theaters erweitern. Denn es geht ja darum, Nachbarschaft zu aktivieren. Die Akteure arbeiten mit Laien und Experten, und: vor allem laden sie die Zuschauer ein, selbst an der Konstruktion von Realität teilzuhaben. Sichtbar wird so die Produktion von Raum und Stadt, es entsteht ein Proberaum für Handlungen in urbanen Kontexten und damit für Veränderungsprozesse.

Dabei wollen wir auch die Forschung selbst um den Aspekt der Performanz ergänzen und in Richtung einer „Forschung im und am Handeln" weiterentwickeln. Es geht uns um eine Forschung, die auf Veränderungen abzielt und die

Transformationsprozesse können nicht von außen geplant, sondern müssen von innen heraus, durch Teilhabe entwickelt werden.

Transformation processes cannot be planned externally; they have to be developed from within, through participation.

Scope for Thought and Action 2008-2013

The Internationale Bauaustellung Hamburg (IBA; International Building Exhibition) and the HafenCity Universität Hamburg (HCU; Hafen City University) are confronting the ever more complex demands facing large cities. While the IBA seeks to provide concrete responses to complex challenges by means of construction, social, and cultural projects focussing on dialogue in scientific and other public forums, the HCU tackles similar issues in teaching and research. The similarity of subject matter in both instances provides diverse potential for a common approach to urban development and university practice, of which the "Universität der Nachbarschaften" (UdN; Neighbourhoods University) is a prime example.

A former health authority building in Wilhelmsburg's Reiherstieg district, which has been standing empty for a good ten years, has provided the starting point for this cooperative venture: the grounds and the building serve as an arena for learning and experimentation in future city development. The time limit and exemption from any "logic of utilisation" are important factors in the experimental set-up.

From Experiment to UdN

It all began in 2007 with a student competition for the temporary use of the empty premises. All of the plans involved innovative development perspectives and alternative approaches. The "Grenzposten" (Frontier Post) project, which was awarded first prize, also focussed attention on the way in which the building is approached: a novel use was found for the interior, with the old being accepted and the new added.

"The phenomenon of urbanisation is manifest in its universality. This fact alone would justify the founding of a university concerned solely with the analytical investigation there of."[1]

The intensive further development of the project produced the concept of a „Universität der Nachbarschaften" in mid-2008. Its goal is to create an innovative and inspirational location for work and events, as well as providing scope for public dialogue. The UdN thus represents an opportunity to review the relevance of situational and practical training content. This includes discussion on occupational experience and occupational perception.

University and Neighbourhood

In this way, the opportunities presented by research and its communication are to be brought out of the "ivory tower" of the university and relocated to a precise urban situation. In this context the term „university" refers to issues of what could actually constitute knowledge, how it is made available, who would like which type, and how they can acquire it. Neighbourhood, on the other hand, means local involvement, social relationships, hospitality, as well as responsibility and welfare.

The project is interdisciplinary by design and its focus is therefore not solely on the building's temporary use but also on the relevant synergies among the disciplines involved. To this end the prospective architects, urban developers, civil engineers, and surveyors will be concerned not only with the IBA's key themes, but are also expected to pick up on and tackle other topics and issues from the neighbourhood. It is with this practical approach that the UdN endeavours to meet the HCU requirement for new teaching and research concepts.

Learning City and Learning Planning Process: the Transformation of Social Spaces

The UdN intends to become involved in the education and training discussion at the neighbourhood level and thus to make its own contribution to the Learning City. Involvement in the everyday life of the neighbourhood will constitute an investigation of its structural features, providing scope for social, economic, and cultural self-organisation as an important factor in urban life in the future. This sees learning as a process for the assimilation of far-

BUNKER
FACTORY
FOREST BEACH
TRAIN STATION
RIVER BANK
UdN
FAEHRSTEIG
VERING HOEFE
HOUSE IN A PARK
WERDET TEIL DAVON
UNIVERSITÄT DER NACHBARSCHAFTEN

reaching, groundbreaking, and formative skills. In this respect, the UdN is a polyvalent learning institution—it is a laboratory and a building site, as well as a stage, interactive learning space, and community centre. In addition to project events, building processes, applied research on conversions and re-utilisation, *low-budget housing*, and the development of scenario techniques, performance-based location- and situation-specific studies form a cornerstone of the university's work. It is hoped that the research accompanying the practice will contribute to greater understanding in planning. We will perhaps be able to talk of "relational" planning—which is continually extending its own limits and sounding out new opportunities.

An expanded concept of space can therefore be assumed; one that integrates aesthetic, social, and temporal phenomena and dimensions, as well as assimilation processes. The different disciplines have the task of communicating the parameters that enable the processes of self-determination and assimilation in the city. The fact that these processes are situation, location and protagonist-dependent means that new spatial references, as well as socio-economic and cultural opportunities, need to be investigated and negotiated. Only in this way can the urban situation be understood and moulded as a specific spatial system of relationships linked to particular circumstances. This also means that transformation processes cannot be planned externally; they have to be developed from within, through participation.

Space and Performance, Assets as Resources: Enabling Architecture for the Learning City

According to geographers Nigel Thrift and Ash Amin, the performing arts constitute the discipline best suited to presenting and illustrating urban potential. It sees space as a performance-based product. If we therefore assume that space is „relational", that it is the result of action, then we need experts who are familiar with the creation of performance-based situations. We have found just such a partner in the Kulturfabrik (Culture Factory) Kampnagel. We make the assumption that art and culture provide important impulses for a contemporary understanding of occupations and occupational activity.

Performance groups or directors who expand upon established theatrical forms constitute a fundamental feature of the cooperation with the UdN. After all, it is about activating neighbourhoods. The actors work with laymen and experts and, most importantly, they invite the spectators to participate in the formation of reality. The production of space and city is thus made visible, resulting in a rehearsal room for activities in urban contexts and thus for the processes of change.

We also want to develop the research itself using the performance aspect and take it further in the direction of "research into and with action". We are looking at research that is focussed on change and incorporates critical support and consideration of these initiatives for change.

Against this background the term "enabling architecture" incorporates a further conceptual aspect. Its main focus is on creating situations for spatial change processes in which the protagonists are given the opportunity to convert their learning processes into new activities. We understand enabling architecture to be a form of architecture that is focussed less on the building and more on the performance-organisational processes. Design and meaning thus develop as the outcome of a social process that can and should be stimulated.

The work of the UdN is situated neither in a politically neutral sphere nor is it l'art pour l'art. The context is clear: funding for major city landmarks is a thing of the past. Neither will companies or local authorities oblige. Maintaining the "status quo" in architecture and planning is therefore no longer possible. Instead there is an increasing focus on the qualitative aspect, on how to make the best of limited means, how the city's existing resources can be used and activated, and also "enabled." How this enabling, in cooperation with many different parties, could function is what forms the core of the UdN's research.

Kreativer Prozess: die internationale Summer School im umgebauten UdN-Gebäude im Reiherstiegviertel von Wilhelmsburg (August 2009) Creative process: the inte rnational summer school in a converted building in Wilhelmsburg's Reiherstieg district (August 2009)

die kritische Begleitung und Reflexion dieser Veränderungsversuche einbezieht.
Vor diesem Hintergrund spannt der Begriff der Ermöglichungsarchitektur einen weiteren begrifflichen Rahmen auf. Ihr zentrales Anliegen ist es, Situationen für räumliche Veränderungsprozesse zu schaffen, in denen die Akteure die Chance erhalten, ihre Lernprozesse in neue Aktivitäten umzusetzen. Unter Ermöglichungsarchitektur verstehen wir eine Architektur, die sich weniger auf das Objekt fixiert denn auf performativ-organisationale Prozesse bezieht. Gestalt und Bedeutung entstehen so als Ergebnis eines sozialen Prozesses, der angeregt werden soll und kann.
Die Arbeit der UdN ist weder in einem politisch neutralen Raum angesiedelt noch ist sie l'art pour l'art. Der Kontext ist klar: Das Geld für große Zeichen der Stadt ist weg. Es fehlt ebenso in den Unternehmen wie in den Kommunen. Ein „weiter so" kann es deshalb in Architektur und Planung nicht geben. Vielmehr rückt eine qualitative Betrachtung in den Blick, wie mit wenig Mitteln das Meiste entstehen kann, wie vorhandene Ressourcen der Stadt genutzt und aktiviert, aber auch „ermächtigt" werden können. Wie diese Ermöglichung im Zusammenwirken Vieler funktionieren könnte, das ist Kern des Forschens an der UdN.

Vom Experiment zum Prototyp?

Mit ihrer komplexen und experimentellen Zielsetzung ist die UdN ein außergewöhnliches Lehr- und Forschungsprojekt, das fachspezifische Zuständigkeiten und Qualifikationen neu zu bestimmen versucht. Initiiert und reflektiert werden Prozesse, die für die Wissenschafts-, die Stadtentwicklungs-, die Kultur- und auch die Schulbehörde gleichermaßen interessant sind. Im Idealfall löst die UdN konzertierte Aktionen der verschiedenen Politikfelder aus. Die überinstitutionelle finanzielle Förderung der UdN und ihrer Veranstaltungen durch die IBA, die HCU auch mit Studiengeldern ihrer Studierenden sowie die Unterstützung von Seiten privater Unternehmen, gemeinnütziger Vereine oder auch der Nachbarschaft in Wilhelmsburg zeigt, dass sie schon einige Grenzen überschritten hat.
Ein im Nachgang des studentischen Wettbewerbs einberufener Beirat bildet das kritische Organ, das den weiteren Entwicklungsprozess der UdN begleitet. Beteiligt sind zahlreiche, teilweise stadtteilübergreifende Gremien und Institutionen, die es sich zur Aufgabe gemacht haben, die jährliche Neuprogrammierung des Gebäudes und deren Auswirkung auf das direkte Umfeld zu reflektieren.

Arbeitsweisen

Die UdN ist ein Projekt, dessen Programm sich erst schrittweise entfaltet. Wie aber beginnt man ein derart offenes Projekt mit verschiedenen Akteuren? Die Vorbereitung von Verträgen und Vereinbarungen braucht Zeit und Kraft. Für die Transformation und Nutzung des Gebäudes müssen zahlreiche rechtliche und logistische Hürden genommen werden. Und schließlich bedeutet die Vorbereitung und Durchführung der Eröffnungsveranstaltung – quasi auf einer „Baustelle" eine besondere Herausforderung. Die Einbeziehung der Studierenden in diesen Prozess erwies sich als konfliktbeladen, aber auch konstruktiv. Erste Lehrangebote für zukünftige Architekten und Stadtplaner wurden erfolgreich beendet. Dabei mussten Vorgehensweise und Taktung auf spezifische Problemstellungen abgestimmt werden. Mit den Techniken des Dérive, der Exploration und der Expedition versuchten wir zunächst, dem auf die Spur zu kommen, was wir unter dem Begriff der Nachbarschaft verstehen. Die vielfältigen Beobachtungen wurden zu möglichen Aufgabenstellungen verdichtet. Dadurch sollte den Studierenden ermöglicht und auch nahegebracht werden, aus intensiven Erkundungen heraus eigene Interessensgebiete zu erschließen, aus denen sich neue Teilprojekte der UdN herauskristallisieren. Die neuen Studienangebote bauen dann auf den Ergebnissen der vorherigen Generation auf.
Auch die urbanistische Forschung, die allzu häufig rein deskriptive Züge trägt und deshalb der Praxis zu wenig zu sagen hat, suchen wir um den Aspekt der Performanz zu erweitern: Ziel ist eine Forschung im und am Handeln, eine

> Es rückt eine qualitative Betrachtung in den Blick, wie mit wenig Mitteln das Meiste entstehen kann, wie vorhandene Ressourcen der Stadt genutzt und aktiviert, aber auch „ermächtigt" werden können. Wie diese Ermöglichung im Zusammenwirken Vieler funktionieren könnte, das ist Kern des Forschens an der UdN.

From Experiment to Prototype?

Its complex experimental goals make the UdN an extraordinary teaching and research project that is attempting to redefine discipline-specific responsibilities and qualifications. The processes initiated and evaluated are those of equal interest to the academic, urban planning, cultural, and school authorities. In the ideal case the UdN triggers concerted action within the different political spheres. The supra-institutional funding of the UdN and its projects by the IBA, the HCU together with tuition fees from HCU students, as well as support from private companies, non-profit associations, and the Wilhelmsburg neighbourhood as well, shows that it has already transcended a number of boundaries.

The advisory council established by the student competition is the critical body overseeing the UdN's further development. This incorporates a number of bodies and institutions, some of them covering other neighbourhoods as well, which have taken on the task of addressing the annual rearrangement of the building and its impact on its immediate environment.

Modes of Operation

The UdN is a project with an agenda developed on a step-by-step basis. How do you initiate a public project of this nature with different protagonists, though? The drawing up of contracts and agreements takes time and energy. The transformation and use of the building requires numerous legal and logistical hurdles to be overcome. And then the organisation and staging of the opening event on what is, more or less, a building site presents a particular challenge. The involvement of the students in this process brought with it conflict but was also constructive. The first educational programmes for future architects and urban planners have been completed successfully. These required that procedures and timing be adjusted to specific problematic issues. First of all we tried to get to grips with what we understand "neighbourhood" to be, using the techniques of derivation, exploration, and expedition. The diverse observations were consolidated into possible task assignments. This was intended to illustrate to students the possibility of developing their own areas of interest based on intensive investigation, resulting in new UdN subprojects. The new study programmes are then developed on the basis of the results achieved by the previous generation.

Urban research, which all too often exhibits purely descriptive features and, therefore, has little say in practice, is also something we are attempting to develop further using performance. The goal is research into and with action, research that is focussed on change and incorporates critical attention to and evaluation of these change-oriented projects.

Instead there is an increasing focus on the qualitative aspect, on how to make the best of limited means, how the city's existing resources can be used and activated, and also "enabled." How this enabling, in cooperation with many different parties, could function is what forms the core of the UdN's research.

The Building

The re-utilisation of a building is governed by a logic of its own. One of the first requirements is to establish operations and their innovative application. The limited financing available for the transformation of the building means that sponsors need to be found for the construction. Our own work also has to be organised. The scope of the study course, with its focus on workload and credit points, proved to be too narrow for this and so further participants have to be brought on board to ensure the building site operations are done. A solution was found right in the Wilhelmsburg neighbourhood: youngsters in the Gangway association, gaining qualifications between school and employment, take on some of the work and thus become part of the project.

Neighbourhood Party

The UdN was opened in June 2009, with the Neighbourhood Party celebrating both the completion of the first project phase as well as the transition to the next one. The party consolidated four projects: the redesign of the building as a "site office" and three performance-based formats: the Kampnagel performance project "Shivers" by the group "God's Entertainment,"

Forschung, die auf Veränderungen abzielt und die kritische Begleitung und Reflexion dieser Veränderungswünsche einbezieht.

Der Bau

Die Restnutzung eines Gebäudes folgt einer eigenen Logik. Eine erste Anforderung besteht darin, Abläufe zu konzipieren und innovativ zur Anwendung zu bringen. Da für die bauliche Transformation nur begrenzte finanzielle Mittel zur Verfügung stehen, müssen zudem Unterstützer für Bauleistungen gefunden werden. Auch die eigene Arbeitsleistung ist zu organisieren. Dabei erweisen sich die Freiräume von Studiengängen in ihrer Ausrichtung auf Workload und Creditpoints als zu gering. Zur Sicherstellung des Baustellenbetriebs müssen deshalb weitere Akteure gewonnen werden. Eine Lösung eröffnet sich in der unmittelbaren Nachbarschaft Wilhelmsburgs: Jugendliche, die im Verein Gangway e. V. Qualifizierungsprogramme zwischen Schule und Beruf durchlaufen, beteiligen sich an den Arbeiten und werden auf diese Weise Teil des Projekts.

Fest der Nachbarschaften

Mit dem Nachbarschaftsfest wurde die UdN im Juni 2009 eröffnet. Gefeiert wurde sowohl der Abschluss der ersten Arbeitsphase als auch der Übergang in die nächste. Das Fest führte vier Projekte zusammen: die Umgestaltung des Gebäudes als „Bauhütte" und drei performative Formate, das von Kampnagel kuratierte Performanceprojekt „Shivers" der Gruppe God´s Entertainment und die von den Studierenden initiierten und gestalteten Projekte der interkulturellen Küche und der Musikbühne.
Über das Fest der Nachbarschaften ließen sich zahllose Geschichten erzählen: von den Locken des Afro-Ladens, von Wilhelmsburg TV, von einsamen Tanzbands und Knabenchören, Angstschleusen, Strandbars. Von Krankenschwestern, die Tricks zur Angstüberwindung verraten, von einsamen TV-Moderatoren, die sich Cellisten einladen, von Geschäften, die Mitgliedschaften verkaufen an Menschen, die dazugehören wollen.
All das entwickelte sich an diesem Tag aus dem Setting einer performativen Installation, in der Realität und Fiktion, Playback und Teilhabe, Ökonomie und Geschenk ineinander geflossen sind. In jedem der Räume begann eine eigene Geschichte, die Detailfäden des Verlaufes aufnahm und weiter gesponnen hat. Ein dichtes Netz aus Anfängen und Möglichkeiten legte sich so über die Besucher des Nachbarschaftsfests, das zugleich aus ihnen bestand. Angerissene Fäden wurden nicht wirklich verknüpft, die Zuschauer wurden stattdessen selbst zu Akteuren und die Unabschließbarkeit trat in die Installation hinaus: zwischen Bühne und Zuschauerraum war nicht mehr zu trennen. Das Ringen des Darstellers um die eigene Erzählhoheit wurde zu Gunsten eines Aktionsraumes aufgegeben: Da wurden Kontakte geknüpft, Komplizenschaften geschmiedet und eine Impfstelle gegen „Antiismus" eingerichtet. Jugendprojekte, Altersheime, Nachbarschaft und Künstler wurden „angesteckt" – angesteckt von der Idee, das leere Gebäude wieder zu beleben.

Offene Prozesse

Für die nächsten Phasen bis 2013 ist entscheidend, wie die UdN ihren Entwicklungsprozess offen halten und gleichzeitig funktional sichern kann. Es stellt eine der wenigen unumstößlichen Wahrheiten gegenwärtiger Stadtgesellschaft dar, dass uns offene Prozesse gleichermaßen faszinieren wie erschrecken. Spiel und Forschung der UdN ist es, herauszufinden, wie sich diese Offenheit konstruktiv gestalten lässt und welche Form der relationalen Planung daraus zu entwickeln wäre.

Anmerkung

1 Henri Lefèbvre: *Die Revolution der Städte*. Dresden 2003, S. 77.

and the intercultural cuisine and music show projects initiated and arranged by the students. The Neighbourhood Party produced countless highlights: the attractions of the Afro shop, Wilhelmsburg TV, the individual dance bands and boys' choirs, the tunnel of horrors, the beach bars, the nurses with their anti-fear advice, TV presenters hosting cellists, businesses selling memberships to poeple who want to belong to something.
All of this developed that day in a performance-based setting, weaving together reality and fiction, playback and participation, economics and giveaways. Each of the spaces began its own story, the details developing as things went along. A close network of beginnings and opportunities thus linked the Neighbourhood Party's visitors, who at the same time constituted the festival. It was not really a case of mending broken bridges; instead the spectators themselves became actors and finally there was no longer any distinction between the stage and the audience. The actors' sovereignty made way for a sphere of action where contacts were made, complicities initiated, and a vaccination centre against "anti-ism" set up. Youth projects, nursing homes, neighbourhoods, and artists became "infected"—with ideas for reviving the empty building.

Open Processes

The UdN's ability to keep its development process both open and functional will be a decisive factor in the next phases up to 2013. It is one of the hard and fast realities of contemporary urban society that open processes both fascinate and frighten us. It is the UdN's challenge and research task to establish how this openness can be shaped constructively and which form of relational planning could be derived from it.

Note

1 Henri Lefèbvre: *Die Revolution der Städte*. Dresden 2003, p. 77.

ANDREA KNOBLOCH, UTE VORKOEPER

Akademie einer anderen Stadt

Ein Kunstprojekt zu Gast auf den Elbinseln

Die „Akademie einer anderen Stadt“ ist ein Kunstprojekt und keine neue Institution in Hamburg-Wilhelmsburg. Der Elbinsel Sommer 2009 und 2010 der IBA Hamburg spielt mit den Bedeutungen des Begriffs „Akademie“. Er erinnert zum einen an die Akademien der Vergangenheit, die Raum zum Denken, für Forschung und für Unbekanntes boten. Zum anderen aber verstreut sich die „Akademie einer anderen Stadt“ über die Hamburger Elbinseln, die als beispielhaft für die Stadt der Gegenwart, ihre Potenziale und Konfliktfelder gelten können, um offen für alle den (inter-)kulturellen Austausch zu erproben.

Der Dialog zwischen internationaler Kunst und kulturellen Arbeiten aus dem Stadtteil, besonders der direkte Austausch zwischen KünstlerInnen und Menschen von den Elbinseln, sowie alle denkbaren Kooperationen stehen im Zentrum. Die Akademie einer anderen Stadt behandelt Inhalte und erprobt Formate, die die Menschen vor Ort angehen und die woanders nur schwer einen Raum finden. Sie eröffnet überall dort Denk-, Arbeits-, Erfahrungs- und Gesprächsräume, wo sie sich ergeben und gewünscht werden, um zugleich die Aufmerksamkeit an diesen Orten zu sammeln und an sie zu binden. Ziel der Bemühungen ist es, die verborgene, die verdrängte wie die zukünftige Stadt für viele verschiedene Menschen erfahrbar und diskutierbar zu machen.

Zentrales Motto der Akademie einer anderen Stadt ist „Mitwisser gesucht!“ Das kulturelle Wissen und Handeln der Menschen auf den Hamburger Elbinseln bildet den Ausgangspunkt für Aktivitäten und Aktionen, in denen die Rollen von Lehrenden und Lernenden nach Bedarf gewechselt werden können. Auch die Angebote und Formate der Akademie haben sich im Dialog mit BewohnerInnen der Elbinseln entwickelt. So versammelt die Ausstellung „Zeichen von Respekt“ eine Auswahl internationaler Kunst und künstlerischer Projekte aus Schulen und dem Stadtteil, die sich mit dem Leben, Lernen und Handeln in der Stadt befassen. Im September und Oktober 2009 boten Veranstaltungen der „Akademie vor Ort“ die Gelegenheit, besonderes Wissen von den Elbinseln auf Straßen, Plätzen, in Hinterhöfen, Gaststätten und Wohnzimmern oder auf Schiffdecks kennenzulernen. Zum „Sprung zurück über die Elbe“ starten parallel „Akademieausflüge“ in Hamburger Museen. Und das Filmprogramm „Über Glaubenskulturen“, das zusammen mit den Kirchen der Elbinseln entwickelt wurde, lädt zu fünf Filmabenden in verschiedene Kirchen ein.

Noch sind die Aktivitäten in vollem Gange, aber wir können bereits erste Eindrücke geben und Zwischenbilanzen ziehen. 2010 werden die Programme der Akademie schließlich auf der Basis der Erfahrungen von 2009 mit Künstlerworkshops, Projekten im öffentlichen Raum und einem Kongress fortgesetzt.

Andrea Knobloch, Ute Vorkoeper

Mit der Akademie vor Ort

Ankommen ist eine Tätigkeit, die höchste Aufmerksamkeit erfordert. Man trifft auf einen Ort und auf Arten und Weisen seines Gebrauchs, die man zunächst nicht entziffern kann. Man bewegt sich zwischen Sprechen-

ANDREA KNOBLOCH, UTE VORKOEPER

Akademie einer anderen Stadt

An Art Project as a Guest on the Elbe Islands

Der Schriftzug der Akademie an einer Außenwand am Veringkanal in Hamburg-Wilhelmsburg
Academy writing on an exterior wall of the Veringkanal in Hamburg's Wilhelmsburg neighbourhood

den und schon Verstehenden und versucht, gegenwärtig zu bleiben und durch wiederholtes Durchbuchstabieren hinter den Sinn zunächst unsinnig erscheinender Redewendungen und Handlungen zu gelangen. Arbeitsplatz, Schule, Nachbarschaft: Überall trifft man als HinzugekommeneR auf unausgesprochene Vereinbarungen, auf eine gemeinsame Geschichte, auf Erzählungen und Erlebnisse, die Verbindungen herstellen, aber auch Grenzen ziehen. Um solche Grenzen zu überschreiten und teilhaben zu können, muss man anwesend und hartnäckig sein, sich einmischen, die eigenen Geschichten, Erzählungen und Erfahrungen in diesen Ort hineintragen.

Wie kann Kunst, wie kann künstlerisches Handeln in einem Stadtteil ankommen? Die organisatorische Gestalt gegebener Handlungsrahmen für Kunst gibt allzu häufig Bedingungen vor, mit denen es schwer wird, aufmerksam zu bleiben. Projektbudgets und Zeitfenster sind auf detailgenaues Beobachten und Hinterfragen, auf eine entschleunigte Entwicklung von Beziehungen und Ideen nicht eingerichtet. Hektisches Abrufen eingeübter Klischees kann eine Folge sein, das bloße Verwalten von Erfolgsrezepten eine andere. ProjektemacherInnen und darin verwickelte TeilnehmerInnen werden auf diese Weise nur den Anschein grundsätzlicher Auseinandersetzung erzeugen können.

Die Akademie einer anderen Stadt ist als Kunstprojekt zu Gast auf den Elbinseln. Sie könnte hier sogar heimisch werden, weil sie nicht nur für einen Sommer, sondern zunächst einmal für zwei Jahre eingeladen ist, dem Raum zu geben, was Aufmerksamkeit und Sorgfalt braucht, um sich zu entfalten. Wissen und Erkennen verflüchtigen sich in vordergründiger Eile zu beliebiger Information. Das Wissen um einander und das Erkennen des Anderen wachsen in einer ganz eigenen Zeitlichkeit. Im täglichen Geschäft des Zeigens und Vermittelns, der Aktionen und Programme wird es auch darum gehen, gemeinsamen Raum und gemeinsame Zeit für künstlerisches Handeln immer wieder neu zu schaffen und dabei ein Gespür für den besonderen Rhythmus des Alltags auf den Elbinseln zu entwickeln.

Mit der Akademie „vor Ort" zu sein heißt, dem Wissen der neuen Nachbarn nachzugehen und gemeinsam Situationen herzustellen, in denen dieses Wissen über das Private hinaus öffentlich werden kann. Was in jedem einzelnen Fall bedeutet, dem besonderen Anliegen der Beteiligten Raum zu geben, damit es sich entfalten kann. In den Aktionen der „Akademie vor Ort" werden Gäste zu Mitwissern, indem sie sich in Themen und Interessen verwickeln lassen, die die Menschen auf den Elbinseln bewegen und beschäftigen. Die sogenannten „Mitwisser-Aktionen", die am Imbiss, auf der Straße, im Hinterhof, auf dem Schiff oder in der Bar, auf einem Spaziergang, während einer Fahrrad-Tour, beim Tanz oder einem gemeinsamen Essen stattfinden, erzeugen jede auf ihre Weise besondere Momente des Ankommens und der Aufmerksamkeit.

Andrea Knobloch

Zeit und Raum geben. Zur Ausstellung „Zeichen von Respekt"

Geplant war die Ausstellung nicht, als die Akademie einer anderen Stadt in Hamburg-Wilhelmsburg gegründet wurde. Wie alle Programme entwickelte sich die Idee als Antwort auf Kommentare und Wünsche von BewohnerInnen der Elbinseln. Plötzlich erschien das klassische Kunstformat als geeignetes Mittel, um internationaler Kunst im Stadtteil Raum zu geben und zugleich vorhandene kulturelle Aktivitäten sichtbar zu machen. Im September 2009 konnte nun auf über 2000 Quadratmetern internationale zeitgenössische Kunst mit schulischen und stadtteilkulturellen Kunstprojekten in den Dialog kommen. Adressiert wurde damit ein weit gefächertes und heterogenes Publikum. Das leer stehende, verwunschen gelegene Kubi-Center im Wilhelmsburger Reiherstiegviertel bot sich als Ausstellungsort an. Es hat selbst Geschichte im Stadtteil geschrieben als ganz besondere Kulturinstitution, die nun in Teilen durch die Ausstellung lebendig wurde: Da ist der ehemalige Gemeinderaum des „House of Glory", einer afrikanischen Kirche, die heute auf der anderen Seite des Veringkanals zu

Aktion „Mitwisser gesucht!" am Mittagstisch in Uschi's Imbiss, Hamburg-Wilhelmsburg "Mitwisser gesucht!" Accomplice activity at Uschi's Imbiss in Hamburg-Wilhelmsburg

The "Akademie einer anderen Stadt" ("Academy of another City") is an art project and not a new institution in Hamburg's Wilhelmsburg district. "Elbinsel Sommer (Elbe Island Summer)" 2009 and 2010, part of the Internationale Bauaustellung (IBA; International Building Exhibition) Hamburg is playing on the term "academy". On the one hand the Akademie einer anderen Stadt is reminiscent of the academies of the past, which provided scope for thought, for research, and for the unknown. On the other hand, it is spread over Hamburg's Elbe Islands—which can be seen as exemplifying the contemporary city, its potential, and its areas of conflict, in order to be open to trying out all forms of (inter-) cultural exchange.

The focus is on dialogue between international art and neighbourhood cultural projects, particularly the direct exchange between artists and the people of the Elbe Islands, as well as all possible cooperative ventures. The Akademie einer anderen Stadt deals with content and tries out formats that concern the local people and for which there is seldom scope elsewhere. It opens up opportunities for thought, projects, experiences, and discussions wherever they develop and are required, both in order to attract attention to and to focus attention on these places. The goal of these endeavours is to make the hidden, the displaced, along with the future city, tangible topics of discussion for a wide variety of people.

The key motto of the Akademie einer anderen Stadt is "Mitwisser gesucht!" ("Accomplices Wanted!"). The cultural input and other ventures of the people of Hamburg's Elbe Islands form the starting point for activities and projects in which the role of the teachers and the learners can be switched as required. The academy's set-up and its courses have also been developed during dialogue with the Elbe Islands' residents. Hence the "Zeichen von Respekt" ("Signs of Respect") exhibition, compiled a selection of international art and other art-related projects relating to city life, learning, and activity from schools and from the neighbourhood. In September and October 2009 the "Akademie vor Ort" ("On-Site Academy") events provided the opportunity to encounter the particular Elbe Islands input on the streets and squares, in courtyards, restaurants, and living rooms, as well as on board ships. "Akademieausflüge" ("Academy Excursions") to Hamburg's museums are starting parallel to the "Sprung zurück über die Elbe" ("Leap Back over the Elbe") activities. And the film programme "Über Glaubenskulturen" ("About Cultures of Faith"), which has been developed together with the Elbe Islands' churches, is staging five film evenings in different churches.

The activities are still underway but we are already able to gain the first impressions and assess the interim results. The academy's programmes will then be continued in 2010, on the basis of the experience gained in 2009, with artists' workshops, public space projects, and a conference.

Andrea Knobloch, Ute Vorkoeper

At the Akademie vor Ort

Arriving is an activity requiring the highest degree of attentiveness. You encounter a place with ways and practices that you are initially unable to decipher. You move about among

finden ist. Im modrig feuchten Erdgeschoss sind die Reste eines türkischen Hochzeitssaals zu erkennen, anderswo im Gebäude war ein russischer Kulturverein angesiedelt, daneben eine Fahrschule und diverse Kleinunternehmen. Man erzählt, dass hier Menschen ohne Pass Unterkunft gefunden haben und man munkelt, dass auch illegale Geschäfte abgewickelt wurden. Nach der Räumung standen die Gebäude lange leer und warten heute auf einen Neuanfang. Dieser Zustand zwischen einer bewegten Vergangenheit und einer ungewissen Zukunft entspricht den Arbeiten der Ausstellung „Zeichen von Respekt".

Auch der Titel ergab sich in Gesprächen mit BewohnerInnen der Elbinseln. Es scheint so, als ob die meisten der alten und neuen Probleme vor Ort einem Mangel an Respekt geschuldet seien, einem Mangel an Rücksichtnahme und an Aufmerksamkeit für diejenigen, die weder Geld noch Stimme haben, noch die Sprache sprechen, um sich wirkungsvoll und lautstark zu Wort melden zu können. Die Vernachlässigung des Stadtteils durch die Politik über die vergangenen 40 Jahre spricht genauso davon wie alle vorschnellen Aufwertungsversuche bis heute. Ernstes Engagement braucht viel Zeit und offene Ohren. Der Titel ist deshalb auch gesetzt, um für mehr Ausdauer und Dialogbereitschaft auf allen Seiten zu werben. Respekt kann es nur dort geben, wo nicht alles gleich gemacht ist und wird. Dort, wo man auf die anderen als andere hört, ihnen zuhört, ihnen Raum und Zeit gibt.

Die Ausstellung macht ein solches Raum- und Zeitangebot. Es ist ein Angebot ohne jede Forderung. Denn hier finden sich keine Anleitungen zum Respekt, sondern es werden Spuren, Anzeichen und Beispiele von respektvollem Handeln sichtbar und erfahrbar. Alle Ausstellungsbeiträge zeugen von einer besonderen Aufmerksamkeit für andere und das Fremde. Ingesamt haben wir 24 Arbeiten und Projekte von KünstlerInnen aus aller Welt und aus verschiedenen Hamburger Stadtteilen eingeladen, die sich mit Migrationserfahrungen, der Frage nach der eigenen kulturellen Identität, dem Leben mit und in mehreren Sprachen, der Sichtbarkeit oder Unsichtbarkeit eigener Traditionen und Versuchen beschäftigen, Öffentlichkeit für Fragen und Konflikte herzustellen.

Es geht um das, was die Menschen in der Stadt der Gegenwart beschäftigt, was sie verunsichert, aber auch das, was sie auszeichnet, was sie wünschen und vorleben, was eine andere, vielleicht bessere Zukunft verspricht. So sind Abschied, Aufbruch, Ankommen im Ungewissen, Daneben- oder Dazwischenstehen Erfahrungen, die – deutsche und nicht-deutsche – MigrantInnen in großen Städten schon immer teilten und teilen. Davon berichtet auch die Wandzeichnung von Katrin Ströbel auf der Fototapete des „House of Glory": Menschen fahren mit kaum verkehrstauglichen Bussen einem ungewissen Schicksal entgegen und proklamieren deutlich ihren Glauben. Der Bus, den Katrin Ströbel in Lagos gesehen und als Zeichnung nach Deutschland importiert hat, bittet lautstark um eine überweltliche Versicherung für die unsichere Reise.

Als Beitrag zum Dialog ist Esra Ersens Installation *If you could speak Swedish* zu verstehen. Die MigrantInnen, die ihre Gedanken vor der Videokamera auf Schwedisch vortragen, sagen das,

Katrin Ströbel, *Destiny*, 2009, courtesy Katrin Ströbel
Katrin Ströbel, *Destiny*, 2009, courtesy of Katrin Ströbel

Im ehemaligen Kubi-Center wurde die Ausstellung „Zeichen von Respekt" gezeigt. The "Zeichen von Respekt" exhibition was on display in the former Kubi-Center.

speakers of the native language and those who can already understand them and you try to keep up and, with repeated renderings, make sense of what are at first seemingly meaningless expressions and actions. Work place, school, neighbourhood: as a newcomer you encounter everywhere unspoken agreements, a common history, stories and experiences, all of which establish links but also form boundaries. In order to be able to cross such boundaries and to be able to participate, you have to be present and persistent, you have to mix and bring your own history, stories, and experiences to this place.

How can art, artistic activities, arrive in a neighbourhood? The organisational format of existing frameworks for experiencing art frequently provide conditions that make it difficult to remain attentive. Project budgets and timeframes are not focused on detailed observation and questioning, or on the leisurely development of relationships and ideas. The instant recourse to worn-out clichés can be one consequence; just dispensing recipes for success another. Project organisers and the participants involved will only be able to achieve a semblance of fundamental interaction if they bear all this in mind.

The Akademie einer anderen Stadt art project is a guest on the Elbe Islands. It may yet find a home here because it has been invited not just for one summer but for an initial two years, to provide the scope for what requires care and attention to develop. In superficial haste, knowledge and recognition evaporate into arbitrary information. Knowledge of one another and recognition of others grow at their own tempo.

The daily business of demonstrating and communicating, activities and programmes, is about constantly recreating a common space and shared time for artistic activity, while developing a feel for the special everyday rhythm of the Elbe Islands.

Involvement with the on-site academy means pursuing the new neighbours' knowledge and creating joint situations in which this knowledge can extend beyond the personal to become public. In each instance this means giving each individual case the freedom to be able to develop.

With the Akademie vor Ort activities the guests become accomplices by getting involved in issues and interests that matter to and concern the people of the Elbe Islands. In their own way each of the so-called "Mitwisser-Aktionen" ("Accomplice Activities"), taking place at kiosks, on the streets, in courtyards, on ships, or in bars, on walks, during a bike tour, while dancing, or at joint meals produces special moments of arrival and attentiveness.

Andrea Knobloch

Providing Time and Scope. The "Zeichen von Respekt" Exhibition

This exhibition was not part of the planning at the time the Akademie einer anderen Stadt was established in Hamburg's Wilhelmsburg district. Like all of the programmes, the idea developed as a response to comments and requests by residents of the Elbe Islands. The classic art format suddenly seemed to be a suitable means for providing space for international art in the neighbourhood as well as making existing cultural activities visible. Contemporary international artworks, with school and neighbourhood cultural art projects, covering 2000 square metres, came under discussion in September 2009, addressing a very diverse and heterogeneous public.

The empty, but enchanting, Kubi-Center in Wilhelmsburg's Reiherstieg district proved to be the ideal exhibition location. It features in the neighbourhood's history books as a very special cultural institution, part of which has now been brought to life through the exhibition: the former common room of the "House of Glory," an African church now located on the other side of the Veringkanal. The remains of a Turkish wedding hall can still be seen on the musty, damp ground floor, while other parts of the building used to house a Russian cultural association, a driving school, and a variety of small businesses. It is said that people without passports found lodgings here; rumour speaks of illegal activities. After being cleared, the buildings have stood empty for a long time, waiting for a new beginning. This state–

was sonst nicht mitteilbar ist, wenn man in einem fremden Land und in einer anderen als der eigenen Sprache ankommt und alles plötzlich nur noch gebrochen und einfach sagen kann. Unsagbar werden alle feineren Gedankengänge, die Fülle der eigenen Geschichte und die Tiefe der Sehnsüchte. Sie haben – stellvertretend für alle anderen, die diese Erfahrung kennen –, Zeit und Raum bekommen, um diese Zwischentöne in einer fremden Sprache mitzuteilen.

Die Schwere des Abschieds und des Aufbruchs ins Unbekannte demonstriert auch Marina Lindemann in ihrer Installation *20 kg*. Sie wiederholt den Entscheidungsprozess bei ihrer Übersiedelung von Russland nach Deutschland. Mehrfach hatte sie 1998 ihr Fluggepäck daraufhin gesichtet, welche Dinge da bleiben und welche mitkommen sollten. Der schwere Koffer in der Raummitte macht das Gewicht und die Endgültigkeit dieser Entscheidungen physisch erfahrbar.

Während Dorothea Carl einen Dokumentarfilm im Raum ausgebreitet hat, in dem sieben MigrantInnen aus Hamburg über ihr teilweise äußerst zerrissenes Leben *in zwischenwelten* und von ihren Wünschen berichten, übersetzt Olafur Gislason die Geschichten von außereuropäischen MigrantInnen in eine begehbare Raumskulptur. Betritt man sie, wird man zum Teil ihrer bewegenden Geschichten, zum Mitteilenden oder Übermittler von Botschaften, die von den BesucherInnen in die Welt getragen werden.

Ein Wunsch vor allem junger Menschen ist es, einen eigenen Raum und eine eigene Zeit zu gewinnen. Eindrucksvoll zeigen dies die SchülerInnen der Gesamtschule Wilhelmsburg, die voller Engagement und Selbstbewusstsein zusammen mit ihrer Lehrerin Gundi Wiemer einen Raum unter dem Stichwort *Wir hier!* gestaltet haben. In einer explosiven Farbinstallation sind die Arbeiten ihrer MitschülerInnen aus dem vergangenen Jahr zusammengestellt, in dem es um Demokratie und die Frage der – sichtbaren und lautstarken – Selbstäußerung in Büchern und Bildern ging.

Wie aber lassen sich Räume im Stadtraum reklamieren? Darauf gibt Thomas Wiczak eine ebenso einfache wie auffällige Antwort: Eine zwei Kilometer lange, groß gestrichelte weiße Schnittnaht, unterbrochen von riesigen Scheren zieht sich am Zollzaun des Freihafens entlang. Sie verdoppelt die Abgeschnittenheit der Elbinseln und ruft zugleich zum Öffnen der Grenze auf, die den BewohnerInnen Wilhelmsburgs bislang den Zugang zum Spreehafen verwehrt.

Andere Arbeiten thematisieren die vielfältigen Sprachen der Stadt. Sie nähern sich der eigenen und den fremden Sprachen und dem Spracherwerb mal experimentell, mal analytisch, mal amüsiert kritisch. So führt die New Yorker Künstlerin Nina Katchadourian die Eigenart und Unübertragbarkeit von Akzent am Beispiel der verwickelten Herkunfts- und Sprachgeschichte ihrer eigenen Familie vor Augen. Gemeinsam mit ihren Eltern hat sie Sitzungen bei einem Akzent-Eliminierer genommen, der den Eltern den amerikanischen Akzent der Tochter und der Tochter die Akzente ihrer Eltern beizubringen versuchte.

Rainer Ganahls Langzeitprojekt *Basic Chinese* zeigt Ergebnisse seiner Chinesisch-Lernversuche von der Straße. Chinesisch ist, laut Ganahl, die Weltsprache schlechthin, weil es überall auf

Marina Lindemann, *20 kg*, Installation, 2009
Marina Lindemann, *20 kg*, montage, 2009

Olafur Gislason, *Träumen in Hannover*, Rauminstallation, 2002/2009 Olafur Gislason, *Träumen in Hannover* ("Dreams in Hannover"), room montage, 2002/2009

between a tumultuous past and an uncertain future—echoes the projects associated with the "Zeichen von Respekt" exhibition.

The exhibition title is derived from discussions with Elbe Islands residents. It appears that the majority of the old and new problems locally are due to a lack of respect, a lack of consideration and attentiveness with regard to those who have neither money nor a voice, who do not speak a language in which they are able to make themselves heard effectively. The political neglect of the neighbourhood over the last forty years speaks as loudly as all the hasty upgrading attempts to date. Genuine commitment takes a great deal of time and an open ear. The exhibition title has therefore also been chosen as an appeal for greater perseverance and readiness for dialogue on all sides. Respect is able to exist only where things are not reduced to uniformity, where people hear and listen to one another, where they give each other space and time.

Just such time and space is provided by the exhibition, which makes no demands at all, for it contains no instructions with regard to respect. Instead it makes traces, indicators, and examples of respectful action tangible and visible. All of the exhibition's components are testimony to particular attention paid to others and to strangers. We have invited a total of twenty-four works and projects by artists—from all over the world and from different neighbourhoods in Hamburg—who are concerned with migration experiences, the question of their own cultural identity, living with and in several languages, the visibility or the invisibility of one's own traditions and endeavours, in order to create an openness for questions—and conflict.

The exhibition is about what concerns people in the contemporary city, what makes them insecure, as well as what makes them stand out, their aspirations and examples, promising another, possibly better, future. Thus farewells, departure, arriving in the unknown, being outsiders or misfits, are experiences that migrants—both German and non-German—in large cities share and have always shared. This is also the subject of the mural drawing by Katrin Ströbel on the photo display in the "House of Glory": people travelling in barely roadworthy buses towards an uncertain fate, while clearly proclaiming their faith. The bus that Katrin Ströbel saw in Lagos and exported to Germany as a drawing is a vociferous call for transcendent insurance for the unsafe journey.

Esra Ersen's montage entitled *If you could speak Swedish* is a contribution to the dialogue. The migrants voicing their thoughts in Swedish in front of the video camera express what is not otherwise communicable when arriving in a foreign country with a language other than one's own, where suddenly everything can be said only brokenly and simply. More sophisticated thoughts, the wealth of details making up one's story, and the depth of one's aspirations, all become unspeakable. Acting on behalf of all of those who have undergone this experience, the participants have been given the scope and the time to communicate these nuances in a foreign language.

The burden of farewells and of departure for the unknown is also demonstrated by Marina Lindemann in her montage *20 kg*. She repeats the decision making process during her relocation from Russia to Germany. In 1998 she went through her luggage several times before the flight, deciding which things were to stay and which she was to take with her. The heavy suitcase in the middle of the room makes tangible the weight and the finality of these decisions. While Dorothea Carl has released a documentary in which seven migrants from Hamburg tell of their sometimes very unsettled lives *in zwischenwelten* ("in-between worlds") and of their aspirations, Olafur Gislason translates the stories of non-European migrants into a walk-in spatial sculpture. Entering it means becoming part of their poignant stories, a communicator or conveyor of messages that are carried out into the world by the visitors.

It is an aspiration of all young people to be able to acquire their own space and their own time. An impressive illustration of this has been provided by the pupils of the Wilhelmsburg comprehensive school who, with tremendous commitment and self-confidence,

Gundi Wiemer und SchülerInnen der Gesamtschule Wilhelmsburg, *Wir hier!*, Rauminstallation mit Bildern und Büchern, 2009 Gundi Wiemer and the pupils of the Wilhelmsburg comprehensive school, Wir hier! ("Us Here!"), room montage with images and books, 2009

der Welt gesprochen wird. Im Ausstellungsraum hält er auf Chinesisch eine ketzerische Rede zur Weltwirtschaftskrise, die mit dem Bekenntnis endet, dass er, der österreichische Wahl-New-Yorker, selbst gern Chinese wäre. Hier wird die zunehmende Konfusion der globalen Sprachräume auf die Wirtschaftsräume ausgedehnt. Deutschland ist allerdings noch meilenweit entfernt von derlei Konfusionen. Christine Lemkes Powerpoint-Präsentation, die Bilder aus aktuellen Deutschlehrbüchern zeigt, erschreckt durch die eindeutigen Bild- und Textzuordnungen. Ambivalenzen und Doppeldeutigkeiten werden nicht zugelassen bei der Vorstellung von Verschiedenheit. Jede Nation und ethnische Gruppe wird durch altbekannte Symbole repräsentiert – und selbst Emanzipation und Multikulti geraten hier zum Klischee.

Dass Klischees aufgebrochen werden können, beweisen daneben SchülerInnen der Gesamtschule Mümmelmannsberg in einem schnell geschnittenen Film, der unter Anleitung von FilmemacherInnen der Kurzfilmschule Hamburg entstanden ist. Er korrigiert in einer Mischung aus Dokusoap und Kurzfilm die inkriminierende Berichterstattung über ihren Stadtteil in den öffentlichen Medien.

Am Ende aber geraten die Dinge dann doch in Bewegung. Tanz ist die Zauberformel von Andrea Knobloch. Sie erinnert daran, wie sich insbesondere Frauen zu Anfang des letzten Jahrhunderts tanzend Bewegungsfreiräume in der Stadt eroberten. Und in Nevin Aladags Tanzvideo *Familie Tezcan* wird der Dialog der Kulturen plötzlich leicht und beschwingend. Die ganze Familie tanzt gleich souverän zu Hiphop, Disco und kurdischer Volksmusik und es öffnet sich ein Tanzraum, der Mut für die gemeinsame Zukunft in der interkulturellen Gesellschaft macht.

Thomas Köner verlängert schließlich die überall ähnlich flüchtigen Spuren von Menschen in Peripherien und macht aus winzigen, beiläufigen Augenblicken kleine Ewigkeiten, die ihre BetrachterInnen durch suggestive Klänge gefangen nehmen. Dies zeugt ebenso von Respekt für diejenigen, die vorüber gehen und im nächsten Moment entschwunden sind, wie die Sammlung von Antworten im Raum der Ideen. Über Monate haben Andrea Knobloch und Sofie Olbers mit dem „Wandernden Akademiebüro" die Menschen um Antworten auf Fragen gebeten wie: Warum bin ich ich und nicht du? Was ist das Gesetz? Wann fürchtest du dich vor dir? Was ist fremd an dir? Glaubst du an Revolutionen? Die Ausstellung zeigt nun ihre vielfältigen, oft fein philosophischen Antworten als ein „Zeichen von Respekt" für das Denken und Wissen derer, die meist namenlos bleiben.

Zeit und Raum haben/geben/nehmen ist in dieser Ausstellung nirgends als Geste oder Handlungskonzept vorgestellt, sondern es wird auf verschiedene Weise Wirklichkeit. Und es überträgt sich auf die BetrachterInnen.

Man könnte es auch so sagen: „Zeichen von Respekt" zeigt Kunst, die vielfältig wirklich, das heißt wirksam wird, deren Botschaften aus der Wirklichkeit kommen und die in die Wirklichkeit ihrer BetrachterInnen zurück wirkt, in ihrem Leben fort wirkt.

Ute Vorkoeper

Thomas Wiczak, *Zaun*, 2009. Das Wandfarbbild am Freihafenzaun erstreckt sich über 2000 Meter.
Thomas Wiczak, *Zaun* ("Fence"), 2009. The coloured wall image on the free port fence extends over 2000 metres.

Nevin Aladag, Stills aus dem Video *Familie Tezcan*, 2001, courtesy Nevin Aladag Nevin Aladag, stills from the video *Familie Tezcan*, 2001, courtesy of Nevin Aladag

have designed a space based on the motto *Wir hier!* ("Us here!"), together with their teacher Gundi Wiemer. They have compiled the work of their school friends over the last year into an explosive colour montage dealing with democracy and the issue of—visible and vocal—self-expression in books and images.

But how can city spaces be reclaimed? Thomas Wiczak has an answer that is both simple and extraordinary: a two kilometre long incision marked with large white dots, cut by a giant pair of scissors, extends for this length along the customs barrier of the free port. It reiterates the segregation of the Elbe Islands, as well as calling for the opening of the barrier that has to date denied the residents of Wilhelmsburg access to the Spreehafen.

Other projects deal with the city's diverse languages. Their approaches to their own and to foreign languages, as well as to language learning, are sometimes experimental, at times analytical, sometimes critical. The New York artist Nina Katchadourian illustrates the peculiarity and non-transferability of accent using the convoluted story of her own family's origins and language as an example. With her parents, she attended sessions with an accent eliminator, who attempted to teach the parents their daughter's American accent and the daughter the parents' accent.

Rainer Ganahl's long-term project *Basic Chinese* exhibits the results of his attempts at learning Chinese on the street. According to Ganahl, Chinese is the global language because it is spoken all over the world. In the exhibition room he gives a heretical speech in Chinese on the global economic crisis, ending with the admission that he himself, as an Austrian living in New York, would like to be Chinese. Here the increasing confusion of the global language sphere is extended to the field of economics.

Germany remains far removed from such confusions, however. The very clear image and text categorisation in Christine Lemke's PowerPoint presentation of images from current German textbooks is shocking. This concept of diversity makes no allowance for ambivalence and ambiguity. Each nation and ethnic group is represented by well-known symbols—and even emancipation and the multicultural are rendered as clichés here.

The fact that clichés can be dismantled is demonstrated by the pupils of the Mümmelmannsberg comprehensive school in a briskly edited film made under the guidance of filmmakers from the short film college in Hamburg. Using a combination of reality television and short film, it corrects the incriminating reporting on their neighbourhood in the public media.

Things do get moving at the end, though. Dance is the magic formula used by Andrea Knobloch. She reminds us of how, at the beginning of the last century, women in particular used dance to take possession of city space to gain freedom of movement. And in Nevin Aladag's dance

Akademie einer anderen Stadt, Aktion „Märchen auf dem Markt" mit Olaf Steinl im „Wandernden Akademiebüro" am Stübenplatz in Hamburg-Wilhelmsburg.
Academy of another City: the "Fairytale Market" project with Olaf Steinl in the mobile academy office at the Stübenplatz in Hamburg's Wilhelmsburg neighbourhood

video *Familie Tezcan* ("The Tezcan Family") the dialogue of the cultures suddenly becomes ethereal and exhilarating. The whole family dances to hip hop, disco, and Kurdish folk music with equal skill and a dance space opens up, providing encouragement for a joint future in the intercultural society.
Finally, Thomas Köner prolongs the similarly fleeting traces of people on peripheries and turns tiny, incidental moments into mini-eternities, captured by observers through suggestive sounds. Like the compilation of answers in the "Raum der Ideen" ("room of ideas"), this indicates respect for those who appear in passing and vanish again a moment later. Andrea Knobloch and Sofie Olbers spent months with the "Wanderndes Akademiebüro" ("mobile academy office"), asking people for their responses to questions such as: Why am I me and not you? What is the law? When are you afraid of yourself? What is foreign about you? Do you believe in revolutions? The exhibition now portrays their varied, often subtly philosophical answers as a "Zeichen von Respekt" for the thoughts and input of those who generally remain nameless.

Nowhere in this exhibition is having/giving/taking time and space presented as a mere gesture or action plan, but they become reality in a variety of ways. And this is carried over to the observers. You could also say that "Zeichen von Respekt" presents art that becomes real in a variety of ways (meaning that it becomes effective); its messages derive from reality and impact on the realities of its observers, continuing to exert influence on their lives.

Ute Vorkoeper

Fragen und Antworten im „Raum der Ideen" in der Ausstellung „Zeichen von Respekt". Questions and answers in the "Raum der Ideen" in the „Zeichen von Respekt" exhibition

JÜRGEN DEGE-RÜGER

Gut zu wissen

Querschnittsprojekt der IBA Hamburg – die „Bildungsoffensive Elbinseln"

Metropolen wie Hamburg stellen sich der Frage, wie eine immer internationaler werdende Stadtgesellschaft mit ihren Potenzialen, aber auch mit ihren Spannungen optimal umgehen kann. Entscheidend wird dabei die Gestaltung des Zugangs zu Wissen und der Umgang mit der vorhandenen Vielfalt der Kompetenzen, nicht so sehr der Defizite sein. Wissen wird auch auf den Elbinseln zur Schlüsselressource, und Bildung wird zur Bedingung für die Teilhabe am gesellschaftlichen Leben. Schulen in ihrem kommunalen Verbund müssen hier und überall die Zukunftswerkstätten einer Wissens- und Ideengesellschaft werden.

Was bedeutet „Gut zu wissen" in der modernen Gesellschaft des 21. Jahrhunderts? Geht es um einen bestimmten Kanon an Informationen, geht es also um „Bildung", in der ein definiertes Spektrum an Werten „gelehrt" wird?

Der Bildungsbegriff ist allzu häufig entweder an so etwas wie eine (Heils-)Lehre, zum Beispiel für Demokratie, für Soziales usw. geknüpft oder beschränkt sich auf Schulen. Oft lässt er die ganz erheblichen Bereiche der non-formalen und informellen Bildung außer Acht. Die non-formale (offene) Bildung findet beispielsweise in den Häusern der Jugend, den Kitas oder in der Erwachsenenbildung („Lebenslanges Lernen") statt. Relevantes gesellschaftliches Wissen wird auch durch die (individuelle) Nutzung der Medien und sogar in sozialen Räumen wie Kneipen erworben. Hierbei handelt es sich dann um informelle Bildung.

In der Wissens- und Ideengesellschaft geht es längst nicht mehr darum, einen irgendwie definierten Kanon an Wissen zu lernen und zu lehren, sondern vielmehr darum, das Lernen zu organisieren. Wichtig ist das Entdecken, das Suchen, die Gestaltung, also möglichst die Organisation von offenen (Lern-)Räumen. Es geht weniger um feste Lehrpläne, sondern um die Öffnung von Schulen, die noch als allzu geschlossene Anstalten, mit Lehrern als einzigen Wissensvermittlern, fungieren. Das Ziel sollte die Schaffung von Orten der Vielfalt in der Kosmopolis sein, also der internationalen Gesellschaft in den Städten, die sich stets neu gestalten, die selbst lernende Orte sind. Manche Schulen haben sich längst auf den Weg gemacht.

Bildungsoffensive Elbinseln – Schule als „Anstalt" hat ausgedient

In diesem Sinne braucht es auf den Elbinseln eine Offensive für die Bildung – es braucht die Bildung einer (Bildungs- oder Lern-)Landschaft. Die Internationale Bauausstellung Hamburg stellt sich, gemeinsam mit Vertretern aller zentralen Fachbehörden und der regionalen Bezirksverwaltung, in einem Modellprojekt der Herausforderung, die Stadtplanung mit der Planung für Bildungs- und Beratungsarbeit aller vorhandenen Einrichtungen zu verbinden. Bildung wird hier als ein Standortfaktor diskutiert, der für die Entwicklung der (lernenden) Metropole ernst genommen und gemeinsam weiterentwickelt werden soll. Die Zivilgesellschaft braucht auf den Elbinseln und darüber hinaus die Gesamtheit aller Bildungsarten und Orte, derer sie verschiedene hat, in einem regionalen Verbund, als systematisch vernetztes System. Die Sicht-

Das Haus der Projekte (Architekten: studio NL-D): Verknüpfung von Berufsvorbereitung, Weiterbildung und aktiver Freizeitgestaltung. The "Haus der Projekte" (Architects: studio NL-D) is linking employment preparation, further training, and active recreational activites.

JÜRGEN DEGE-RÜGER

Good to Know

The "Bildungsoffensive Elbinseln"—A Model Project by the IBA Hamburg

Major cities such as Hamburg are faced with the challenge of how an increasingly international urban society can best deal with both its potentials and its tensions. What is key is the kind of access to education and exposure to the diversity of skills available, rather than concentrating on deficits. Knowledge is becoming a key resource on the Elbe Islands, with education a condition for participation in society. Here, as everywhere else, schools and their municipal networks need to develop into the future workshops of a knowledge and ideas based community.

What does "good to know" mean in modern, twenty-first century society? Is it a specific

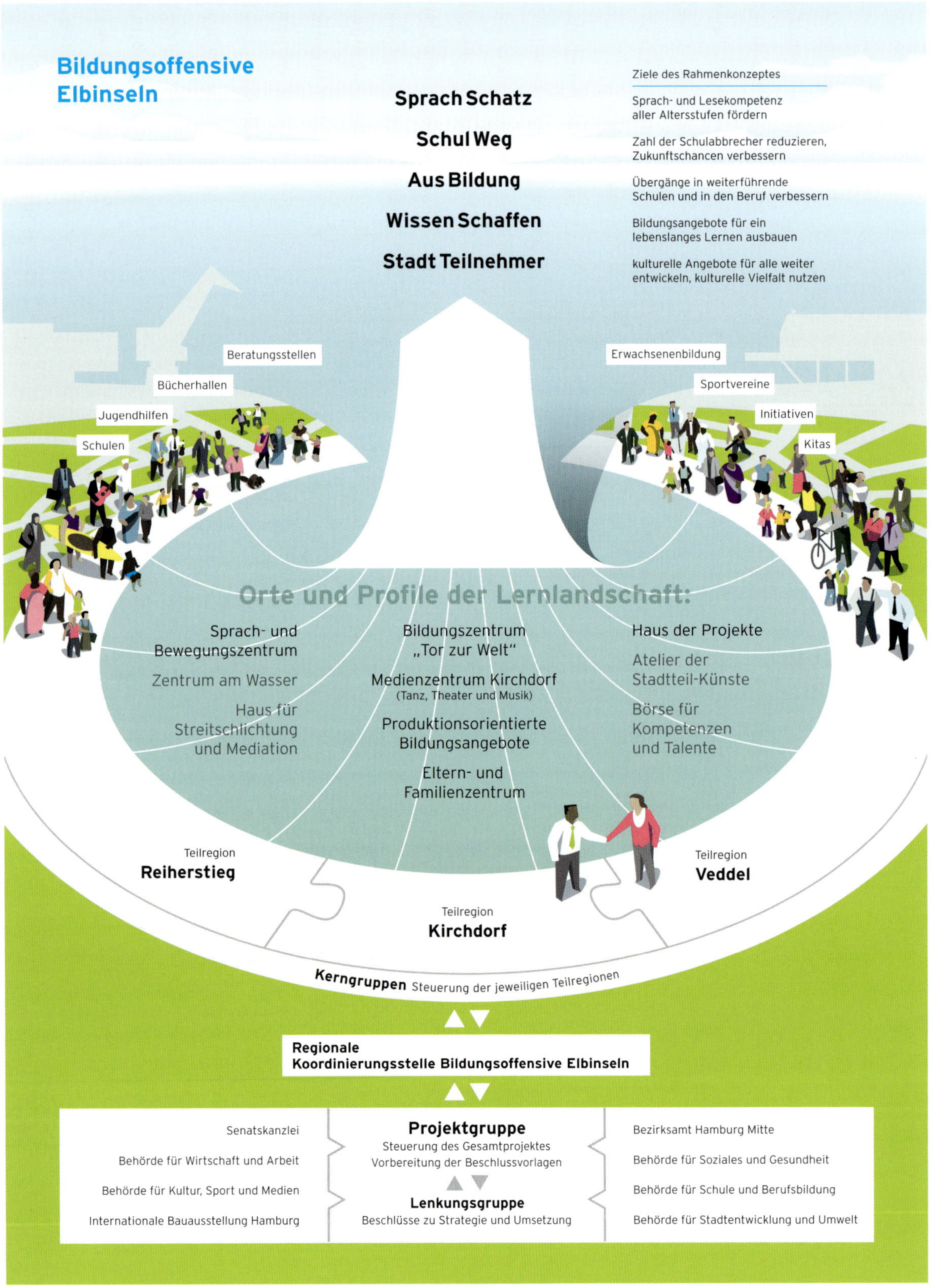
Bildungsoffensive Elbinseln
Sprach Schatz
Schul Weg
Aus Bildung
Wissen Schaffen
Stadt Teilnehmer
Ziele des Rahmenkonzeptes
Sprach- und Lesekompetenz aller Altersstufen fördern
Zahl der Schulabbrecher reduzieren, Zukunftschancen verbessern
Übergänge in weiterführende Schulen und in den Beruf verbessern
Bildungsangebote für ein lebenslanges Lernen ausbauen
kulturelle Angebote für alle weiter entwickeln, kulturelle Vielfalt nutzen
Beratungsstellen
Bücherhallen
Jugendhilfen
Schulen
Erwachsenenbildung
Sportvereine
Initiativen
Kitas
Orte und Profile der Lernlandschaft:
Sprach- und Bewegungszentrum
Zentrum am Wasser
Haus für Streitschlichtung und Mediation
Bildungszentrum „Tor zur Welt“
Medienzentrum Kirchdorf (Tanz, Theater und Musik)
Produktionsorientierte Bildungsangebote
Eltern- und Familienzentrum
Haus der Projekte
Atelier der Stadtteil-Künste
Börse für Kompetenzen und Talente
Teilregion Reiherstieg
Teilregion Kirchdorf
Teilregion Veddel
Kerngruppen Steuerung der jeweiligen Teilregionen
Regionale Koordinierungsstelle Bildungsoffensive Elbinseln
Senatskanzlei
Behörde für Wirtschaft und Arbeit
Behörde für Kultur, Sport und Medien
Internationale Bauausstellung Hamburg
Projektgruppe
Steuerung des Gesamtprojektes
Vorbereitung der Beschlussvorlagen
Lenkungsgruppe
Beschlüsse zu Strategie und Umsetzung
Bezirksamt Hamburg Mitte
Behörde für Soziales und Gesundheit
Behörde für Schule und Berufsbildung
Behörde für Stadtentwicklung und Umwelt

canon of information, and, therefore, about "education," within which a defined spectrum of values is "taught"?

Educational ideas are all too frequently associated either with something resembling a (salvationist) doctrine, for instance democracy, social activism, etc., or else are limited to schools. They often disregard the very considerable areas of non-formal and informal education. Non-formal (open) education takes place, for example, in youth centres, day-care centres, or in adult education programmes (like "Life-long Learning"). Relevant social skills are also acquired via (individual) media use and even venues such as bars. This is what is known as informal education.

The knowledge- and ideas-based society is no longer about learning and teaching a certain defined canon of knowledge, but rather about organising learning. What is important is the discovery, the search, the structuring, ideally the arrangement of open (learning) areas. It is less about fixed curricula and more a question of opening up schools—these still function too much as closed institutions with teachers the only agents of knowledge. The goal should be the creation of diverse locations within the "Cosmopolis" (i.e., international urban society), places that constantly reinvent themselves and are themselves places that learn. Some schools have long since started down this road.

The "Bildungsoffensive Elbinseln"—The School as "Institution" is Obsolete

It is in this sense that the Elbe Islands need an education offensive—what is required is the education of a (learning or education) landscape. With a model project involving representatives of all the central sector agencies and the regional authorities, the Internationale Bauausstellung (International Building Exhibition; IBA) Hamburg has taken on the challenge of linking urban planning with all the existing facilities' educational and advisory work planning. Here, education is discussed as a location factor, which ought to be taken seriously for the evolution of the (learning) city, with the two developed further together. On the Elbe Islands and beyond, civil society needs the entirety of the varied forms of education and locations—as a systematically linked system, in a regional network. The participants and those in charge need to adopt a perspective that is no longer sectoral but integral. In other words: a paradigm shift is required, away from an emphasis on the competencies of the individual facilities and towards an all-inclusive, primary responsibility for children, young people, and residents in terms of thought, planning, and action. Instead of what is frequently a parallel existence, they all need a creative network working within changed structures to achieve common goals. Striving for goals fosters the development of synergies of substance and of effective consensus—for which Wilhelmsburg does not need any new or old temples of education, but rather a landscape that is an urban melting pot for skills development. Within an education landscape the facilities learn independently from the (formerly sovereign) headquarters and they also increasingly manage themselves. Networks also have the tendency to enable other power structures, in the sense of decentralisation, openness, and expansion without restrictive hierarchies.[1]

Accordingly, the "Bildungsoffensive Elbinseln" (Elbe Island Education Drive; BOE) concept can be expressed in the term "Elbinselpädagogik" (Elbe Island Education): "The whole of an island is needed to raise a child." This sentence also draws on the ideas and models of the influential educational reformer Paulo Freire, who, in unison with the planners of urban infrastructures in São Paulo (Brazil), talks of the "child-raising city" having established and propagated social networks and educational centres from theatres to libraries and even the school bakery.

It is in this sense that schools are obsolete as institutions. Following some two years of conceptual and networking efforts within the BOE, the seventeen school bodies on the Elbe Islands increasingly see themselves as part of the district, as members of the educational and

weise der Verantwortlichen und der Akteure darf nicht mehr sektoral sein, sie muss integral werden. Anders gesagt: Man braucht einen Paradigmenwechsel weg von einer Betonung der Zuständigkeit der einzelnen Einrichtung hin zur alle verbindenden, primären Verantwortung für die Kinder, Jugendlichen und Bewohner im Denken, Planen und im Handeln. Alle brauchen statt des häufigen Nebeneinanders ein kreatives und in veränderten Strukturen arbeitendes Netz zur Erreichung gemeinsamer Ziele. Das Ringen um Ziele dient der Entwicklung von inhaltlichen Synergien und von wirkungsvollem Konsens – dafür braucht Wilhelmsburg keine neuen oder alten Bildungstempel, sondern eine Landschaft, die ein städtischer Schmelztiegel zur Entfaltung von Kompetenzen ist. In einer Bildungslandschaft lernen Einrichtungen selbstständig von der (ehemals hoheitlichen) Zentrale und sie verwalten sich auch immer weitgehender selbst. So ermöglichen Netzwerke tendenziell auch andere Machtformen im Sinne von Dezentralisierung, Offenheit und Expansion ohne behindernde Hierarchien.[1]

Dementsprechend wird im Leitbild der „Bildungsoffensive Elbinseln" (BOE) unter dem Motto „Elbinselpädagogik" formuliert: „Zur Erziehung eines Kindes gehört eine ganze Insel." Dieser Ausspruch knüpft auch an die Ideen und Modelle des einflussreichen Reformpädagogen Paulo Freire an, der im Einklang mit den Planern urbaner Infrastrukturen in São Paulo (Brasilien) von der „erziehenden Stadt" spricht und soziale Netzwerke und Bildungszentren vom Theater über die Bücherei bis zur Schulbäckerei propagierte und auch konkret aufbaute.

In diesem Sinne braucht man die Schule als Anstalt nicht mehr. Die 17 Schulleitungen der Elbinseln verstehen sich – nach jetzt etwa zwei Jahren konzeptioneller und Vernetzungs-Arbeit in der BOE – zunehmend als Teil des Viertels, als Verbündete im Netz aller Bildungs- und Beratungseinrichtungen – ganz im Bewusstsein, dass sich auch die Schulen für einen langen Weg entschieden haben, der zum größten Teil noch vor ihnen liegt. Noch dazu, weil dieser Weg aktuell geprägt ist vom parallel laufenden, gewissermaßen „inneren" Umbau eines bislang vielgliedrigen in ein quasi zweigliedriges Schulsystem von Primarschule (0. bis 6. Jahrgang), Stadtteilschule (7. bis 13. Jahrgang) und Gymnasium (7. bis 12. Jahrgang). Auf diesem Weg hat die Schule noch dazu die Herausforderung zu bewältigen, eine Fortbildungsoffensive der Lehrer auf den Weg zu bringen, die die Heterogenität der Lerngruppen und die Individualisierung des Wissens „organisiert". Einige steinige Strecken werden deshalb noch zu beschreiten sein.

„Die neue WELTKLASSE" – „Bildungsoffensive Elbinseln"

Keiner der beteiligten Akteure zweifelt heute an der unerhörten Ambitioniertheit dieses Modellprojekts. Besonders ehrgeizig und durchaus auch umstritten ist das Motto, unter das das Projekt gestellt ist: „Die neue WELTKLASSE" – „Bildungsoffensive Elbinseln." Echte „Klasse" wird durch die Orientierung auf die Kompetenzen – nicht auf die Defizite – ermöglicht. Gemeint sind die kreativen Potenziale der lokalen Bildungsakteure, die sich auch mithilfe der Vielfalt und Heterogenität in dieser Stadt mit Menschen aus zahlreichen Nationen aller Welt entfalten: Die (Schul-)Klasse als Teil einer neuen Lernlandschaft in der „erziehenden Stadt" – von vielen neuen und alten Orten der Vernetzung über die Verbindungen durch neue Medien bis hin zum geöffneten Unterrichtsraum in der „neuen Schule", die insgesamt so wichtig wird wie das Rathaus in der Stadt. Ganz bewusst wird nicht in den Vordergrund gestellt, dass die Noten und die Schulabschlüsse in dieser Region mit mehreren so genannten sozialen Brennpunkten „Weltklasse" werden.

Klare Ziele, im Sinne der zu erreichenden Wirkungen bei den Bürgern im Alter „von 0 bis 100 Lebensjahren", sind programmatisch im Rahmenkonzept beschrieben, das der Hamburger Senat im Sommer 2009 zustimmend zur Kenntnis genommen hat:

„Mit einer deutlich verbesserten Bildungssituation soll die Attraktivität aller Bildungsangebote und die gesellschaftliche Integration der Bewohner der Elbinseln gestärkt werden."

Basierend auf diesem Hauptziel werden fünf

Die Sichtweise der Verantwortlichen und der Akteure darf nicht mehr sektoral sein, sie muss integral werden.

The participants and those in charge need to adopt a perspective that is no longer sectoral but integral.

advisory facilities network—fully aware that the path the schools have opted to take is a long one, most of which still lies ahead of them.
All the more so because this path is currently characterised by the parallel, to some extent "internal," conversion of what was previously a multi-layered school system into a more or less two-tier system comprising primary school (0 to 6 years), neighbourhood school (7 to 13 years), and secondary school (7 to 12 years). Along the way the schools are also faced with the challenge of initiating a further training offensive for teachers, which "organises" the heterogeneity of the groups of learners and the individualisation of what is taught. There are, therefore, still a number of rocky roads to be travelled.

"Die neue WELTKLASSE"– "Bildungsoffensive Elbinseln"

None of those involved is now in any doubt about the unprecedented aspirations of this model project. Its motto, "Die neue WELTKLASSE"–"Bildungsoffensive Elbinseln" (The New World Class Elbe Island Education Drive) is highly ambitious and indeed contentious. True "class" will be made possible by the orientation towards skills—not deficits. What is meant by this is the creative potential of the local education participants, who will themselves evolve aided in this city by the diversity and heterogeneity of people from around the world: the (school) class as part of a new learning landscape in the "child-raising city." The many new and old networked venues, and links via the new media, lead through to the open teaching room in the "new school," which overall becomes as important as the city hall. The focus is deliberately not placed on grades and certificates being "world class" in this region, which has several so-called "social hotspots."
Clear objectives, in the sense of the effects to be achieved among citizens aged "0 to 100," are described as part of the conceptual framework that met with the approval of the Hamburg Senate in summer 2009: "The appeal of all educational options and the social integration of the residents of Elbe Island are to be strengthened by a clearly improved educational situation."
Based on this main objective, five spheres of activity were named as frames of reference within the wide diversity of the planned projects:

- Sprachförderung–"SprachSchatz" (Language Support–Language Treasure, supporting linguistic competence of all ages.)
- Kulturelle Bildung–"StadtTeilnehmer" (Cultural Education–City Participant, further developing cultural offerings for everybody, benefiting from cultural diversity)
- Abschlüsse–"SchulWeg" (Certificates–School Career, reducing the number of school drop-outs, improving future prospects)
- Anschlüsse–"AusBildung" (Access Points–Training, improving the transition to secondary schools and professions)
- Lebenslanges Lernen–"WissenSchaffen" (Lifelong Learning–Creating Knowledge, to develop educational offerings for lifelong learning)

Project Plans Create Venues as Network Hubs

The starting point for the education offensive is the existing cooperation between schools, youth welfare, day-care centres, companies, and neighbourhood projects. Ambitious participants are at work and networks are functioning, even if many of them are the result of "chemistry and coincidence" between the protagonists.
The goal of the BOE is to network the activities of the hundred or so facilities[2] in a concrete and systematic manner. To this end, all of the facilities have first developed profiles in several workshops and divided themselves into three sub-regions (Veddel, Reiherstieg, Kirchdorf).
The reason behind this is given by the motto of the 250-participant opening event in September 2006: "A 'Bildungsoffensive Elbinseln' can only get started with everyone." The very firm and mutually supportive relationship is thus given a bottom-up and top-down character: from the local education participants through

Handlungsfelder als Orientierungsrahmen für die große Vielfalt der geplanten Projekte genannt:

- Sprachförderung – „SprachSchatz" (Sprach- und Lesekompetenz aller Altersstufen fördern.)
- Kulturelle Bildung – „StadtTeilnehmer" (Kulturelle Angebote für alle weiter entwickeln, kulturelle Vielfalt nutzen.)
- Abschlüsse – „SchulWeg" (Zahl der Schulabbrecher reduzieren, Zukunftsaussichten verbessern.)
- Anschlüsse – „AusBildung" (Übergänge in weiterführende Schulen und Berufe verbessern.)
- Lebenslanges Lernen – „WissenSchaffen" (Bildungsangebote für ein lebenslanges Lernen ausbauen.)

Projektvorhaben schaffen Orte als Knotenpunkte der Vernetzung

Ausgangspunkt für die Bildungsoffensive sind die schon bestehenden Kooperationen zwischen Schule, Jugendhilfe, Kita, Unternehmen und Stadtteilprojekten. Dort sind ambitionierte Akteure am Werk, dort gibt es Vernetzungen, auch wenn viele durch „Chemie und Zufall" zwischen den Akteuren entstanden sind.
Ziel der BOE ist es, die Arbeit der gut 100 Einrichtungen[2] konkret und systematisch zu vernetzen. Dafür haben zunächst alle Einrichtungen in mehreren Workshops Profile entwickelt und sich in drei Teilregionen (Veddel, Reiherstieg, Kirchdorf) gegliedert. Der Grund dafür, so das Motto der Auftaktveranstaltung im September 2006 mit ca. 250 TeilnehmerInnen: „Eine ‚Bildungsoffensive Elbinseln' kann nur mit allen starten." So wird das sehr konkrete und gegenseitig fordernde Verhältnis von bottom-up und top-down geprägt von den lokalen Bildungsakteuren bis zur Lenkungsgruppe, die sich zusammensetzt aus den Amtsleitungen aller Fachbehörden, des Bezirks und der IBA. Bei allen Vorhaben übernimmt die IBA die Funktion eines Katalysators für die notwendige Zusammenarbeit der Fachbehörden und sorgt gegebenenfalls für Anschubfinanzierungen von Projekten, die künftig aus Mitteln des „normalen", aber umgesteuerten Haushalts finanziert werden sollen.
Entlang der von den Akteuren vor Ort festgelegten inhaltlichen Profile für die jeweiligen Netzwerke sind nunmehr folgende konkrete Vorhaben auf dem Wege. Vor Ort stehen sie unter der Regie der drei regionalen Kerngruppen und haben einen jeweils unterschiedlichen „Reifegrad" bezüglich der konzeptionellen Ausprägung, der baulichen Planung und finanziellen Absicherung:

Medien, Produktionsorientierung, Bildungszentrum „Tor zur Welt"

Teilregion Kirchdorf
Im geplanten Medienzentrum für den Stadtteil sollen die besonderen Kompetenzen im Bereich Tanz, Theater und Musik vor Ort weiterentwickelt und Raum zum Proben, für Aufführungen und den Austausch von Schülern und Bewohnern geschaffen werden.
Außerdem werden im Zuge von Schulbausanierungen die an einer Schule vorhandenen Werkstätten, in Verbindung mit der Küche und dem Café des örtlichen Beschäftigungsträgers sowie mehreren weiteren Bildungseinrichtungen, zu „produktionsorientierten Bildungsangeboten" weiterentwickelt. Es ist geplant, dass „Schülerfirmen" unter anderem Mittagessen für die Kinder und Jugendlichen selbst produzieren. Eine andere „Schülerfirma" sorgt für professionelle Öffentlichkeitsarbeit.
In dieser Teilregion ist darüber hinaus das Bildungszentrum „Tor zur Welt" angesiedelt.[3]

Stadtteil-Künste und ein „Haus der Projekte" am Hafen

Teilregion Veddel
Das „Haus der Projekte" wird aktive Freizeitgestaltung, Berufsvorbereitung und Weiterbildung miteinander verknüpfen. Zusammen mit dem Haus der Jugend, der Schule, Weiterbildungsträgern und anderen Bildungsträgern soll insbesondere der Übergang von der Schule in den Beruf verbessert werden.

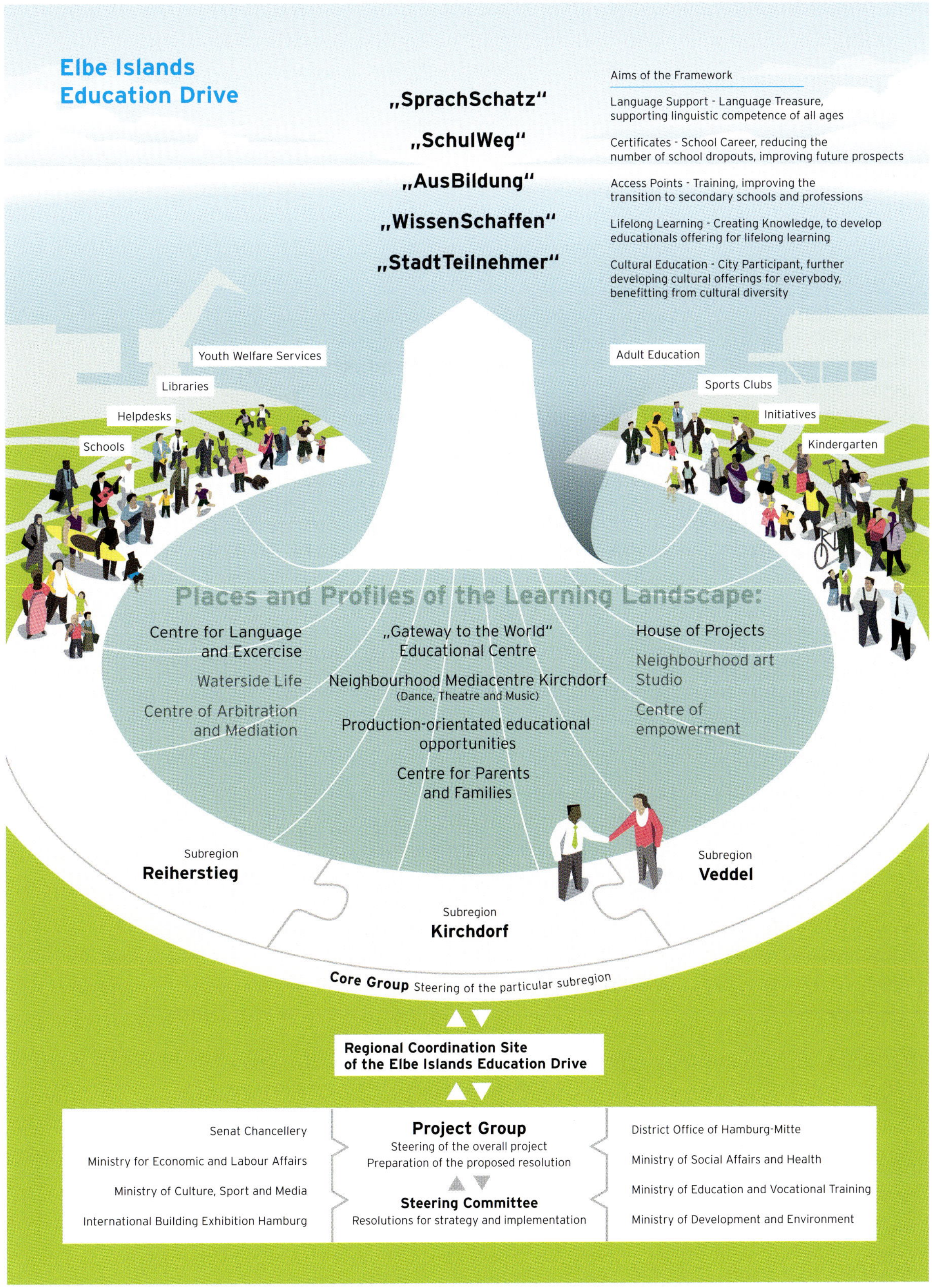

Elbe Islands
Education Drive
„SprachSchatz“
„SchulWeg“
„AusBildung“
„WissenSchaffen“
„StadtTeilnehmer“
Aims of the Framework
Language Support - Language Treasure, supporting linguistic competence of all ages
Certificates - School Career, reducing the number of school dropouts, improving future prospects
Access Points - Training, improving the transition to secondary schools and professions
Lifelong Learning - Creating Knowledge, to develop educationals offering for lifelong learning
Cultural Education - City Participant, further developing cultural offerings for everybody, benefitting from cultural diversity
Youth Welfare Services
Libraries
Helpdesks
Schools
Adult Education
Sports Clubs
Initiatives
Kindergarten
Places and Profiles of the Learning Landscape:
Centre for Language and Excercise
Waterside Life
Centre of Arbitration and Mediation
„Gateway to the World“ Educational Centre
Neighbourhood Mediacentre Kirchdorf
(Dance, Theatre and Music)
Production-orientated educational opportunities
Centre for Parents and Families
House of Projects
Neighbourhood art Studio
Centre of empowerment
Subregion
Reiherstieg
Subregion
Kirchdorf
Subregion
Veddel
Core Group Steering of the particular subregion
Regional Coordination Site of the Elbe Islands Education Drive
Senat Chancellery
Ministry for Economic and Labour Affairs
Ministry of Culture, Sport and Media
International Building Exhibition Hamburg
Project Group
Steering of the overall project
Preparation of the proposed resolution
Steering Committee
Resolutions for strategy and implementation
District Office of Hamburg-Mitte
Ministry of Social Affairs and Health
Ministry of Education and Vocational Training
Ministry of Development and Environment

Ein Atelier der Stadtteil-Künste soll sowohl für die Schule als auch für alle Bewohner des Stadtteils ein neuer „Knotenpunkt" des Netzwerks werden, der an einem ganz besonderen Ort des Quartiers gefunden werden soll. Ein weiterer Schwerpunkt ist eine „Börse für Talente", die hilft, kreative Formen der Bürgerbeteiligung zu realisieren.

Sprach- und Bewegungszentrum und das Leben am Wasser

Teilregion Reiherstieg

In einem neuen, kombinierten Sprach- und Bewegungszentrum werden beide Bereiche für den Reiherstieg mit Ausstrahlung auf die gesamten Elbinseln neu aufgebaut. Fortbildungen für die Sprachvermittlung und den Sport, besondere Angebote für Fortgeschrittene und ein Tummelplatz in erweiterten In- und Outdoor-Räumen sollen die Themen Sprachförderung und Bewegung noch populärer machen.
Ein künftiges „Zentrum am Wasser" am Kanal wird mit einem Lehrpfad und vielfältigen Möglichkeiten des Lernens über das Thema „Wasser" ein sehr spezielles Angebot mitten im Reiherstieg-Viertel bieten können. Die besondere Vielfalt der Menschen bringt einen kulturellen Reichtum, den es zu pflegen gilt. Diese Diversität bildet aber auch mancherlei Grundlage für Streit und Konflikte, die im geschützten Raum einer „Muschel für Streitschlichtung und Mediation" kreative Hilfestellung erfahren sollen.

Chancen und Barrieren für die Entwicklung der Bildungslandschaft Elbinseln

Eine Lernlandschaft zu entwickeln braucht die Motivation und Mitarbeit aller Bildungsakteure. Für die Elbinseln in Hamburg lassen sich nach den Erfahrungen der ersten drei Jahre drei „Tugenden" beschreiben, die allesamt ganz besondere Aufmerksamkeit und Empathie erfordern: Zum einen ist hier die immer wieder konkret neu beachtete und erarbeitete Kultur der Anerkennung von Vielfalt unter eigentlich Gleichen zu nennen. Desweiteren ist die Unabhängigkeit aller Akteure hervorzuheben, die in ihrer Aufgabenwahrnehmung autonom bleiben und sich untereinander anerkennen. Schließlich ist ein echter Dialog zu bemerken, der in seiner Kommunikation sehr genau ist und auf die Vielfalt sowie die Eigenständigkeit der Beteiligten baut. In der BOE findet dieser Anspruch seinen Ausdruck auch in einer Beschreibung von Grundsätzen der Kerngruppen-Arbeit. Die Kerngruppen sind die Vertretungen der jeweiligen lokalen Akteure in den drei Teilregionen:
„Die Kerngruppen haben die Funktion:

- der inhaltlichen Steuerung der Bildungsoffensive in ihrer Teilregion.

erfüllen folgende Aufgaben:

- Ziele gemeinsam festlegen und verfolgen.
- Ressourcen einbringen und bewirtschaften.
- Qualitätssicherung planen und durchführen.
- Die eigene Zielgruppe in den Gesamtkontext setzen.
- Sie tauschen sich über die Qualitätsstandards in den einzelnen Einrichtungen aus."[4]

Nach unseren Erfahrungen lassen sich heute aber auch schon allgemeine Barrieren des Vernetzungsprozesses beschreiben, die wir hier beispielhaft benennen.[5] Bereits lange bewährte Kooperationen, aber auch ungelöste Konflikte, die sich zu Vorurteilen verhärtet und „Leichen im Keller" geworden sind, werden nicht beachtet.
Außerdem sind Ressourcen (gegebenenfalls auch historisch begründet) ungleich verteilt, meist defizitär, „Erbhöfe" werden verteidigt und Konkurrenzen wirken stets. Es existiert keine ehrliche Aufmerksamkeit dafür und keine gemeinsame Arbeit daran. Weitere Barrieren sind die fehlende Klarheit für Entscheidungen und Regeln sowie das Fehlen eines gemeinsam erarbeiteten Konfliktmanagements. Außerdem bilden unterschiedliche Interessen Barrieren bei der Setzung gemeinsamer Ziele und lokale Akteure befinden sich in einem Konflikt mit ihrer entsendenden Organisation oder Behörde. Des Weiteren fehlt der „gemeinsame Geist", der die Grundlage für den Verbund und die Identifikation mit gemeinsamen Zielen darstellt. Schließlich behindern reale, (un-)begründete

Eine Lernlandschaft zu entwickeln braucht die Motivation und Mitarbeit aller Bildungsakteure.

to the steering committee comprised of the heads of all the sector agencies, the regional authority, and the IBA.
With all of the projects, the IBA functions as a catalyst for the requisite cooperation between the authorities and provides for the initial funding of projects where required, which are to be financed in the future from "normal" but rerouted budget funding.
The concrete projects now underway (according to the content profiles established by the local participants for the respective networks) are indicated below. Their on-site coordination is carried out by the three regional core groups and each has a different "degree of maturity" with regard to concept, structural planning, and financial safeguards:

Media, Production Focus, "Tor zur Welt" (Gateway to the World) Educational Centre

The development of a learning landscape requires the motivation and cooperation of all education participants.

Kirchdorf Sub-region

Particular dance, theatre, and music skills are to be developed locally in the planned neighbourhood media centre, and facilities are to be created for rehearsals, performances, and exchanges between students and residents. During the course of renovations, a school's existing workshops are to be expanded, linking with the kitchen and canteen of the local employment provider, as well as several other educational facilities, to offer "production-orientated educational opportunities." The plan involves "pupil firms" producing lunch, for instance, for children and young people. Another "pupil firm" is responsible for professional public relations work. The "Tor zur Welt" educational centre is also based in this sub-region.[3]

Neighbourhood Arts and a "Haus der Projekte" (House of Projects) at the Harbour

Veddel Sub-region

The "Haus der Projekte" will link active recreational activities, employment preparation, and further training. The transition from school to employment in particular is to be improved through cooperation between the "Haus der Jugend" (youth centre), the school, further training providers, and other education sources. A neighbourhood art studio is intended to become a new network "hub" for both the school and for all of the local residents, and is to be located at a very particular site in the neighbourhood. Another focal point is a "talent exchange," which is to help implement creative forms of citizen participation.

Centre for Language and Exercise, and Waterside Life

Reiherstieg Sub-region

A new, combined language and exercise centre is to expand both these fields for the Reiherstieg area, with its effects extending to the whole of the Elbe Islands. Further training for language instruction and sport, special advanced courses, and a playground in the expanded indoor and outdoor facilities are intended to further increase the appeal of these activities.
Together with a nature trail and diverse opportunities for learning about the subject of "water," a "waterside centre" alongside the canal is to provide a very special facility in the middle of the Reiherstieg neighbourhood, whose cultural richness stemming from the residents' special diversity is to be fostered. This heterogeneity on occasions also forms the basis for disputes and conflict, but these situations are to receive creative support within the secure environment of a "shell for arbitration and mediation."

Opportunities and Barriers in the Development of the Elbe Islands Education Landscape

The development of a learning landscape requires the motivation and cooperation of all education participants. Based on the experiences of the first three years with the Elbe Islands in Hamburg, there are three "virtues" demanding very particular attention and empathy from all concerned.

Machtverhältnisse, fehlende gemeinschaftliche Kraft auf Grundlage von Informationen, Erkenntnissen, Respekt und Finanzmitteln den Vernetzungsprozess.
Eine Zukunftswerkstatt hat begonnen auf den Elbinseln. Bildungslandschaften werden ihrem komplexen Anspruch nur dann genügen und sich weiterentwickeln können, wenn wir die Orte der Stadt auch als Orte des Wissens verstehen lernen.

Anmerkungen

1 Vgl.: Saskia Sassen: *Die neue Zentralität.* Telepolis 2000, und Dietrich Fürst zum Prinzip der „Regional Governance", das wesentliche Grundlagen von Partizipation und Regionalisierung beschreibt. Vgl.: Dietrich Fürst: „Chancen der Regionalisierung im Bildungsbereich Regional Governance - ein neuer Ansatz der Steuerung regionaler Entwicklungsprozesse", in: *Beiträge zu Selbständige Schule NRW: Regionale Bildungslandschaften, Grundlagen einer staatlich-kommunalen Verantwortungsgemeinschaft*, Troisdorf 2004.

2 Eine Bestandsaufnahme aller Einrichtungen (von 2007) ist abrufbar unter: http://www.iba-hamburg.de/de/01_entwuerfe/6_projekte/projekte_querschnitt_boe_start.php.

3 Mehr Informationen zum Bildungszentrum „Tor zur Welt" auch im Beitrag von Theda von Kalben in diesem Band, Seite 138-146

4 Der genaue Wortlaut der Vereinbarungen der Kerngruppen über ihre Funktion, Arbeitsweise und Aufgaben ist abrufbar unter: http://www.iba-hamburg.de/bilder_dokumente/Vereinbarung_Kerngruppen.pdf.

5 Insbesondere Patsy Healy beschreibt ausführlich entsprechende Barrieren zu den Stichworten: „historical relationships"; „lack of resources"; „operation procedures"; „interest groups"; „ideology"; „power relations". Vgl.: Patsy Healey: Transforming Governance: „Challenges of Institutional Adaptation and a New Politics of Space", in: *European Planning Studies* Vol. 14, No. 3, April 2006.

Die Akteure der Bildungsoffensive The education drive protagonists

The first is the repeated, concrete observation and re-establishment of a culture acknowledging diversity among those who are in effect equals. Secondly, the independence of all the participants, who remain autonomous in the exercising of their functions and who acknowledge one another, is to be emphasised. Finally, a true dialogue is to be evident, very precise in its communication, and based on the diversity as well as the autonomy of the participants.
In the BOE this requirement also finds expression in a description of the principles of the core group activities. The core groups are the representatives of the respective local participants in the three sub-regions:
"The core groups have the function:

- of steering the content of the education offensive in their sub-region.

of fulfilling the following tasks:

- setting and pursuing objectives together.
- bringing in and administering resources.
- planning and implementing quality assurance.
- positioning their own target group within the overall context.
- exchanging information on quality standards in the individual facilities."[4]

Based on our experience, the networking process also features general barriers.[5] Longstanding collaborations, as well as unsolved conflicts that have hardened into prejudices and become "skeletons in the cupboard," need taking into account.
Resources are unevenly distributed (in some instances for historical reasons), are usually in deficit, "territories" are defended, and competition is always present. No candid attention is paid to this and no joint efforts are made in this regard. Further barriers are poor clarity for decisions and rules, as well as the lack of mutually developed conflict management. Differing interests also form barriers when it comes to setting common goals and local participants find themselves in conflict with their delegating organisation or authority. What is also lacking is a "common spirit" to constitute the basis for the association and the identification with common goals. Finally, real, (un-)justified power relations, as well as little collective potency based on information, insights, respect, and financial means, hinder the networking process.
A workshop forging the future has been started on the Elbe Islands. Education landscapes will only be able to meet the complex demands made of them and to develop further if we learn to understand city locations as places of knowledge as well.

Notes

1 Cf.: Saskia Sassen: *Die neue Zentralität.* Telepolis 2000, and Dietrich Fürst on the principle of "Regional Governance," which describes the key principles of participation and regionalisation. Cf.: Dietrich Fürst: "Chancen der Regionalisierung im Bildungsbereich Regional governance—ein neuer Ansatz der Steuerung regionaler Entwicklungsprozesse". In: *Beiträge zu Selbständige Schule NRW: Regionale Bildungslandschaften, Grundlagen einer staatlich-kommunalen Verantwortungsgemeinschaft*, Troisdorf 2004.

2 A review of all facilities (from 2007) can be accessed under: http://www.iba-hamburg.de/de/01_entwuerfe/6_projekte/projekte_querschnitt_boe_start.php.

3 Further information on the "Tor zur Welt" education centre is also to be found in the contribution by Theda von Kalben in this volume, pages 139–147.

4 The precise wording of the agreements by the core groups on their functions, working methods, and tasks can be accessed under: http://www.iba-hamburg.de/bilder_dokumente/Vereinbarung_Kerngruppen.pdf.

5 Patsy Healey in particular gives a detailed description of the corresponding barriers associated with the key words: "historical relationships;" "lack of resources;" "operation procedures;" "interest groups;" "ideology;" "power relations." Cf.: Patsy Healey: "Transforming Governance: Challenges of Institutional Adaptation and a New Politics of Space". In: *European Planning Studies*, Vol. 14, No. 3, April 2006.

GERT KÄHLER

Die Schule in der Stadt oder die Schule als Stadt?

Von der Zwergschule zum Bildungszentrum

Zwergschulen auf dem Dorf waren Orte der kulturellen Identifikation. Alles, was im weitesten Sinne mit „Kultur" zu tun hatte – von der Schüleraufführung bis zum Landfrauenchor –, wurde in der Schule (oder, wenn gleichzeitig konsumiert werden durfte, in der Gaststätte) abgehalten. Der Lehrer war in der Regel – außer bei Wilhelm Busch – ein geachteter Mann, dem Apotheker und dem Pastor im Rang gleichgestellt.

Heute gibt es das alles nicht mehr. Der Lehrer hat als kulturelle und intellektuelle Instanz Federn gelassen, das Dorf als vermeintliche Idylle gehört längst der Vergangenheit an. Das gilt gleichermaßen für die Zwergschule. Als Georg Pichts Kassandraruf einer *Bildungskatastrophe* 1964 erklang, wurde sie endgültig zum Auslaufmodell. Was sie jedoch hinterließ, waren bis heute nachwirkende Phantomschmerzen – weil mit der Zwergschule anscheinend auch die sozialen und kulturellen Gewissheiten der Institution Schule aufgegeben worden waren, die in der Folge ihren Ort innerhalb unserer Gesellschaft wie innerhalb unserer Städte verloren hat.

Diesen Eindruck legen zumindest die bis heute andauernden Versuche nahe, diesen doppelten Ort neu zu bestimmen. Der Rückblick auf die Frühphase der Diskussion heißt keinesfalls, die in den 1970er Jahren eingeschlagenen Lösungen zu diskreditieren oder gar zu denunzieren. Stattdessen zeigt sich, dass die damaligen Fragen an den Ort und die Bedeutung von Schule als Teil unseres Gemeinwesens nichts von ihrer ursprünglichen Aktualität eingebüßt haben.

Gigantomanie am Stadtrand

Die Zwergschule seligen Angedenkens hatte in der Regel zwei Klassenräume. Das ganze Gebäude erschien im Maßstab nicht anders als die umliegenden Häuser der Bauern. Die Zwergschule konnte also problemlos in der Mitte des Dorfes untergebracht werden – wo sie als (kulturelles) Zentrum auch hingehörte.

Anders verhielt es sich bei den wilhelminischen Schulen in den Städten der Zeit vor dem Ersten Weltkrieg. Nach Einführung der allgemeinen Schulpflicht wurden sie gebraucht: Größer als die umliegenden Wohnhäuser, aber auf gleicher Höhe im straßenbegleitenden Baublock und in ihrer Architektur als öffentliche Gebäude hervorgehoben. Die faktische Größe der Schule wurde also auch architektonisch betont, um die Stellung der Schule in der Gesellschaft hervorzuheben.

Bei den Schulbauten der 1970er Jahre war Größe hingegen eine Folge pädagogischer Überlegungen. Oder anders gesagt: Wie für die intellektuellen Diskurse dieser Zeit typisch, wurden Antworten in der Größe gesucht – und zwar auch auf gesellschaftliche Fragen. Das Recht auf Bildungsvielfalt oder die Förderung individueller Neigungen wurde dementsprechend in mathematische Formeln und Quadratmeter übersetzt. Im Ergebnis bestimmte daher auch die Anzahl angebotener Lehrfächer, etwa an einer Gesamtschule, über die Planzahl zukünftiger Schüler.

Die Konsequenzen dieser auf Größe fixierten Denkhaltung sind hinlänglich bekannt: Die neuen Schulzentren wurden am Stadtrand

Schulunterricht 1825: Die Lehrerfamilie befindet sich in der Schulstube, weil ihre Wohnung zu einer solchen gemacht wurde. Der Lehrer denkt bereits während des Unterrichts an seinen Nebenerwerb als Schuster.
School lesson in 1825: The teacher's family is in the classroom because it is also their home. During the lesson the teacher's mind is already on his other job as a shoemaker.

GERT KÄHLER

The School in the City or the School as City?

From Village School to Education Centre

Lehrer Lämpel - eine Figur von Heinrich Christian Wilhelm Busch aus *Max und Moritz. Eine Bubengeschichte in sieben Streichen*, 1865 "Lehrer Lämpel", a character by Heinrich Christian Wilhelm Busch from *Max und Moritz. Eine Bubengeschichte in sieben Streichen* (*Max and Moritz and Other Bad Boy Tales*), 1865

Village schools used to be places of cultural identification. Everything with anything to do with "culture" in the broadest sense—from school performances to the women's choir—was held at the school (or, if food and drink was allowed for, at the inn). Except in the works of nineteenth-century German humorist Wilhelm Busch, the teacher was usually a respected individual enjoying the same status as the pharmacist and the pastor.

That has all changed today. The teacher has diminished as a cultural and intellectual authority, while the village as a supposed idyll has long since become a thing of the past. The same applies to the village school, which finally became obsolete in 1964, after Georg Picht had published his *Education Catastrophy*. What was left behind, however, were phantom pains that continue to make themselves felt to this day—because the abandoning of the village school seems to have also meant the relinquishing of the social and cultural assurance of the school as an institution; it has subsequently lost its place both within our society and within our cities. At least, this is the impression created by ongoing attempts to redefine this dual location. A review of the early phase of the discussion does not in any way imply a discrediting or even a denunciation of the solutions of the nineteen-seventies. Instead, it is evident that the questions posed then regarding the place and significance of the school as part of our community have lost none of their original relevance.

realisiert. Wo sonst sollte man den Platz finden – für gigantische Gesamtschulen, die mitunter auf mehrere Tausend Schüler ausgelegt waren. Ferner sollten die neuen Schulbauten flexibel nutzbar sein. Dabei folgte man dem Anspruch, diese Zielsetzung unter Verzicht auf mehrere Geschosse umzusetzen. Lösungen, die mehrere Gebäude umfassten, verboten sich ganz.
Die Schwierigkeiten, die man sich mit der Entscheidung für den Stadtrand auflud, klingen nicht minder vertraut. Schnell rechneten kritische Stimmen damals aus, dass die Kosten für den nun notwendigen Schülerspezialverkehr den höheren Grundstückspreis im städtischen Ballungsgebiet auf lange Sicht aufwiegen, wenn nicht übersteigen. Der Streit zwischen Kommunen und den jeweiligen Ländern um die Begleichung dieser Rechnung wurde ebenfalls zeitnah antizipiert. Vor allem aber richtete sich die Kritik gegen den immateriellen Preis, der für den neuen Standort zu entrichten war: Die Lebensadern von Schule als Institution und Bestandteil städtischer Öffentlichkeit fanden sich durch einen reglementierten Busverkehr ersetzt, Spontaneität durch Pünktlichkeit. Wer zu spät kommt, muss zu Fuß laufen.
Jedwede außerschulische Aneignung des Ortes drohte im Keim erstickt zu werden. Dabei hatte man sich doch genau dafür stark gemacht – für eine Schule, die sich als Bildungseinrichtung an die breite Öffentlichkeit wendet, für eine Schule, die auch jene Gruppen einzubinden vermag, die man damals als „unterprivilegierte Nutzer" bezeichnete. Ersetzt man dieses Rubrum durch den zeitgemäßen Begriff der „Bildungsferne", wird offensichtlich, worum es damals wie heute geht: um Chancengleichheit. Die PISA-Studien haben dies lediglich erneut vor Augen geführt.
Ob dieser Zielsetzung wurde das „Bildungszentrum" zum bildungspolitischen Ideal der 70er Jahre. Die Empfehlung des Deutschen Bildungsrats entsprach daher dem damaligen Konsens: Zwecks Realisierung sozialer „Kristallisationspunkte" sollte eine Gesamtschule nicht mehr nur Schule sein, sondern Bestandteil eines öffentlich zugänglichen Bildungskosmos, der Bibliotheken, Erziehungs- und Berufsberatungsstellen (inklusive Fortbildung oder Umschulung) sowie Volkshochschulen umfasste. Ein „Haus der offenen Tür" für Jugendliche, Gruppen oder Vereine rundete diese Idealvorstellung ab.

Signalwirkung aus Steilshoop

Die Theorie wurde in die Praxis umgesetzt – in bester Absicht. Allem voran in Neubaugebieten wurden Anstrengungen unternommen, Schule durch angeschlossene Nutzungen zu einem sozialen Treffpunkt zu machen. In Hamburg-Steilshoop oder Hamburg-Mümmelmannsberg finden sich einschlägige Beispiele: Gesamtschulen für 2400 Schüler plus „Haus der Jugend", Stadtteilbibliothek, Volkshochschule, Elternbildungsstelle, Erziehungsberatungsstelle, Kindertagesheim und Halbtagskindergarten (man ist versucht zu sagen: das ganze sozialdemokratische Programm). Beiden Schulen ist darüber hinaus gemein, dass sie

Prinz-Heinrich-Gymnasium, Berlin 1891–93 (Architekt: Friedrich Schulze): das Gymnasium in der Metapher eines Herrschaftsbauwerks Prinz Heinrich Gymnasium, Berlin 1891–93 (architect: Friedrich Schulze): the secondary school in aristocratic mansion style

Hamburgs Großsiedlungen (hier Mümmelmannsberg im östlichen Stadtgebiet) wurden mit entsprechenden Großschulanlagen ausgestattet: Die Gesamtschule liegt im Zentrum des damals neuen Stadtteils. Hamburg's large housing estates (here Mümmelmannsberg in the east) were fitted up with adequately large school complexes: the comprehensive school is situated in the centre of the then new district.

Parallelen zu Hamburg-Steilshoop: das Berliner Märkische Viertel mit der Thomas-Mann-Gesamtschule im April 1974 Parallels with Hamburg's Steilshoop district: Berlin's Märkisches Viertel with the Thomas Mann Comprehensive School in April 1974

Suburban Megalomania

The village school of old generally had two classrooms. The dimensions of the building as a whole were no different to those of the surrounding farmhouses. The village school was therefore easily accommodated in the middle of the village—where it also belonged as the (cultural) centre. The situation was different with the urban schools of the Wilhelmine era prior to the First World War. They had to be built because of the introduction of compulsory schooling: larger than the surrounding residences but on the same scale as the blocks lining the streets, their architectural design drew attention to them as public buildings. The factual size of the school was, therefore, also given architectural emphasis, in order to highlight the school's status in society.

In the nineteen-seventies the size of school buildings was, however, the consequence of educational considerations. Or, in other words: as was typical of the intellectual discourse of this era, answers were sought in magnitude—and that was true even with social issues. Accordingly, the law on educational diversity and the promotion of individual inclinations were translated into mathematical formulae and square metres. As a result, the number of subjects offered at a comprehensive school, for instance, also determined the target figure for future pupils.

The consequences of this size-focussed thinking are well known: the new school centres were established in the suburbs. Where else was the space to be found for gigantic comprehensive schools, some of which were built to accommodate several thousand pupils. The use of the new school buildings was also intended to be flexible, though this objective was to be achieved without resorting to several storeys. Designs involving several buildings were outlawed completely.

The difficulties arising from the decision in favour of the suburbs are just as familiar. The critics of the time were quick to calculate that, in the long term, the special school transport costs now required outweighed, if not exceeded, the higher property prices in the urban centres. The disputes between the municipalities and the respective regional authorities regarding meeting these costs were also foreseen at the time. The main criticism, however, was directed at the non-tangible price to be paid for the new locations: the lifelines of the school as an institution and a component of urban public life were replaced with regimented bus transport, spontaneity by punctuality. Latecomers had to walk.

Any extracurricular use of the school was nipped in the bud. Yet this was precisely what had been campaigned for—a school as an educational facility aimed at the broader public, a school that also integrated those groups previously described as "disadvantaged users." If we replace this reference with the contemporary term "educationally disadvantaged," it becomes clear what is at stake here, both then and now: it is about equal opportunities. The PISA (Programme for International Student Assessment) studies have simply drawn attention to this once again.

Despite this objective, the "education centre" became the ideal of education politics in the nineteen-seventies. The recommendations of the German Advisory Council for Education were, therefore, in keeping with the consensus of the time: for the purposes of establishing social "focal points" a comprehensive school should no longer be a school but a component of a publicly accessible educational universe comprising libraries, child guidance and career centres (including skills upgrading or re-education), as well as adult education centres. An "open house" for young people, groups, or associations rounded off this image of the ideal.

Signalling Effect from Steilshoop

The theory was put into practice—with the best of intentions. In new housing estate areas, in particular, efforts were made, via introducing extra uses, to turn schools into social meeting places. Relevant examples are to be found in Hamburg's Steilshoop or Mümmelmannsberg

im Zentrum der neu geplanten Stadtviertel realisiert wurden, zwischen Einkaufszentrum und öffentlicher Erholungszone (beide: Architektengemeinschaft Bakema/Weber und Graaf/Schweger, 1969–73).
Das hatte Signalwirkung – Steilshoop war schließlich nicht irgendein Neubauquartier. Unter anderem von den renommierten französischen Architekten Candilis-Josic-Woods entworfen, wurde es als architektonischer Meilenstein interpretiert, als Wendepunkt von der gegliederten und aufgelockerten Stadt hin zu neuen Formen der Blockbebauung. Inmitten dieses Neubauviertels: die Schule als das „Herz" der Stadt. Das war spektakulär, das kündete von einem veränderten Verständnis von Schule und Stadt. Hier wurde in realen Städtebau umgesetzt, was Willy Brandt 1969 in seiner Regierungserklärung mit den Worten umschrieben hatte: „Die Schule der Nation ist die Schule."
Bildungs- und gesellschaftspolitisch handelte es sich nach damaligem Maßstab also um „Erfolgsmodelle". Ähnlich verhält es sich beispielsweise mit dem Tagesheimgymnasium Osterburken der Architekten Bassenge, Puhan-Schulz, Schreck (1972–73). Allerdings ist Osterburken eine Kleinstadt. Der am Stadtrand realisierte Schulbau blieb daher zu Fuß oder mit dem Fahrrad erreichbar, die Lebensadern zur Stadt wurden also nicht gekappt. Vor allem aber wirkte sich positiv aus, dass das Gymnasium „lediglich" für 900 Schüler ausgelegt war. Möglich wurden so – bei aller Grundrisseffektivität – spielerische Elemente innerhalb des Baus, die anscheinend nach wie vor zu einer höheren Identifikation mit der Schule beitragen. Wie sonst sollte man erklären, dass sich der vor mehr als 30 Jahren verlegte Teppich noch heute in tadellosem Zustand befindet.
Die damaligen Versuche, durch die Umsetzung einer neuen Pädagogik in Architektur und Städtebau die Gesellschaft zu verändern, müssen dennoch als gescheitert angesehen werden. Oder wie es bei Paulhans Peters heißt, der schon 1974 im *Baumeister* schrieb: „Man hat – anscheinend – Unterrichtsvorstellungen übernommen, ohne sich nach ihren Vor- und Nachteilen in psychologischer Hinsicht zu fragen (...). Die Vorteile und Schädigungen durch die Gebäude, in denen Kinder etwa ein Fünftel des Tages verbringen, werden sicher erst dann erkannt und erfasst sein, wenn die Gesamtschulen mindestens eine ganze Schüler-

Haidach-Zentrum, Pforzheim 1992 (Architekten: Werkgruppe Lahr): Der Wille zur architektonisch-räumlichen Gestaltung wird ablesbar. The Haidach Centre, Pforzheim, 1992 (architects: Werkgruppe Lahr): the intentional architectural-spatial design is clearly evident.

districts: comprehensive schools for 2400 pupils plus the "Haus der Jugend" (youth centre), the local library, the adult education centre, the parents' education centre, the child guidance centre, the nursery school, and the crèche (one is tempted to say: the complete social democratic spectrum). What these schools also have in common is that they were established at the centre of new urban neighbourhoods, between the shopping centre and the public recreational area (both by the Bakema/Weber and Graaf/Schweger architectural practice, 1969–73).

This had a signalling effect—Steilshoop was not simply another new housing estate. Designed by the renowned French architectural trio Candilis-Josic-Woods, amongst others, it was interpreted as an architectural milestone, as a turning point between the structured and the informal city, built using new forms of block construction. The school was the urban "heart" in the midst of this new district. This was something spectacular, signalling a new understanding of school and city. Here, real urban development had implemented what the German chancellor Willy Brandt had paraphrased in his 1969 state of the nation address with the words: "The school of the nation is the school."

In terms of educational and social politics it was a question of "success models," based on the criteria of the time. The situation was similar in the case of the Osterburken full-day secondary school, designed by the architects Bassenge, Puhan-Schulz, Schreck (1972–3), for instance. Osterburken is a small town, however. The school building erected on the outskirts was therefore accessible on foot or by bicycle, such that the lifelines to the town were not cut off. What was particularly beneficial was that the school was to accommodate "just" 900 pupils. While still retaining an efficient ground plan, this enabled the incorporation within the building of playful elements, which still appear to contribute to a greater degree of identification with the school. What other explanation can there be for the fact that carpets laid more than thirty years ago are still in perfect condition today?

Nevertheless, past attempts to change society by applying a new educational science in architecture and urban planning have to be seen as failures. Or, as Paulhans Peters wrote in *Baumeister* as early as 1974: "Teaching notions have—apparently—been adopted, without considering their advantages and disadvantages from a psychological perspective. (...) The advantages and drawbacks of the buildings in which children spend about one fifth of the day are sure to be identified and documented only once the comprehensive schools have been through at least one entire school generation." Yet, as if that were not enough, Peters illustrated his biting criticism with the plans of a number of comprehensive schools, which he compared with the layout of a medieval Italian town of the same scale. The point: perhaps placing gigantic schools at gigantic locations on the city outskirts produced better schools. However, it definitely created worse towns.

The size of the new education centres was only one reason for their failure, though. Just as far-reaching in effect was the architecture, which, only in exceptional cases, managed to create "enjoyable" and appealing locations. One only needs to consider the "Märkisches Viertel" of Berlin: as with so many other new housing estates, neither the residential surroundings here nor the school buildings are attractive. On the contrary, they act as deterrents and repellents, for which the then preference for exposed concrete is in no way solely responsible. Moreover, the fact that the schools, despite the urban facilities assigned to them, are perceived as "social repair services" for society's weaknesses reinforces the overall negative impression.

The failure of these large units was largely predictable. This is not to say, however, that the original demands for an open school as the "heart" of a neighbourhood and for its flexible use were wrong. The more pragmatic and less ideologically overloaded solutions of the nineteen-nineties illustrate this very clearly. Hence the completion in 1992 of the Haidach Centre in Pforzheim (architects: Werkgruppe Lahr). In a residential neighbourhood largely inhabited by Russian Germans and considered to

generation verdaut haben." Doch damit nicht genug. Peters unterlegte seine beißende Kritik mit Lageplänen einiger Gesamtschulen, denen er im gleichen Maßstab den einer mittelalterlichen italienischen Stadt gegenüberstellte. Die Pointe: Vielleicht entstanden mit den Riesenschulen an Riesenstandorten am Stadtrand bessere Schulen. Definitiv aber brachten sie schlechtere Städte hervor.

Die Größe der neuen Bildungszentren stellt jedoch nur einen der Gründe für ihr Scheitern dar. Nicht minder folgenreich war die Architektur, der es nur in Ausnahmefällen gelang, „lustbetonte" und einladende Orte zu schaffen. Man denke allein an das Märkische Viertel in Berlin: Wie in so vielen anderen Neubauquartieren auch lösen hier weder die Wohnumgebung noch der Schulbau angenehme Empfindungen aus. Ganz im Gegenteil, sie wirken abschreckend und abweisend, wofür keinesfalls zuletzt die damalige Vorliebe für Sichtbeton verantwortlich zu machen ist. Dass die Schulen ob der ihnen beigeordneten städtischen Einrichtungen überdies als „gesellschaftliche Reparaturbetriebe" für sozial Schwache wahrgenommen wurden, verstärkt den negativen Gesamteindruck.

Das Scheitern der großen Einheiten war im Grunde vorhersehbar. Damit ist jedoch nicht gesagt, dass die ursprünglichen Forderungen nach einer offenen Schule als „Herz" eines Quartiers und ihrer flexiblen Nutzung fehlerhaft gewesen wären. Pragmatischere, ideologisch weniger überfrachtete Lösungen der 90er Jahre zeigen dies in aller Deutlichkeit. So wurde 1992 das Haidach-Zentrum in Pforzheim (Architekten: Werkgruppe Lahr) fertiggestellt. In einem vorwiegend von Russlanddeutschen bewohnten und sozial als problematisch geltenden Wohnviertel ordneten die Architekten die Schulerweiterung mitsamt Bürger- und Jugendhaus, evangelischem Gemeindehaus, Kindertagesstätte und Stadtteilbibliothek in einer großen Kreisfigur an. Als Symbol ist das banal – das Zentrum als Kreis.

Und doch wurde hier durch die unbebaute Mitte ein ideelles Zentrum geschaffen – als soziales Angebot und nicht als überdeterminierte Erziehungsmaßnahme.

Schul-Stadt versus Stadtschule

„Wenn Lernen Erfahrung heißen soll und wenn Erfahren die selbständige Auswahl der Wahrnehmung und die praktische Erprobung des Handelns einschließen soll, dann ist deutlich, dass die Architekten hierfür einen Rahmen schaffen müssen, der anders aussieht als alles, was wir bisher als ‚Schule' kennen (...). Es geht um Mischformen, um Unfertigkeit, um überschaubare Schmuddeligkeit – in ihnen kann sich Menschlichkeit gegen Systeme behaupten." Mit diesen Worten präzisierte der Pädagoge Hartmut von Hentig eine Idee, mit der er zwei Jahre zuvor, 1971, für Furore gesorgt hatte: „Vielen von uns wäre ein äußerlich weniger perfekter Rahmen lieber: Wir würden lieber in eine alte Fabrik, in einen ausrangierten Supermarkt, ein aufgelassenes Hotel oder Kloster ziehen."

Die ungenutzte Fabrikhalle im Hinterhof als neue Art von Schule – was wie eine schulpolitische und stadtplanerische Revolution klingt, wurde, soweit ich sehe, in Deutschland nicht gebaut. Auch Hentigs eigene Gründung, die Laborschule in Bielefeld, wurde dem selbst gesetzten Ziel nur im Inneren des Gebäudes gerecht. Denn ihre Lage, vor der Stadt und nahe der Universität, steht in absolutem Widerspruch zu den Ideen ihres Erfinders.

Trotzdem kam nun Bewegung in die Diskussion. Gestapelte Schulräume etwa waren fortan kein Tabu mehr. Dabei richtete sich das Augenmerk verstärkt auf Schulen der wilhelminischen Ära, die als genuin städtische Gebäude begriffen wurden. Heutige Umnutzungen und Erweiterungen im Bestand basieren in der Regel auf dieser planerischen Grundlage. Das Hölderlin-Gymnasium in Heidelberg (Architekt: Hansjörg Schröder, um 1980) stellt dafür nur ein Beispiel dar. Am Rand der Altstadt gelegen, verteilt es sich auf drei Seiten eines Baublocks bzw. auf fünf verschiedene Gebäude. Die Schule hatte sich, mit anderen Worten, längst durch zahlreiche Veränderungen und Erweiterungen in die bestehende Bausubstanz „hineingefressen". Ihre – im Vergleich zum Neubau am Stadtrand kostengünstige – Sanierung schloss den Abbruch einiger Teile nicht aus. Als wegweisend

Die Bielefelder Laborschule ist eine staatliche Versuchsschule des Landes Nordrhein-Westfalen. Sie hat den Auftrag, neue Formen des Lehrens und Lernens und des Zusammenlebens in der Schule zu entwickeln.
The Bielefeld laboratory school is an experimental state school in North-Rhine Westphalia. Its task is to develop new forms of teaching, learning, and communal life in schools.

Blick auf die Universität Bielefeld, Aufnahme von 1999: Der Eindruck einer Lern-„Fabrik" war beabsichtigt. Auf dem Uni-Gelände befindet sich auch die Bielefelder Laborschule. View of the University of Bielefeld, taken in 1999: the "learning factory" impression was intentional. The Bielefeld laboratory school is located on the university grounds.

be socially problematic, the architects designed the school's expansion, including community and youth centre, Protestant church hall, nursery school facilities, and local library, in a large circle. A banal symbol—the centre as a circle. And yet the non-built-up middle created the ideal centre—as a social option and not as an over-determined educational tactic.

School-City versus City School

"If learning means experience and if experience means the independent choice of perception and is to include the practical testing of actions, then it is clear that the architects have to create a framework for this that looks different from everything we have known as 'school' up to now. (...) It is about hybrid forms, about roughness, about straightforward tattiness—in which humanity is able to assert itself against systems." With these words the educationalist Hartmut von Hentig expressed an idea with which he had caused a sensation two years previously, in 1971. "Many of us would prefer a framework that is less perfect externally: we would prefer to go into an old factory, a discarded supermarket, an abandoned hotel, or monastery."

The disused factory premises in the backyard as a new kind of school—what sounds like a revolution in school politics and urban planning has not been built in Germany, as far as I can see. Even the laboratory school in Bielefeld, founded by Hentig himself, was able to meet its own objective only in the interior of the building. Its location, outside the town and close to the university, is in complete contradiction to its creator's ideas.

Nevertheless, it got the discussion going. Multiple storeys of school rooms, for instance, were no longer taboo. Increased attention was paid to the schools of the Wilhelmine era, which were understood as genuinely urban buildings. Today's uses and expansions of them are generally founded on this planning basis. The Hölderlin Gymnasium in Heidelberg (architect: Hansjörg Schröder, c. 1980) constitutes just one example. Situated on the periphery of the old town, it is spread across three sides of a block and five different buildings. In other words, with the numerous conversions and expansions, the school has long since "eaten" its way into the existing buildings. Its renovation—a cost-effective option in comparison to a new building in the suburbs—allowed for the demolition of some parts. It was, however, another of the architects' decisions that proved to be groundbreaking: multi-storey classrooms, sports facilities, and specialist rooms—and this works! What Hannes Meyer had proposed in the nineteen-twenties with his ultramodern design for the Petersschule in Basel (1926), namely the stacking of the open areas, is implemented here with the underground garage and the sports halls. The school in Heidelberg has set a course that should be expanded upon in the future. In other words: it is no coincidence that the Wüstenrot Foundation has recently awarded prizes for proposed solutions to the problems of "shrinking cities" and the necessary utilization of assets (Oberstufenzentrum [sixth form college] Berlin: architects Léon Wohlhage Wernik;

erwies sich jedoch eine andere Entscheidung der Architekten: Die Stapelung von Klassen, Sportanlagen und Fachräumen – es funktioniert! Was Hannes Meyer in den 1920er Jahren mit seinem hochmodernen Entwurf der Petersschule in Basel (1926) vorgeschlagen hatte, nämlich die Stapelung der Freiflächen, wird hier mit der Tiefgarage und den Sporthallen realisiert. Damit gibt das Heidelberger Gymnasium eine Richtung vor, in die in Zukunft weiter gedacht werden sollte. Anders gesagt: Dass die Wüstenrot Stiftung mit Blick auf die Erfordernisse „schrumpfender Städte" und der notwendigen Bestandsnutzung jüngst entsprechende Lösungsvorschläge prämiert hat, ist kein Zufall (Oberstufenzentrum Berlin: Architekten Léon Wohlhage Wernik; Erweiterung der Gesamtschule Wilhelmsburg: Architekten Böge und Böge-Lindner).

Von hier ist es nur ein kleiner Schritt, sich von weiteren überkommenen Denkgewohnheiten zu verabschieden. Das gilt allem voran für die Neigung, Schule als ausgedehnte Anlage in der Ebene zu denken. Dann nämlich eröffnen sich Möglichkeiten einer flexibleren innerstädtischen Standortwahl – und damit neue Chancen zur Einbindung bürgernaher Einrichtungen, die die Schule mit der Öffentlichkeit verbinden. Abhängig vom Standort könnte also nicht nur die Gefahr einer Ghettobildung am Stadtrand umgangen werden. Es wäre auch, wie es in einer Studie aus dem Jahr 1973 weiter heißt, die Teilhabe am öffentlichen Leben möglich.

Deutlicher lässt sich kaum zeigen, dass sich weder die Fragestellung noch die Antworten in den vergangenen vier Jahrzehnten grundlegend verändert haben. Schließlich lautet die Herausforderung damals wie heute, Schule als Lernort im Bewusstsein der Bürger zu verankern und darüber hinaus die Identifikation mit öffentlichen Einrichtungen zu verstärken, also die Identifikation mit dem, was man als „Stadt" bezeichnet. Dabei lässt sich die Forderung nach der Reintegration der Schule in die Stadt durchaus kürzer fassen. Steht sie doch für ein „Zurück zur Zwergschule", zumindest aber zu deren sozialer Bedeutung in der Gemeinschaft.

Die Auseinandersetzung aller Bürger mit Schule wird mitunter durch Bauten erzwungen, die durch eine bewusste Wegführung als öffentlicher Durchgang funktionieren. Dazu genügt es allerdings nicht, eine mehr oder weniger attraktive Durchwegung durch ein Schulgebäude zu entwickeln. Soll heißen: Die „Schulstraßen" der 70er Jahre sind unvergessen – als Verlegenheitslösung und nicht als Ausdruck sozialer Interaktion. Die öffentliche Zugänglichkeit wirft jedoch auch Probleme auf: Schulfremde werden gemeinhin als Bedrohung wahrgenommen und auf Versicherungsrisiken reduziert.

Probleme anderer Art werfen Schulbauten auf, die innerhalb des Gebäudes „Stadt" spielen: Die Schule als „Stadt", die Klassenzimmer als „Häuser", die Flure als „Straßen", die Pausenräume als „Plätze" oder (je nach humanistischem Bildungsgrad des Architekten) als „Forum" oder „Agora". Als Gliederungsinstrument vermag die architektonische Referenz vielleicht zu überzeugen. Als Analogie aber wirkt sie hilflos – soll sie doch zeigen, dass die neue Schule am Stadtrand etwas mit städtischem Leben zu tun hat. Die Kritik reagierte prompt, wie Paulhans Peters Einlassung aus dem Jahr 1982 zeigt: „Aber die Architekten können auch nicht zaubern. Sie können höchstens sich und anderen gewissermaßen in die eigene Tasche lügen, indem sie Räume und deren Zusammenhänge mit Namen belegen, die über das Maßstabslose, Sinnlose ihrer Form den Mantel barmherziger Verschleierung legen. Sie sagen ‚Schulstraße' zu einem Flur, der kein Ende zu haben scheint, ‚Treffpunkt' zu einem Loch im Raumgewebe, ‚Pausenhalle' zu etwas, das den Charme eines Bahnhofs um drei Uhr morgens besitzt, pinseln ein paar Treppenhäuser bunt an und sagen ‚Wir haben die Schule kinderfreundlich gemacht.'"

Schulen wie Léon Kriers Entwurf für St.-Quentin-en-Yveline bei Paris oder eine Mittelschule in Brionne (ebenfalls Frankreich) von Patrice Mottini haben dabei durchaus ihre architektonischen Qualitäten. Aber der Ansatz ist falsch. Solange die Schulen nicht öffentlich zugänglich sind, bleibt es beim „Stadt-Spielen", bei einer Ersatzhandlung, die lediglich städtisches Ambiente mit architektonischen Mitteln imitiert.

Die Entscheidung zwischen den beiden Modellen fällt nicht schwer. Was in Deutschland in

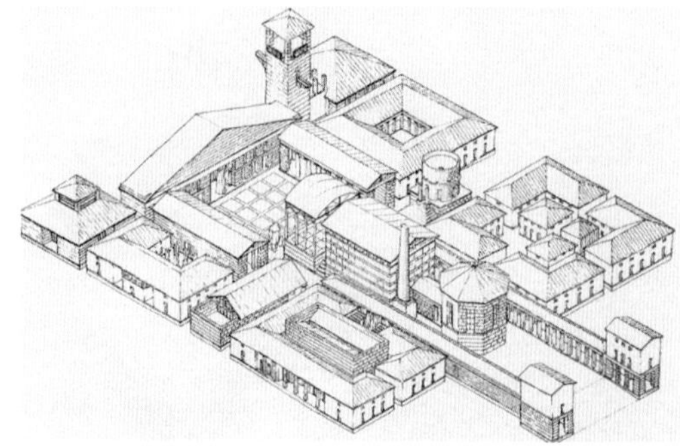

Leon Krier: Entwurf für eine Schule in St.-Quentin-en-Yveline bei Paris. „Stadt-Spielen" – mehr als eine Ersatzhandlung, die lediglich städtisches Ambiente mit architektonischen Mitteln imitiert? Leon Krier: plans for a school in St-Quentin-en-Yveline near Paris. "Playing city"—is this anything more than a substitute, simply imitating an urban environment architecturally?

expansion of the Wilhelmsburg comprehensive school: architects Böge und Böge-Lindner). From here only a small step is required to take leave of other inherited thinking patterns. This applies especially to the tendency to think of the school as a sprawling complex existing on one level. Possibilities then open up for a more flexible choice of inner city location—and thereby new opportunities for incorporating citizen-friendly facilities that provide a link between the school and the public. Depending on the site, therefore, it is not just the risk of a ghetto development on the city periphery that could be avoided. Participation in public life would also be made possible, as is detailed further in a study from 1973.

There can hardly be any clearer indication that neither the questions nor the answers have undergone any fundamental change over the last four decades. Ultimately the challenge remains the same today, anchoring the school in the citizens' consciousness as a place of learning, as well as strengthening the identification with public facilities, i.e., the identification with what is referred to as "urban." This is a much more concise version of the requirement for the reintegration of the school in the city. If it does sound like "back to the village school," then at least make it back to its social significance within the community.

The interaction of all citizens with the school is compelled by buildings that function as a public thoroughfare through a consciously designed layout. It is not enough, however, to simply develop one more or one less appealing routes through a school building. The "school routes" of the nineteen-seventies remain unforgotten—as stopgaps and not as expressions of social interaction. Public accessibility creates problems as well: visitors are generally seen as a threat and reduced to underwriting risks.

School buildings that play a role within the "city" building create problems of a different nature: the school as "city," the classrooms as "houses," the corridors as "streets," the common room as a "square" or (depending on the architect's level of humanist education) as "forum" or "agora."

The architectural reference may be convincing as a structural instrument but is somewhat unhelpful as an analogy—it should instead demonstrate that the new school on the city periphery has something to do with urban life. The critics were quick to react, as Paulhans Peters' defence from 1982 shows: "But the architects are not able to perform magic either. The most they can do is to tell themselves and other people to a certain extent what they want to hear by assigning names to rooms and their contexts, names that cast a merciful veil over the measurelessness, the meaninglessness of their form. They name 'school road' a corridor that seems to have no end, 'meeting place' a gap in the network of rooms, 'common room' something that has the charm of a railway station at 3 o'clock in the morning. Then they paint a few staircases in bright colours and say, 'We have made the school child-friendly.'"

Designs such as Léon Krier's for a school at St.-Quentin-en-Yveline near Paris or Patrice Mottini's for a secondary school in Brionne (also in France) do indeed have their architectural qualities. The approach is wrong, however. As long as schools are not open to the public it remains a case of "playing city," a substitute that merely imitates an urban environment with architectural means.

The choice between the two models is not a difficult one. What is possible in Germany in this regard is illustrated by an example in Mönchengladbach—and it is no coincidence that the winner of the 2002 Design Prize was an architect responsible for an urban school building back in the mid-nineteen-eighties: the Stiftisches Humanistisches Gymnasium [humanist secondary school] (Planungsgruppe Kasper, 1985).

The City is the "Education Centre"

There is no patent remedy. Ultimately, identification between school and urban public is not only a question of architectural typologies, but also of political and educational will. It is easy, therefore, to criticise the big school complexes on the urban periphery; one is always wiser

dieser Hinsicht möglich ist, zeigt ein Beispiel in Mönchengladbach – und es ist wohl kein Zufall, dass der Preisträger des Gestaltungspreises 2002 schon Mitte der 80er Jahre für einen Schulbau der Stadt als Architekt verantwortlich war: Das Stiftische Humanistische Gymnasium (Planungsgruppe Kasper, 1985).

Die Stadt ist das „Bildungszentrum"

Es gibt kein Patentrezept. Die Identifikation zwischen Schule und städtischer Öffentlichkeit ist schließlich nicht nur eine Frage architektonischer Typologien, sondern auch eine des politischen und pädagogischen Willens. Es ist daher müßig, die großen Schulanlagen am Stadtrand zu kritisieren; hinterher ist man immer schlauer. Vor allem aber muss es darum gehen, aus den Fehlern der Vergangenheit zu lernen. Und das sollte in erster Linie heißen, sich mit einem Schulbau der Stadt zu stellen. Das ist zugegebenermaßen banal. Trotzdem kann es nicht oft genug betont werden: Die Schule gehört in die Stadt. Nur dann kann sie als Lernort Bestandteil städtischer Öffentlichkeit sein. Voraussetzung dafür ist, sich vom Dogma der großen Einheit auf der großen Fläche zu trennen.
Die demografische Entwicklung erzwingt in dieser Hinsicht ohnehin eine Revision. Eine Abkehr von Großbauten erscheint hingegen nicht zwingend notwendig, wie viele der hier gezeigten Beispiele verdeutlichen. Wichtig aber ist, sich noch stärker als bisher mit dem funktionalen Aufbau zu beschäftigen und Überlegungen zur Stapelung und baukörperlichen Trennung verschiedener Schulbereiche noch radikaler zu verfolgen. Oder anders gesagt: Die Planungshoheit darf nicht den Schulplanern und ihren mathematischen Formeln überlassen werden. Schließlich muss die Frage doch lauten, wie man die Schule am besten zu den Menschen bringt – physisch durch die Bauten, psychisch, indem die Schule als Teil der Stadtgesellschaft begriffen wird. Dort, in der Stadt, kann man als Schüler *und* als Erwachsener mehr lernen als durch günstig geschnittene Funktionsräume. Denn die Stadt *ist* das „Bildungszentrum".

Hölderlin-Gymnasium, Heidelberg 1980 (Architekt: Hansjörg Schröder): Die Schule hatte sich durch zahlreiche Veränderungen und Erweiterungen in die bestehende Bausubstanz „hineingefressen".
The Hölderlin Gymnasium, Heidelberg, 1980 (architect: Hansjörg Schröder): the numerous alterations and extensions led to the school "eating its way" into the existing buildings.

after the event. What is important, however, is to learn from the mistakes of the past. And that should mean, first and foremost, taking on the building of an urban school. That is banal, admittedly. Nevertheless, it cannot be emphasised often enough: the school belongs in the city. Only then can it be part of urban public life as a place of learning.

The prerequisite for this is parting company with the dogma of the large unit on the large space. Demographic development is enforcing a revision in this regard anyway. A renunciation of large-scale buildings does not appear to be imperative, however, as is made clear by many of the examples given here. Yet what is important is that more attention is paid to the functional aspects than has been the case up to now, with a more radical pursuit of stacking (multistorey) ideas and the separate accommodation of different school areas. Or, to put it another way: the planning authority ought not to be left to the school planners and their mathematical formulae. Ultimately the question has to be: how is the school best brought to the people—physically by means of the buildings, psychologically in that the school is perceived as part of urban society. There, in the city, both school children *and* adults are able to learn more than in efficiently laid out and equipped rooms. For the city *is* the "education centre."

Wilhelmsburger Bildungsbilderbogen

Eine Inselreise in die Zukunft mit Fotos von Markus Dorfmüller und Markus Kröger. Interviews: Isabelle Hofmann

Hip-Hop-Klasse im Haus der Jugend

Hip-Hop-Klasse im Haus der Jugend: Mia Fernandez (gestreiftes Shirt, Mitte) gibt einmal pro Woche einen Hip-Hop-Kurs für die Fünftklässler der Schule Fährstraße. Die ausgebildete Tanzlehrerin wohnt an der Mundsburg und kannte Wilhelmsburg zuvor nur vom Hörensagen: „Man hatte mich gewarnt, das sei hier so eine Getto-Ecke. Die Kids sind genau so wie überall sonst. Es gibt keinen Stress und keinen Rassismus. Ich finde es toll, dass die freiwillig kommen. Aber es halten nicht alle durch. Anfangs waren es mehr als 30, jetzt sind es unter zehn. Man braucht Disziplin und Ausdauer."

„Es bringt total viel Spaß, Hip-Hop zu tanzen. Es ist sehr lustig und man lernt sehr viel. Ich kann mich jetzt viel besser bewegen und bin auch viel selbstbewusster geworden. Ich traue mir jetzt zum Beispiel zu, auf einer Bühne aufzutreten. Es ist toll, dass unsere Schule so viele verschiedene Neigungskurse anbietet. Jetzt ist Tanzen mein Hobby, aber ich überlege schon, ob ich vielleicht auch Tanzlehrerin werde." Larissa Knopf (12 Jahre, 1. Reihe links)

Educational Storyboard from Wilhelmsburg

An Island Journey into the Future with photographs by Markus Dorfmüller and Markus Kröger. Interviews: Isabelle Hofmann

Hip Hop Classes in the "Haus der Jugend" (Youth Centre)

Mia Fernandez (striped shirt, centre) runs a hip hop class once a week for the fifth grade pupils at the Fährstrasse school. A trained dance teacher, she lives next to Mundsburg and previously knew Wilhelmsburg only from hearsay: "People had warned me that this was something of a ghetto area. The kids are also just the same as everywhere else. There is no stress and no racism. I think it is great that they come voluntarily, though they don't all last to the end. There were more than thirty at the beginning, now there are less than ten. They need discipline and stamina."

"Hip hop dancing is really great fun. It is very amusing and you learn a lot. I can move much better now and also have a lot more self-confidence. I have the confidence to appear on stage, for example. It is great that our school offers so many different optional courses. Dancing is my hobby now, perhaps I will become a dance teacher." Larissa Knopf (12 years old, first row, left)

HIGH
SCHOOL
MUSICAL

Leseburg, Mittagsvorlesen

Die Schule an der Burgweide in Kirchdorf Süd erhielt beim Bundeswettbewerb „Zeigt her eure Schule“ den 3. Preis für die Optimierung der Mittagsfreizeit – und gleich darauf den „3. Innovationspreis Elbinselpädagogik“, den die IBA Hamburg in diesem Jahr zum Thema Sprache vergab. In der integrativen Regelschule werden Eltern in die Erziehung aktiv einbezogen, indem sie in der Mittagspause für Kinder lesen – in der jeweiligen Heimatsprache. Für Elternratsvorsitzende Sara Hamzah (33, Foto, hintere Reihe) eine Chance, die völlig neue Einblicke eröffnet.

Elternarbeit an der Schule ist immer noch die Ausnahme, besonders unter Ausländern. Haben Sie eine Erklärung dafür?
Ich wusste anfangs gar nicht, wie das Schulsystem in Deutschland ist. Als bei der Einschulung meines ältesten Sohnes Elternvertreter gesucht wurden, war ich total überrascht. Dürfen hier Eltern zu den Lehrern gehen? Nachfragen? Sogar mitarbeiten? Das kennen viele überhaupt nicht. Wir dürfen bei den Schulkonferenzen teilnehmen und sogar im Unterricht hospitieren. Das ist wirklich großartig!

Was haben Sie den Kindern gerade vorgelesen?
Pippi Langstrumpf auf Farsi – das ist ein iranischer Dialekt. Das klingt sehr schön.

Das verstehen sicher nicht alle Schüler?
Nein, natürlich nicht. An dieser Schule sind viele Nationen: Türken, Kurden, Albaner, Araber, Afghanen, Iraner, Iraker. Aber viele Kinder kommen, weil sie das Vorlesen so gemütlich finden. Sie legen sich auf die Kissen und hören einfach der Sprachmelodie zu. Ich finde es wichtig, überhaupt vorzulesen. Die Kinder werden dadurch motiviert, selbst ein Buch in die Hand zu nehmen. Das ist nicht selbstverständlich. Es gibt hier Kinder, die kommen zu Hause nie mit Literatur in Berührung und viele hören ihre Muttersprache auch nicht mehr richtig.

Die Kinder schätzen das Vorlesen also?
Ja sehr. Die Schüler organisieren die Lesungen und fragen ständig bei den Eltern nach. Bislang machen schon ungefähr 20 Eltern mit.

Was hat sich durch die *Bildungsoffensive Elbinseln* noch alles verändert?
Früher gab es kaum Möglichkeiten, Kinder und Jugendliche in ihrer Freizeit sinnvoll zu beschäftigen und ihnen somit auch Bildungschancen zu geben. Jetzt wird gebaut – zum Beispiel Spielplätze, Fußball- und Basketballfelder, das Jugendzentrum hat sich enorm entwickelt. Unsere Schule kooperiert mit dem Sportverein, der kostenlos Kurse anbietet. Das macht sich bemerkbar. Heute fühle ich mich in Kirchdorf sehr viel wohler und sicherer als früher.

Wie beurteilen Sie die Bildungschancen Ihrer Kinder in diesem Stadtteil?
Es wird viel versprochen. Nun kommt es darauf an, dass die Versprechen auch gehalten werden.

The Reading Castle, Lunchtime Storytelling

The Burgweide School in Kirchdorf Süd won third prize in the national "Zeigt her eure Schule" ("Show Us Your School") competition for the improvement of lunch break—and immediately followed this up with the "3. Innovationspreis Elbinselpädagogik", awarded by the IBA Hamburg this year for language. The integrated regular school actively involves parents in the children's development by having them read to the children during lunch break—in each of the relevant native languages. For the chairperson of the parent's association, Sara Hamzah (33, photo, back row), this is an opportunity providing completely new insights.

Parental involvement in schools is still the exception, particularly among foreigners. Do you have an explanation for this?
At the beginning I knew nothing about the school system in Germany. When my eldest son was enrolled at school and they were looking for parent representatives I was totally surprised. Are the parents allowed to approach the teachers here? Ask questions? Even participate? This is completely unknown for many people. We are able to participate in parents' evenings and even to sit in on lessons. This is really fantastic!

What have you just read to the children?
Pippi Langstrumpf in Farsi—that is an Iranian dialect. It sounds really lovely.

That is certainly not understood by all of the pupils?
No, of course not. There are a lot of nationalities represented at this school: Turks, Kurds, Albanians, Arabs, Afghans, Iranians, and Iraqis. But many of the children come because they find being read to so enjoyable. They lie down on the cushions and simply listen to the intonation of the language. I think it important that they are read to at all. It motivates the children to take hold of a book themselves. That is not a given. There are children here who never encounter literature at home, plus the fact that many of them no longer hear their native language spoken correctly.
So the children value being read to?

Yes, very much so. The pupils organise the readings and are constantly asking their parents. We have about twenty parents involved at present.
What else has changed as a result of the *Bildungsoffensive Elbinseln* (*Elbe Islands Education Drive*)?

Previously, there were hardly any possibilities to occupy children and young people in a meaningful way in their free time or to provide them with educational opportunities. Now things are happening—playgrounds are being built, for example, football and basketball pitches, the youth centre has seen tremendous improvements. Our school works together with the sports club offering free courses. It makes a difference. I feel much more comfortable and safe in Kirchdorf today than I did a few years ago.

How do you judge the educational opportunities for your children?
A great deal has been promised. It is now a question of these promises being kept.

Küche f, Schulfrühstückspassage GmbH

Ausgeschlafene haben hier ihre Chance: Jeden Morgen ab 6 Uhr bereitet die erste Küchenschicht im Laurens-Janssen-Haus am Rande der Großwohnsiedlung Kirchdorf Süd rund 1100 Schulfrühstücke für die umliegenden Schulen in Wilhelmsburg, auf der Veddel und in Harburg zu. Durch die Schulessen löst der 2001 eröffnete Betrieb der gemeinnützigen Passage GmbH zwei Aufgaben gleichzeitig: Zum einen erhalten die Schüler der Elbinseln eine ausgewogene und abwechslungsreiche Mahlzeit, zum anderen werden rund 40 Langzeitarbeitslose wieder in Arbeit gebracht. Innerhalb von zehn Monaten sollen sie zurück in den Ersten Arbeitsmarkt finden, lautet das Ziel des bürgernahen Zentrums, zu dem auch ein eigenes Restaurant und ein Schreibservice für Schriftverkehr jeder Art gehören. Aber damit nicht genug: Birgit Veyhle, Leiterin des Laurens-Janssen-Hauses, beschreitet derzeit völlig neue Wege in der Zusammenarbeit zwischen Schule und Betrieb.

Auf Anregung der Bildungsoffensive Elbinseln betreibt das Laurens-Janssen-Haus in der künftigen Stadtteilschule Stübenhofer Weg ab September 2010 die Schulkantine. In welcher Form?
Wir wollen Schüler in den Produktionsprozess einbeziehen. Sie sollen in der Schulkantine eine bestimmte Stundenzahl am Tag lang produzieren und eine bestimmte Zeit lang lernen. In der Schulkantine, die zurzeit in Bau ist, werden die Schüler Schulfrühstück und Mittagessen zubereiten und ausgeben. Das ersetzt keine Ausbildung, aber sie erwerben hier bestimmte Kenntnisse in einem Berufsfeld, die ihnen später dabei helfen sollen, leichter eine Lehrstelle zu erhalten.

Vielleicht sogar im Laurens-Janssen-Haus?
Durchaus möglich. Wir haben die Anerkennung der Handelskammer zur betrieblichen Erstausbildung und können jungen Menschen mit schwachem Hauptschulabschluss den einen oder anderen Ausbildungsplatz anbieten, weil wir auf besondere Lernschwächen eingehen können. Da wir gemeinnützig sind, müssen wir für jeden Ausbildungsplatz einen Sponsor finden.

Was bedeutet die Kooperation mit der Schule für die Teilnehmer Ihres Beschäftigungsprogramms?
Dadurch, dass ältere Menschen ihr Wissen an Schüler weitergeben können, lernen sie ihre Fähigkeiten neu einzuschätzen und mehr Zutrauen zu sich zu entwickeln. Umgekehrt lernen die Schüler die Leistungsfähigkeit der Älteren kennen und bekommen Achtung vor ihnen. Alte und junge Menschen erfahren eine gegenseitige Wertschätzung und im Arbeitszusammenhang werden auch verschiedene Formen von Konfliktlösungen gelernt. Nicht jede Kritik bedeutet Ablehnung, auch das ist eine wichtige Erfahrung. Durch die Produktionsschulen finden diese Kinder einen anderen Zugang zu Schule und zum Lernen. Schule und Berufsfelder werden jetzt viel enger vernetzt.

Küche f, Schulfrühstückspassage GmbH (Kitchen f, School Breakfast by Passage Ltd)

This is a place for early birds: starting at 6 o'clock every morning the first kitchen shift in the Laurens-Janssen-Haus (Laurens Janssen House) on the outskirts of the large Kirchdorf Süd housing estate prepares around 1100 breakfasts for the surrounding schools in Wilhelmsburg, on Veddel, and in Harburg. The school catering means that the non-profit organisation Passage GmbH, founded in 2001, fulfils two tasks at the same time: the Elbe Islands' pupils receive a balanced and varied meal, while around forty long term unemployed are able to get back to work. The goal of this grassroots centre, which also has its own restaurant and a writing service for all manner of correspondence, is that its workers should be able to get back into the main job market within ten months. And that's not all: Birgit Veyhle, head of the Laurens-Janssen-Haus, is currently breaking completely new ground when it comes to cooperation between the schools and the organisation.

At the instigation of the Bildungsoffensive Elbinseln, the Laurens-Janssen-Haus is to take over the school canteen at the future Stübenhofer Weg school as of September 2010. How, exactly?
We want to introduce the pupils to the professional world. They are to spend a specific number of hours a day working in the school canteen, as well as learning for a specific period. The pupils will prepare and serve breakfast and lunch in the school canteen, which is currently under construction. This is no replacement for a professional training but here they acquire specific occupational skills intended to make it easier for them to secure an apprenticeship.

Perhaps even in the Laurens-Janssen-Haus?
Quite possibly. We are recognised by the chamber of commerce for initial operational training and we are able to offer a few training positions for young people who have achieved low grades in their secondary school certificate because we are able to deal with special learning disabilities. As we are a non-profit organisation, however, we do need to find a sponsor for each training position.

What does cooperation with the schools mean for the participants in your employment scheme?
Enabling older people to pass their knowledge on to the pupils means that they learn to see their abilities in a new light and to develop more confidence. The pupils, on the other hand, learn to appreciate and respect the abilities of the older people. Old and young people enjoy mutual esteem and also learn different forms of conflict solution in the work context. Criticism does not always mean rejection and this is an important experience. The production schools give these children a different kind of access to school and to learning. Schooling and jobs will now be much more closely linked.

Sprachheilschule Wilhelmsburg

In der Sprachheilschule Wilhelmsburg schwimmt jeder Schüler – während der gesamten Grundschulzeit mindestens ein Mal pro Woche. Kleine Grundschulklassen (zwölf Schüler), individuelle Sprachtherapie sowie ein ungewöhnlich vielseitiges Sport- und Psychomotorik-Programm, das auch therapeutisches Reiten, Akrobatik, Inline-Skating und Tanzen umfasst, gehören zum Profil der „Bewegten Schule", die bereits mit dem Schulsportpreis ausgezeichnet wurde. Im kommenden Jahr wird die Sprachheilschule an das neue einrichtungsübergreifende Bildungszentrum „Tor zur Welt" angegliedert.

„Es passieren viele aufregende Dinge hier. Es wird viel gebaut. Überall. Ich finde es gut, dass sich die Dinge verändern. Man versucht, es hier immer besser zu machen, auch für die Kinder. Wir haben einen tollen Abenteuerspielplatz in Kirchdorf-Süd mit einer Seilbahn und einem Klettergerüst. Wir haben überhaupt viel Platz zum Spielen. Neulich sind wir mit der Klasse von Wilhelmsburg aus durch den Alten Elbtunnel gelaufen und mit dem Schiff wieder zurückgefahren. Das war total toll. Ich konnte mir gar nicht vorstellen, dass ich vorher unter dem Wasser lang gelaufen bin. Ich will auf jeden Fall in Wilhelmsburg bleiben, wenn ich groß bin. Es macht Spaß, hier zu wohnen." Aylien Sha Alan (Foto links außen) aus der 4b

The Wilhelmsburg Language Therapy School

Every pupil at the Wilhelmsburg language therapy school goes swimming—at least once a week throughout the whole of primary school. Small primary school classes (twelve pupils), individual language therapy, as well as an unusually multi-faceted sport and "psychomotor" programme, which also encompasses therapeutic riding, acrobatics, inline skating, and dancing, form part of the profile of the "Bewegte Schule" (School in Motion), already awarded the school sport prize. Next year the language therapy school is to be affiliated to the new cross-institutional Bildungszentrum "Tor zur Welt" ("Gateway to the World Educational Centre").

"There are many exciting things happening here. There is a lot of building going on. Everywhere. I think it is good that things are changing. They are trying to improve things here all the time, also for the children. We have a great adventure playground in Kirchdorf-Süd with a cable pulley and a jungle gym. We have lots of places to play, in fact. Our class recently walked from Wilhelmsburg through the old Elbe Tunnel and came back on a ship. That was absolutely great. I just couldn't believe that I had actually walked under the water. I definitely want to stay in Wilhelmsburg when I grow up. It is fun living here." Aylien Sha Alan (photo far left) from 4b

Soll Schule mitten in der Stadt agieren? Oder, wenn Sie die Chance dazu heute nicht mehr bekommt, kann die Schule selbst als Stadt aufgebaut sein und mit Plätzen und Straßen daran erinnern, wie lebendige Stadt funktioniert? Sozusagen als überdachte Agora? Wenn Gert Kähler am Schluss des ersten Kapitels versucht hat, auf diese Fragen Antworten zu geben, indem er historische Zusammenhänge herstellt, so soll sich dieses zweite Kapitel des Buches dem Binnenverhältnis von Bildung und Quartier widmen. Ob in Hamburg-Wilhelmsburg, Göteborg oder London – überall zeigt sich, wie nicht nur Schule, sondern alle Instrumente und Einrichtungen der Bildung als *shared space* den öffentlichen Raum infiltrieren müssen. Mehr noch: Die Schule ist öffentlicher Raum für all jene gesellschaftlichen Gruppen, die zuhause räumlich und gedanklich keine Chance zur Bildung bekommen. Dass auf diese Weise der Städtebau eine Spur lebendiger und offener werden kann, ist dabei mehr als ein Nebeneffekt. Gemeinsame Schulbildung liefert den Humus für mehr Nachbarschaft und sorgt damit für mehr Miteinander und Toleranz. Hohe Qualität in der Architektur und im Städtebau kann dabei durchaus zum Katalysator wichtiger gesellschaftlicher Prozesse werden.

Should schools be operative in the midst of the city? Or, if this is no longer an option today, can the school itself be developed into a city with streets and squares as a reminder of how vibrant cities function? As an indoor agora, so to speak? While Gert Kähler has attempted to provide answers to these questions at the end of the first chapter by establishing the historical contexts, this second chapter of the book is dedicated to the internal relationships between education and neighbourhood. Be it in Hamburg's Wilhelmsburg neighbourhood, in Gothenburg, or in London—it is clear everywhere that not only schools but all educational instruments and institutions need to infiltrate public space as shared space. What's more, schools are public spaces for all of those social groups that, for spatial and intellectual reasons, are given no educational opportunities at all at home. The fact that this enables urban development to become a touch more vibrant and open is more than just a side effect. Mutual school education facilitates greater neighbourliness, thus ensuring more cooperation and tolerance. High quality architecture and urban development can thus indeed become catalysts for important social processes.

QUARTIERS-BILDUNG

NEIGHBOURHOOD EDUCATION

CHRISTA GOETSCH

Schule besser und gerechter gestalten

Stadtteilentwicklung und Schulreform in Hamburg

Die Stadt Hamburg hat sich in dieser Legislaturperiode mit der Schulreform und der Umsetzung einer integrierten Stadtteilentwicklung zwei ehrgeizige Ziele gesetzt. Wie eng beide miteinander verbunden sind, verdeutlicht die Sozialraumforschung: Bildung und Bildungseinrichtungen spielen in den „Auf- und Abstiegsprozessen" von Stadtteilen eine zentrale Rolle. Defizite im Bildungsangebot, seien es qualitative Mängel oder fehlende Möglichkeiten, höherwertige Bildungsabschlüsse zu erwerben, bewegen bildungsorientierte Eltern dazu, das Stadtviertel zu verlassen. Und damit wandern auch potenzielle Vorbilder und Leistungsträger ab.

Die Verbesserung der Bildungschancen der Bewohner ist daher entscheidend für eine nachhaltige Quartiersentwicklung. Das Ziel lautet, die Potenziale der Menschen vor Ort, ihre Mehrsprachigkeit und kulturelle Vielfalt zu nutzen und zu fördern. Dazu werden Bildungs-, Kultur-, Freizeit- und Sportangebote sowie soziale Initiativen und Projekte mit den Bildungsangeboten in Kitas, Schulen und den Beratungsangeboten der Bezirke oder freien Träger vor Ort vernetzt. Schulen, die mittels abgestimmter Konzepte und Programme auf die veränderten sozialen Bedingungen eines Stadtteils reagieren, können entscheidend zu dessen Stabilisierung beitragen. Von Vorteil sind dabei ansprechende Schulgebäude, die als „Anker im Quartier" auch für außerschulische Aktivitäten offen stehen.

Zunächst aber muss es darum gehen, grundsätzlich mehr Bildungsgerechtigkeit zu schaffen. Zahlreiche regionale, nationale und internationale Schulleistungsstudien haben zusätzlich zu den Erhebungen der Bundesregierung wiederholt darauf hingewiesen: In Deutschland besteht ein folgenreicher Zusammenhang zwischen der sozialen Herkunft bzw. Lebenslage von Schülern und ihrem Bildungserfolg. Verfügen die Eltern über eine gute Ausbildung, erhalten die Kinder mit hoher Wahrscheinlichkeit auch eine. Sind die Eltern hingegen Einwanderer oder verfügen selbst über eine mangelhafte Ausbildung, bleibt ihr Kind oft auch ohne höheren Schulabschluss. Knapp 30 Prozent der Hamburger 15-jährigen gehören nach den Ergebnissen der PISA-Studien zur so genannten „Risikogruppe". Sie lernen in der Schule nicht genug, um im Anschluss an die Sekundarstufe einen Ausbildungsplatz zu bekommen.

Zudem gehen uns Talente frühzeitig verloren, weil in Deutschland, weltweit einzigartig, die Kinder bereits nach der 4. Klasse in drei weiterführende Schulformen aufgeteilt werden. Zu jung, um eine sichere Prognose über ihre Lernentwicklung zu stellen, werden viele von ihnen dabei falsch „einsortiert": 30 Prozent aller Gymnasiasten müssen im Laufe ihrer Schulzeit wegen unzureichender Leistungen ihre Schule verlassen – mit entsprechenden Folgen für ihr Selbstbewusstsein. Den umgekehrten Weg, also den Wechsel von einer niedrigeren auf eine höhere Schulform, schaffen nur wenige.

Die Hamburger Schulreform

Die Ziele der Hamburger Bildungsreform lauten daher, das Schulsystem der Stadt sozial gerechter zu gestalten, die Bildungsbeteiligung zu erhöhen und den Bildungserfolg von der sozialen Herkunft abzukoppeln. Das Motto lautet:

Die neue Schulstruktur in Hamburg wird am Ende nur noch über Gymnasien und Stadtteilschulen verfügen. Die Trennung nach Grundstufe und Unterstufe erfolgt nach der sechsten Klasse. The new school structure in Hamburg will ultimately comprise only grammar schools and neighbourhood schools. The split follows the primary and lower grades, i.e,. after the sixth grade.

Christa Goetsch (GAL), Schulsenatorin und Zweite Bürgermeisterin von Hamburg, hier zusammen mit der siebenjährigen Jenaba aus der Grundschule Rellinger Straße im Stadtteil Eimsbüttel in Hamburg. Christa Goetsch (GAL), Senator for Schools and Hamburg's Deputy Mayor, with seven-year-old Jenaba, a pupil at the Rellinger Strasse primary school in Hamburg's Eimsbüttel neighbourhood

CHRISTA GOETSCH

Better and More Equitable School Design

Neighbourhood Development and School Reform in Hamburg

With the school reform and the implementation of integrated neighbourhood development, the city of Hamburg has set itself two ambitious goals during this legislative period. Just how closely the two are related is illustrated by research concerning social spaces: education and educational facilities play a central role in the "processes of rise and decline" in city neighbourhoods. Deficits in the educational system, be they qualitative deficiencies or a lack of opportunities for attaining superior educational qualifications, may cause education-orientated parents to leave a neighbourhood. This means the disappearance of potential role models and top academic performers.

The improvement of educational opportunities for residents is therefore critical in sustained neighbourhood development. The objective is to utilize and promote the potential, including the multilingualism and cultural diversity, of the local population. To this end, educational, cultural, leisure, and sporting activities, as well as social initiatives and projects, are to be networked with educational options in day care centres, schools, and district advisory services or local independent organisations.

Schools that react to a neighbourhood's changed social circumstances with coordinated ideas and programmes are able to make an important contribution to local stabilisation. Attractive school buildings acting as "neighbourhood anchors," also open for extracurricular activities, constitute an advantage in this process. Initially, however, the basic focus has to be on creating greater educational equity.

In addition to surveys by the German federal government, numerous regional, national, and international school performance studies have repeatedly drawn attention to the fact that, in Germany, a pupil's educational success is closely linked to his or her social background and/or circumstances; this has far-reaching consequences. The child of parents with a good education is also very likely to acquire the same. Should the parents be immigrants, however, or have inadequate education themselves, then their child often fails to attain an advanced school qualification. According to the results of the PISA (Programme for International Student Assessment) studies, almost 30 per cent of fifteen year olds in Hamburg belong to the so-called "risk group." They do not learn enough at school to secure an apprenticeship position after leaving secondary school.

What's more, we lose talent early on because Germany is the only country in the world where the children are apportioned after fourth grade (ages 9-10) to three school types. As the pupils are too young for a reliable forecast of their educational development to be made, many of them are wrongly "sorted" in the process: 30 per cent of all grammar school pupils have to leave their school during their educational career due to inadequate performance—with the corresponding repercussions for their self-confidence. Moving in the opposite direction, that is from a less to a more academic school, is something only a very few achieve.

Früh fördern, spät trennen – womit auch das Prinzip vieler bei internationalen Vergleichsstudien erfolgreichen Staaten benannt ist. Auch hat die Bildungsforschung hinlänglich gezeigt, dass durch frühe Förderung und längeres gemeinsames Lernen soziale Disparitäten – bei gleichzeitiger Steigerung des Leistungsniveaus – verringert werden können.
Ab 1. August 2010 gibt es in Hamburg nur noch drei allgemeinbildende Schulformen. In der Primarschule lernen die Kinder gemeinsam von der Vorschule (0. Klasse) bzw. von der 1. bis zur 6. Klasse. Erst danach wird entschieden, auf welche der zwei weiterführenden Schulen die Kinder wechseln: die Stadtteilschule oder das sechsstufige Gymnasium. An beiden Schulformen können sie alle Abschlüsse bis zum Abitur ablegen.
Allerdings kann eine Änderung der Schulstruktur allein nicht alle Antworten auf die gestellten Herausforderungen geben. Um unser Bildungssystem erfolgreich und zukunftsfähig zu machen, wird die Reform mit der Etablierung einer neuen Lernkultur, neu ausbalancierten Verantwortungsstrukturen und einer weiteren Professionalisierung des Personals verbunden.

Wissen, wie man lernt

Im Mittelpunkt der neuen Lernkultur steht die verbesserte Qualität des Unterrichts. Viele erfolgreiche Beispiele zeigen, dass Lehrmethoden, die individuell auf die Schüler ausgerichtet sind, zu positiven Ergebnissen führen. Zukünftig lernen die Kinder in Hamburg daher selbstständiger und erhalten weniger Frontalunterricht, um die Stärkeren intensiver zu fordern und die Schwächeren eingehender zu unterstützen. In der Praxis sieht das so aus: Der klassische Vortrag durch die Lehrerinnen und Lehrer wechselt sich mit aktivierenden und selbstständigen Arbeitsformen ab. Auf konzentriertes Lernen folgt Projektarbeit, auf vorgegebene Übungen folgen das Lernen an unterschiedlichen Stationen oder ein Training in Gruppen. Hinzu kommen Phasen mit Freiarbeit, in denen die Schülerinnen und Schüler entscheiden, was und in welcher Form sie lernen.

Diese Art von Unterricht braucht klare Ziele und verbindliche Regeln. Die Lernprozesse werden mit jedem Schüler und jeder Schülerin abgestimmt, die Lernziele individuell festgelegt und regelmäßig überprüft. Entscheidend ist, dass der Unterricht ihnen eine Vielzahl von Lernwegen eröffnet. Die Lehrerinnen und Lehrer werden dabei zu Lernberatern.
Individualisierter Unterricht wird – wie auch in anderen Ländern – bereits an vielen Hamburger Schulen erfolgreich praktiziert. Die Erfahrung zeigt: Alle Kinder lernen motivierter und selbstverantwortlicher – und vor allem lernen sie das Lernen. Von der neuen Lernkultur profitieren gerade auch Kinder und Jugendliche mit besonderen Begabungen. Sie können in ihrem eigenen, schnelleren Tempo lernen, anderen Schülern Wissen vermitteln und selbst gesteckte, höhere Lernziele erreichen. Künftig geht es neben einer soliden Allgemeinbildung verstärkt um den Erwerb von Kompetenzen. Dies bedeutet, dass die Kinder erlerntes Wissen auf andere Fragestellungen übertragen können und dass sie in der Lage sind, selbstständig Aufgaben zu bearbeiten. Kurz gesagt, dass sie wissen, wie man lernt. Wichtig dafür ist auch ein positives Lernumfeld.

Schulen als Raum zum Leben und zum Lernen

„Der Raum ist der dritte Pädagoge", sagte der 1994 verstorbene Begründer der „Reggio-Pädagogik", Loris Malaguzzi. (Vgl. auch Seiten 158–166). Schule als Raum zum Leben und zum Lernen bedeutet, dass sich Kinder und Jugendliche in Schulgebäuden wohlfühlen. Um die Kommunikation zwischen den Lernenden (aber auch zwischen den Lehrenden und Lernenden) zu verbessern, bedarf es einladender Flächen. Gleichzeitig braucht es Nischen für Einzel- und Gruppenarbeit sowie für Rückzugsmöglichkeiten. Diese Einsicht ist heute unumstritten.
Aber auch von der organisatorischen Seite haben sich die Anforderungen an Schulräume und -gebäude deutlich gewandelt. Lerngruppen-, Klassen- und Kursgrößen sowie die Stundentafeln haben sich geändert. Hinzu kommen

Die Verbesserung der Bildungschancen der Bewohner ist entscheidend für eine nachhaltige Quartiersentwicklung.

The improvement of educational opportunities for residents is critical in sustained neighbourhood development.

Hamburg's School Reform

The objectives of the Hamburg school reform are, therefore, a more socially equitable structure in the city's school system, an increase in educational participation and the dissociation of educational success from social background. "Support early on, grade later on" is the motto-the very same principle followed by many countries that are successful according to international comparative studies. Educational research has also provided more than enough evidence of the fact that, with a simultaneous increase in performance levels, social disparities can be reduced through early support and longer collective learning.
There will only be three general school types in Hamburg as of 1 August 2010. Primary school children will learn together from pre-school (grade zero) or from the first to sixth grade. Only then is it decided which of two school types the children are to move on to: the neighbourhood school or the six-stage grammar school. At both school types, they are able to complete all certificates through to *Abitur*. However, changing the school structure does not alone provide a response to all of the challenges at hand. The reforms are to be linked to the establishment of a new culture of learning, the introduction of balanced structures of responsibility, and increased staff professionalism, in order to make our education system successful and fit for the future.

Knowing How We Learn

Improved lesson quality forms the focus of the new culture of learning. Many successful examples show that teaching methods aimed specifically at the pupils bring about positive results. In the future, children in Hamburg will, therefore, learn more autonomously and will participate in fewer front of class style lessons, in order to provide more intensive attention to the stronger pupils and more in-depth support for the weaker. In practice this means the teacher alternating the classic lecture model with enabling and independent working methods. Concentrated learning is followed by project work, while predetermined exercises are followed by learning at different stations or group activities. Then there are also free work periods, when the pupils decide what they learn and how.
This type of teaching requires clear objectives and binding guidelines. The learning processes are discussed with each pupil; the learning objectives are set on an individual basis and are reviewed regularly. What is important is that the lesson opens up for the pupils a multitude of learning paths, with the teachers becoming learning consultants.
As in other countries, individualised lessons are already being undertaken successfully at many of Hamburg's schools and experience shows that all children learn with greater motivation and autonomy—and, more especially, they learn to learn. The new culture of learning is of particular benefit to children and young people with specific talents. They are able to learn at their own, quicker pace, to pass their knowledge on to other pupils, and to achieve the higher learning objectives that they have set themselves. In addition to a solid general education, there is to be, in the future, a greater focus on skill acquisition. This means that the children are able to apply acquired knowledge to other areas and are in a position to approach tasks independently. To put it briefly, they know how to learn—a positive learning environment is important in this respect.

Schools as Places to Live and Learn

"The space is the third teacher", said Loris Malaguzzi, the founder of the "Reggio Approach", who died in 1994 (cf. also pages 159-167). The school functioning as a space in which to live and learn means that the children and young people feel at home in school buildings. Inviting spaces are required for the improvement of communication between the learners (as well as between the teachers and the learners). Niches for individual and group work, as well as places to retreat to, are also

die Ausweitung der Ganztagsangebote sowie neue Unterrichtsinhalte und -methoden. Und zu guter Letzt: die Schulreform mit ihrer neuen Schulstruktur und Lernkultur. All dies erfordert andere räumliche Bedingungen.
Die bisherigen Raumprogramme für Schulen werden diesen Anforderungen nicht mehr gerecht. Mit Blick auf das jeweilige Schulprofil und das Unterrichtskonzept ist daher künftig eine größere Flexibilität in Gestaltung und Nutzung gefordert. Vorschriften und Normen müssen auf ein notwendiges Minimum beschränkt bleiben. Moderne Schulbaukonzepte sehen beispielsweise Lernhäuser für Jahrgangsgruppen vor. Für einen ganztägig rhythmisierten Takt von Unterricht und Entspannungsangeboten geeignet, sind sie für eine multifunktionale Nutzung eingerichtet und überdies mit neuester Medientechnik ausgestattet. Es finden sich Orte für selbstorganisiertes Lernen, individualisiertes Lernen, Lehrerinstruktionen oder/und Präsentationen, dazu Lehrer- und Schülerarbeitsplätze. Räumlichkeiten für naturwissenschaftliche oder kreative Experimente sind ebenso vorgesehen wie offene Treffpunkte.

Das Bildungszentrum „Tor zur Welt" Wilhelmsburg

Viele der Schülerinnen und Schüler in Wilhelmsburg verfügen über einen Migrationshintergrund, die Übergangsquote zum einzigen Gymnasium des Stadtteils liegt bei unter 20 Prozent. Überdurchschnittlich viele Jugendliche verlassen die Schule ohne oder mit einem niedrigen Schulabschluss. Oft finden sie danach keinen Anschluss in eine berufliche Ausbildung. Die zukünftige Primarschule Elbinselschule im Bahnhofsviertel befindet sich in einem derart schlechten Bauzustand, dass ein Neubau zwingend notwendig ist. Da auch die benachbarte Sprachheilschule einen schlechten baulichen Zustand aufweist, entschloss sich der Senat, beide Schulen komplett zu erneuern – und an diesem Standort eine für Hamburg einzigartige Idee zu verwirklichen: ein Bildungszentrum für die Kinder, Jugendlichen und Erwachsenen des Stadtteils unter Einbeziehung der Jugendhilfeeinrichtungen im Bezirk und weiterer nichtschulischer Akteure.
Zusätzlich zu den beiden neuen Schulgebäuden wird es ein Multifunktionsgebäude mit einer Theaterbühne, einer Cafeteria und Räumlichkeiten für die nichtschulischen Bildungs- und Beratungseinrichtungen geben. Hinzu kommen ein Science Center, ein Umweltcenter sowie ein School- und Businesscenter. Für alle Gebäude gilt: Mehrfachnutzung ist ausdrücklich gewünscht und gefordert. Die genannten Schulen sind gebundene Ganztagsschulen. Für die Kinder, deren Eltern es wünschen, wird es eine Vorweg- und Anschlussbetreuung geben.
Außerdem wurden die Klassenfrequenzen in den ersten bis dritten Klassen unlängst auf durchschnittlich 19 Schülerinnen und Schüler gesenkt. Diese Maßnahme wird bis in die sechsten Klassen der Primarschule aufsteigend fortgesetzt. Auch in den Klassen der zukünftigen Stadtteilschulen vor Ort werden weniger Schulkinder sitzen. Die Lehrkräfte haben damit mehr Zeit für die individuelle Förderung der Lernenden und für Elterngespräche.
Die abgesenkten Klassenfrequenzen bilden gleichzeitig die Grundlage für den Einsatz schülerbezogener Unterrichtsmethoden. Zudem können die Klassenräume besser auf die Anforderungen einer zeitgemäßen und schülerorientierten Pädagogik ausgerichtet werden.
Im Rahmen der integrierten Stadtteilentwicklung zur Verbesserung der Lebens- und Bildungschancen in Wilhelmsburg spielt das Bildungszentrum eine wichtige Rolle. Darüber hinaus werden in den nächsten vier Jahren alle Schulen im Stadtteil grundsaniert und erweitert: für die ganztägige Betreuung, für moderne Unterrichtsmethoden, für Raum zum Leben und zum Lernen. Die Bau- und Sanierungsarbeiten haben bereits an mehreren Orten begonnen und die Baugerüste sind sichtbare Zeichen, dass Hamburg auch im Schulbau mit großem Engagement die Umsetzung einer grundlegenden Bildungsreform betreibt.

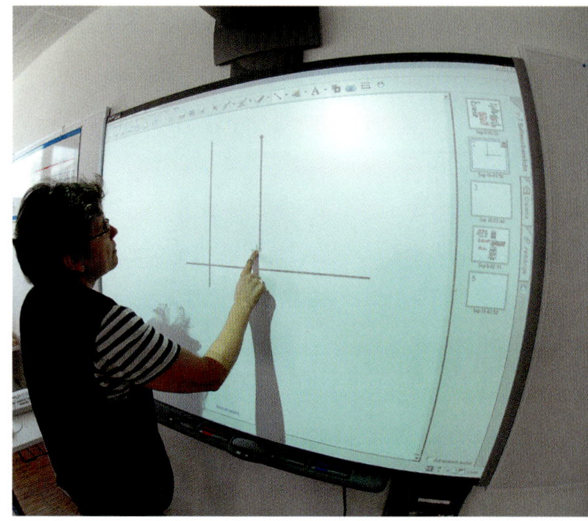

Selbst die Grundschulen werden mit neuster Medientechnik ausgestattet: Elektronische Tafel in der neuen Katharinenschule in der HafenCity, Hamburg.
Even primary schools are fitted up with the newest media technology: electronic blackboard in the new Katharinenschule at the HafenCity, Hamburg.

Hamburgische Bürgerschaft am 7. Oktober 2009: Das neue Schulgesetz wird vom Landesparlament bestätigt. The Hamburg City Assembly on 7 October, 2009: the new school law is ratified by the parliament.

Der Dialog zwischen Lehrern und Schülern wird in der Grundschule Rellinger Straße durch regelmäßige Elterngespräche über die Lernentwicklung der Kinder ergänzt. The dialogue between teachers and pupils at the Rellinger Strasse primary school is complemented by regular parent–teacher meetings addressing the children's learning progress.

needed. This is an undisputed view today.

The demands made of schoolrooms and buildings have changed dramatically from the organisational perspective, too. Teaching groups, class and course sizes, as well as timetables, have changed. Then there is also the expansion of all-day schooling, as well as new lesson content and methods. And last but not least: the school reform with the new school structure and culture of learning. All of these require different spatial conditions and the former spatial arrangements in schools are no longer able to fulfil these requirements. The future perspective on individual school profiles and lesson concepts therefore needs a greater degree of flexibility in design and utilisation. Regulations and standards need to be kept to an absolute minimum.

Modern architectural concepts for schools envisage, for instance, "learning buildings" for specific age groups. Adapted for an all-day rhythm of lessons and relaxation, they are equipped for multi-functional use, as well as boasting the latest audiovisual facilities. They incorporate places for self-organised learning, individualised learning, teacher-provided lessons and/or presentations, as well as work stations for teachers and pupils. Facilities for scientific or creative experiments are also planned, as are public meeting places.

The Wilhelmsburg "Gateway to the World" Educational Centre

Many of the pupils in Wilhelmsburg have a migrant background, with the entry rate to the only grammar school in the neighbourhood being less than 20 per cent. An above average number of young people leave school without any qualifications or with only the lowest level certificate and then they often fail to find a training placement.

The future Elbinselschule (Elbe Islands School) primary school, in the vicinity of the main railway station, is in such a bad state of disrepair that a new building is urgently required. Since the neighbouring language therapy school is also in a poor condition, the Senate decided to completely rebuild both schools. And to implement a unique concept for Hamburg at this location: an educational centre for the neighbourhood's children, young people, and adults, incorporating the district's youth welfare organisations and other extracurricular activities.

In addition to the two new school buildings there is also to be a multi-functional structure with a stage, a cafeteria, and premises for the extracurricular educational and advisory facilities. A science centre, an environmental centre, as well as a school and business centre are to be further features. What applies to all of the buildings is that multiple use is expressly encouraged and promoted. The schools involved are linked all-day schools. Pre- and after-school care will be available for those children whose parents require it.

Class sizes have also recently been reduced to an average of nineteen pupils for grades one to three, a measure to be continued through to the primary school sixth grade. Classes in future neighbourhood schools are also to comprise fewer pupils so that the teaching staff has more time for individual pupil support and for parent-teacher communication.

At the same time, the reduced class numbers form the basis for implementing pupil-focused teaching methods, while the classrooms can be better adapted to contemporary, pupil-oriented educational requirements.

The educational centre plays an important role within the parameters of integrated neighbourhood development in the improvement of educational opportunities and future prospects. Furthermore, all of the neighbourhood's schools are to undergo comprehensive renovation and expansion within the next four years, providing for all-day supervision, modern teaching methods, and space in which to live and learn. The construction and renovation work has already begun in several places: the scaffolding is a visible sign of Hamburg's strong commitment to the implementation of fundamental educational reforms—incorporating the school buildings.

OLIVER G. HAMM

Berliner Initiativen: Der „Campus Rütli" und die Erika-Mann-Grundschule

Von der Modellschule zum sozialen Brennpunkt und zurück

So etwas hatte es noch nicht gegeben: Im März 2006 beklagte das Kollegium der Rütli-Schule in einem Brandbrief an die Berliner Schulbehörde die zunehmend unkontrollierbare Gewalt der Schüler; die Lehrer forderten gar die „perspektivische Auflösung" der Schulform Hauptschule. Vor dem Hintergrund des „PISA-Schocks" (2001) löste der Hilferuf aus Berlin-Neukölln im ganzen Land Diskussionen aus, die noch immer andauern – über neue Konzepte zur Integration von Schülern mit Migrationshintergrund und über Alternativen zum dreigliedrigen Schulsystem.
Zwischenzeitlich feierte die Rütli-Schule im Juli 2009 ihren hundertsten Geburtstag. Vorgestellt wurde der künftige „Campus Rütli – CR²", für den im Mai 2009 ein Realisierungswettbewerb ausgeschrieben worden war: Aus einem Problemfall im so genannten Reuterkiez soll, nach einer gewaltigen Kraftanstrengung und dem Einsatz von rund 25 Millionen Euro, binnen weniger Jahre eine Bildungslandschaft mit bundesweiter Ausstrahlungskraft werden.
Bis zur nationalsozialistischen „Machtergreifung" galt die Rütli-Schule als eine der bekanntesten Reformvolksschulen der 1920er Jahre. Seit der Einführung des dreigliedrigen Schulsystems in Berlin 1951 beherbergte das vom damaligen Rixdorfer Stadtbaurat Reinhold Kiehl entworfene Gebäude zwei Schulen unter einem Dach: je eine Oberschule praktischen Zweiges (die Rütli-Schule, später Hauptschule) sowie technischen Zweiges (die Heinrich-Heine-Schule, zuletzt Realschule). Im Zuge der jüngsten Berliner Reformpläne werden sie, wie künftig alle Haupt- und Realschulen des Landes, zusammengelegt und darüber hinaus mit der benachbarten Franz-Schubert-Schule (offene Ganztagsgrundschule mit musikbetonten jahrgangsübergreifenden Klassen) zu einer Gemeinschaftsschule verschmolzen.
Die Gemeinschaftsschule mit Ganztagsbetrieb von 6 bis 21 Uhr wird den Kern des neuen „Campus Rütli" bilden. Unter Einbeziehung mehrerer Kindertagesstätten, der Adolf-Reichwein-Schule (Sonderpädagogisches Förderzentrum) und des Albert-Schweitzer-Gymnasiums, aber auch der auf dem Areal bereits ansässigen Jugendfreizeiteinrichtung „Manege" und der Jugendberufshilfe P.A.S.S.T., dem Kinder- und Jugendgesundheitsdienst, einer Gewerbefläche und einer Kleingartenanlage (die der Campus-Planung weichen müssen wird) ist mit „CR²" ein sehr ambitioniertes Projekt geplant. Das Ziel ist, Kindern und Jugendlichen vom ersten bis zum zwanzigsten Lebensjahr Raum zu bieten – für Bildung und Freizeit, für Integration und Partizipation.
Das Fundament für den „Campus Rütli" wurde schon vor dem Brief vom März 2006 gelegt. Das Quartiersmanagement (QM) Reuterplatz, das für den rund 20.000 Einwohner zählenden Reuterkiez zuständig ist, hat seit Herbst 2005 mit den sechs lokalen Schulen und der Schulverwaltung das Strategiekonzept „Auf dem Weg zur Kiezschule" entwickelt. Neben außerschulischen Angeboten, die auch Erwachsene einschließen, umfasst es das Modellprojekt „Interkulturelle Moderation als Interventionsstrategie". Wesentlicher Bestandteil der QM-Arbeit ist die Bewohneraktivierung und -beteiligung – ein oft mühsamer Prozess angesichts der sozialen Struktur der Anwohner mit über

Teil des Neuanfangs für die Rütli-Schule: Der Kiehl-Bau (hier mit Schülern) wurde umfassend renoviert.
Part of the new start for the Rütli School: the Kiehl building (pictured here with pupils) has undergone extensive renovation.

OLIVER G. HAMM

Berlin Initiatives: "Campus Rütli" and the Erika-Mann-Grundschule

From Model School to "Social Hotspot" and Back Again

30 Prozent Arbeitslosenquote und rund 50 Prozent Migrantenanteil (der bei den Schülern bereits über 80 Prozent liegt). Im Jahr 2007 ist zudem im gesamten Reuterkiez im Rahmen der gesamtstädtischen, ressortübergreifenden Strategie „Soziale Stadtentwicklung" des Senats mit dem Aufbau eines lokalen Bildungsverbundes begonnen worden, von dessen Kooperationsbeziehungen und Unterstützungsstrukturen auch der „CR²" profitieren soll.

Ein erster Baustein für den Campus wurde schon vor der Wettbewerbsauslobung gesetzt, im Februar 2009 – nämlich mit der Einweihung einer Mensa nach Plänen des Architekturbüros Daniel Kohler in den Räumen der ehemaligen Gymnastikhalle, die als Mehrzweckraum auch außerschulischen Gruppen und Bürgern zur Verfügung steht. Nächster Baustein wird eine Dreifach-Sporthalle als Multifunktionshalle sein (Baubeginn: Anfang 2010). Zu den ebenfalls im Rahmen des Wettbewerbs zu planenden Neu- und Umbauten mit einer Bruttogeschossfläche von knapp 12.000 Quadratmetern gehören abwechslungsreiche, freizeitorientierte Freiflächen unter Einbeziehung der künftig vollständig verkehrsberuhigten Rütli-Straße. An der Gestaltung sollen Kinder und Jugendliche in Workshops beteiligt werden.

Eine an das Schulgelände angrenzende, über 8000 Quadratmeter große Gewerbefläche soll künftig die berufsbezogenen Angebote der Gemeinschaftsschule aufnehmen: eine Holz-, Metall- und Kunststoffwerkstatt. In einer sanierungsbedürftigen Villa aus dem Jahr 1914 sollen ein Fortbildungszentrum für Lehrer, Eltern und Erzieher, Informationsangebote zur Ausbildung, ein Medienzentrum, die schulpsychologische Beratung, der Kinder- und Jugendgesundheitsdienst, der Sozialpädagogische Dienst und ein Elterntreff untergebracht werden. Auch die Volkshochschule Neukölln, die Musikschule und zwei Kindertagesstätten werden künftig auf dem 4,8 Hektar großen „Campus Rütli" Platz finden.

Eine Besonderheit zeichnete sich schon vor und während des Wettbewerbs ab: Vier Informationsveranstaltungen – davon drei vor der Auslobung –, ein Beteiligungsverfahren zu den städtebaulichen Freiflächenstrukturen (im März 2008) und schließlich ein Bürgerabend vor (!) der Jurysitzung sind Indizien dafür, dass Schüler und Anwohner in den Entwicklungsprozess einbezogen werden.

Erika-Mann-Grundschule

Mittlerweile sind es sieben Jahre an gemeinsamer Erfahrung mit partizipativer Planung, auf die die Erika-Mann-Grundschule in Berlin-Wedding mit ihrer Schulleiterin Karin Babbe und die Baupiloten, ein Projekt der TU Berlin unter Leitung von Susanne Hofmann, zurückblicken. „Das Studium als praxisbezogener Idealfall" ermöglicht es einer in jedem Semester neu zusammengestellten Studentengruppe, bereits während der Ausbildung reale Bauprojekte umzusetzen – und ihren finanziell meist klammen

Campus Rütli: der Jugendklub mit Holzbühne über dem Pflaster der Rütlistraße (oben) "Campus Rütli": the youth club, its wooden stage extending over the cobbles of the Rütlistrasse (above)

Rechts: 1. Preis im Wettbewerb Campus Rütli von Plus 4930 Architektur: Gesamtübersicht (oben), Quartierssporthalle Außenansicht (Mitte) und Innenansicht (unten) Right: First prize in the competition Campus Rütli by Plus 4930 Architektur: overview (above), neighbourhood sports hall exterior (middle) and interior (below)

It was the first instance of its kind: in March 2006 the Rütli school council sent an urgent letter to the Berlin school authorities complaining of increasingly unmanageable violence on the part of the pupils; the teachers even went as far as demanding the "future abolition" of the *Hauptschule* (secondary modern school) as a school type. Against the background of the "PISA (Programme for International School Assessment) shock" (2001), the cry for help from Berlin's Neukölln district triggered discussions throughout the country, which are still ongoing—about new ideas for the integration of pupils with migrant backgrounds and about alternatives to the tripartite school system.

In the meantime, the Rütli school celebrated its one hundredth anniversary in July 2009, marked by a presentation of the future "Campus Rütli–CR^2", bids for the architectural competition having been announced in May 2009. With a major application of effort and the deployment of around 25 million euro, within a few years a problem case in the so-called "Reuterkiez" (Reuter neighbourhood) is to be converted into an educational landscape with national appeal.

Up until the "seizure of power" by the National Socialists, the Rütli school had been one of the best known reform elementary schools of the nineteen-twenties. Since the introduction of the tripartite school system in Berlin in 1951 the building, designed by the former Rixdorf municipal planner Reinhold Kiehl, has housed two schools under one roof: one a practically oriented high school (the Rütli school, later a *Hauptschule*) and the other a technically oriented high school (the Heinrich Heine school, subsequently a *Realschule*, an intermediate secondary school). In the course of the most recent Berlin reform plans these schools, like all *Haupt-* and *Realschulen* in the state, are to be merged and also combined with the adjoining Franz Schubert school (public all-day primary school with a music focus in its flexible age-group classes) to form a community school. The community school, with all-day schooling from 6 a.m. to 9 p.m., is to form the core of the new "Campus Rütli." Incorporating several day care centres, the Adolf Reichwein school

Auftraggebern, konkrete bauliche Bedürfnisse in einem intensiven Kommunikationsprozess zu fantasievollen Rauminterventionen zu entwickeln. Das Schlüsselwort heißt Interaktion: Die Baupiloten erarbeiten Partizipationsmodelle und Planungsprozesse, die Nutzer artikulieren ihre Ideen und die Architekten transformieren diese in realisierbare Objekte.

Das erste gemeinsame Projekt war ein Glücksfall sowohl für die Studenten als auch für die Erika-Mann-Grundschule, die sich im Jahr 2002 an die TU Berlin gewendet hatte: Klassenzimmer sollten geöffnet und Flure von Brandlasten befreit werden. Der auf den ersten Blick unspektakulären Bauaufgabe schalteten die „Baupiloten" zunächst einen Collageworkshop „Auf dem Weg durch den Garten der Zukunft" voran. Daraus entwickelten Schüler und Architekten die Figur des „Silberdrachens", der sich durch vier Stockwerke und das Treppenhaus des 1914–1916 von Stadtbaurat Ludwig Hoffmann erbauten Gebäudes erstreckt. Heute teilen sich die Erika-Mann- und die Rübezahl-Grundschule mit insgesamt rund 600 Kindern das Gebäude. Die Schüler tauften die aus ihren Ideen entwickelten Projekte „Sternstaubtauchen", „HauchSanftSein", „Der Thron" und „Mit dem Drachen fliegen".

Die funktional und räumlich wirksamen Interventionen mit atmosphärischem Mehrwert – Garderobenschränke, Sitzgelegenheiten und Licht lenkende Deckenverkleidungen als nicht brennbare kinetische Plastiken in den Fluren sowie ein komplexes Saiteninstrument im Treppenhaus – regen die Phantasie der Kinder an. Sechs Jahre nach seiner Geburt ist der „Silberdrache" zwar ein wenig abgenutzt, aber in Würde gealtert. Die heutigen Schüler haben ihn ebenso in ihr Herz geschlossen wie die damals an seiner Entstehung Beteiligten.

Die Erika-Mann-Grundschule, die inmitten eines durch extreme Arbeitslosigkeit (52 Prozent) geprägten Quartiers liegt und mehrheitlich von Schülern nichtdeutscher Herkunft (82 Prozent) besucht wird, legt großen Wert auf selbst bestimmtes Lernen und eine „ästhetische Alphabetisierung" (Karin Babbe). Die Kinder sollen Zeichen sehen und entschlüsseln lernen, sich an konkreten Projekten beteiligen und sich infolgedessen mit ihrer Schule identifizieren können. Im Schülerparlament werden Ideen diskutiert und Modelle entwickelt, die schließlich von professionellen Planern in konkrete Bauaufgaben transformiert werden.

Auf diese Weise wurde 2007 ein zweites Projekt realisiert, wiederum mit Bezug zum „Silberdrachen". Diesmal standen den Schülern und den Baupiloten gleich mehrere ehemalige Klassenräume zur Umnutzung in Freizeiträume zur Verfügung. Räumlich weniger eingeschränkt als beim ersten Projekt, konnten sie ihrer Phantasie freieren Lauf lassen. Das Ergebnis verzückt Kinder und Erwachsene gleichermaßen: Im „Schnaubgarten" animieren „Flügelschwingen" genannte Sitzmöbel auf schrägen, mit Matten ausgekleideten Ebenen zum versunkenen Lesen – oder zum privaten Gespräch. Im „Chillroom" können die Schüler Musik hören – oder sich auf den weichen Matten einfach nur ausruhen. Im „Kaleidoskop", einem an Wänden und Decke verspiegelten Flur, laden schräge Sitz- und Liegepodeste zum Betrachten der Schülerporträts oder des eigenen Spiegelbildes ein.

Erika-Mann-Grundschule, Berlin, Schnaubgarten (Die Baupiloten, 2007) Erika Mann Primary School, Berlin: "snuffle garden," (Baupiloten, 2007)

(special needs support centre) and the Albert Schweitzer Gymnasium (secondary school), as well as the "Manege" youth centre already situated in the grounds and the vocational guidance centre P.A.S.S.T., the children and youth healthcare service, commercial premises, and an allotment site (which will have to make way for the campus plans), "CR²" is a very ambitious project to plan. The objective is to provide scope for children and young people from the age of one to twenty, for education and leisure, for integration and participation.
The basis for "Campus Rütli" was in fact established even prior to the letter of March 2006. Starting in the autumn of 2005, the Reuterplatz neighbourhood management, responsible for the residents of Reuterkiez, who number around 20,000, has developed the "Auf dem Weg zur Kiezschule" (On the way to the Kiez school) strategic concept, together with the six local schools and the school administration. In addition to extracurricular opportunities also incorporating adults, the model project encompasses "intercultural moderation as an intervention strategy." A key component of the neighbourhood management work is the mobilisation and participation of the residents—often a painstaking process in view of the area's social structure, with an unemployment rate of over 30 per cent and migrants accounting for around 50 per cent (already over 80 per cent among the pupils). 2007 also saw the initial development by the senate of a local educational association for the whole of the Reuterkiez neighbourhood as part of the city-wide, multidisciplinary "Soziale Stadtentwicklung" (Social City Development) strategy, the cooperation network and support structures also being intended to benefit "CR²".
One of the first building blocks for the campus had already been put in place in February 2009, prior to the invitation for bids, with the official opening of a canteen housed in the former *gymnasium* and based on plans by the Daniel Kohler architectural practice. It is available to extracurricular groups and to residents as a multi-purpose facility. The next building block is to be a triple sports hall serving as a multifunctional facility (construction due to start at the beginning of 2010). The new and converted buildings, with a gross surface area of almost 12,000 square metres, within the architectural competition include diverse, leisure-oriented open areas incorporating Rütli-Strasse (Rütli Street), which is to become a traffic-free zone in the future. The children and young people are to participate in the design process by means of workshops.
Commercial premises of more than 8000 square metres adjoining the school grounds are intended to house the vocational opportunities to be offered by the community school in the future: a wood, metal, and plastics workshop. A villa dating from 1914, in need of refurbishment, is to house a training centre for teachers, parents, and educators, training information, a media centre, the school psychology service, the children and youth healthcare service, the socio-educational service, and the parents' club. The Neukölln adult education centre, the music school, and two day care centres are also to be accommodated on the "Campus Rütli."
One distinctive aspect became evident both prior to and during the architectural competition: four information events—three of which took place prior to the invitation for bids, a participatory procedure relating to the structure of open urban areas (in March 2008), and finally a citizens' evening prior (!) to the jury session are indicative of the fact that pupils and residents are included in the development process.
The Erika-Mann-Grundschule (primary school) in Berlin's Wedding district, with head teacher Karin Babbe and the *Baupiloten* (building pilots), a project by the Berlin Technical University managed by Susanne Hofmann, are now able to look back on seven years of joint experience with participatory planning. "Studying as the practice-related ideal" enables a group of students, newly assembled each semester, to implement real building projects during their training—and their usually cash-strapped education authorities to evolve concrete construction requirements into imaginative spatial interventions during an intensive communication process. The key word is interaction: the

„Räume wie der ‚Schnaubgarten' und der ‚Chillroom' (...) werden für den Rückzug in die Innerlichkeit der vertiefenden Verdichtung des Gelernten gebraucht, etwa beim Schmökern eines Buches. Und gleichzeitig sind es Räume der Kommunikation mit Gleichaltrigen, die für eine umfassende Sprachförderung unerlässlich sind", meint Karin Babbe. Glücklich ist, wer – wie die Erika-Mann-Grundschule – über eine solche „Bildungslandschaft" im Mikrokosmos Schule verfügt. Wenn sie dann auch noch auf die Nachbarschaft ausstrahlt und diese aus den Impulsen der Schule Kraft für Veränderungen und einen konstruktiven Dialog mit der Stadtgesellschaft bezieht – umso besser. Im Wedding wie in Neukölln ist immerhin ein Anfang gemacht.

Erika-Mann-Grundschule, Berlin, Kaleidoskop (Die Baupiloten, 2007, oben), „fotografischer Längsschnitt", 2002 (links) Erika Mann Primary School, Berlin, Baupiloten: "kaleidoscope," 2007 (above), "photographic longitudinal section," 2002 (left)

Baupiloten develop participation models and planning processes, the users voice their ideas, and the architects transform these into feasible buildings.

Erika-Mann-Primary School

The first joint project was a stroke of luck for both the students and for the Erika-Mann-Grundschule, which had approached the Berlin Technical University in 2002: the classrooms were to be opened up and the corridors freed of fire load. The *Baupiloten's* initial approach to what, at first glance, appeared to be an unspectacular building project was a collage workshop entitled "On the Way Through the Garden of the Future". During the course of this workshop the pupils and architects developed the figure of the "Silver Dragon," which extends through the four floors and staircase of the building constructed between 1914 and 1916 by the municipal planner Ludwig Hoffmann. Today the building is shared by the Erika-Mann-Grundschule and the Rübezahl Gundschule, with a total of around 600 children. The pupils christened the projects developed from their ideas as "Star Dust Immersion", "Soft as a Breeze", "The Throne", and "Flying with the Dragon." The functionally and spatially effective additions with added atmospheric value—cloakroom cupboards, seating, and light-regulating ceilings of non-combustible kinetic plastic in the corridors, as well as an intricate stringed instrument on the staircase—stimulate the children's imagination. Now six years old, the "Silver Dragon" is showing a few signs of wear and tear but is ageing with dignity. The present day pupils have taken him into their hearts just like those involved in his creation.

The Erika-Mann-Grundschule, situated in the midst of a neighbourhood with extremely high unemployment (52 per cent) and attended by a majority of non-German pupils (82 per cent), attaches great importance to self-determined learning and "aesthetic literacy" (Karin Babbe). The children are exposed to symbols and learn to decipher them, to participate in concrete projects, and to identify with their school as a result. The student council discusses ideas and develops models that are then transformed into concrete building projects by professional planners.

It was in this way that a second project was developed in 2007, again related to the "Silver Dragon." This time pupils and the *Baupiloten* had a number of former classrooms available for conversion into leisure facilities. With fewer spatial restrictions than with the first project they were able to give their imaginations free rein. The result enchants both children and adults alike: in the "snuffle garden" angled seating known as "wing swings" on mat-covered surfaces encourages absorbed reading—or personal conversation. In the "chill room" the pupils are able to listen to music—or else simply relax on the soft mats. In the "kaleidoscope", a corridor with mirrors on the walls and ceiling, angled seats and deckchairs invite the children to view or their own mirror images.

"Rooms such as the 'snuffle garden' and the 'chill room' ... are needed in order to retreat into the introspection of deeper consolidation of what has been learnt, such as by browsing through a book. And at the same time they are rooms for communication with peers, indispensable for comprehensive language promotion," says Karin Babbe. The likes of the Erika-Mann-Grundschule, with access to such an "educational landscape" within the school microcosm, are the lucky ones. When the influence of this landscape also emanates to the neighbourhood, which draws strength from the school stimuli, strength for change and constructive dialogue with urban society—then so much the better. A start has at least been made.

JÖRN WALTER

Symbole der geistig-kulturellen Erneuerung?

Zur Rolle von Architektur und Stadt im Hamburger Schulbau

„… so gibt es doch auch bei uns Leute und gewichtige Stimmen genug, welche verlangen, dass die Gebäude, in welchen unsere Jugend eine höhere Bildung erlangen soll, nicht in liebloser Weise auf das ärmlichste Maß von Ausstattung herabgedrückt, sondern in ihrer Erscheinung die nötige Würde repräsentieren sollen, um schon die Bildungsstätte als educatorisches Moment mitwirken zu lassen." Mit diesen Worten suchte der erste Baudirektor Zimmermann in den frühen 1870er Jahren seine Entwürfe für eine Höhere Bürgerschule vor dem Holstentor gegenüber den Einsprüchen der Oberschulbehörde und der Finanzdeputation der Freien und Hansestadt Hamburg zu rechtfertigen.[1] Man diskutierte also schon damals darüber, was Schule kosten dürfe, welchen funktionalen und ästhetischen Ansprüchen sie genügen müsse und welche gesellschaftliche Bedeutung ihr allgemein beizumessen sei. Noch allerdings musste Zimmermann seine Forderungen regelmäßig zurückschrauben, noch zeigten die für die Finanzierung und Schulbildung verantwortlichen Stellen für architektonische Fragen wenig Verständnis. Das sollte sich erst um die Jahrhundertwende ändern. Nunmehr fanden sich in Gesellschaft und Politik Fürsprecher einer architektonischen Neuausrichtung,[2] deren Vorstellungen sich in der üppigen und repräsentativeren Formensprache des Schulbaus unter Albrecht Erbe zu erkennen geben.

Schule als Kulturträger

Der Einfluss Fritz Schumachers auf den Schulhausneubau bis weit in die 1920er Jahre hinein brachte erneut einen fundamentalen ideengeschichtlichen Wandel. Hier sollen jedoch nicht seine ästhetischen Vorstellungen im Vordergrund stehen, sondern sein Verständnis von Schule als gesellschaftlichem Kulturträger. Diese Auffassung wurde ihm zum städtebaulichen Programm – wo immer möglich, positionierte er die Bauten an prominenten Stellen neu entstehender Siedlungen, ob als markanter Auftakt komponiert oder, vom Forumsgedanken getragen, in deren Mitte, und inszenierte sie als monumentale öffentliche Denkmäler. Die Gelehrtenschule des Johanneums in Winterhude, die Volksschule Krause Straße im Dulsberg oder die Fritz-Schumacher-Schule in Langenhorn legen davon beredtes Zeugnis ab.

Nachkriegspragmatik

An die Stelle repräsentativer Hochbauten traten in der Nachkriegszeit aufgelockerte Ensembles. In großzügige Freianlagen und ein grünes Umfeld eingebettet, „verschwanden" die Schulen gewissermaßen aus dem Stadtbild. Vor dem Hintergrund der Kriegszerstörungen und des erheblichen Schulneubaubedarfs verband sich diese völlig veränderte pädagogische Konzeption der überschaubaren „Schule im Grünen" mit der Notwendigkeit, zu einer rationalen und kostengünstigen Standardisierung im Schulbau zu kommen. Der Name des damaligen Hochbauamtsleiters Paul Seitz ist unabänderlich mit der Entwicklung der Waben-, Pavillon- und Kreuzbautypen für die Klassentrakte verbunden. Je nach Bedarf konnten sie miteinander kombiniert und durch Serien-Typen

Hohe Architekturqualität von Anfang an: ehemalige Volksschule, jetzige Handelsschule Holstenwall 16-17, Hamburg, erbaut 1902 (Architekt: Albert Erbe)
High architectural quality right from the start: the former adult education college, now the commercial college, Holstenwall 16-17, Hamburg, built in 1902 (architect: Albert Erbe)

JÖRN WALTER

Symbols of Intellectual and Cultural Renewal?

The Role of Architecture and Urban Planning in the Construction of Hamburg's School Buildings

"... we, too, have enough people and influential voices urging that the buildings in which our young people are to attain a higher education should not be forlornly reduced to the most miserable level of amenities, but that their appearance should represent the necessary dignity to allow the places of learning themselves to be an important educational instrument." It was with these words that the first building authority director, Zimmermann, sought to champion his plans for a secondary school near the Holstentor in the early eighteen-seventies in the face of objections from the secondary school authorities and the finance delegation from the Free and Hanseatic City of Hamburg.[1] The issues of what schools ought to cost, which functional and aesthetic demands they are to satisfy, and what social significance they are

Steht für viele „Schumacherschulen": jetziges Emil-Krause-Gymnasium (Architekt: Fritz Schumacher), um 1922 als Volksschule für Hamburg-Dulsberg erbaut
Representative of many "Schumacher schools": the present-day Emil Krause Gymnasium (architect: Fritz Schumacher), built in around 1922 as the adult education college for Hamburg's Dulsberg district

für Turnhallen, Schwimmbäder und Gemeinschaftsräume ergänzt werden.[3]

„Schulmaschinen"

Die Debatten der 1960er Jahre um die *Bildungskatastrophe* (Georg Picht) zogen grundlegende Veränderungen nach sich: Es entstanden Gesamtschulen, in die auch außerschulische Einrichtungen der Erwachsenenbildung oder Jugendhäuser integriert wurden. Für 2000 bis 2500 Schüler konzipiert, stehen sie für eine völlig neue Dimension im Schulbau. Aufgrund ihres äußeren Erscheinungsbildes ähnelten diese neuen Gebäude oftmals mehr Bürokomplexen oder Gewerbebauten als dem gewohnten Anblick einer Schule. Weil in zentralen Lagen adäquate Bauplätze fehlten, wurden sie auf Grund ihrer Größe häufig am Rand bestehender Quartiere realisiert. Diese Randlage wurde gelegentlich auch in Neubaugebieten favorisiert, so bei der Gesamtschule Glückstädter Weg am Osdorfer Born (Architekten van den Broek, Bakema & Weber). Die Idee eines Bildungszentrums konnte jedoch auch stadträumlich im wörtlichen Sinne aufgegriffen werden, wie die Gesamtschulen am Gropiusring in Steilshoop (Bakema & Weber) und am Mümmelmannsberg (von Graaf & Schweger) zeigen. Benannt sind damit für diesen Zeitraum charakteristische – und in ihrer architektonischen Konzeption durchaus anspruchsvolle – Beispiele.
Trotzdem stießen diese „Schulmaschinen"[4] der 1970er Jahre auf wenig Gegenliebe. Mitunter heißt es, dass die pädagogischen Reformkonzepte an der Architektur gescheitert seien.[5] Es mag etwas daran sein, mit Sicherheit trifft es aber nicht den Kern des Problems, denn vor der Architektur standen die Pädagogen, Soziologen, Bildungsökonomen, Systemtheoretiker u.v.a.m., die einen bitteren mathematischen Formelcocktail gemixt hatten, der erst einmal verdaut werden musste, bevor es ans Entwerfen ging: „Neulich hatte ich ein Buch in den Händen, das sich als Vorprüfbericht eines Wettbewerbes für eine Ganztagesschule herausstellte. Alle Seiten voll mit Diagrammen und Bewertungen. Ganz unten in den Spalten ganz zum Schluss eine Wertung für die ‚Raumqualität', die nach irgendwelchen Wahrnehmungstheorien ebenfalls numerisch in Zahlen gefasst wurde und zu einem 4,75tel in die Wertung einging."[6] Die Kritik an diesem Ansatz ließ letztendlich nicht lange auf sich warten. Und doch waren es die rückläufigen Bevölkerungszahlen in den 80er Jahren, die dieser Entwicklung ein abruptes Ende bereiteten.
Was folgte, waren einzelne Ergänzungs- und Erweiterungsbauten. Die Asbestdebatte führte außerdem zu einem umfassenden Schulsanierungsprogramm. Richtig neue Schulen entstanden erst wieder mit dem Bevölkerungszuwachs in Folge der Wiedervereinigung, die vornehmlich in den neuen Wohnsiedlungen – allen voran Allermöhe – gelegen waren, aber auch andere Stadtteile mit großen Ergänzungs- und Umbauten erfassten, die Neubauten gleichkamen.

Inzwischen ein Bildungszentrum: Gesamtschule Steilshoop, 1973 (Architekten: Arbeitsgemeinschaft Jacob B. Bakema, Jos Weber, Graaf & Schweger)
Now an educational centre: Steilshoop Comprehensive School, 1973 (architects: Arbeitsgemeinschaft Jacob B. Bakema, Jos Weber, Graaf & Schweger)

to be accorded in general were subjects for discussion back then as well. Zimmermann had to scale down his demands on a regular basis, however, as the relevant financing and school construction authorities were yet to display more than a marginal appreciation of architectural issues. This was to change only with the turn of the century. From that point on, society and politics featured advocates of a new architectural orientation,[2] whose ideas appear in the more prestigious, lavish design idiom of the school buildings constructed under Albrecht Erbe.

The School as Cultural Medium

Fritz Schumacher's influence on the construction of new school buildings, extending well into the nineteen-twenties, brought about a further fundamental turnaround in the history of ideas. The focus here is not on his aesthetic ideas, however, but on his understanding of schools as cultural media within society. He made this perspective his urban planning agenda—wherever possible he positioned the buildings at prominent locations in newly developed neighbourhoods, constructed either at striking entry points or centrally, based on the notion of a forum, and presented them as magnificent public monuments. The Gelehrtenschule des Johanneums (Johanneum College) in Winterhude, the Volksschule Krause Straβe (Krause Strasse Elementary School) in Dulsberg, or the Fritz-Schumacher-Schule (Fritz Schumacher School) in Langenhorn are prime examples.

Post-War Pragmatism

After the war, prestigious structures made way for more informal ensembles. Embedded in expansive open areas and green spaces, schools more or less "disappeared" from the city landscape. Against the backdrop of the wartime destruction and the tremendous demand for new schools this entirely new educational concept of manageable "schools in green spaces" coalesced with the need to achieve a rational and cost-effective standardisation in the construction of school buildings. The name of the then head of the building authority, Paul Seitz, is irrevocably linked with the development of the honeycomb, pavilion, and cross-shaped style of classroom wings. They could be combined with one another as required and expanded with serial models to include sports halls, swimming pools, and common rooms.[3]

"School Machines"

Fundamental changes were brought about by the sixties' debates surrounding the *Education catastrophe* (Georg Picht). Comprehensive schools were the result, into which extracurricular facilities for adult education or youth centres were also integrated. Designed for 2000 to 2500 pupils, they represent an entirely new dimension in the construction of school buildings. The external appearance of these new buildings often resembled office blocks or commercial premises more than traditional schools. With a lack of adequate building sites in central locations their size often meant that they were built on the periphery of existing neighbourhoods. This non-central location was sometimes favoured in newly built-up areas as well, as in the case of the Gesamtschule Glückstädter Weg (Glückstädter Weg Comprehensive School) at Osdorfer Born (Architects van den Broek, Bakema & Weber). The concept of an education centre could also be developed within the urban environment, however, as is indicated by the comprehensive schools on Gropiusring in Steilshoop (Bakema & Weber) and at Mümmelmannsberg (von Graaf & Schweger). These are examples characteristic of this era and their architectural design is indeed sophisticated. These "school machines"[4] of the seventies met with little enthusiasm, however. It has been said that the educational reform ideas failed as a result of the architecture.[5] There may be an element of truth in that but it certainly does not address the heart of the problem, for the architecture was preceded by educationalists, sociologists, educational economists, system theorists, and many others, who had mixed a

Mehr Farbe in die Schule: Gesamtschule Mümmelmannsberg, Hamburg 1978 (Architekten: Arbeitsgemeinschaft Jacob B. Bakema, Jos Weber, Graaf & Schweger, Klaus Nickels, Timm Ohrt) More colour in schools: Mümmelmannsberg Comprehensive School, Hamburg, 1978 (architects: Arbeitsgemeinschaft Jacob B. Bakema, Jos Weber, Graaf & Schweger, Klaus Nickels, Timm Ohrt)

Neue Regungen

Mit den Sanierungsaufgaben hatte sich die Hamburger Hochbauverwaltung seit den 1980er Jahren verschlankt und spezialisiert. Das machte den Weg frei für unabhängige Architekten, deren Schulbauten vergleichsweise individuelle Handschriften tragen. Stärker als in den Jahrzehnten zuvor gehen sie auf die städtebauliche Umgebung ein; im Inneren der Gebäude sind die Klassenzimmer wieder als Kernbausteine der Schule zu erkennen. Zwar stoßen diese Bauten nicht überall auf ungeteilte Begeisterung. Einen bemerkenswerten Neuanfang in der Hamburger Schularchitektur markieren sie dennoch.
In Poppenbüttel etwa nimmt die Erweiterung der Grund- und Gesamtschule von MRLV-Architekten die Pavillonarchitektur ihrer Nachbarschaft auf, interpretiert sie aber durch die zentrale Gruppierung um einen Innenhof neu. In Allermöhe wiederum sind die beiden Grundschulen von APB-Architekten ebenso wie das Gymnasium und die Gesamtschule von Wischhusen & Partner an städtebaulich zentralen und herausgehobenen Standorten positioniert. Dadurch knüpfen sie an die Ideen der Schumacher-Ära an, was durch die klare architektonische Konzeption unterstrichen wird. Die mal winkelförmigen, mal konvexen Erschließungszonen durchbrechen die sture Backsteinstruktur auf angenehme Weise und geben den Gebäuden zu den Grünflächen ein differenzierteres Gesicht.
Das sind alles vernünftige und anspruchsvolle Bauten. Dennoch entwickeln sie nicht die Präsenz im Stadtbild, die den Schumacher-Schulen zu Eigen war. Das mag an den weitläufigen Grünflächen liegen, in denen sich die Gebäude etwas verlieren. Oder an der unentschiedenen architektonischen Haltung, die zugleich „Schule in der Stadt" und „Schule im Grünen" sein will. Der Mut, Schule als ein Identität vermittelndes Bauwerk im Stadtteil zu begreifen, lässt sich erstaunlicherweise an einem Neubau nachvollziehen, der am Rand der neuen Siedlung liegt: Trotz der Verwendung von „leichten" Materialien wie Glas und Metall strotzt die kreisförmige Komposition von MRLV-Architekten vor Selbstbewusstsein. Man wird die einprägsame Gestalt nicht vergessen, wenn man hier zur Schule gegangen ist. Diese wünschenswerte Zeichenhaftigkeit findet sich leider viel zu selten, obwohl sie in anderer Interpretation auch beim neuen Schmiedegebäude in der Waldorfschule Bergstedt von Klaus Schubert anklingt.

Grenzen neu vermessen

Ein in anderer Hinsicht bemerkenswertes Beispiel aus dieser Zeit ist die Erweiterung der Rudolf-Ross-Schule in der Neustadt. Spengler Wischolek Architekten gelang ein funktional und architektonisch höchst ansehnliches Schulgebäude, mehr noch, es ist eine im wahrsten Sinne des Wortes innerstädtische Schule - aus Platznot auf mehreren Geschossen. Mit dieser Lösung haben sich die Architekten über sämtliche Schulbaurichtlinien seit dem Krieg hinweggesetzt. Trotz des offensichtlichen Erfolgs ist

Schule Allermöhe, Hamburg (MRLV Architekten)
Allermöhe School, Hamburg (MRLV Architekten)

Frisch eröffnet: HafenCity Schule, Hamburg (Architekten: Spengler Wiescholek) Newly opened: HafenCity School, Hamburg (architects: Spengler Wiescholek)

bitter mathematical cocktail of formulae that first had to be digested before any designing could start. "I recently had my hands on a book which turned out to be the preliminary review for an all-day school competition. The pages were all full of diagrams and evaluations. Right at the bottom in the columns right at the end was an assessment of 'spatial quality', which was also expressed numerically in figures according to a whole lot of perception theories; it made up 4.75 per cent of the evaluation."[6]
Criticism of this approach was quick to follow, yet it was the decline in population numbers in the eighties that brought an abrupt end to this trend.
What followed were individual extension and expansion buildings; the asbestos debate, meanwhile, led to a comprehensive school renovation programme. Truly new schools only came into being again with the population increase following reunification; these were located primarily in the new housing areas, particularly Allermöhe, but also encompassed other areas of the city, with large building extensions and conversions that were virtually new buildings.

New Impulses

The early nineteen-nineties down-sizing of the Hamburg building authority opened the way for independent architects, whose school buildings bear comparatively individual signatures. They placed much greater emphasis on the urban planning environment than had been the case in previous decades; the classrooms in the interior of the buildings are again recognisable as the school's core building blocks. These buildings may not meet with unbridled enthusiasm at every turn but they do represent a remarkable new beginning in Hamburg's school architecture.
In Poppenbüttel, for instance, the extension of the primary and comprehensive schools by MRLV architects incorporates the pavilion architecture of the neighbourhood but reinterprets it with the central grouping around a courtyard. In Allermöhe, on the other hand, both of the primary schools by APB architects, as well as the secondary school and comprehensive school by Wischhusen & Partner, are at prominent, central urban locations. This links them to the ideas of the Schumacher era, which is underlined by the clear architectural design. The sometimes angled, sometimes convex access areas provide an appealing break in the brick structure and afford the buildings a differentiated appearance alongside the green spaces.
These are all sensible, sophisticated buildings yet they do not develop a presence in the city landscape like the Schumacher schools did. This may be due to the extensive green spaces, in which the buildings are a little lost, or to the indecisive architectural stance that wants to be both a "school in the city" and a "greenbelt school."
Astoundingly, the courage required to see a school as a building capable of being a source of neighbourhood identity is evidenced by a new building on the outskirts of the new district. The circular composition by MRLV architects radiates self-confidence, despite the use of "light" materials such as glass and metal. The catchy design will not be forgotten by those who went to school there. Unfortunately this

daraus kein neues Regelwerk abzuleiten. Es ist nur eine denkbare Antwort auf die Frage, die sich zukünftig wieder häufiger stellen wird: Nach der Integration von Schulen in urbane und dichter bebaute Strukturen.

In der ursprünglichen Planung der HafenCity war keine Grundschule vorgesehen; die nahe gelegene Katharinenschule sollte den Bedarf decken. Dann allerdings ließen die projektierten Kosten für eine Sanierung des Gebäudes einen Neubau am Sandtorkai in der westlichen HafenCity sinnvoll erscheinen – wobei kontrovers über die bauliche und funktionale Einbindung der Schule in das gewünschte urbane Gefüge diskutiert wurde. Realisiert wurde schließlich ein viergeschossiges Schulgebäude samt einer benachbarten Kindertagesstätte, über der Wohnungen platziert wurden. Die notwendigen Schulhofflächen sind seitlich und auf dem Dach untergebracht, zusätzlich steht der Sandtorpark zur Mitnutzung zur Verfügung. Obwohl die Gestaltung der Innenräume und Dachflächen noch raffinierter hätte ausfallen können, steht der Bau von Spengler Wiescholek Architekten für ein ungewöhnliches Experiment. Es ist ein erster Gehversuch auf einem lange nicht mehr beackerten Terrain, dessen Potenziale noch keineswegs wieder voll erschlossen sind.

Neue Herausforderungen

Mit der Einführung der Primar- und Stadtteilschulen gilt es, hergebrachte Fragen nach Anzahl, Größe oder Ausstattung erneut anzugehen. Gleichzeitig rücken nicht nur ökologische Aspekte und Nachhaltigkeitsstandards in den Vordergrund. Die Ambitionen umfassen zunehmend auch die bildungspolitische und sozialintegrative Rolle von Schulen in den jeweiligen Stadtteilen.

Ob PISA, Jugendarbeitslosigkeit, Sprach- und Integrationsprobleme von Familien mit Migrationshintergrund, dazu die notwendige Transformation in eine „Wissensgesellschaft" – die Herausforderungen sind bekannt, die Fragestellungen an unsere Gesellschaft ebenfalls. Unbestritten ist, dass Einrichtungen der Bildung und Forschung wichtige Motoren für ein innovatives Milieu in den Städten sind. Und zugleich, dass die Schule eines der wichtigsten Handlungsfelder ist, um diesen Zielen näher zu kommen. Es sollte daher auf der Hand liegen, dass es neben der pädagogischen und ökologischen Erneuerung der Schule von immer größerer Bedeutung ist, sie als wesentlichen Teil der Stadtgesellschaft zu begreifen und sie dementsprechend auch baulich in das städtische Gefüge einzubinden. Oder wie Gert Kähler auch in diesem Band plädiert: Die Schule gehört als Lernort in die Stadt.[7] Wenn sie in dieser Rolle durch andere öffentliche Einrichtungen gestärkt wird, die ihr zusätzliches Gewicht verleihen, wenn sie sich nicht als großflächige autarke Einheit gegenüber der Stadt abschottet, sondern unübersehbar und einladend öffnet, wenn sie sich vom Dogma des Flachbaus löst und Stapelung zulässt, wo die städtebauliche Integration es verlangt, und wenn sie architektonisch so sorgsam und anspruchsvoll behandelt wird, wie es ihrer Bedeutung zukommt, dann wären nicht nur die wesentlichen Errungenschaften der Schulbaugeschichte des 19. und 20. Jahrhunderts in Hamburg aufgenommen, sondern es würde ein geläuterter, ein zukunftsweisender Typus entstehen.

Das Bildungszentrum „Tor zur Welt" in Wilhelmsburg kommt diesen Überlegungen schon sehr nahe. Der Kern aus Primar-, Sprachheilschule und Gymnasium wird durch zahlreiche Module ergänzt, zu denen neben einer Kita oder Räumlichkeiten für die Erwachsenenbildung sogar ein Umwelt-, Science- und Businesscenter gehört.[8] Der Entwurf von bof-Architekten übersetzt dieses Konzept in eine kongeniale Struktur, die die jeweiligen Einheiten miteinander verbindet und dabei ganz beiläufig ein Netz von allgemein und kontrolliert zugänglichen Freiräumen schafft. Vor allem aber ist es ihnen gelungen, mit ihrer Architektur über die Straße hinweg eine Einladung an den ganzen Stadtteil auszusprechen. Leider musste aus Kostengründen ein Modul vorerst entfallen, weshalb es noch eine Weile dauern wird, bis diese städtebauliche Idee in Gänze sichtbar sein wird.

Auch in Neugraben entsteht das neue Bildungs- und Gemeinschaftszentrum auf prominentem

Die städtebaulich-architektonische Aufgabe, die wir dem Schulbau beimessen, ist viel mehr ein geistig-kulturelles denn ein ökonomisch-materielles Problem.

The urban planning and architectural task that we attribute to the construction of school buildings is far more an intellectual and cultural issue than a problem of economics and materials.

appealing symbolism is to be found all too seldom, though it is reminiscent of Klaus Schubert in other interpretations such as the new metal work building at the Waldorfschule Bergstedt (Bergstedt Waldorf School).

Redrawing the Boundaries

A remarkable example from this era in another respect is the extension of the Rudolf-Ross-Schule (Rudolf Ross School) in Neustadt. ASW architects managed to produce a functional and architecturally highly respectable school building, which is also an inner city school in the truest sense—comprising several floors due to a lack of space. With this solution the architects flouted all the post-war guidelines for school buildings. Despite the obvious success of this decision, it should not be seen as a new set of rules. It is merely a possible solution to a problem that will become more prevalent in the future: the integration of schools within urban and heavily built-up areas.

The original HafenCity (HarbourCity) planning did not envisage a primary school; the nearby Katharinenschule (Katharinen School) was expected to meet this educational need. The projected costs of renovation were such that a new building at the Sandtorkai (Sandtor Quay) in the west of HafenCity seemed to be the sensible option—nevertheless the incorporation of the school within the desired urban constellation was the subject of controversy from construction and functional perspectives.

What was ultimately built was a four-storey school building plus an adjoining day care centre, with residential accommodation positioned above them. The necessary school yard areas are accommodated on the side and on the roof, with Sandtor Park also being available for use. Although the design of the interior and roof areas could have been more inspired, the building by Spengler & Wiescholek constitutes an unusual experiment. It is a first step into what has long been discarded territory, whose potential has in no way yet been fully exploited.

New Challenges

The introduction of primary and neighbourhood schools has meant a new approach to conventional issues like numbers, size, or amenities, with ecological aspects and sustainability standards also becoming a focus of attention. There are also increasing intentions to incorporate the role of schools in their respective neighbourhoods, in terms of educational politics and social integration.

Be it PISA (Programme for International Student Assessment), youth unemployment, language and integration problems among migrant families, as well as the transformation required by a "knowledge-based society"—the challenges are well known, as are the issues facing our society. What is undisputed is that educational and research facilities are important catalysts in an innovative urban milieu and that schools are one of the most important fields of activity in this context. It should therefore be obvious that, in addition to the educational and ecological revival of schools, it is becoming increasingly important that they be seen as essential components within urban society and, accordingly, be incorporated into the urban constellation from a construction perspective as well. Or, as Gert Kähler also urges in this volume: schools belong as places of learning in the city.[7] If they are supported in this role by other public facilities that lend weight to them, if they do not seal themselves off from the city as large, self-sufficient units, but open themselves up as distinct, inviting venues, if they free themselves from the dogma of low rise and allow multi-storey where urban integration requires it, and if their architecture is treated as carefully and exactingly as befits their importance, then not only will the main achievements of nineteenth and twentieth century school building history in Hamburg have been incorporated, but a more enlightened and future-oriented model will be the result.

The "Tor zur Welt" (Gateway to the World) educational centre in Wilhelmsburg matches these considerations very closely. The core, comprising primary, language therapy, and secondary

Bauplatz, direkt am Eingang zum neuen Stadtteil. Die Ganztagsschule wird mit vielfältigen, auch außerschulischen Einrichtungen verbunden, darunter ein Mütterberatungszentrum und ein Kulturhaus. Besondere Aufmerksamkeit zieht die große, für Bundesligavolleyball geeignete Dreifeldhalle auf sich. Marc-Olivier Mathez hat für diesen Komplex eine überzeugende architektonische Lösung gefunden, die von Offenheit und Selbstbewusstsein kündet. Das erinnert an Fritz Schumachers Idee der Schule als maßgeblichem gesellschaftlichem Kulturträger, allerdings ohne in seine monumentale Architektursprache zu verfallen. Ob es gelingt, ihr mit anderen architektonischen Mitteln eine vergleichbare Bedeutung zu verschaffen, muss sich im engen Korsett der vorgegebenen Baukostenobergrenzen erst noch erweisen.

Und damit ist das Kernproblem angesprochen, das die ganze Hamburger Schulbaugeschichte durchzieht und schon Zimmermann auf die Palme brachte: Der vor dem Hintergrund der quantitativen Versorgungsprobleme, Unterhaltungslasten und Haushaltsdefizite stets dominante Sparzwang, der meist zu Lasten der Architektur geht. Nun mag man einwenden, dass Sparsamkeit eben ein allgemeines Gebot der öffentlichen Haushaltsführung sei: richtig. Man mag auch einwenden, dass die Ausstattung mit Lehrern und Lernmitteln wichtiger sei als die baulichen Hüllen: auch richtig. Und man mag schließlich einwenden, dass es trotzdem immer wieder zu herausragenden Schulbauten wie dem Johanneum, dem Christianeum oder der Gesamtschule in Allermöhe gekommen ist: ebenfalls richtig.

Aber all diese Argumente können nicht darüber hinwegtäuschen, dass wir, von wenigen Ausnahmen abgesehen, der Schule als kulturtragendes, identitätsstiftendes und zukunftssicherndes Bauwerk der Stadtgesellschaft nicht jene Bedeutung beimessen, die ihr zwingend zukommen müsste. Die Rolle, die wir früher den Kirchen, später den Rathäusern und heute unseren Kulturbauten zubilligen, müssen wir mehr denn je auf unsere Bildungsstätten ausrichten: Symbole der geistig-kulturellen Erneuerung für die Wissensgesellschaft zu sein. Dies bedeutet auch, an der richtigen Verteilung der Mittel innerhalb der öffentlichen Budgets zu arbeiten, noch viel mehr aber, an der richtigen Verteilung der Punkte in unserem baukulturellen Wertesystem. Mit anderen Worten: Die städtebaulich-architektonische Aufgabe, die wir dem Schulbau beimessen, ist viel mehr ein geistig-kulturelles denn ein ökonomisch-materielles Problem.

Anmerkungen

1 Zimmermann zit. nach Boris Meyn: *Die Entwicklungsgeschichte des Hamburger Schulbaus*. Hamburg 1998, S. 73.

2 Ebd., S. 121.

3 Wilhelm Dressel: „Bauten für Erziehung und Berufsausbildung". In: *Hamburg und seine Bauten*. Hamburg 1969, hier S. 291ff.

4 Meyn, S. 287.

5 Vgl. Gert Kähler: „Wiedergesehen: Gesamtschule Steilshoop". In: Hamburger Architektenkammer (Hg.): *Architektur in Hamburg – Jahrbuch 1997*. Hamburg 1997, S. 106–111, hier S. 110. VI: (8)

6 Arno Lederer: „Neue Leitlinien in der Gestaltung von Schulbauten". In: Wüstenrot Stiftung (Hg.): *Schulen in Deutschland*. Stuttgart/Zürich 2004, S. 116.

7 Siehe den Beitrag von Gert Kähler „Die Schule in der Stadt oder die Schule als Stadt?" in diesem Band, S. 84–94.

8 Zur inhaltlichen Konzeption der „Bildungsoffensive Elbinseln" siehe den Beitrag von Jürgen Dege-Rüger in diesem Band, S. 72–82

Erweiterung für eine „Schumacherschule": Forum Johanneum, 2007 (Architekten: Studio Andreas Heller) Extension for a "Schumacher school": Forum Johanneum, 2007 (architects: Studio Andreas Heller)

Mutiger Vorschlag: Bildungs- und Gemeinschaftszentrum Neugraben Fischbek (Architekt: Marc-Olivier Mathez) A bold proposition: the Neugraben Fischbek educational and community centre (architect: Marc-Olivier Mathez)

schools, is extended by numerous modules, which, in addition to a day care centre and adult education facilities, also include environmental, science, and business centres.[8] The design by bof architects translates this concept into an ingenious structure that links the respective units with one another, thus forming a network of available facilities, some with restricted access and some open to the public. In particular, however, with their architecture they have managed to issue an invitation not just to the street but to the entire neighbourhood. Unfortunately at present one module has had to be left out for cost reasons, which means it will be a while before this urban planning concept becomes visible as a whole.

The new educational and community centre in Neugraben is also being built on a prominent site, right at the entrance to the new neighbourhood. This all-day school will be connected with a range of amenities including extracurricular facilities such as a mothers' advisory centre and a cultural centre. The large, three-court sports hall capable of hosting national league volley ball is a particular attention-grabber. Marc-Olivier Mathez produced a convincing architectural solution for this complex, one proclaiming openness and self-confidence. This is reminiscent of Fritz Schumacher's concept of the school as a defining social cultural medium, but without submitting to his monumental architectural language. Whether the attempt to accord it comparable significance, in successful using other architectural means and within the tight restraints of building cost limits, remains to be seen.

And this brings us to the core problem, which extends through the whole of Hamburg's school building history and which so exasperated Zimmermann: the constant need to economise, set against a backdrop of quantitative logistical problems, maintenance costs, and budget deficits, and which is largely at the expense of the architecture. One could of course argue that frugality is a general imperative of public budget management: correct. One could also plead that the provision of teachers and teaching amenities is more important than the buildings encasing them: also correct. And, finally, one could argue that outstanding school buildings, such as the Johanneum, the Christianeum, or the comprehensive school in Allermöhe have still been built: equally correct.

All of these arguments, however, cannot disguise the fact that, with only a few exceptions, we do not accord schools the importance they urgently deserve as cultural media, sources of identity, and structures safeguarding the future. More than ever before, the role that we used to assign to churches, later to city halls, and today to our cultural buildings needs to be granted to our educational locations: as symbols of intellectual and cultural revival within the knowledge-based society. This also means striving for the correct allocation of means within public budgets but, even more than that, the correct allocation of points in our value system of cultural construction. In other words: the urban planning and architectural task that we attribute to the construction of school buildings is far more an intellectual and cultural issue than a problem of economics and materials.

Notes

1 Zimmermann, quoted by Boris Meyn: *Die Entwicklungsgeschichte des Hamburger Schulbaus.* Hamburg 1998, p. 73.

2 Ibid., p. 121.

3 Wilhelm Dressel: "Bauten für Erziehung und Berufsausbildung". In: *Hamburg und seine Bauten.* Hamburg 1969, p. 291ff.

4 Meyn, p. 287.

5 Cf. Gert Kähler: "Wiedergesehen: Gesamtschule Steilshoop". In: *Hamburger Architektenkammer (publ.): Architektur in Hamburg_Jahrbuch 1997.* Hamburg 1997, pp. 106-11, here p. 110.

6 Arno Lederer: "Neue Leitlinien in der Gestaltung von Schulbauten". In: Wüstenrot Stiftung (publ.): *Schulen in Deutschland.* Stuttgart/Zürich 2004, p. 116

7 See the contribution by Gert Kähler "The School in the City or the School as City?" in this volume, pp. 85-89.

8 For details of the "Bildungsoffensive Elbinseln" (Elbe Islands Education Drive) concept see the contribution by Jürgen Dege-Rüger in this volume, pp. 73-83.

JAN ESCHE

Der Traum vom Campus

Wege zu einem neuen komplexen städtebaulichen Denken in Hamburg und anderswo

Für Stadtpolitiker wie für Städtebauer gleichermaßen provozierend forderte die amerikanische Journalistin Jane Jacobs schon in den 1960er Jahren Achtung vor den emotionalen Werten der Stadt und des Stadtbildes. Alexander Mitscherlichs Plädoyer für eine Stadt als dem „Platz, an dem sich Leben verschiedener Gestalt ins Gleichgewicht bringt und in ihm erhält", zielte in eine ähnliche Richtung. Ihm ging es um die Anerkennung, ja, den Schutz Andersdenkender, „Anderslebenwollender".
Die Aktualität beider Ideen zeigt sich angesichts der Pläne des Hamburger Senats, das Image des Universitätscampus als Ort für Arbeiten, Wohnen, Freizeit - als Ort für „Leben in der Stadt" - aufzubessern und eine integrierte Stadt für Wissenschaft, Wirtschaft und Medien zu schaffen.
Wegen des besorgniserregenden baulichen Zustands der Universität Hamburg - mit etwa 6.800 Wissenschaftlern und rund 38.000 Studierenden immerhin die fünftgrößte Universität Deutschlands - hat Wissenschaftssenatorin Herlind Gundelach mehrere Szenarien durchspielen und im März des Jahres veröffentlichen lassen. Seitdem sorgt eine Idee für Aufregung: ein kompletter Hochschul-Neubau in der HafenCity.
Für die einen ist es eine „Jahrhundert-Idee", sie sprechen von einem „Befreiungsschlag". Zu ihnen gehört Oberbaudirektor Jörn Walter, der - Stichwort Flächenbedarf - aus städtebaulichen Gründen für den vollständigen Umzug der Universität auf den Kleinen Grasbrook wirbt. „Kompletter Nonsens" murren andere und meinen, der Plan sei geschäftsschädigend für den Hafen. Und auch sonst gebe es „zu viele Unklarheiten und zu hohe Kosten", die im Übrigen irgendwo zwischen 1,3 und 2,1 Milliarden Euro veranschlagt werden.
Doch es geht den Gegnern des Neubaus nicht nur um Fragen der Finanzierung. Der Hamburger Kunsthistoriker Hermann Hipp etwa macht sich zusammen mit seinen Kollegen vom kunstgeschichtlichen Seminar für die „Qualitäten eines City-Campus" stark. Schließlich sei die Universität auf „einzigartige Weise" mit ihrem Viertel am Rotherbaum verflochten; so wie Eimsbüttel von ihr profitiere, gewinne auch die Hochschule durch die Alsternähe an Ansehen und Lebensqualität: „Diesen Wettbewerbsvorteil gegenüber anderen Universitäten aufs Spiel zu setzen, halten wir für falsch, gar fahrlässig."
Damit ist eine weitere Ebene in diesem Streit angedeutet: die Exzellenzinitiative, mit der Bund und Länder universitäre Spitzenforschung von internationaler Strahlkraft fördern. Ob Graduiertenschule, Exzellenzcluster oder unter dem begehrten Titel „Elite-Universität" - es geht um sehr viel Geld für die Universitätskassen und um das unbezahlbare Renommee der Universitätsstädte.
Die Hansestadt hat in den ersten beiden Förderrunden nicht punkten können; Programme, Titel und Gelder gingen mehrheitlich in den süddeutschen Raum. Ein Grund mehr zu fragen, ob sich die aufgeregte Debatte über den zukünftigen Standort der Universität nicht schon längst von selbst überholt hat. Ob es nicht auch für Hamburg an der Zeit ist, andere Fragen zu stellen, Fragen nach dem Campus der Zukunft.

Noch ist er eine unübersehbare Landmarke für einen starken Campus: der Philosophenturm der Universität Hamburg (Architekt: Paul Seitz). Still a conspicuous landmark for a vibrant campus: the Philosophy Tower at the University of Hamburg (architect: Paul Seitz).

JAN ESCHE

The Campus Dream

Paths towards New, Complex Urban Thinking in Hamburg and Elsewhere

HafenCity Universität Hamburg (Architekten: Code Unique): ein Ort der Urbanität, Nachhaltigkeit und Forschung für die Stadt Image of projected University of Hamburg in HafenCity (architects: Code Unique): a place of high urban planning values, sustainability, and research for the city

The call by American journalist Jane Jacobs back in the nineteen-sixties for consideration of the emotional values of the city and the cityscape was a provocation for both city politicians and urban planners alike. Alexander Mitscherlich's plea for a city as the "place in which different forms of life achieve and retain a balance" took a similar course. For him it was about the acknowledgement, even the safeguarding, of dissenters, of those wanting to live their lives differently. The continued relevance of both ideas is illustrated by the plans of the Hamburg Senate to improve the image of the university campus as a place of work, residence, recreation—as a place for "life in the city"—and to create an integrated city for science, commerce, and media.

The distressing state of the University of Hamburg's buildings—the university being the fifth largest in Germany with some 6800 academ-

Herausforderung Kommunikationsarchitektur

Wissensarbeit wird immer anspruchsvoller und aufwändiger. Universitäten und Forschungseinrichtungen haben sich dabei mit widersprüchlichen Tendenzen auseinanderzusetzen. Standardisierungen komplexer Tätigkeiten sollen schließlich Effizienzsteigerungen bewirken. Innovation entsteht jedoch nur, wenn Menschen Einblick in die gesamten Abläufe, in die gesamte Organisation haben – wenn sie über Wissen verfügen und auf Wissensressourcen zugreifen können.
Zur Entfaltung der Wissenspotenziale einer Universität ist es daher notwendig, die Zusammenarbeit zu verbessern und die Informations- und Kommunikationsdichte sowohl nach innen wie nach außen zu steigern. Die Maschinenbaufakultät in Garching bei München ist ein solcher Ort verdichteter Kommunikation: Als Wissensstadt aus sieben Instituten und 28 Lehrstühlen „im Kleinen" bereits 1997 erbaut, prägt die „Philosophie der Kommunikation" die Ordnungs-, Orientierungs- und Raumstruktur des urban anmutenden Gebäudekomplexes.
Die Gestaltung von Wissensräumen bedingt grundlegende Veränderungen räumlich-zeitlicher Bezugssysteme. Mit traditionellen Ordnungssystemen sind sie in ihrer Dynamik und Beschaffenheit heute kaum noch vergleichbar. Netzwerke, die von realen Orten unabhängig sind, werden immer wichtiger, Mobilität und Medienmöglichkeiten sind die bestimmenden Faktoren. Kommunikation Face-to-Face und in Echtzeit wird dadurch zu einer Frage wechseln-

Die Animation zeigt den möglichen Neubau der Universität Hamburg am Kleinen Grasbrook im Hafen von Hamburg (Entwurf: Architekten von Gerkan, Marg und Partner). This model shows the projected new University of Hamburg complex at Kleiner Grasbrook in HafenCity (architects: von Gerkan, Marg and Partners).

TU München, Fakultät für Maschinenwesen, Garching (Henn Architekten): Wissensstadt aus sieben Instituten und 28 Lehrstühlen
Unten: Ordnungs-, Orientierungs- und Raumstruktur für Lehre und Forschung
Technical University in Munich, Mechanical Engineering Faculty, Garching (Henn Architekten): a knowledge town with seven institutes and twenty-eight professorships
Below: structured order, orientation, and space for teaching and research

ics and around 38,000 students—gave cause for Science Senator Herlind Gundelach to run through several scenarios, published in March this year. One of these ideas has attracted particular attention: a completely new university complex in HafenCity (HarbourCity).
For some this is the "idea of the century," which they describe as "a real coup." These include the Director of Urban Development Oberbaudirektor Jörn Walter, who is campaigning for the complete relocation of the university to Hamburg's Kleiner Grasbrook neighbourhood for urban planning reasons (read: space requirements). "Complete nonsense," mutter the others, who claim that the plan would be bad for business in the harbour. And there are "too many uncertainties and the costs are too high": costs that are estimated at somewhere between 1.3 and 2.1 billion Euros.
Yet those opposing the new complex are concerned not only with issues of financing. The Hamburg art historian Hermann Hipp, for instance, is campaigning together with his colleagues for the "qualities of a city campus." The university is in fact integrated in its Rotherbaum neighbourhood in a "unique way;" just as Eimsbüttel benefits from it, the university's proximity to the river Alster earns it prestige and quality of life: "We consider risking this competitive advantage over other universities to be wrong, even negligent."
This indicates another dimension within this dispute: the excellence initiative with which the German Federal Government and the state governments promote high-level university research of international significance. Whether as graduate schools, clusters of excellence, or under the much sought after title of "elite universities"—there is a great deal of money at stake for the universities as well as their priceless reputations.
The Hanseatic city (Hamburg) did not perform well in the first two funding rounds: programmes, titles, and funds largely went to universities in southern Germany. This was another reason to wonder whether or not the lively debate over the future site for the university had in fact become redundant; whether it was not perhaps time for Hamburg to be posing other questions, those relating to the campus of the future.

The Communication Architecture Challenge

Knowledge work is continually becoming more demanding and more complex. Universities and research institutes are faced with contradictory challenges. The standardisation of complex activities is ultimately intended to create increased efficiency. Innovation, however, is generated only when people have an insight into the overall procedures, the whole organisation—when knowledge is available to them and they have access to knowledge resources.
The development of a university's knowledge potential therefore requires improved cooperation and an increase in information and communication concentration, both internally and externally. The engineering faculty in Garching near Munich is just such as place of concentrated communication: as a "mini" knowledge town established back in 1997 and comprising seven institutes and twenty-eight professorships, the "philosophy of communication" characterises the organisational, focal, and spatial structure of the urban-style building complex.
The design of knowledge premises requires fundamental changes to spatial-temporal reference systems. With their dynamics and configuration today they can barely be compared to traditional organisational systems. Networks, which are independent of real places, are becoming ever more important; mobility and media options are the deciding factors. Face-to-face communication, in real time, thus becomes a question of changing constellations, requiring reactions at a design and a spatial level. The MobileLifeCampus in the city of Wolfsburg represents the possibility of knowledge generation as fourth dimension; here the idea of a dynamic knowledge cluster has been implemented spatially as a "communication campus."
It is about the communication of knowledge and the gaining of insights. In designing the building the architect therefore has differing

der Konstellationen, worauf gestalterisch und räumlich zu reagieren ist. Der MobileLifeCampus der Stadt Wolfsburg steht für die Möglichkeiten der Wissensgenerierung als vierte Dimension, hier wird die Idee dynamischer Wissenscluster als „Kommunikations-Campus" räumlich umgesetzt.

Es geht um die Vermittlung von Wissen und um Erkenntnisgewinn. Der Architekt hat daher bei der Gebäudekonzeption unterschiedliche Zeit- und Wegefaktoren der Kommunikation ebenso zu beachten wie unterschiedliche technologische Voraussetzungen. Denn Forschungs- und Wissensbauten fungieren gleichzeitig als Informationssysteme, die ihre Durchlässigkeit nach innen und außen neu bestimmen müssen, und als Immunsysteme, die Konzentration und inhaltliche Fokussierung gewährleisten. Bei allen unterschiedlichen Strategien des Wissenstransfers geht es immer um Optimierungen in der Kommunikation zwischen den Forschenden und Lehrenden. Wissenskultur ist Kommunikationskultur.

Die Herausforderung liegt zum einen in der Identifikation der wissensorientierten Universität mit geeigneten Standorten und zum anderen in der strukturellen Gestaltung kommunikations- oder interaktionsrelevanter Orte. Bauliche Substanz und prozessorientierte Dynamik in Gebäuden bedingen einander. Es sind Orte zu schaffen, die die Selbstorganisation der Menschen nicht nur zulassen, sondern bewirken. Dies bedeutet eine Abkehr vom funktionalen Ordnungsprinzip des Raumes hin zum Prinzip der Vernetzung als einem Wegesystem, das Begegnungen begünstigt. Die Architektur fungiert als Initiator und Impulsgeber für das Zusammenwirken von Menschen, es entsteht ein Campus für Menschen. Der Novartis Campus, ein Stadtteil in Basel, folgt daher dem urbanen Prinzip der Straßen und Häuser. Schließlich misst sich die Attraktivität eines Unternehmens und einer Institution für Investoren und Wissenschaftler nicht zuletzt auch an der Attraktivität des Raumangebots.

Lösungen sind nicht mehr in der disziplinären Abgrenzung zu suchen, sondern müssen sich transdisziplinären Erkenntnisgewinnen zuwenden. Dies bedeutet das Verknüpfen fremder, vermeintlich gegensätzlicher Fachgebiete und das engere Zueinanderführen von industrieller und universitärer Arbeitsweise; Wissen wird durch informelle, selbstorganisierende Netzwerke innerhalb der Organisation erzeugt. So verstandene Wissensgenerierung ist ein eigenständiger Prozess, den es in besonderer Weise zu kultivieren gilt. Der freie, globale Zugang zu Wissen und die Tatsache, dass Forscher Zeit benötigen, um Wissen aufzunehmen und damit zu experimentieren, hat ebenso Auswirkungen auf die externen Beziehungen wie auf die Qualität der internen Arbeits- und Austauschprozesse. Das Globale als Multiplikation des Lokalen: Die Architektur reagiert mit flexiblen räumlichen Bedingungen.

Der Campus der Zukunft

Der Traum vom Campus, der Traum von Universität bedarf der Überprüfung - vor allem, wenn er den Anspruch erhebt, Modelle für neue

MobileLifeCampus, Wolfsburg (Henn Architekten). Oben: Forschungs- und Wissensbauten fungieren gleichzeitig als Informationssysteme, die ihre Durchlässigkeit nach innen und außen neu bestimmen müssen. Rechts: Hier wird die Idee dynamischer Wissenscluster als „Kommunikations-Campus" räumlich umgesetzt.
MobileLifeCampus, Wolfsburg (Henn Architekten). Above: research and other academic buildings also function as information systems—now redefining both their internal and external permeability. Right: Here the concept of a dynamic knowledge cluster was given a spatial interpretation as a "communication campus."

urbanistische Eingriffe zu liefern. Dies wirft die Frage der Innovation in der architektonischen und städtebaulichen Kultur der Gegenwart auf. Was ist richtig: Sich bei der Neugestaltung des Campus – ob in der Stadt oder auf der grünen Wiese – an die alte anzulehnen oder das nie Dagewesene, allenfalls kühn Geträumte zu verwirklichen? Beide Ansätze irritieren. Ist verstaubte Romantik mehr als das Gegenprogramm zur Technokratie, mehr als ein Placebo für die zum Publikum degradierten Bürger? Andererseits führt technischer Fortschritt, ungebremst und unreflektiert, nicht nur zur Manipulation, sondern auch zum Verlust von Erinnerung und von Stadt. Fest steht allerdings, dass Vergangenheit keine Norm für die Zukunft sein kann: Ohne Gedächtnis vermag kein Ort für Menschen zu existieren – aber Gedächtnis allein gibt keine tragfähige Grundlage für eine Architektur der Stadt, die über das Arrangement einnehmender Kulissen hinaus eine zeitgemäße Heimat für selbstständig denkende Bürger darzustellen trachtet. Zu Recht meint der Architekt und Hochschullehrer Vittorio M. Lampugnani, dass zum Blick zurück der Blick nach vorne kommen müsse, zur Utopie des Gestern jene des Morgen.
Somit löst sich der Zwiespalt, ob das Modell für die Campusgestaltung jene der Zukunft oder jene der Vergangenheit ist, von selbst auf. Um das Liebenswerte einer Stadt zu erhalten, muss man sie verändern. Die Invarianten von Straßen und Plätzen vermögen allein in neuen Formen städtischer Architektur aufzuleben, die sich mit den Schichtungen der Tradition auseinandergesetzt haben, um sie zu überwinden. Wenn dies zur Leitlinie für die Arrondierung des Campus in der Stadt oder vor den Toren erhoben wird, vermag der unübersichtliche und durchwachsene Standort in Eimsbüttel oder die unwirtliche und brachliegende Gegend im Hafen zum wegweisenden Modell eines neuen, komplexen städtebaulichen Denkens zu werden, vielleicht sogar zu einem kleinen Stück architektonischer Poesie.

Der Novartis Campus in Basel folgt dem urbanen Prinzip der Straßen und Häuser. Ein attraktives Raum- und Architekturangebot für die Wissenschaftler. Novartis Campus in Basel adheres to the urban planning principles of streets and buildings: an attractive option for the scientists both spatially and architecturally.

temporal and communication path factors to consider, as well as different technological prerequisites. Research and knowledge buildings function simultaneously as information systems that have to redefine their internal and external permeability, and as immune systems ensuring concentration and content focus. All of the different knowledge transfer strategies are always concerned with the optimisation of communication between researchers and teachers. The culture of knowledge is the culture of communication.

On the one hand, the challenge lies in the identification of knowledge-orientated universities with suitable locations and, on the other hand, in the structural design of communicative or interactive places. Buildings and process-orientated dynamics in buildings are mutually dependent. What needs to be created are places that not only allow, but also provoke people's self-organisation. This means a departure from the functional organisational principle of space and a move towards the network principle as an access system to facilitate encounters. The architecture acts as an initiator and trigger for interaction between people, resulting in a campus for people. Thus the Novartis Campus, a neighbourhood in Basel, follows the urban principle of streets and houses. The appeal of a company and an institution for investors and academics is measured, not least, by the attractiveness of the spatial surroundings.

Solutions should no longer be sought in disciplinary boundaries but need to be directed towards the interdisciplinary gaining of insights. This means the linking of other, supposedly contradictory, areas of expertise and bringing industrial and university modes of operation much closer together; knowledge is created through informal, self-organising networks within the organisation. This type of knowledge generation is an autonomous process that needs to be fostered in particular ways. Free, global access to knowledge and the fact that researchers need time in order to be able to assimilate knowledge and to experiment with it affect both external relationships as well as the quality of the internal work and exchange processes. The global as a multiplication of the local: the architecture reacts with flexible spatial conditions.

The Campus of the Future

The campus dream, the university dream, needs to be reviewed—especially if it aspires to provide models for new urban interventions. This raises the issue of innovation in contemporary architectural and urban planning culture. Which is correct: to refer to the old in the new design of the campus—be it in the city or on a greenfield site—or to implement the unprecedented, which has been at best an audacious dream? Both approaches retain an element of irritation. Is dusty romanticism more than an antidote to technocracy, more than a placebo for the citizen relegated to the rank of public? On the other hand, technical progress, when unabated and unreflected on, leads not only to manipulation, but also to the loss of memory and of the city. What is certain, however, is that the past cannot be a norm for the future: no place would be able to exist for people without recollection—but this alone does not form a stable basis for the architecture of a city that aspires to go beyond a range of attractive backdrops to constitute a contemporary home for independent-thinking citizens. The architect and university lecturer Vittorio M. Lampugnani rightly states that to look back we have to look forward: the utopia of yesterday is that of tomorrow.

The conflict between a future or a past model for a campus design thus resolves itself. We have to change the city in order to retain what it has of value. The invariant streets and squares may be revitalised in new forms of urban architecture, which have confronted the layers of tradition in order to be able to overcome them. If this is to be held up as a guideline for the consolidation of the campus in the city or on its outskirts, then the confusing and intermingled location in Eimsbüttel or the inhospitable and fallow harbour area can become groundbreaking models for new, complex thinking in urban planning: perhaps even a small fragment of architectural poetry.

THEDA VON KALBEN

Das Bildungszentrum „Tor zur Welt“

Neue Bildungsräume für die Elbinseln

Auf den Elbinseln Wilhelmsburg und Veddel sind die Bildungschancen der Kinder, Jugendlichen und Erwachsenen schlechter als in anderen Teilen der Stadt. Überdurchschnittlich viele Schüler verfügen über zu geringe Sprachkenntnisse und verlassen die Schulen ohne Bildungsabschluss. In Hamburg beträgt zum Beispiel die Quote der Schulabgänger ohne Hauptschulabschluss zehn Prozent, in Wilhelmsburg sind es dagegen 21 Prozent. Die Abiturientenquote liegt in Hamburg insgesamt bei 36 Prozent, in Wilhelmsburg machen nur 14 Prozent der Jugendlichen das Abitur. Ein hoher Anteil der Kinder und Jugendlichen kommt aus Einwandererfamilien und aus Familien mit niedrigem Sozialstatus und geringem Bildungsniveau.
Das schlechte Image der beiden Stadtteile und die weit unterdurchschnittlichen Bildungsergebnisse sind derzeit noch ein häufig genannter Grund für den Wegzug der Mittelschicht. Wer es sich leisten kann, kehrt Wilhelmsburg den Rücken, spätestens wenn die Kinder in die Schule kommen. Das gilt gleichermaßen für deutsche wie für Einwandererfamilien, die genauso an einer guten Ausbildung und an guten Zukunftschancen ihrer Kinder interessiert sind. Damit wandern leider auch potenzielle Vorbilder und Leistungsträger ab, die Verarmung, Ausgrenzung und die gesellschaftliche Spaltung nehmen zu.
Dieser Abwärtsspirale will die Internationale Bauausstellung (IBA) Hamburg mit dem Projekt „Bildungsoffensive Elbinseln“ entgegentreten. Die IBA Hamburg will zeigen, dass mit systematisch vernetzten, institutionsübergreifenden Bildungsangeboten die Integrationschancen der Bewohner der Elbinseln verbessert werden können. Gleichzeitig sollen attraktive neue Orte der Bildung entstehen, die den Standortfaktor Bildung auf den Elbinseln positiv besetzen, eine Magnetwirkung entfalten und zur Stabilisierung der Stadtgesellschaft beitragen.

Wie entsteht ein neues Bildungszentrum?

Es begann mit einem Aufruf der Schulbehörde an die Wilhelmsburger Schulleitungen, zu prüfen, unter welchen Bedingungen sie sich als Quartiers- oder Stadtteilschule entwickeln könnten, denn Bildungseinrichtungen müssen neben Qualifizierungs- und Integrationsfunktionen auch zunehmend familiäre Aufgaben übernehmen. Schule allein kann den neuen gesellschaftlichen Anforderungen nicht gerecht werden. Es braucht sozusagen ein ganzes Dorf, um ein Kind zu erziehen; deshalb sollte es an den Schulen nicht nur Lehrer geben, sondern auch Projektmitarbeiter, Künstler, Unternehmer und Wissenschaftler.
Mit dem Ziel sich als Schulen von einem abgeschotteten zu einem offenen System zu entwickeln, war die Beteiligung anderer Bildungseinrichtungen wie Kindertagesstätten, Jugendhilfe und Erwachsenenbildung verbunden. Es entstand das Modell „bilden, beraten, betreuen“ in Anlehnung an gute Erfahrungen mit der *community education* in Großbritannien und den *Vensterschoolen* in den Niederlanden. In beiden Konzepten wird das Ziel verfolgt, Kinder, Jugendliche und Erwachsene in ihren jeweiligen Lebensphasen zu begleiten, zu unterstützen

THEDA VON KALBEN

The Gateway to the World Educational Centre

New Educational Spaces for the Elbe Islands

Das Bildungszentrum „Tor zur Welt" (Entwurf: bof architekten mit Breimann & Bruun Garten- und Landschaftsarchitekten), Perspektive Agora
"Tor zur Welt" (Gateway to the World) educational centre (design: bof architekten and Breimann & Bruun landscape architects): Agora

und sie durch mehr Wissen in die Lage zu versetzen, ihr Leben und das der „Community" (Nachbarschaft, Gemeinde, Region, Dorf, Stadt oder Stadtteil) kompetent und aktiv mitzugestalten. Wesentliche Elemente sind hierbei die Vernetzung verschiedener Lernbereiche und Lernorte sowie interdisziplinäre Zusammenarbeit. Durch ein organisiertes Zusammenwirken schulischer und nichtschulischer Partner soll eine Öffnung der Schulen zum Quartier erreicht werden. Schulen und andere Einrichtungen bemühen sich um ein möglichst breites Angebot an Bildung, Erziehung, Beratung, Kunst, Kultur und Sport. Durch eine räumliche Vernetzung von Kindertagesstätten, Schulen und Beratungsangeboten treffen sich die Partner häufiger, stimmen sich besser untereinander ab und erweitern das Bildungsangebot für die Kinder, Jugendlichen und Erwachsenen des Quartiers.
Mit der IBA Hamburg wurde die „Bildungsoffensive Elbinseln" als Projekt institutionalisiert und eine Koordinierungsstelle eingerichtet, die das Modellvorhaben entwickelt und begleitet, die Zusammenarbeit der Institutionen in Workshops und Arbeitsgruppen befördert, innovative Bildungsprojekte entdeckt und unterstützt.
Neue Bildungshäuser wie das Bildungszentrum „Tor zur Welt", ein „Haus der Projekte" und ein „Sprach- und Bewegungszentrum" werden als Orte der Vernetzung durch Wettbewerbsverfahren und Beteiligungsprozesse qualifiziert.
Das Gymnasium Kirchdorf-Wilhelmsburg und die ehemalige Grundschule Buddestraße (heute Elbinselschule) in der Nähe des Einkaufszentrums am Berta-Kröger-Platz bildeten den Grundstock für das neue Bildungszentrum „Tor zur Welt" in Wilhelmsburg.
Heute verbirgt sich die Elbinselschule noch hinter einem hohen Metallzaun. Auf der gegenüberliegenden Seite der Krieterstraße erblickt man das Eingangsgebäude des Gymnasiums, auf einem offen zugänglichen, angenehm gestalteten Gelände. Zwei Welten, getrennt durch eine Straße. So unterschiedlich wie diese zwei Schulstandorte ist auch das Umfeld des Viertels: Einfamilienhäuser stehen in unmittelbarer Nachbarschaft zu Wohnhochhäusern. Das neu zu bauende Bildungszentrum umfasst eine Sprachheilschule, die hierhin verlegt wird, drei Schulen und eine angrenzende Kindertagesstätte. Die Planer hatten die anspruchsvolle Aufgabe, die Schulen und zusätzliche Module, die in einem vorangegangenen Partizipationsprozess entwickelt wurden, miteinander zu verknüpfen. Das Herzstück des Bildungszentrums „Tor zur Welt" wird ein Multifunktionszentrum sein, bestehend aus einem öffentlichen Bereich mit Beratungseinrichtungen, Elterncafé, einer Mensa für die drei Schulen und einem Theater. Dieses Element sollte möglichst zentral und im Stadtteil gut auffindbar angeordnet werden. In einem Selbstlernzentrum für Schüler und Erwachsene soll das individuelle Lernen eine ruhige und anregende Umgebung finden. Hier wird es auch die zentrale Bibliothek – kombiniert mit Arbeitsplätzen, Leseecken und Computerbereichen – geben. Ein Umweltzentrum, nicht nur für die Schulen, sondern für den ganzen Stadtteil mit verschiedenen Themenlaboren ist zentrales neues Element der Primar- und Sprachheilschule und findet sein Pendant im Gymnasium als Science Center in einem umzugestaltenden Fachraumgebäude. Mit dem neuen School- und Business-Center sollen Schülerfirmen ihren Ort bekommen und Wirtschaftsunternehmen animiert werden, sich im Bildungszentrum ganz konkret zu engagieren.

Partizipation – gemeinsam Verantwortung übernehmen

Das Projekt der „Bildungsoffensive Elbinseln" kann nur gemeinsam mit allen Beteiligten gelingen. Nur wer von einer Idee begeistert ist, sie mitentwickelt und gestaltet hat, kann sich mit ihr identifizieren und sie auch mit Elan umsetzen. Es wurde deshalb gleich zu Beginn der Planungen für das neue Bildungszentrum in mehreren Arbeitsgruppen gemeinsam an Zielen und Profilen gearbeitet, die eine Vielzahl von Einrichtungen und die zukünftigen Nutzer der Schule einbezogen. Die beteiligten Schulen hatten sich sehr schnell auf den Namen „Tor zur Welt" verständigt. Er soll die Verbundenheit mit Hamburg und die Weltoffenheit in einem multikulturellen Quartier ausdrücken.

In einer Projektwoche setzten sich Kinder und Jugendliche 2007 mit dem Umbau ihrer Schule und mit dem Stadtteil auseinander. Die Ergebnisse des Workshops fließen in die Aufgabenstellung des Architektenwettbewerbs ein. In 2007 children and young people spent a project week looking at the conversion of their school and at the neighbourhood. The results of these workshops were incorporated into the task formulation for the architectural competition.

Ein Beteiligungsverfahren mit Kindern, Jugendlichen und Erwachsenen behandelt die im Bildungszentrum „Tor zur Welt" einzurichtende Agora. A participatory process with children, young people, and adults addresses the issue of the Agora to be built in the "Tor zur Welt" (Gateway to the World) educational centre.

Educational opportunities for children, young people, and adults on the Elbe Islands of Wilhelmsburg und Veddel are not as good as those in other parts of the city. An above average number of children have inadequate language skills and leave school without educational qualifications. In Hamburg, for instance, the proportion of school leavers without a certificate of secondary education is ten per cent, while in Wilhelmsburg this figure is twenty-one per cent. The proportion of secondary school graduates for Hamburg as a whole is thirty-six per cent, while in Wilhelmsburg only fourteen per cent of young people complete the school leaving examination. A high proportion of children and young people come from an immigrant background, as well as from families with disadvantaged social status and a low level of education.

The negative image of these two districts and the significantly below average educational outcomes remain an oft-quoted reason for the relocation of the middle class. Those who can afford to, turn their backs on Wilhelmsburg, at the latest by the time their children reach school age. This applies to both German and to immigrant families, who are just as interested in a good education and promising future prospects for their children. Unfortunately, this also means the migration of potential role models and top performers, increasing impoverishment, ostracism, and social divides.

The Internationale Bauausstellung IBA Hamburg (International Building Exhibition) aims to counter this downward spiral with the "Bildungsoffensive Elbinseln" (Elbe Islands Education Drive). The IBA Hamburg intends to demonstrate that systematically networked, multi-institutional educational opportunities can improve the integration prospects for the residents of the Elbe Islands. At the same time, attractive new educational sites are to be developed, which turn education into a positive location factor for the Elbe Islands, creating a magnetic effect and contributing to the stability of urban society.

How is a New Education Centre Established?

It began with a call from the school authorities to the heads of the Wilhelmsburg schools. They were to review the conditions under which they could develop themselves into district or neighbourhood schools because, in addition to qualification and integration functions, educational facilities increasingly have to take on family tasks as well. School alone is not able to meet the new social requirements. An entire village, so to speak, is required to raise a child, so schools should be offering not just teachers but also project workers, artists, entrepreneurs, and academics.

The participation of other educational facilities, such as nursery schools, youth centres, and adult education centres was incorporated with the objective of converting the schools from insular to open systems. The result was the "educate, advise, supervise" model based on positive experiences with *community education* in the United Kingdom and the *Vensterschoolen* (Window schools) in The Netherlands. Both concepts pursue the goal of accompanying and supporting children, young people, and adults in their respective phases of life and, through increased knowledge, putting them in the position to be able to play a competent and active role in their own lives and that of the "community" (neighbourhood, municipality, region, village, city, or city district). The key elements here are the networking of different teaching areas and locations, as well as inter-disciplinary cooperation. The organised collaboration between school and extracurricular partners is intended to achieve the opening up of the school to the neighbourhood. Schools and other facilities endeavour to achieve as wide a spectrum of educational, guidance, advisory, art, culture, and sport opportunities as possible. The partners meet more frequently through spatial networking of nursery schools, schools, and advisory opportunities, so are better able to consult with one another, and expand educational opportunities for the neighbourhood's children, young people, and adults.

Zwei zentrale Themen wurden in dem umfassenden Beteiligungsprozess parallel bearbeitet: das zukünftige pädagogische Konzept und das Raumprogramm für den Architektenwettbewerb. Die Bauverwaltung der Schulbehörde hatte beschlossen, sich von den üblichen, engen Musterraumprogrammen zu verabschieden – eine große Chance für die Pädagogen, ihre Ideen auch in konkrete bauliche Vorgaben einfließen zu lassen. Neben den Arbeitsgruppen der Mitarbeitenden des Bildungszentrums gab es Fortbildungsveranstaltungen und Exkursionen zu vergleichbaren Projekten, beispielsweise in den Niederlanden. Auch die Kinder und Jugendlichen wurden im Rahmen einer gemeinsamen Projektwoche frühzeitig in den Planungsprozess integriert. In 64 Einzelprojekten haben sie sich mit der Zukunft des Stadtteils und ihrer neuen Schule auseinandergesetzt. Unterstützt wurden sie dabei von Hamburger Planerinnen und Architektinnen, die auf die Beteiligung von Kindern und Jugendlichen spezialisiert sind. Höhepunkt der Projektwoche war eine Menschenkette rund um das Gelände des geplanten gemeinsamen Zentrums, das die Verbundenheit und die Identifizierung mit einem gemeinsamen Großprojekt beeindruckend zum Ausdruck brachte.

Während des laufenden Architektenwettbewerbs konnten alle Interessierten, insbesondere die zukünftigen Nutzer, die Arbeiten vor den Preisgerichtssitzungen besichtigen und beurteilen. Dazu wurden vorbereitete Fragebögen ausgegeben und in einem gesonderten Vorprüfbericht aufbereitet. Die Ergebnisse wurden der Jury während der Rundgänge vorgetragen und konnten so in den Entscheidungsprozess mit einbezogen werden. Eine besondere Bedeu-

Luftbild des heutigen Gymnasiums Kirchdorf-Wilhelmsburg mit der darüberliegenden ehemaligen Grundschule Buddestraße. Aerial view of the secondary school Kirchdorf-Wilhelmsburg and, above that, the former Buddestrasse primary school.

Luftbild mit dem montierten Entwurf von bof architekten und Breimann & Bruun Garten- und Landschaftsarchitekten für das Bildungszentrum „Tor zur Welt"
Aerial view with the projected design by bof architects and Breimann & Bruun landscape architects for the "Tor zur Welt" (Gateway to the World) educational centre

The IBA Hamburg has institutionalised the Bildungsoffensive Elbinseln as a project and has set up a coordination centre to develop and sustain the model programme, promoting cooperation between the institutions in workshops and working groups, as well as initiating and supporting innovative education projects. New educational premises such as the "Tor zur Welt" educational centre, a "Haus der Projekte" (House of Projects), and a "Language and Exercise Centre" are being made into network locations through competitions and participatory processes.

The Kirchdorf-Wilhelmsburg secondary school and the former Buddestrasse primary school (now the Elbe Island school), close to the shopping centre at Berta-Kröger-Platz, formed the basis for the new "Tor zur Welt" educational centre in Wilhelmsburg.

The Elbe Island school still remains screened behind a high metal fence. The secondary school entrance building is visible on the opposite side of Krieterstrasse, situated in open, accessible, appealingly designed grounds. Two different worlds, separated by a street. The neighbourhood surroundings are also as different as these two school locations: single-family homes stand in direct proximity to residential tower blocks. The new educational centre is to encompass a relocated language therapy school, three schools, and an adjoining nursery school. The planners had the challenging task of linking the schools and additional modules developed in a previous participatory process. A multifunctional hub comprising a public area with advisory facilities, a parents' café, a cafeteria for the three schools, and a theatre is to form the heart of the "Tor zur Welt" educational

tung spielte in der Bewertung die Präsenz des Multifunktionszentrums als wichtigste Anlaufstelle für die Eltern und Bewohner des Stadtteils. Diese intensive und offene Beteiligung hat zu einer hohen Akzeptanz des ausgewählten Entwurfs bei allen Beteiligten geführt.

Der Entwurf

Sieger des internationalen zweistufigen Realisierungswettbewerbs wurde das Team bof architekten und Breimann & Bruun Landschaftsarchitekten. Beide Büros sind in Hamburg ansässig. Das junge Architektenbüro bof architekten, es besteht seit 2003, hat bereits eine Reihe von Wettbewerben gewonnen und einige Gebäude realisiert. Für das Projekt „Tor zur Welt" erhielt bof den Preis des Bundesministeriums für Wirtschaft und Technologie (BMWT) für Energieoptimiertes Bauen 2009. Auch Breimann & Bruun ist ein junges Büro. 1999 fand das interdisziplinär und international besetzte Team in Hamburg zusammen und hat weltweit unterschiedlichste Projekte umgesetzt. Es ist den Preisträgern gelungen, die hohen Anforderungen an ein quartierbezogenes Bildungszentrum gestalterisch und funktional in besonderer Weise umzusetzen. Der Entwurf fügt sich harmonisch in die heterogenen städtebaulichen Strukturen ein und bildet gleichzeitig durch die markanten Gebäudeformen eine deutlich ablesbare Adresse aus. Ein besonders herausragendes Element ist die „Straße des Lernens". Auf zwei Ebenen werden die einzelnen Gebäude miteinander verknüpft. Die Flure haben nicht mehr reine Erschließungsfunktion, sondern sind Aufenthalts-, Präsentations-, Bewegungs- und Lernräume. Die anregende Gestaltung findet sich auch in den Außenräumen wieder. Es gibt geschützte Spielbereiche für die Kleinen, vielfältige Sportangebote für die Großen, die zentrale öffentliche „Agora" als Eingangsbereich und ein Biotop, das als Naturerlebnisraum genutzt werden soll. Als Passivhaus konzipiert, ist der Entwurf im Sinne der IBA ein Multitalent, das nicht nur entscheidende Beiträge zum Leitthema „Kosmopolis" liefert, sondern auch der „Stadt im Klimawandel" gerecht wird.

Das Bildungszentrum „Tor zur Welt" (Entwurf: bof architekten und Breimann & Bruun Garten- und Landschaftsarchitekten) in einer Gesamtperspektive. Unten: Perspektive Spielhof Overall perspective of the "Tor zur Welt" (Gateway to the World) educational centre (design: bof architects and Breimann & Bruun landscape architects). Below: view of the playground

centre. This element is to be located as centrally as possible and should be easy to find within the neighbourhood. A self-study facility for school pupils and for adults is intended to provide a quiet and motivating atmosphere for individual learning. This is also where the central library—together with work stations, reading corners, and computer areas—is to be located. An environmental centre, not only for the schools but also for the entire neighbourhood, with a variety of themed laboratories, is a key new element of the primary and language therapy school and has a counterpart in the secondary school science centre in a converted technical building. The new school and business centre is to provide a venue for school companies and motivation for economic enterprises to enter into concrete involvement with the educational centre.

Participation—Taking on Joint Responsibility

The Bildungsoffensive Elbinseln project can only succeed together with all of the participants. Only someone who is enthusiastic about an idea, who has played a role in its development and design, is able to identify with it and implement it with gusto. Right from the start of the planning for the new educational centre, therefore, goals and profiles were defined in several working groups, including a multitude of facilities and the schools' future users. The participating schools were quick to agree on the name "Tor zur Welt" (Gateway to the World). It is intended to express the bond with Hamburg and the cosmopolitan nature of this multicultural neighbourhood.
Two central themes were addressed in parallel during the comprehensive participatory process: the future educational concept and the spatial programme for the architectural competition. The school authorities' planning department had decided to depart from the usual, narrow range of spatial designs—a major opportunity for the educationalists to incorporate their ideas in concrete construction projects. In addition to the working groups of those involved with the educational centre there were also training events and excursions to comparable projects in The Netherlands, for example. Children and young people were integrated into the planning process at an early stage with a joint project week. Their sixty-four individual projects addressed the issue of the neighbourhood's and their school's future. They were supported in these endeavours by planners and architects from Hamburg specialising in participation by children and young people. The highlight of the project week was a human chain around the grounds of the planned communal centre, expressing the bond and identification with a large-scale joint project.
During the course of the ongoing architectural competition all the interested parties, in particular the future users, were able to view and assess the work prior to the jury meetings. Questionnaires were handed out and the answers evaluated in a special preliminary report. The results were read out to the jury during their tours, thus enabling their incorporation in the decision-making process. The role of the multifunctional centre as the most important point of contact in the neighbourhood for parents and residents was especially significant in the evaluation. This intensive and open participation led to greater acceptance of the chosen design on the part of all concerned.

The Design

The winner of the two-phase, international design competition was the team comprising bof architekten and the landscape architects Breimann & Bruun. Both practices are based in Hamburg. The young architectural practice bof architekten, founded in 2003, has already won a series of competitions and completed a number of projects. In 2009, bof received the German Federal Ministry of Economics and Technology prize for energy-optimised construction for the "Tor zur Welt" project. Breimann & Bruun is also a young practice. The interdisciplinary, international team came together in Hamburg in 1999 and has implemented a very wide range of projects worldwide.
With their design and functional implementation the prize-winners have managed to meet the

Nach Abschluss des Wettbewerbsverfahrens, wurde der Siegerentwurf in einer zweiten Phase der Partizipation intensiv mit den zukünftigen Nutzern und den planenden Architekten diskutiert und überarbeitet. Die Kompetenzen der Pädagogen und der nichtschulischen Einrichtungen, die das zukünftige Bildungszentrum „Tor zur Welt" gemeinsam nutzen, wurden von den Planern aufgegriffen. Die Anordnung der Klassenräume wurde teilweise überarbeitet, Lerninseln in ruhige und bewegte Zonen gegliedert, die Aula verlegt und den Ansprüchen der Theatermacher angepasst.
Die Außenräume werden derzeit im weiteren Verfahren gemeinsam geplant. Kinder, Jugendliche, Eltern und Quartierbewohner entwickelten in organisierten Workshops Vorschläge für die Gestaltung des zentralen Eingangsbereichs des Bildungszentrums. Einmalig an diesem Ideenwettbewerb ist, dass Schüler und Erwachsene nicht nur ihren Schulhof, sondern auch eine öffentliche Straße als zukünftige Gemeinschaftsfläche planen können. Die Ideen zur Gestaltung dieser „Agora" werden von den beauftragten Preisträgern des Wettbewerbs in Varianten umgesetzt. Die Jury, bestehend aus Landschafts- und Verkehrsplanern sowie der IBA, dem Bauherrn, der Verwaltung und auch zukünftigen Nutzern, wird einen dieser Vorschläge zur konkreten Umsetzung auswählen. Damit sich die Sieger des Ideenwettbewerbs in dem umzusetzenden Entwurf wiederfinden, sollen auch sie in der zweiten Auswahlstufe mit Stimmrecht in der Jury vertreten sein.

Ausblick

Ein innovatives Bildungszentrum braucht für alle verbindliche Ziele, an denen sich das Projekt messen lassen kann. Auf der Basis eines Rahmenkonzeptes sind deshalb fünf Kriterien definiert worden, die den Bildungsstandort Elbinseln mit dem „Tor zur Welt" deutlich verbessern sollen:

1. Das Bildungszentrum orientiert sich an den sehr unterschiedlichen Bildungsbedürfnissen der Kinder, Jugendlichen und Erwachsenen im Stadtteil. Es nutzt Heterogenität als Chance und wirkt der im Stadtteil erkennbaren Segregation wirkungsvoll entgegen.
2. Es fördert partizipative Lernformen und den Erwerb von Selbstlernstrategien.
3. Es integriert formale, non-formale und informelle Bildung stärker und hebt, soweit wie möglich, die Trennung zwischen Bildung, Beratung und Betreuung auf.
4. Das Bildungszentrum entwickelt sich zu einem Ort, an dem Menschen unterschiedlichen Alters optimale Lernbedingungen vorfinden und sich gern treffen, um gemeinsam mit- und voneinander zu lernen.
5. Die am Bildungszentrum beteiligten Einrichtungen und Organisationen entwickeln ihre bereits bestehenden Leitbilder und inhaltlichen Schwerpunkte gemeinsam zu einem integrierten Profil.

Mit dem vorliegenden Entwurf sind die räumlichen Voraussetzungen für die Umsetzung dieser Ziele geschaffen. Das „Tor zur Welt" kann zu einer Magnetschule für die Elbinseln werden und Modellcharakter für vergleichbare Stadtteile entfalten. Die Verbindung einer anspruchsvollen Architektur mit einem innovativen inhaltlichen Konzept macht dieses Vorhaben zu einem bedeutenden IBA-Projekt.

significant demands made of a neighbourhood educational centre in a very special manner. The design integrates harmoniously with the heterogeneous urban structures, while at the same time making a bold architectural statement with its unusually shaped buildings. A particularly distinctive element is the "street of learning". The individual buildings are connected with one another on two levels. The corridors no longer have a purely access function but are also leisure, presentation, exercise, and learning rooms. The inspirational design is also reflected in the external facilities. There are protected play areas for small children, a diverse range of sporting options for older children, the central, public "agora" as a foyer, and a biotope intended as a nature experience venue. Conceived of as a passive building, this multitalented design reflects the IBA ethos in that it not only makes a major contribution to the "Cosmopolis" leitmotiv, but is also compatible with "Cities and Climate Change".

Following the conclusion of the competition procedures, the winning design was discussed and reviewed intensively in a second participatory phase with the future users and the architectural planners. The skills of the educationalists, as well as the extracurricular activities that are to share the future "Tor zur Welt" educational centre were taken into account by the planners. The layout of the classrooms was revised in part, learning islands were separated into quiet and activity zones, while the hall was repositioned and adapted to the requirements of the theatre. The outside facilities are currently being planned jointly in a further process. Children, young people, parents, and neighbourhood residents developed proposals in organised workshops for the design of the educational centre's central foyer area. The unique feature of this contest of ideas is that school pupils and adults are able to plan not only their own school yard but also a public road as a future communal area. Versions of the ideas for the design of this "agora" are to be implemented by the contracted prize-winners. The jury, comprising landscape and traffic planners, as well as the IBA (the awarding authority), the administration, and the future users, will select one of these proposals for practical implementation. The winners of the ideas contest are to have jury voting rights in the second voting round so that they, too, are able to have their say on the design to be featured.

Outlook

An innovative educational centre needs binding goals for all of those involved, goals against which the project can be measured. Five criteria have thus been defined in a framework concept, which is intended to significantly improve, with the"Tor zur Welt", the Elbe Islands as an education location:

1. The educational centre focuses on the very different educational needs of the children, young people, and adults in the neighbourhood. It uses the heterogeneity as an opportunity and actively counteracts the discernible segregation in the neighbourhood.
2. It promotes participatory forms of learning and the acquisition of self-study skills.
3. It integrates more strongly formal, non-formal, and informal education and eliminates, as far as possible, the separation between education, advisory services, and supervision.
4. The educational centre is developing into a place where people of different ages are able to find ideal learning conditions and where they can enjoy meeting in order to learn together, with, and from one another.
5. The institutions and organisations involved in the educational centre are developing their existing concepts and focal content together to form an integrated profile.

The present design provides the spatial prerequisites for the implementation of these objectives. The "Tor zur Welt" will become a magnet school for the Elbe Islands and can develop into a model for comparable neighbourhoods. The combination of sophisticated architecture with an innovative content concept makes this undertaking a significant IBA project.

DIRK MEYHÖFER

Landschaften des Lernens

Will Alsops Bauten für das britische Bildungssystem

Jahrhundertaufgabe: Building Schools for the Future

Das Vereinigte Königreich hat nach einem scheinbaren Zwischenhoch durch den Thatcherismus seit fast zwei Jahrzehnten mit besonders gravierenden Problemen zu kämpfen: dem endgültigen Abschied von der industriellen Produktionsgesellschaft und dem Versagen der Londoner Hochfinanz. Auf den Britischen Inseln hat der Staat deswegen ganz richtig erkannt, dass nur eine kräftige Investition in das Bildungssystem das Problem lösen kann – und hat das größte einzelne öffentliche Förderprogramm seit 50 Jahren aufgelegt. Unter dem Namen und der Botschaft „Building Schools for the Future" (BSF) werden seit Mitte des Jahrzehnts 3.500 englische Sekundarschulen saniert oder ersetzt. BSF ist wiederum integraler Bestandteil einer Initiative des Department for Children, Schools and Families (DCSF), das bisher £ 6,4 Milliarden ausgegeben hat und bis 2011 weitere £ 8,2 Milliarden in Schulen investieren wird.

Will Alsop ist Architekt und Maler. Der gebürtige Engländer führt Architekturbüros in London, Abu Dhabi sowie Shanghai und hat eine Professur an der TU Wien inne. In der Architektenszene seines Heimatlandes steht er kurz hinter Lord Norman Foster, Sir Richard Rogers und Sir Nicholas Grimshaw. Zum Adelstitel hat es (bisher) nicht gereicht, zu ungestüm ist sein Talent. Im Alter ähnelt er in der Physiognomie immer mehr seinem Lehrer Cedric Price, einem der *godfathers* der modernen sozialen Architektur in England. Von ihm übernahm Alsop die Weisheit, dass der einzige Grund für Architektur ihr Dialog mit den Menschen sei. Er handelt danach und sorgt dafür, dass seine Architektur Geschichten erzählt. Nicht im Sinne einer *architettura parlante* oder einer geschwätzigen Architektur wie zu den Hochzeiten der Postmoderne. Er versucht mit Architekturbildern Orte zum Wohlfühlen zu erzeugen und mit seiner Architektursprache Räume so zu beschallen, dass Bewohner und Benutzer sich *at home* fühlen.

Will Alsop war von Beginn an durch einen Pilotentwurf in das BSF-Programm einbezogen. Auf den ersten Blick scheint es nicht zusammen zu passen, dass ausgerechnet dieser humorvolle und lebensfrohe Mann das britische Bildungssystem mit baulicher und städtebaulicher Umsetzung retten oder ihm wesentliche Impulse geben kann. Aber mittlerweile darf man guten Gewissens behaupten, dass Will Alsop im Vereinigten Königreich zur Schlüsselfigur für eine Architektur geworden ist, die sich im weitesten Sinne mit *education*, also mit Bildung, Lehre und Schule beschäftigt. Sein aktuelles Werk verzeichnet nicht nur vielfältige Schul- oder Hochschulprojekte, sondern auch Stadtteilbüchereien (wie die Peckham Library mit *Media Centre* von 1999 in Südlondon) oder das Blizzard Building (2000) für ein Forschungszentrum mit öffentlichen Schulungsräumen in London-Whitechapel. Man darf es Stadtreparatur durch Bildung nennen, genauer noch: durch Alsops besondere Bildungsarchitektur. Schließlich sind große Teile der britischen Städte kollabiert: Hier ist kein normaler Sanierungsstau in den Wohnhäusern oder Schulen das Thema, sondern das grundsätzliche Versagen einst vor-

We don´t need no
education

We don´t need no
thought control

No dark sarcasm in
the classroom

Teachers leave them
kids alone

Hey, Teachers, leave
those kids alone

All in all it's just another
brick in the wall

All in all it was just another
brick in the wall

Pink Floyd

DIRK MEYHÖFER

Landscapes for Learning

Will Alsop's Buildings for the British Education System

Will Alsop führt ein Architekturbüro in London, das sich besonders intensiv mit Bildungsbauten auseinandersetzt. Will Alsop's practice in London has a special focus on educational buildings.

The Task of the Century: Building Schools for the Future

Following what seems to have been an interim peak as a consequence of Thatcherism, the United Kingdom has been battling particularly serious problems for the last two decades: the final farewell to the society of industrial production and the failure of London's high finance. Consequently, in the British Isles the state has rightly recognised that only major investment in the education system is able to solve the problem and has initiated the largest single public support programme for fifty years. Since the middle of this decade some 3500 English secondary schools have been renovated or replaced under the slogan "Building Schools for the Future" (BSF). BSF also forms an integral part of an initiative by the Department for Children, Schools and Families (DCSF), which has spent £6.4 billion to date and is to invest a further £8.2 billion in schools by 2011.

Will Alsop is an English architect and painter. He runs architectural practices in London, Abu Dhabi, and Shanghai, as well as holding a professorship at the Vienna University of Technology. In the architectural milieu of his home country he is ranked right behind Lord Norman Foster, Sir Richard Rogers, and Sir Nicholas Grimshaw. A knighthood has not (yet) been forthcoming for this architect of all too impetuous talent. With advancing age his physiognomy increasingly resembles that of his teacher Cedric Price, one of the godfathers of modern social architecture in England. It was from him that Alsop adopted the adage that the only reason for architecture is its dialogue with human beings. He acts accordingly and ensures that his architecture tells stories. Not in the sense of an *architettura parlante* or the garrulous architecture prevalent at the height of postmodernism. He attempts to create places that produce a sense of well-being using architectural images and to fill spaces with his architectural language in such a way that the inhabitants and users feel at home.

Will Alsop was part of the BSF programme right from the start, contributing a pilot design. It initially seemed incongruous that, of all people, this humorous and jovial man should be the one to save the British education system via architectural and urban planning projects or applying a major impetus. One can now rest assured, however, that in the United Kingdom Will Alsop has become a key proponent of a form of architecture that is concerned with education in the broadest sense of the word, namely with training, teaching, and schools. His current works include not only a variety of school or college projects, but also neighbourhood libraries (such as the 1999 Peckham Library and Media Centre in South London) or the Blizzard Building (2000), for a research centre with public lecture rooms, in London's Whitechapel district. It can be described as city repair through education or, more specifically: through Alsop's particular form of educational architecture.

Large areas of many British cities are in fact in a state of collapse; this is not a case of the normal renovation backlog in residential blocks or schools, but the fundamental failure of what were exemplary new buildings in the nineteen-

bildhafter Neubauten der 1970er Jahre, die erst zu sozialen Brennpunkten und dann, mit dem verstärkten Zuzug vernachlässigter sozialer Randgruppen und ethnischer Minderheiten, zu *No-go-Areas* wurden.
Ob in Fawood in London NW mit einer Kindertagesstätte, ob im Aylesbury Estate südlich von Elephant and Castle, einem der größten Aufbaugebiete der 1960er Jahre mit einer *Primary School* oder in Birmingham mit einem Schulzentrum – Alsop Architects wollen mit guter Architektur viel mehr als nur reparieren; sie wollen die Stadt wieder für alle Schichten und Gruppen lebenswert machen.

Das Unsichtbare sichtbar machen: die Alsop-Design-Linie

Wie er das macht, zeigt ein kurzer Ausflug in das Atelier der Architekten in der Nähe der Albert Bridge in Battersea. Umgehend wird deutlich, welchen Beitrag Architekten wie Alsop bei der Erneuerung der Städte wie auch der Bildungslandschaften leisten können. Es ist eine Besprechung der besonderen Art zu beobachten, wie sie weder in einem Ministerium noch in einer Werbeagentur oder in einem Architekturbüro stattfindet, weil sie von allem etwas ist. Kräftige Farbspuren auf dem alten Parkett der alten Fabrik lassen auf eine Nutzung als Atelier schließen. Das Brainstorming wird von einer Kamera gefilmt und ist eine Mischung aus Konzeptmeeting, Entwurfswerkstatt und Fernsehsendung. Es wird zum zweistündigen Almanach über Entwurfstaktik und die Schule eines Architekten, der formal die moderne britische Glasstahlarchitektur mitgeprägt, aber immer mit radikaler, manchmal auch übertriebener Farbigkeit (beispielsweise am regionalen Rathaus Le Blue in Marseille) agiert hat.
Die zwei Stunden dienen dazu, die Präsentation für einen Masterplan für den New Campus Glasgow, eine Zusammenlegung von drei Hochschulen mit der ungeheuren Zahl von 50.000 Studenten vorzubereiten. Will Alsop sagt zum Schluss der Vorstellung in die Kamera: „Wir bauen hier für jene Menschen, die sich in der Übergangsphase von ‚Mummy to Money', von ‚Child to Citizen' befinden." Er wolle Landschaften fürs Lernen bauen und sehe seine Aufgabe als Architekt darin, das Unsichtbare sichtbar zu machen. Diese Aussagen sind dann schon Teil der späteren Präsentation, vielleicht auch ein bisschen Show, um den Auftrag zu bekommen. Aber beeindruckend ist es schon, wie in wenigen Stunden ein Mega-Bauprojekt humane Züge bekommt.
Der Architekt und sein Team gehen sehr ruhig und konzentriert die verschiedenen Lehrangebote des zukünftigen College durch. Eine unüberschaubare Menge an Fächern und Lehrberufen wird angeboten. Tischler, Zimmermann, Friseur, Sozialberufe, Journalistik, Neue Medien, eigentlich alles ist möglich. Hinter Will Alsop entstehen auf einer großen Papierwand handgezeichnete Icons; kleine, feine Schemata stellvertretend für Lehrangebote und Raumpläne, die *Performance Box*, das *Building Test Bed*, die *Workstation*, der *Cake Shop*, der *Flower Garden*. Das sind zusammen die Bausteine der angesprochenen *Landscapes of Learning* und die wird er hier bauen wollen. Erste Skizzen versprechen interessante Baukörper, in denen sich die jeweiligen Unterrichtsfächer in sehr individueller Architektur darstellen dürfen. Hier werden nicht nur gigantische Bildungsbudgets in Beton gegossen und Vorschriften beachtet. Will Alsop bringt architektonische Bildwelten in die Bauaufgabe ein, um unsere graue Welt auf diese Weise ein bisschen aufzuheitern.

Children's Centre Harlesden: Oase im Ghetto

Er macht das immer so, wie seine derzeitigen Projekte beweisen. In Fawood hat er einen Kindergarten gebaut, der zunächst einmal wie ein Schutzhaus mitten im Ghetto wirkt. Es sind überfallartige Wahrnehmungsveränderungen, die in dieser Gegend vorherrschen. Eben noch eine alte, aber funktionierende U-Bahnstation der Bakerloo Line, dann Reihenhäuser, deren Gärten bei Annäherung ans Ziel immer ungepflegter werden. Danach ein fieses Plattenbau-Hochhaus aus den 1960er Jahren, Stadbrachen, wiederum erste gefällige Neubauten mit Holzfassaden.

Das Blizzard Building ist ein Forschungszentrum mit öffentlichen Schulungsräumen in London-Whitechapel. In den teilweise öffentlich zugänglichen Bereichen des Blizzard Building versucht der Architekt die Molekularwelt, um die es hier geht, baulich zu illustrieren.
The Blizzard Building is a research centre with public lecture rooms in London's Whitechapel district. In those areas of the Blizzard Building open to the public the architect has attempted to architecturally illustrate the central theme of the molecular world.

Peckham Library mit Media Centre von 1999 in Südlondon: bunte, schräge und optimistische Architektur. (Alsop Architects, London) The Peckham Library and Media Centre in South London, built in 1999: colourful, alternative, and optimistic architecture (Alsop Architects, London)

Nur dunkle Gesichter, dazu Alltagsnachmittag in Nordlondon, man kauft ein, holt die Kinder aus dem Kinderzentrum ab. Das neue Fawood Children's Centre hat die Sanierung und Revitalisierung des Stonebridge Housing Estate eingeleitet und vereint eine Kindertagesstätte für die Drei- bis Fünfjährigen, eine Schule für Kinder mit Behinderungen und eine Einrichtung für Erwachsenenbildung.
Natürlich war das Budget begrenzt, aber wenig Geld ist nicht zwingend die Mutter von Fantasielosigkeit, jedenfalls nicht bei Will Alsop. Unter einem mächtigen Satteldach und hinter einem transparenten Drahtverhau leben und lernen die Kinder dort in einer Mischung aus amerikanischen Großstadtghettos und einer Zeltlandschaft in Afrika. Doch ihre Mütter wissen: Es ist gut und sicher für sie. Alsop Architects verabschiedeten sich vom typischen Sandkasten- und Spielplatzdesign und erfanden stattdessen die Kulisse einer globalen Spielwiese in einer Open-Air-Situation. Die Kinder befinden sich, wenn auch unter einem Dach, ständig draußen, sollten sie sich nicht eben ins Zelt oder die geheizten Spiel- und Lerncontainer zurückziehen.

Michael Faraday Community School: Landmarke gegen die Tristesse

Eine *No-go-Area* entwickelte sich auch südlich von Elephant and Castle im Aylesbury Estate, wo die New Michael Faraday School einen verkommenen Altbau ersetzt und den Beginn einer neuen Zeit für diesen Stadtteil markieren soll. Will Alsop glaubt, dass eine Schule hier jenseits aller architektonischen Leistungen erst einmal so gut ist wie der Schulleiter. Der heißt hier Mrs. Karin Fowler – sie hat es durch ihre pädagogische Arbeit soweit gebracht, dass auch die weiße Mittelschicht jetzt ihre Kinder in diese Schule geben möchte. Das bereitet den Lehrern erst einmal mehr Kummer als Freude, weil weiße Eltern selten akzeptieren, wenn ein Mädchen aus Somalia die Klassenbeste in Mathematik ist. Aber der erste Schritt zur multikulturellen Leuchtturmschule ist gemacht, auch unter dem besonderen Aspekt betrachtet, dass bisher etwa 70 Prozent der Schüler Englisch als zweite Sprache lernt. Karin Fowler hat dafür gesorgt, dass durch einen Fond (New Deals for Communities) zusätzliches Geld in den Schulbau fließt und ein Architekt wie Will Alsop verpflichtet werden konnte.
Die Schule ist derzeit im Bau, aber man kann jetzt schon feststellen, wie liebevoll sie komponiert ist. Entworfen wurde ein mächtiger Kreisbau, der im neuen Aylesbury Estate als Landmarke darauf hinweisen soll, welch wichtige Rolle die Schule spielt. Der Mittelpunkt des Kreises wird auch *living room* genannt, ein Ort für Spiel und Theater und größere Gruppen, der durch eine zweigeschossige Landschaft aus Klassenräumen eingerahmt ist: mit Schaufenstern nach innen und Auslauf in die Gartenhöfe. Die Architekten haben ein hehres Ziel: die Lernumgebung so attraktiv zu machen, dass die Kinder gern hierher kommen. Deswegen entstehen draußen auch Gärten oder das, was ein *Dry River Bed* genannt wird – eine Art Abenteuerspielplatz. Der Schulspeisesaal, der auch für außerschulische Veranstaltungen genutzt wird, heißt *Ballroom* – dies ist architektonisches Programm, wie ebenfalls die bunten und ambitionierten Fassaden der Schule.
Man kann sich kaum vorstellen, dass sich ein solcher Strauß architektonischer Argumente im Dschungel deutscher Vorschriften etwa mit Blick auf den Brandschutz behaupten könnte. In England jedenfalls werden die *Landscapes of Learning* jenseits des Arrangements aus festgefügten Klassenräumen und Gängen als Gegenmodell der meist kleinen und tristen Wohnungen zum Anreiz, gern zur Schule zu gehen. Es ist der deutlich formulierte Anspruch, mit guter Architektur soziale Konflikte mindern zu wollen.

Holte, Mayfield und Lozells School: enge Spielräume nutzen

Im Jahr 2010 wird die Michael Faraday School fertiggestellt sein. Der Ersatzneubau für mehrere Schulen in Birmingham wird dann ebenfalls weitgehend abgeschlossen sein und die drei Schulsysteme – *Primary, Secondary* und *Special*

Fawood Children's Centre, London: Unter einem mächtigen Satteldach und hinter einem transparenten Drahtgeflecht leben und lernen die Kinder dort in einer Mischung aus amerikanischem Großstadtghetto und einer Zeltlandschaft in Afrika. Fawood Children's Centre, London: under a massive ridged roof and behind a transparent wire enclosure, the children live and learn in what is a mixture of American urban ghetto and African tented camp environment.

seventies, which initially developed into "social hotspots" and then, with the greater influx of disadvantaged fringe social groups and ethnic minorities, became no-go areas.

Be it in Fawood in Northwest London with a day care centre, a primary school on the Aylesbury Estate to the south of the capital's Elephant and Castle, one of the largest development areas of the sixties, or a school centre in Birmingham—Alsop Architects aim to do much more than simply carry out repairs with good architecture; they want to make the city worth living in again for all classes and groups.

Making the Invisible Visible: The Alsop Design Line

How he goes about this becomes evident during a short visit to the architect's London studio near the Albert Bridge in Battersea. It immediately becomes clear what contribution architects like Alsop are able to make to the revival of cities as well as to educational landscapes. What one sees is a special kind of meeting taking place in what is neither a ministry, an advertising agency, nor an architectural practice. Instead it incorporates something of all of them. The abundant traces of paint on the ageing floor of the former factory are indicative of its use as a studio. The brainstorming is captured on camera and is a combination of concept meeting, design studio, and television broadcast. It becomes a two-hour almanac on design tactics and the creed of an architect who has played a formal role in shaping modern British glass and steel architecture, but who has always worked with radical, sometimes even overstated colour (in the regional city hall Le Blue in Marseilles, for instance).

The two hours serve to prepare the presentation for a master plan for the New Campus Glasgow, a merger of three colleges with a formidable 50,000 students. At the end of the presentation Will Alsop tells the camera: "Here we are building for people in the transition phase, from 'Mummy to Money,' from 'Child to Citizen'." He wants to build landscapes for learning and sees it as his task as architect to make the invisible visible. These comments then make up part of the later presentation, perhaps also with a touch of show, in order to win the contract. It is impressive, however, to see how a major construction project takes on humane characteristics within just a few hours.

The architect and his team go through the future college's various courses in a very quiet, concentrated manner. A vast number of subjects are on offer: joinery, carpentry, hairdressing, social studies, journalism, the new media—in fact, anything goes. Behind Will Alsop, on a large notice board, there are hand drawn icons: small, detailed diagrams representing the courses and floor plans, the Performance Box, the Building Test Bed, the Workstation, the Cake Shop, the Flower Garden. Together they make up the building blocks of the aforementioned Landscapes of Learning that he wants to build here. The initial drawings are indicative of

School – unter seinen weiten Flachdächern vereinen. Dort bauen Alsop Architects für das Projekt „Building Schools for the Future" eine Riesenschule, die auf den Zeichnungen wie ein Hochsicherheitstrakt wirkt. Ist das wirklich die richtige Idee für die Zukunft? Der Kommentar der zuständigen Architekten im Büro Alsop klingt zynisch, trifft aber den Kern: „Wenn es nach der Schulleiterin gegangen wäre, hätte sie gern das ‚Gefängnis' genommen". In Birmingham, wo militante Moslems den *Dschihad* mit Waffen und Bomben planen, muss man schulische Chemieräume vor Einbrechern schützen. Und wenn etwas passiert, ist es das Wichtigste, die Fluchtwege freihalten zu können, um Lehrer und Schüler herauszubringen. Alsop Architects wollen trotz dieser schwierigen Randbedingungen, die eine gute Architektur als Nebensache erscheinen lassen, ihren Weg fortsetzen. Wirklich wichtig sei, wie das Gebäude am ersten Schultag angenommen wird. Und wenn dort zum Bespiel solche Schüler einer *Primary School* eingeschult würden wie im Aylesbury Estate, könnte das vielleicht helfen, Vandalismus und Kriminalität abzubauen?

Architektur hilft Schule – oder nur another brick in the wall?

Das BSF-Projekt ist Ende 2008 durch Price-WaterhouseCoopers LLP evaluiert worden. Die meisten Schulleiter sehen positive Erfolge in der Beziehung, dass sie nun besser ausgebildete Schüler der Gesellschaft übergeben können. Inwieweit die Architektur dabei eine Rolle spielt, darüber gibt es wenig konkrete Aussagen. Welche Bedeutung trägt der Architekt in diesem System? Will Alsop ist skeptisch, sieht die permanente Überforderung seines Berufsstandes. Er sagt: „Wir entwickeln immer wieder neue architektonische Ideen und entsprechende Möglichkeiten, aber solange es im inzwischen staatlich gleichgeschalteten öffentlichen Bildungssystem Englands keine Änderungen gibt, bleibt es immer die gleiche Schule." Immer noch *just another brick in the wall*, immer noch *dark sarcasm in the classroom*? Die Fragen stellt sich Alsop, aber gerade deswegen denkt er nicht daran aufzuhören, immer wieder neue *Landscapes of Learning* zu erfinden. Und das ehrt ihn und seinen Berufsstand und zeigt, dass nicht zwangsläufig Isolation und Abschottung die Folge sein müssen, wenn Steine zu Mauern geschichtet werden. Im Gegenteil: Sinnvolle, neu gedachte Schulgebäude, wie sie Will Alsop und seinen Mitstreitern vorschweben, bilden eine der Voraussetzungen, um endlich das Bildungssystem zu überwinden, das der Pink-Floyd-Song von 1979 so sarkastisch kennzeichnet.

Michael Faraday Community School, London
Oben: Eingang des Schulneubaus. Unten: Entworfen wurde ein mächtiger Kreisbau, der als Landmarke darauf hinweisen soll, welch wichtige Rolle die Schule im Quartier spielt. Michael Faraday Community School, London. Above: entrance to the new school building. Below: designed as a massive circular building, the Michael Faraday Community School is intended to be a landmark indicating the important role played by the school in the neighbourhood.

interesting structures in which the respective teaching subjects will be able to find expression within very individual architecture. Here it is not just a case of setting gigantic education budgets in concrete and adhering to regulations. Will Alsop introduces architectural imagery into the construction work as a means of lightening up our grey world just a little.

Children's Centre in Harlesden: Oasis in the Ghetto

This is always what he does, as is evidenced by his current projects. In Fawood he has built a children's centre that appears in the first instance more like a shelter in the midst of the ghetto. This area offers overwhelmingly different perspectives. There is an old but still functioning Bakerloo Line underground station, then terraced houses with gardens that look more and more unkempt the closer you come to the destination. After that comes a horrible concrete high-rise building from the sixties, empty plots, followed by appealing new buildings with wooden façades. Only dark faces are going about their everyday business on this afternoon in Northwest London: shopping, fetching the children from the day care centre. The new Fawood Children's Centre is the first step in the renovation and revival of the Stonebridge Housing Estate and combines a day care centre for three to five year olds, a school for disabled children, and an adult education facility.

The budget was of course limited but financial curbs are not necessarily a reason for a lack of imagination, not with Will Alsop in any case. Under a massive ridged roof and behind a transparent wire enclosure the children live and learn in what is a mixture between American urban ghetto and an African tented camp environment. Yet their mothers know: it is good for them and it is safe. Alsop Architects did away with the typical sandpit and playground design, instead inventing the backdrop to a global playing field in an open air setting. Unless the children are playing inside the tent or the heated play and learning containers, they are—even when under a roof—outside all the time.

Michael Faraday Community School: A Landmark to Counter Dejection

The Aylesbury Estate south of Elephant and Castle has also developed into a no-go area; the new Michael Faraday School is to replace a run down old building and herald the start of a new era for this area of the city. Will Alsop believes that, quite aside from any architectural contribution, a school here is only as good as the head teacher. In this instance she is Mrs Karin Fowler and with her educational work she has reached the stage that even the white middle class now wants to send their children to this school. This provides the teachers with another cause for concern, however, because white parents are seldom able to accept that a little girl from Somalia can be the best in the class at maths. The first step in the direction of a multi-cultural landmark school has been taken, however, and that in an environment where some 70 per cent of the pupils learn English as a second language. Karin Fowler ensured that a fund (New Deals for Communities) provides additional financing for the building of the school and that an architect like Will Alsop could be commissioned.

The school is currently under construction but the amount of care taken with its composition is already evident. The design comprises a massive circular building that is to be a monument on the new Aylesbury Estate demonstrating the important role played by the school. The middle of the circle is called the living room, a place for playing and for theatre and larger groups, which is framed by a two-storey landscape of classrooms with large display windows facing the interior and access to the garden courtyards. The architects have a noble goal: making the learning environment attractive so that the children come here willingly. Hence the development of gardens outside, as well as the Dry River Bed—a kind of adventure playground. The school dining hall, which is also used for extracurricular events, is called the Ballroom—this is as much part of the architectural agenda as the school's bold, colourful façades.

Holte, Mayfield and Lozells School – ein Projekt für „Building Schools for the Future" in Birmingham: Hochsicherheitstrakt oder eine intakte Bildungslandschaft? Holte, Mayfield and Lozells School—a project for "Building Schools for the Future" in Birmingham: maximum security prison or intact educational landscape?

It is hard to imagine that such a bouquet of architectural ideas would be able to flourish in the jungle of German regulations, just taking the fire safety measures as one example. In England, however, the Landscapes of Learning beyond the constellations of fixed classrooms and corridors are the antithesis of the mostly small, dejected residential premises and provide motivation for going to school. The clearly expressed intention is to reduce social conflicts by means of good architecture.

Holte, Mayfield and Lozells School: Utilizing Limited Leeway

The Michael Faraday School will be completed in 2010. The Holte, Mayfield and Lazells School, a new building replacing several schools in Birmingham will also be largely finished by then, combining the three school systems—primary, secondary, and special—under its broad, flat roof. Here Alsop Architects are building a huge school for the "Building Schools for the Future" project; in the drawings it looks like a maximum security prison. Is that really the right idea for the future? The comment from the responsible architect in Alsop's practice sounds cynical but gets right to the point: "If the head teacher had had her way they would have been happy to call it a 'prison'." In Birmingham, where militant Muslims plan *jihad* with weapons and bombs, school chemistry laboratories have to be protected against break-ins. And if something does happen, the most important thing is keeping the escape routes free in order to get the teachers and the pupils out. Alsop Architects wanted to stick to their approach despite these difficult basic conditions, which make good architecture seem like a secondary issue. What is really important is how the building is received on the first day of school. And if its pupils start school there in an establishment like that on the Aylesbury Estate, then perhaps that could help to diminish vandalism and crime?

Architecture Helping Schools—or Just Another Brick in the Wall?

The BSF project was assessed by PriceWaterhouseCoopers LLP at the end of 2008. The majority of head teachers see positive results in the fact that they are now able to provide society with better educated pupils. There are, however, few concrete statements as to the extent to which the architecture plays a role in this. What is the significance of the architect in this system? Will Alsop is sceptical and sees his profession being permanently subjected to excessive demands. He says: "We are continually developing new architectural ideas and appropriate possibilities, but as long as there are no changes to England's now standardised state public education system, it remains the same school." Still just another brick in the wall, still dark sarcasm in the classroom? These are the questions Alsop asks himself but that is precisely the reason why he does not consider giving up continually inventing new Landscapes of Learning. And that commends him and his profession as well as demonstrating that isolation and separation do not have to be the consequences when stones are made to form walls. On the contrary: meaningful, newly thought out school buildings, as envisioned by Will Alsop and his fellow combatants, are one of the prerequisites for finally being able to overcome the education system referred to so derisively in Pink Floyd's 1979 song.

FRANK PANSEGRAU

Architektur, die Schule macht

Beispiele aus Dänemark und Schweden

Nicht nur in Deutschland gibt es seit den berühmt gewordenen PISA-Studien Diskussionen darüber, wie Schüler am besten gefördert werden können. Auch international ist das ein wichtiges Thema. Es geht vor allem darum, das Lernen neu zu organisieren und zu gestalten, kreative Lernformen zu generieren und individuelles Lernen zu fördern.

Doch allein mit strukturellen Reformen ist es nicht getan. Auch die Schularchitektur verlangt nach neuen Konzepten und muss darüber hinaus dem digitalen Zeitalter angepasst werden. Schon bei der räumlichen Gestaltung besteht in vielen Fällen dringender Nachholbedarf. Als ehemaliger Schüler erinnert man sich nur ungern an lange, dunkle Flure, an Klassenzimmer wie an einer Perlenkette aneinandergereiht. Der Schriftsteller Erich Kästner vermutete daher im Rückblick auf seine Schulzeit, dass Schulen oft von Architekten gebaut würden, die sonst Kasernen oder Gefängnisse bauen. Eine zugegeben subjektive Meinung, die im Grundsatz allerdings von Experten geteilt wird. „Im Schul- und Hochschulbau herrscht entsetzliche Langeweile", bringt es Otto Seydel vom Institut für Schulbauentwicklung in Überlingen auf den Punkt.

Aber wie hat ein moderner Schulbau im 21. Jahrhundert auszusehen? Gelungene Beispiele von Neubauten sind hierzulande rar. Es gibt kaum einen Schulbau, der neue pädagogische Ansätze berücksichtigt. Stattdessen werden vielerorts die grauen Betonbauten, die vornehmlich aus den 1960er und 1970er Jahren stammen, aufgrund knapper finanzieller Mittel „aufgehübscht", saniert oder durch Anbauten ergänzt. Neu gebaut wird hingegen selten.

Skandinavien als Vorbild?

Anders in Skandinavien, Beispiel Dänemark: Dort verfolgt man seit 2005 bei Bildungseinrichtungen ein völlig neues architektonisches Konzept, das Schulbauten künftig mehr Offenheit und Flexibilität verleihen soll. Ein erstes Vorzeigeobjekt ist das im Herbst 2007 eröffnete Ørestad Gymnasium, ein kubischer Bau im Süden Kopenhagens, nur rund fünf Bahnminuten von der Innenstadt entfernt. Zurzeit ist es die wohl begehrteste Schule der dänischen Hauptstadt.

Die Architekten sind bekannt für innovative und unerwartete Lösungen, vor allem in Bezug auf Transparenz und Licht. Darauf legten die Kopenhagener Planer von 3XN – sprich: dreimal Nielsen – auch bei diesem Projekt ihr Hauptaugenmerk. Das ist bereits beim ersten Anblick des Gebäudes zu spüren: Senkrechte Lamellen aus Glas, die vor der eigentlichen Fassade angebracht sind, vermitteln dem Besucher den Eindruck offen stehender Fenster. Die einladende Geste ist durchaus gewollt: „Ein Schulbau muss freundlich und einladend wirken", sagt Architekt Kim Herforth Nielsen. Die mit Chiffren bedruckten und teils kolorierten Lamellen gewährleisten darüber hinaus den nötigen Sonnenschutz. In geschlossenem Zustand tauchen sie den Innenraum in dezent farbiges Licht. Von außen verstärken die parallel zur Fassadenebene gedrehten Elemente zusammen mit den hellen Deckenbändern die kubische Gesamtwirkung des Baus, die lediglich durch das durchgehend verglaste Erdgeschoss sowie das verschobene vierte Obergeschoss gemindert wird.

Ørestad Gymnasium, Kopenhagen (3XN Architekten): zurzeit wohl die begehrteste Schule der dänischen Hauptstadt. Ørestad College, Copenhagen (3XN Architects): currently the most sought-after school in the Danish capital

FRANK PANSEGRAU

Architecture That Makes Schools

Examples from Denmark and Sweden

Not only in Germany have discussions been taking place following the now famous PISA (Programme for International Student Assessment) studies as to how to improve school children's performance—it is an important issue internationally. The question is primarily one of new organisation and design of learning, of generating creative forms of learning and of promoting individual learning.

Structural reforms alone are not enough, however. School architecture also requires new ideas, as well as it is in need to be adapted to the digital age. In many cases there is a backlog of urgent improvements required just in spatial design. For us as former school pupils, the long, dark corridors, the classrooms strung along one after the other, are not fond memories. Looking back on his school years the writer Erich Kästner suspected that schools were often built by architects who otherwise built barracks or prisons. A subjective opinion, admittedly, but one shared in principle by experts. "Awful tedium is the rule in school and university construction," summarises Otto Seydel of the Institut für Schulbauentwicklung (Institute for School Building Development) in Überlingen.

But what should a modern, twenty-first century school building look like? In this country successful examples of new buildings are rare. There is hardly a school building that takes the new educational principles into consideration. Instead, as a result of limited financial resources, in many places grey, concrete buildings, deriving largely from the nineteen-sixties and nineteen-seventies, are being "prettified", renovated, or expanded. New buildings, on the other hand, are seldom seen.

Eine Schule ohne Klassenzimmer

Die Offenheit und Transparenz des Bauwerks setzt sich im Inneren fort. Der lichte Innenhof reicht fünf Stockwerke hoch bis zum Dach. Die gnadenlose Offenheit ist auf den ersten Blick überwältigend, trotzdem wirkt der Raum nie einschüchternd, wozu auch die in schlichtem Weiß gestrichenen Wände und die hellen Holzeinbauten beitragen. Die breite Freitreppe ist zweifellos das Herzstück des Baus; sie windet sich dynamisch empor und erschließt die oberen vier Etagen, welche die Funktion einer breiten Galerie übernehmen. Die zum Atrium sanft geschwungenen Geschossflächen erinnern an die Form eines Bumerangs, der sich – analog zu der sich schließenden Blende einer Kamera – mit jedem weiteren Geschoss weiter verdreht. Architekt Nielsen erklärt die Funktion des Aufgangs so: „Die Treppe ist ein Ort der Kommunikation, des verbalen Austauschs, ein Ort zum Sitzen und Verweilen." Die Schüler, so Nielsen, sollen sich begegnen. Zwar gebe es einen Aufzug, doch dieser sei für die Schüler tabu.

Ørestad Gymnasium, Kopenhagen (3XN Architekten). Links: Der lichte Innenhof reicht fünf Stockwerke hoch bis zum Dach. Oben: Eine Schule ohne Klassenzimmer
Ørestad College, Copenhagen (3XN Architects). Left: the bright atrium extends for five storeys, up to the roof. Above: a school without classrooms

Scandinavia as Role Model?

The situation is different in Scandinavia. Take Denmark, for example, where an entirely new architectural concept for educational facilities has been adopted since 2005: it aims to introduce more openness and flexibility to school buildings in the future. One of the first showcase buildings in this scheme is Ørestad College, opened in autumn 2007, a cubist construction in the south of Copenhagen, only some five minutes by train from the city centre. At present it is the most sought-after school in the Danish capital.

The architects of this school are known for innovative and unexpected designs, especially with regard to transparency and light, also this project's focus of attention for the Copenhagen designers from 3XN (reading: three times Nielsen). This is evident from the first glance at the building: vertical glass fins mounted in front of the actual façade give the visitor the impression of open windows, an inviting gesture that is indeed intentional: "A school building needs

Mimers Hus, Kungälv (Architekt: Gert Wingårdh). Oben: Bibliothek, Ausstellungsraum, Theater und Schule zugleich. Rechts: Hell und licht – auch im Winter
Mimers Hus, Kungälv (architect: Gert Wingårdh). Above: at the same time library, exhibition space, theatre, and school. Right: light and bright—even in winter

Nur wenige klassenzimmerartige Räume reihen sich entlang der gläsernen Fassaden. Und selbst diese sind einsehbar. Unterrichtet wird stattdessen in direkter Nachbarschaft zu anderen Gruppen auf frei bespielbaren Passagen, Plätzen und Nischen. Nielsen nennt diese Orte „Plazas", sie funktionieren „wie die Plätze in einer kleinen Stadt". Ebenso geschäftig ist das Treiben. Manchmal trennen die einzelnen Lerngruppen nur wenige Meter. Die flexibel angeordneten Tische und Stühle ermöglichen Einzel- und Teamarbeit, drei kleine „Auditorien" auf den Galerieebenen können größere Gruppen aufnehmen. Aber kann man bei so viel Trubel und Lärm überhaupt konzentriert lernen? Die Antwort des dänischen Vorzeigearchitekten: „Man muss schon leise sein, sonst versteht man nichts." Genau das ist die Quintessenz des Konzeptes: Die Kinder, erklärt Nielsen, sollen sich gegenseitig zum Zuhören erziehen.

Vom Lern- zum Lebensraum

Wie radikal die Architekten ihr Konzept der Offenheit umsetzen, zeigt sich bereits beim Eintritt in das Gebäude. Schon nach wenigen Schritten fällt der Blick auf ein großes Sportfeld

to be friendly and inviting," says architect Kim Herforth Nielsen. The fins, bearing printed motifs and partly coloured, also provide the requisite sun protection. When they are closed the interior is bathed in a subtle, coloured light. Together with the pale cladding, from the outside these slanted elements parallel to the façade level enhance the overall cubist effect of the building, diminished only by the open glass ground floor and the misaligned fourth storey.

A School without Classrooms

The building's openness and transparency is continued in the interior. The light courtyard extends up five storeys as far as the roof. The extreme openness is overwhelming at first glance, yet the space does not intimidate, an effect to which the plain white walls and the pale wooden fittings contribute. The wide staircase is without doubt the core of the building; it winds dynamically to the top, linking the four upper storeys, which take on the function of a wide gallery. The decks gently rotating towards the atrium are reminiscent of the shape of a boomerang that—like the shutter of a camera—rotates further with every floor. The architect Kim Herforth Nielsen explains the function of the staircase as follows: "The staircase is a place of communication, of verbal exchange, a place for sitting and passing the time." The pupils, says Nielsen, should come into contact with one another. There is a lift but that is not allowed for the pupils.

Only a few classroom-like rooms line up along the glass façade and even these are open to view. Instead, teaching takes place in direct proximity to other groups in freely useable passages, squares, and niches. Nielsen calls these places "plazas," for they function "like the squares in a small town." The activity is just as hectic. Sometimes the individual study groups are separated by just a few metres. The flexibly arranged tables and chairs enable individual and teamwork, while three small "auditoria" on the gallery level can accommodate larger groups. But can concentrated learning take place at all with so much noise and commotion? The answer from the leading Danish architect: "You have to be quiet otherwise you can't hear anything." That is the very essence of the concept: the children, explains Nielsen, are to teach each other to listen.

From Learning to Living Space

Just how radically the architects have implemented their concept of openness is already clear upon entering the building. After just a

(!), das sich einige Stufen tiefer im Untergeschoss befindet und in der Regel nicht abgetrennt wird. Alles ist so multifunktional und effizient wie nur möglich organisiert. So dient das Foyer gleichzeitig als Aula und als Ort, an dem die Schüler der Ganztagsschule nachmittags ihre Hausaufgaben erledigen können. Und: Anders als in Deutschland „verstecken" sich Lehrer und Schulleitung nicht im Lehrerzimmer, sie sind auf jedem Geschoss in einem verglasten Raum stets präsent. Für die Schüler ist das Gymnasium nicht nur Lern-, sondern gleichzeitig auch Lebensraum. Hier lässt es sich auf „Lerninseln" abseits der Galerien „abhängen", hier können die Jugendlichen unter Anleitung musizieren und Filme schneiden, sich Bücher ausleihen, an jeder Ecke kostenlos im Internet surfen oder im Kraftraum trainieren. Dinge, die in dieser Kombination zu Hause so nicht möglich wären.

Rund 800 Schüler lernen derzeit an der Schule, Platz wäre – dank der Auflösung fester Klassenzimmerordnungen und der Abschaffung langer Verbindungsgänge – für 1000 und mehr. Nielsen: „Durch die fehlenden Korridore konnten wir im Vergleich zu traditionellen Schulbauten rund 4000 Quadratmeter einsparen." Platz, der nun effektiv genutzt werden kann. Angenehmer Nebeneffekt: Vandalismus ist kein Thema. Durch die offenen Raumfolgen stehen die Schüler stets unter Beobachtung, ob durch Lehrer oder andere Schüler. Bezeichnenderweise findet man Graffiti nur auf der (abschließbaren) Toilette.

Die Schule als dritter „Lehrer"

In Schweden sagt man in Erinnerung an Loris Malaguzzi, dass Mitschüler der erste, Lehrer der zweite und der Schulraum der dritte „Lehrer" eines jeden Kindes seien. Der schwedische Architekt Gert Wingårdh etwa geht seit Jahren neue Wege im Schulbau. Eindrückliche Beispiele stellen das Mimers Hus in Kungälv (2001) nördlich von Göteborg und die weiterführende Schule in Ale (1993) dar, beide multifunktional angelegt. So sind die Bauten Bibliothek, Ausstellungsraum, Theater und Schule zugleich und – speziell in Ale – städtebaulich stark mit der Stadt verwoben. Die Kulturbauten werden ganztägig genutzt und stehen allen Bürgern gleichermaßen offen. Die Räume der weiterführenden Schulen grenzen sich von den gemeinschaftlich genutzten Bereichen ab, sind aber dennoch Teil des Gesamtkonzeptes. Offenheit und Transparenz sind auch bei diesen Gebäuden wichtige Gestaltungsmerkmale. Allerdings wurden sie nicht so revolutionär umgesetzt wie in Ørestad, Klassenräume beispielsweise gibt es sehr wohl noch. Wie bei der Kopenhagener Vorzeigeschule kommen beide Bauten ohne dunkle, unüberschaubare Korridore aus. Gewalt und Vandalismus, so hat sich gezeigt, haben hier keine Chance.

Fazit: Schulgebäude können anders aussehen und genutzt werden als die gewohnten, rein funktionalen Betonkästen der 1970er Jahre oder die gründerzeitlichen Lehranstalten, die viele noch aus eigener Erfahrung in mehr oder minder guter Erinnerung haben. Insofern sind die skandinavischen Bauten ein Vorbild auch

Kulturzentrum und weiterführende Schule, Ale (Architekt: Gert Wingårdh): stark mit der Stadt verwoben und die Fortsetzung der Stadt unter Dach (oben). Eingang der Schule: Offenheit und Transparenz sind auch bei diesen Gebäuden wichtige Gestaltungsmerkmale (rechts). The cultural centre and continuation school in Ale (architect: Gert Wingårdh): closely linked to the town, of which it is a roofed extension (above). Entrance to school: openness and transparency are also important design features of these buildings (right).

few steps a large sports field (!) catches your eye, located a few steps lower in the basement and, as a rule, not partitioned off. Everything is as multifunctional and efficient as possible in terms of the organisation. Hence the foyer serves as a hall and as a place where the pupils attending this full-day school are able to do their homework in the afternoon. And, unlike in Germany, the teachers and school heads do not "hide" in the staff room: they are constantly present in a glass-walled room on each floor.
For the pupils, the college is not only a learning but also a living space. Here they are able to "hang out" on "learning islands" away from the galleries; here the youngsters are given guidance for music sessions and film editing; they can borrow books, there is free internet surfing in every corner, or they can train in the weights room. Things that would not be possible in this combination at home.
Around 800 pupils currently attend the school and there would be space for 1000 or more—thanks to the dissolution of fixed classroom arrangements and the abolition of long corridors. Nielsen: "Due to the absence of corridors we were able to save around 4000 square metres of space in comparison to traditional school buildings." Space that can now be used efficiently. A useful side effect: vandalism is not an issue. The open room sequence means that the pupils are constantly under observation, be it by teachers or other pupils. Significantly, graffiti is to be found only in the (lockable) toilets.

The School as Third "Teacher"

In Sweden they have a saying derived from Loris Malaguzzi that the pupils are the first, the teacher the second, and the schoolroom the "third" teacher for every child. The Swedish architect Gert Wingårdh, for instance, has for years been forging new directions in the building of schools. The Mimers Hus in Kungälv (2001) north of Gothenburg and the continuation school in Ale (1993), both designed to be multifunctional, are impressive examples.

für deutsche Schulen – und für deutsche Schulplaner. Schließlich zeigt sich: Orte der Kommunikation und des Lernens zu errichten, ist eine ganz besondere Baukunst. Der Stuttgarter Architekt und Experte für Bildungsbauten Arno Lederer spricht in diesem Sinne von der „Vorbildfunktion" eines Schulgebäudes.

Für so manche Schüler (und Lehrer) sind die neuen, offenen Unterrichtsräume in Ørestad, die per definitionem keine mehr sind, allerdings gewöhnungsbedürftig. Ohne richtigen Klassenraum mit vier Wänden und ohne Rückzugsräume, so die leise Kritik, fehle die „Orientierung" und erhöhe sich der Stressfaktor. Drei Lehrer sollen die Schule aus diesem Grund bereits verlassen haben. Ob die Schüler mit ihren neuen, ungeahnten Möglichkeiten und Freiheiten auf Dauer etwas anfangen können, wird sich noch erweisen müssen. Die ersten Erfahrungen sind sehr positiv. Und so scheint eines sicher zu sein: Die Schüler in Ørestad werden rückblickend angenehmere Kindheitserinnerungen haben als der eingangs erwähnte Ex-Pennäler Erich Kästner.

Kulturzentrum und weiterführende Schule, Ale (Architekt: Gert Wingårdh): Abgetrennt von der Schule, aber nur wenige Meter entfernt unter dem gleichen Dach liegt die Stadtbücherei. The cultural centre and continuation school in Ale (architect: Gert Wingårdh): Separate from the school but situated only a few metres away under the same roof is the town library.

The library, exhibition hall, theatre, and school buildings are all—especially in Ale—strongly incorporated into the town's urban planning. The cultural buildings are used all day and open to all citizens alike. The premises of the continuation school are demarcated from the communal areas but remain part of the overall concept. Openness and transparency are important design features of these buildings also. Their implementation is not quite as revolutionary as that in Ørestad, however; there are still classrooms here, for instance. As with the showcase school in Copenhagen, these buildings do away with dark, disagreeable corridors. It has been shown that violence and vandalism have no chance here.

Conclusion: school buildings can look different and can be used differently from the usual, purely functional concrete blocks of the nineteen-seventies, or the nineteenth-century teaching institutions of which many of us still have more or less fond memories through our own experience. In this respect the Scandinavian buildings are a role model for German schools as well—and for German school designers. What is evident is that the building of places of communication and learning is a very particular form of architecture. In this regard the Stuttgart architect and expert on educational buildings Arno Lederer speaks of the "role model function" of a school building.

For some of the pupils (and teachers) the new, open classrooms in Ørestad, which by definition are not in fact classrooms any more, do take some getting used to. A few critics maintain that, without proper classrooms with four walls and without common rooms, there is a lack of "orientation," increasing the stress factor. It is alleged that three teachers have already left the school for this reason. Whether the pupils will be able to cope with their new, unimagined liberties and possibilities in the long term remains to be seen. The initial experience has been very positive. One thing does appear to be certain: the pupils in Ørestad will have more pleasant childhood memories than those of the former schoolboy Erich Kästner mentioned at the beginning.

ALEXANDRE DELIJAICOV

Öffentliche Orte für Alle

Centros Educacionais Unificados in São Paulo

Bildungsbauten als prägende Stadtarchitekturen: Ein *Centro Educacionais Unificado* (CEU – Vereinigtes Bildungszentrum) ist nicht nur eine Schule, sondern vereinigt alle wichtigen sozialen und kulturellen Angebote eines Stadtteils an einem Ort. Jeder dieser Komplexe umfasst die immer gleichen städtischen Einrichtungen für Bildung, Kultur, Sport und Freizeit: Neben Kinderkrippe, Kindergarten und Grundschule finden sich eine öffentliche Bibliothek, ein Stadtteiltheater und ein Kulturhaus. An Freizeiteinrichtungen kommen ein Stadtbad, eine Sporthalle und ein Sportpark hinzu. Außerdem gibt es eine Schulbäckerei für die Bäcker- und Konditorausbildung (die an den Wochenenden als Gemeindeküche genutzt wird) sowie ein Medienzentrum für digitale Integration und den Internetzugang.

Das CEU ist als Reaktion auf die radikalen Verhältnisse einer südamerikanischen Megacity zu verstehen, in der die öffentlichen Lebensräume wegen des massiven Autoverkehrs und unkontrollierbarer Kriminalität verschwunden sind: Wenn Straßen und Plätze keine Öffentlichkeit mehr zulassen, muss man geschützte Räume für sie schaffen.

Die Idee wie die ersten Umsetzungen solcher CEU gehen auf Marta Suplicy von der Arbeiterpartei (PT) zurück, die von 2001 bis 2004 Bürgermeisterin von São Paulo war. Von den damals 45 geplanten CEU wurden noch vor Ende ihrer Amtszeit 21 realisiert – in Stadtteilen an der Peripherie, die durch große Armut und hohe Gewaltraten aufgefallen waren. Dort fehlte es sowohl an einer städtischen Infrastruktur wie an öffentlichen Kultur-, Sport- und Freizeitangeboten. Doch mehr noch als die formelle Bereitstellung solcher Bauten überzeugen deren Programm und pädagogisches Ziel. Basierend auf den Ideen des Erziehungswissenschaftlers Paulo Freire lässt es sich unter dem Stichwort „Bildungsstadt" oder „Stadt als Schule" mit angeschlossenem Kulturzentrum zusammenfassen. Teil des Konzeptes ist dabei, dass alle Anlagen eines CEU auf Verwaltungsebene miteinander vernetzt sind. Außerdem wird auf die Partizipation der Bevölkerung gesetzt, die in die Verwaltung eingebunden wird.

Mitten im Stadtteil und direkt am Fluss

Die Planung beginnt immer mit der gezielten Auswahl des Standortes und einer Vision für den jeweiligen Ort. Seit 2004 wurden weitere 24 CEU gebaut, die wie ihre Vorläufer in Stadtteilen entstanden, in denen keine städtische Infrastruktur mehr existierte. Außerdem hielt das organisierte Verbrechen die Gegenden und auch die Zukunftsaussichten der Jugendlichen fest in seiner Gewalt. Die erste Zielsetzung eines humanen und sozialen Städtebaus muss daher lauten, Barrieren abzubauen, Vertrauen zu schaffen und das Zusammenleben der Bürger zu fördern. Die Anlage eines CEU ist ein Meilenstein dafür.

Heute strukturieren 45 solcher Gravitationszentren das vorhandene Netz von etwa 5000 öffentlichen Einrichtungen für Bildung, Gesundheit, Kultur, Sport und Freizeit. Es sind 45 städtische Pole, die für enorme Verbesserungen der Lebensqualität in den umliegenden

Im Mittelpunkt des Stadtteils das Centro Educacionais Unificado (CEU) Rosas da China mit fast 300 Metern Länge für Bildungseinrichtungen und mit dem Zylinder für das Kulturhaus Location of the Rosas da China Centro Educacionais Unificado (CEU) within the neighbourhood: the almost 300 metre long block of educational facilities forming the focal point and the cultural centre in the cylinder

ALEXANDRE DELIJAICOV

Public Places for All

Centros Educacionais Unificados in São Paulo

Quartieren sorgen. Das mittel- und langfristige Ziel lautet, die CEU in weiteren 51 Stadtteilen einzuführen, um alle 96 Stadtbezirke São Paulos abzudecken.
Die bisher realisierten CEU sind sämtlich an innerstädtischen Flüssen zu finden, die heute als offene Abwasserkanäle eingezwängt zwischen Schnellstraßen und Stadtautobahnen liegen und deren Ufer verwahrlost, zerstört und verschmutzt wurden. Die CEU an diesen Orten zu bauen, ist mit Blick auf die Stadtentwicklung wohl bedacht. Denn die Flüsse bildeten ursprünglich die Lebensadern der Stadt – und das könnten sie wieder werden, mit den CEU als Brückenköpfe einer neuen und ökologisch profilierten Urbanität am Wasser.

CEU in Vila Curuça, São Carlos, São Mateus (von links oben im Uhrzeigersinn). Ein CEU zeichnet sich jeweils durch gleiche Baukörper aus und ist deswegen immer schnell zu identifizieren. (Architekten: Alexandre Delijaicov, André Takiya, Wanderley Ariza)
CEUs in Vila Curuça, São Carlos, São Mateus (clockwise form left). CEUs can always be recognised by their identical structure and are thus easily to identify. Architects: Alexandre Delijaicov, Abdré Takiya, Wanderley Ariza

Educational buildings as distinctive specimens of urban architecture: a *Centro Educacionais Unificado* (CEU, Unified Educational Centre) is more than just a school: it combines all of the neighbourhood's important social and cultural facilities in one place. Each of these complexes comprises the same municipal facilities for education, culture, sport, and leisure: in addition to the day care centre, the nursery school, and the primary school, there is also a public library, a neighbourhood theatre, and a cultural centre. The leisure amenities include a municipal swimming pool, a sports hall, and a sports park. There is also a baker's and confectioner's training facility (which is used as a community kitchen on the weekends), as well as a media centre for digital applications and internet access.

The CEU is to be seen as a reaction to the extreme conditions in a major South American city, in which public living spaces have disappeared due to huge volumes of traffic and an unmanageable crime rate: when streets and squares become out-of-bounds for members of the public, then protected spaces need to be created for them.

Both the idea and the implementation of the first such CEUs were the work of Marta Suplicy of the Labour Party (PT), who was mayoress of São Paulo from 2001 to 2004. Of the forty-five CEUs planned at the time, twenty-one were established before the end of her term in office—in peripheral neighbourhoods renowned for their extreme poverty and high crime rates. They all lacked both a municipal infrastructure and public cultural, sport, and leisure opportunities. More so than the official provision of such premises, however, the scheme and its educational objective are what is most convincing. Based on the thinking of the educationalist Paulo Freire, these can be summarised with the key words "educational city" or "the city as school" with adjoining cultural centre. Part of the concept is that all of a CEUs facilities be linked to one another at an administrative level. The focus is also on the participation of the residents who are involved in the administration.

In the Middle of the Neighbourhood and Right on the River

The planning always begins with the selection of a specific location and a vision for the site in question. A further twenty-four CEUs have been built since 2004, which, like their forerunners, have been set up in neighbourhoods where the municipal infrastructure was no longer in existence. These were also areas that were firmly in the hands of organised crime, affecting the future prospects of the young people in the neighbourhood. The first objective of a humane, urban, social building therefore has to be the breaking down of barriers, the building up of trust, and promoting community life among the residents. The establishment of a CEU is a milestone along this path.

Today there are forty-five such gravitational centres providing the framework for the existing network of about 5000 public facilities for education, health, culture, sport, and leisure. They consist of forty-five urban support centres, bringing about tremendous improvements to the quality of life in the surrounding neighbourhoods. The medium and long term objective is to introduce CEUs to another fifty-one

Wiedererkennbar und eine kleine Stadt für sich

Ein *Centro Educacionais Unificado* folgt strengen Regeln im Aufbau, der Konstruktion und der Corporate Identity. Bestimmte Baukörper tauchen immer wieder auf – der Riegel, der Zylinder und die Box, dazu zwei schmale Wassertürme und die Schwimmbäder. Auch basieren alle Elemente auf dem gleichem Modularmaß von 1,25 Metern. Beides sorgt für einen starken Auftritt in der Stadtlandschaft und eine hohe Wiedererkennbarkeit trotz kostengünstigen Bauens. Der Riegel von 135 Meter Länge verfügt über drei Etagen und soll wie der Teil eines Häuserblocks wirken. Außerdem wird durch den Riegel eine Straße überdacht, die man sich als Referenz an die früher so lebendigen Straßen in der Stadt zu denken hat. An der einen Ecke findet sich daher auch die Schulbäckerei, an der anderen die Kantine der Kinderkrippe – genau so, wie es an den Straßenecken der Stadt São Paulo früher häufig Bäckereien und Kneipen gab. Auf den drei Ebenen des Gebäudes ergibt sich ein Weg von fast einem Kilometer Länge, der in der Form einer liegenden Acht verläuft, dem Symbol der Unendlichkeit. Von den Treppen aus ergeben sich immer wieder überraschende Ausblicke auf die Stadtlandschaft, vergleichbar mit Straßenkreuzungen, die zu Begegnungsorten der Besucher, Schüler, Lehrer und Beschäftigten werden.
Das Stadtteiltheater – eine Box von 30 x 20 x 10 Metern – beherbergt auf seinen fünf Ebenen ein Kulturhaus samt Workshops für bildende Kunst, Musik, Tanz, Radio und TV. Dort befinden sich auch die Sporthalle, der Turnraum und die Räumlichkeiten für den Verwaltungsrat. Das kreisrunde Gebäudeelement mit seinem Außendurchmesser von 22,5 Metern, das aussieht wie ein plattgedrückter, über dem Boden schwebender Zylinder, beherbergt die Krippe für die ganz Kleinen.

Die schwierige Kunst des öffentlichen Bauens

Wie die Stadt selbst, wurde das Architekturensemble eines CEU als offenes und unvollendetes

Werk gedacht, das zukünftige Ergänzungen und neue Komponenten erlaubt – nach dem Prinzip der sozialen und humanen Stadt, die zugleich Schule, Kulturzentrum und Heimat ist.
Die größte Herausforderung an das öffentliche Bauen ergibt sich aus finanziellen Sachzwängen und der Unbeständigkeit politischer Vorgaben, die mit jeder neuen Regierung programmatischen Veränderungen unterliegen. Wünschenswert wäre eine einheitliche brasilianische Bundespolitik, die sich kontinuierlich der Architektur öffentlicher Räume in der Stadt verpflichtet.
Langfristig sollte es darum gehen, die CEU weiter zu öffnen und miteinander zu verbinden. Dazu sollten zunächst jene Mauern eingerissen werden, die bisher die städtischen Einrichtungen voneinander trennen, obwohl sie sich im selben Häuserblock befinden. Möglich würde so die Vernetzung durch Höfe, Atrien und Terrassen. Das aber setzt politische Entscheidungen im Bundesstaat São Paulo voraus, die nur unter der Mitwirkung der Gesellschaft nachhaltig sein können. Ein erster Hoffnungsschimmer ist dabei, dass der Staat das System der CEU für ganz Brasilien übernehmen will.

CEU Rosas da China, Bauteil Riegel, Zylinder und Schwimmbad (links). Der Bruch im Maßstab betont das Besondere der Bauaufgabe (oben). Modulare Konstruktivität (unten) Rosas da China CEU: block building, cylinder, and swimming pool (left). The departure from standard architecture accentuates the special nature of the construction project (above). Modular construction (below)

neighbourhoods in order to cover all ninety-six of São Paulo's urban districts.
The CEUs established to date are all situated on inner city rivers, which are today open sewers crammed between express highways and city motorways, their banks neglected, destroyed, and polluted. It was with due urban development consideration that the CEUs were built at these sites. The rivers were originally the city's lifelines—and could become so again with the CEUs as the beachheads of new, ecologically sound urban waterside environments.

Distinctive and a Small City in Itself

A *Centro Educacionais Unificado* adheres to strict regulations governing its development, construction, and corporate identity. Specific shapes reoccur time and again—the block, the cylinder, and the box, as well as two narrow water towers and the swimming pools. All of the elements are based on the same modular dimension of 1.25 metres. These two factors ensure a strong image in the urban landscape and a high recognition factor despite the low-cost construction. The block with a length of 135 metres has three floors and is intended to look like part of a block of houses. The block also bridges a street, to be seen as a reference to what used to be the city's very lively thoroughfares. The baker's training facility is to be found on one corner and the day care centre canteen on the other—just as there used to be bakeries and bars on many of São Paulo's street corners in the past. The three floors of the building incorporate a route that is almost a kilometre in length and is shaped like the figure eight, the symbol of infinity. The stairways provide unexpected views of the urban landscape, comparable with crossroads, which become meeting places for encounters between visitors, pupils, teachers, and staff members.
The five floors of the neighbourhood theatre—a box measuring 30 x 20 x 10 metres—house a cultural centre with workshops for graphic art, music, dance, radio, and TV. The sports hall, the gym, and the administrative facilities are also to be found here. The circular structure with its external diameter of 22.5 metres, looking like a squashed cylinder suspended above the ground, houses the day care centre for the very young.

The Challenging Art of Public Construction

Like the city itself, the architectural ensemble making up a CEU is conceived of as an open und incomplete work allowing for future expansions and new components—according to the principle of the social and humane city that is at once school, cultural centre, and home.
The greatest challenge in public construction derives from financial constraints and inconsistency of political guidelines, which are subject to changes of agenda with every new government. The ideal would be a uniform federal policy in Brazil committed to the consistent application of architecture to public space.
The long term aim is to open further CEUs and to link them with one another. The walls that previously separated municipal facilities from one another (even though they were located within the same building) are also to be torn down. This would enable them to be linked by means of courtyards, atria, and terraces. Political determination on the part of the federal state of São Paulo is a prerequisite for this, however, a move that can be sustainable only with social involvement. The fact that the state intends to adopt the CEU system for the whole of Brazil is the first glimmer of hope.

Psychomotorik-Klasse im Haus der Jugend

Balancieren, Turnen, Klettern, Springen – für die Schüler der Schule Rotenhäuser Damm kein Problem. Seit Anfang 2004 bietet das Haus der Jugend Wilhelmsburg für Kinder zwischen fünf und 13 Jahren ein umfangreiches Sport- und Psychomotorik-Programm, seit 2006 beteiligen sich daran drei Schulen und drei Kindertagestätten als feste Kooperationspartner. Diplomsoziologe Ulrich Gomolzig, langjähriger Leiter des HdJ, entwickelte das Programm aus der Erkenntnis heraus, dass sich körperliche Aktivitäten positiv auf Gewicht, allgemeinen Gesundheitszustand und Selbstbewusstsein auswirken, insbesondere auch auf das Gehirn: Bewegung hat nachweislich Einfluss auf das Lernvermögen. An vier Tagen in der Woche trainieren nun rund 650 Kinder auf dem Geschicklichkeitsparcours, der Hüpfburg oder dem Trampolin ihr Körpergefühl. Angeleitet werden die Kinder dabei von Ex-Hauptkommissar Claus Niemann (im Foto links), dem langjährigen „Bürgernahen Beamten" Wilhelmsburgs.

Im Reiherstieg-Viertel soll nach den Plänen der IBA ein neues Sprach- und Bewegungszentrum entstehen, das Haus der Jugend wird dabei ein wichtiger Eckpfeiler sein. Was versprechen Sie sich von dieser Entwicklung?
Zurzeit nutzen drei Schulen und drei Kindertagesstätten unser Angebot und immer mehr Menschen sind daran interessiert. Sie haben erkannt, dass der Schulsport allein nicht ausreicht, um das Bewegungsdefizit auszugleichen. Bei vielen ist die Psychomotorik zu kurz gekommen. Und wir haben hier Geräte, die keine Schule bieten kann. Das macht den Kindern großen Spaß. Sie kommen gern und dadurch holen wir sie von der Straße. Über die Kinder kommen wir auch viel besser an die Eltern ran.

Sie versuchen, die Eltern einzubinden, wie schaffen Sie das?
Hier in Wilhelmsburg hat sich eine Parallelgesellschaft aufgebaut. Das ist eindeutig. Es gibt hier 20 türkische Kulturvereine, aber im Schachclub finden Sie kein Schachbrett und im Jugendclub keinen Jugendlichen. Die Männer treffen sich hier und gucken türkisches Fernsehen, die Frauen sitzen allein zu Hause. Im Übrigen können sie sich oft nur schlecht auf Deutsch verständigen. Wir versuchen dieser Parallelgesellschaft etwas entgegenzusetzen. Das Haus der Jugend tut sehr viel, um Kinder aus unterschiedlichen Kulturen zusammenzubringen. Das Psychomotorik-Programm ist da ein Baustein. Wer mit seinem Körper umgehen kann, der kann auch mit seinem Geist umgehen.

Sie sind vor 20 Jahren nach Wilhelmsburg gekommen und waren lange Polizist. Wollten Sie sich jemals versetzen zu lassen?
Zuerst ja, dann auf einmal habe ich die Insel lieben gelernt. Denn Wilhelmsburg hat einen wirklichen Inselcharakter. Die Wilhelmsburger sind anders als die Hamburger. Ich bin geblieben wie die vielen Türken, die zuerst nur zwei Jahre in Deutschland bleiben wollten und die schlechten Wohnungen in Kauf genommen haben. Es wird höchste Zeit, dass die Altbauwohnungen saniert werden und neue Wohnungen entstehen.

"Psychomotor" Classes in the "Haus der Jugend" (Youth Centre)

Balancing, gymnastics, climbing, jumping—no problem for the pupils at the Rotenhäuser Damm School. The "Haus der Jugend" in Wilhelmsburg has had a comprehensive sports and "psychomotor" programme on offer for children aged five to thirteen since early 2004, with three schools and three day care centres participating since 2006. The trained sociologist Ulrich Gomolzig, the long-standing head of the "Haus der Jugend," developed the programme on the basis that physical activity has a positive effect on weight, on the state of health in general, and on self-confidence, as well as on the brain in particular: exercise has a proven effect on learning ability. The children receive instruction from ex-superintendent Claus Niemann (photo left), Wilhelmsburg's long-serving "public-oriented Policeman".

The IBA has plans for a new language and motion centre in the Reiherstieg district, of which the "Haus der Jugend" is to be an important cornerstone. What do you hope will be the outcome of this development?
At the moment we have three schools and three day care centres using our facilities and there are more and more people interested to participate. They have realised that school sport alone is not enough to compensate for the exercise deficit. Many of the children do not get enough "psychomotor" exercise. And we have equipment here that no school is able to beat. The children really enjoy it. They like coming and that keeps them off the streets. We also have much better access to the parents through the children.

You try to involve the parents, how do you achieve that?
A parallel society has developed here in Wilhelmsburg. That is very evident. There are twenty Turkish cultural associations here, but you won't find a chessboard in the chess club and there are no young people in the youth club. The men meet there and watch Turkish television, while the women sit at home alone. They are often barely able to make themselves understood in German. We are trying to counter this parallel society. The "Haus der Jugend" does a great deal to bring together children from different cultures. The "psychomotor" programme is one of the building blocks. Anyone able to interact with their body is able to interact with their mind.

You came to Wilhelmsburg twenty years ago and were a policeman for a long time. Did you ever consider applying for a transfer?
In the beginning, yes, but then I suddenly learned to love the island. Wilhelmsburg really has an island character. The Wilhelmsburgers are different to the Hamburgers. I stayed, as did the many Turks who initially wanted to remain in Germany for just two years and so put up with the poor accommodation. It is high time that the old residential buildings were renovated and new apartments built.

HAWAIIAN
FEARLESS

Türkischkurs Bürgerhaus Wilhelmsburg

Im Bürgerhaus Wilhelmsburg lernt diese Gruppe Türkisch bei der studierten Wirtschaftswissenschaftlerin Aynur Ögretici (Foto Mitte). Die meisten Kursteilnehmer arbeiten mit türkischen Kollegen zusammen oder unterrichten Deutsch als Fremdsprache. Sie wollen Einblick in die Kultur ihrer Kollegen oder Schüler gewinnen, dabei helfen, Sprachbarrieren zu überwinden und den Reichtum der türkischen Literatur zu ergründen. Oder einfach nur mal eine neue Sprache lernen, wie der 26-jährige NDR-Tontechniker Ole Halver (Foto 2.v.r).

Eine neue Sprache zu lernen, ist ein toller Vorsatz, aber weshalb haben Sie sich ausgerechnet für Türkisch entschieden?
Ganz einfach: Der Kursus ist günstig und liegt in der Nähe. Ich habe es gemacht, um den Stadtteil kennenzulernen. Ich bin erst im Dezember 2008 nach Wilhelmsburg gezogen und dachte mir, dass hier höchstwahrscheinlich noch andere Wilhelmsburger sitzen und man so vielleicht auch nette Leute kennenlernt. Außerdem gehört Türkisch einfach in den Wilhelmsburger Raum. Man sieht so viele türkische Schilder in den Straßen. Ich weiß jetzt zum Beispiel, warum der Döner Döner heißt: Dönmek heißt „sich drehen".

Sie arbeiten beim NDR, da liegen die Elbinseln als Wohnort nicht unbedingt nahe. Was hat Sie nach Wilhelmsburg gezogen?
Unsere Wohngemeinschaft brauchte eine neue Wohnung. Wir haben vorher in der Schanze gewohnt und dort auch vier Monate lang vergeblich gesucht. Hier haben wir gleich eine Wohnung bekommen. Ohne Probleme.

Welche Vorteile bietet Wilhelmsburg jungen Menschen?
Es sind nur drei S-Bahn-Stationen bis zum Hauptbahnhof und von hier ist man auch superschnell in St. Pauli. Ich fahre jeden Tag mit dem Rad durch den Alten Elbtunnel zur Rothenbaumchaussee - 28 Kilometer. Das ist gar kein Problem. Und hier sind die Mieten eben noch viel billiger. Aber ich merke auch, dass vieles passiert, was fragwürdig ist. Auf einmal gehört man selbst zur Upperclass. Hier sind die Mieten billig, aber vor ein paar Monaten waren sie noch viel niedriger. Junge Leute in meinem Alter, selbst Studierende, haben oft mehr Geld als die Leute, die hier bislang wohnen. Die finden keine Wohnungen mehr zu alten Konditionen und müssen nach Billstedt oder sonst wohin ziehen. In St. Georg, der Schanze oder dem Karoviertel hat die Gentrifizierung schon stattgefunden. Genau das versucht man nun auch hier so schnell wie möglich herzustellen. Ich finde es für mich schade, dass ich mich selbst als Teil des Problems erkennen muss.

The Bürgerhaus Wilhelmsburg (Wilhelmsburg Community Centre) Turkish Course

This group is learning Turkish in the Bürgerhaus Wilhelmsburg with the graduate economist Aynur Ögretici (photo centre). The majority of the course participants work together with Turkish colleagues or teach German as a foreign language. They want to gain insight into the culture of their colleagues or pupils, thereby helping to overcome language barriers and to discover the wealth that Turkish literature has to offer. Or, like the 26-year-old NDR (radio station) sound technician Ole Halver (photo second from the right), they simply want to learn a new language.

Learning a new language is a great undertaking, but why have you opted for Turkish in particular?
Quite simple: the course is inexpensive and close by. I am doing it in order to get to know the neighbourhood. I moved to Wilhelmsburg only in December 2008 and figured there are very likely to be other Wilhelmsburgers sitting here, so perhaps I will also get to meet some nice people. What's more, Turkish is simply part of the Wilhelmsburg environment. You see so many Turkish signs in the streets. For instance, now I know why the döner is called a döner: dönmek means "to turn."

You work for the NDR, which means the Elbe Islands are not exactly close by as a place to live. What drew you to Wilhelmsburg?
We—the people I share a flat with—needed a new home. We lived in the Schanze Quarters previously and had been looking there for four months, in vain. Here we got a flat right away. No problem.

What are the advantages on offer in Wilhelmsburg for young people?
It is just three S-Bahn stations away from the main train station and St. Pauli is also really quick to reach from here. I ride through the Old Elbe Tunnel by bike every day to Rothenbaumchaussee—twenty eight kilometres. That is no problem at all. And the rent here is much cheaper. But I have also noticed a lot of questionable things happening. You belong to the upper class all of a sudden. Rent is cheap here but it was even lower only a few months ago. Young people my age, even students, often have more money than the people who have been living here all along, who are no longer able to find affordable flats and thus need to move to Billstedt and elsewhere. Gentrification has already taken place in St Georg, the Schanze, or the Karolinen district. That is precisely what they are also trying to achieve here as quickly as possible. It is a shame to see myself as part of the problem.

SBB Gruppe, Projekt FIT, Fahrrad-Insel-Tour

FIT für Wilhelmsburg? Die drei Buchstaben stehen für Fahrrad-Insel-Touren, ein Projekt der SBB (Stiftung Berufliche Bildung), das nicht nur Wilhelmsburger Bürger in Fahrt bringt. Ob allein oder in der Gruppe, zu festen Terminen oder nach individueller Vereinbarung – jeder, der Lust hat, die Geschichte der Elbinseln zu erkunden oder einen Überblick über die Stadtteilentwicklung zu erhalten und dabei auch noch etwas für seine Gesundheit zu tun, ist bei FIT richtig. Tourenleiter Manfred Eggert (59), gelernter Speditionskaufmann und seit 2005 arbeitslos, führt auch eine spezielle Tour zu den Projekten der IBA, der Internationalen Bauausstellung Hamburg und der igs, der Internationalen Gartenschau.

Sie kennen Wilhelmsburg wie Ihre Westentasche, wo liegen Ihrer Meinung nach die größten städtebaulichen Probleme?
In der Infrastruktur. Wilhelmsburg hat keine Mitte. Die Wilhelmsburger Reichsstraße zerschneidet den Stadtteil, das ist aus meiner Sicht das größte Problem. Die IBA will jetzt „die neue Mitte" herstellen, indem sie die Reichsstraße verlegt und das Areal, auf dem auch die Internationale Gartenschau stattfindet, ganz neu bebaut. Das ist ein guter Weg, der da gegangen wird, das macht Wilhelmsburg auf jeden Fall lebenswerter. Wenn am Bürgerhaus Mengestraße und am Reiherstiegknie die zwei neuen Anleger entstehen, ist es auch nur noch ein Katzensprung zum Jungfernstieg und zu den St.-Pauli-Landungsbrücken. Dieser Stadtteil ist wirklich nicht schlecht – er ist multikulturell und grün. Es gibt hier einfach alles: Industrie, Wohnviertel, Naturschutzgebiete. Früher wurde das hier „Klein Istanbul" genannt. Durch die IBA und die igs tut sich da endlich etwas. Jetzt wird auch positiv berichtet. Ich habe den Eindruck, die Hamburger sind dabei, Wilhelmsburg zu entdecken.

Inwiefern profitieren Sie persönlich von dieser Entwicklung?
Ohne die IBA wäre ich wohl noch Ein-Euro-Jobber. FIT wird von der Stadt und der ARGE (ein Service der Bundesagentur für Arbeit) finanziert und ich bin mir sicher, dass es nicht leicht ist, solche Projekte durchzubekommen. Es hat bestimmt nur den Zuschlag bekommen, weil die IBA und die igs hier stattfinden. Jetzt habe ich einen richtigen Arbeitsvertrag bis 2010. Von dem Geld kann ich leben und ich bin frohen Mutes, dass FIT über 2010 hinaus weiter besteht. Bei diesem Projekt sind mittlerweile 32 Leute beschäftigt.

Wie stehen die Chancen, durch FIT einen Einstieg in den Ersten Arbeitsmarkt zu schaffen?
Ich bin wahrscheinlich schon zu alt, aber jüngere Leute könnten das durchaus schaffen. Wir bekommen viele Fortbildungsmöglichkeiten, die den Wiedereinstieg in reguläre Arbeit unterstützen, zum Beispiel Englischkurse. Wenn die IBA und die igs 2013 eröffnen, kommen Leute aus der ganzen Welt. Da ist man als Tourenführer ohne Englisch aufgeschmissen.

The SBB Group FIT Project

FIT for Wilhelmsburg? The three letters stand for Fahrrad-Insel-Touren (Island Bike Tours), a project by SBB (Stiftung Berufliche Bildung/Occupational Training Foundation), which is getting not only the Wilhelmsburg residents moving. Either alone or in a group, at a fixed time or as agreed individually—anyone interested in delving into the history of the Elbe Islands or gaining an overview of neighbourhood developments, as well as doing something for their health in the process, is in the right place with FIT. Tour leader Manfred Eggert (59), a trained logistics manager who has been unemployed since 2005, also runs a special tour to the Internationale Bauausstellung IBA Hamburg (International Building Exhibition) projects and the Internationale Gartenschau igs (International Garden Show).

You know Wilhelmsburg like the back of your hand; what are the greatest urban problems in your opinion?
The infrastructure is the problem. Wilhelmsburg has no centre. Wilhelmsburg's Reichsstrasse carves up the neighbourhood, which is the biggest problem in my view. The IBA now wants to create "the new centre" by relocating the Reichsstrasse and completely relandscaping the area where the International Garden Show is to take place. This is a good idea; it is certainly making Wilhelmsburg more liveable. When the two new quays are built at Bürgerhaus Mengestrasse and at Reiherstiegknie, then it will be just a stone's throw to the Jungfernstieg and to the St. Pauli landing bridges. This neighbourhood is really not bad—it is multicultural and green. You simply have got everything here: industry, residential areas, nature reserves. It used to be known as "Little Istanbul." Something is finally happening now thanks to the IBA and the igs (International Garden Show). There are also positive reports in the media. I think that the people of Hamburg are only just starting to discover Wilhelmsburg.

To what extent are these developments of personal benefit to you?
I would still be a one-euro-jobber without the IBA. FIT is financed by the city and the ARGE (a service provided by the Bundesagentur für Arbeit/ Federal Employment Office) and I am sure it is not easy to get such projects approved. It must have happened because of the IBA and the igs taking place here. Now I have a proper employment contract until 2010. I can live off the money and I am optimistic that FIT will continue beyond 2010. This project now employs thirty-two people.

What are the chances of FIT making it possible to re-enter the main job market?
I am probably too old now but younger people would certainly be able to manage it. We are given a lot of training opportunities that support a return to regular employment, English courses for example. People will be coming from all over the world once the IBA and the igs open in 2013. A tour leader without English will be left high and dry then.

Streitschlichter-Schule Fährstraße

Vor fünf Jahren entwickelte die Wilhelmsburger Schule ein beispielgebendes Programm zur Gewaltprävention, seit drei Jahren liegt die Mediations-Ausbildung in den Händen von Ragna Tetzlaf und Hans Urbig. Schüler der 3. Klassen, die „Empathie-Fähigkeit, Verantwortungsgefühl und Durchsetzungsvermögen besitzen" (Urbig), werden von den beiden Lehrern ein halbes Jahr lang täglich in den großen Pausen in Techniken der Konfliktlösung geschult. Jeweils zwei bis drei Kinder bilden eine Streitschlichter-Gruppe, vergeben Termine, führen Rollenspiele durch, schreiben Protokolle und achten darauf, dass die Kontrahenten Regeln einhalten. „Das ist manchmal gar nicht so einfach", finden Lena-Marie Völz (11 Jahre, 1. Reihe, 5.v.l.) und Cindy-Sarina Voß (10 Jahre, 2. Reihe, 3.v.r.).

Warum wolltet Ihr beiden Streitschlichter werden?
Lena: **Es macht Spaß, den anderen Kindern dabei zu helfen, wie sie ihren Streit lösen. Und wenn ich jetzt Streit mit jemandem habe, weiß ich, wie ich den klären kann, ohne dass man jemanden dazu braucht.**

Wie macht Ihr das?
Lena: **Wir haben einen Raum, wo wir uns mit den Schülern treffen. Die müssen da mit dem Rücken zueinander sitzen. Jeder muss den Streit erzählen. Und dann müssen sie die Stühle wechseln und wir sagen: „Stell dir vor, dir passiert das und das, wie würdest du dich da fühlen?" Und zum Schluss muss jeder überlegen, was man tun kann, damit der Streit nicht wieder passiert.**

Warum eignet Ihr Euch so gut für diese Aufgabe?
Cindy: **Weil wir ruhig sind und nicht so brutal. Und weil wir zuverlässig sind und uns an die Regeln halten. In meinem Zeugnis steht, dass die anderen Kinder von mir lernen können und dass ich zuverlässig bin.**

Als Streitschlichter habt Ihr eine Menge gelernt, was ist wohl das Wichtigste?
Lena: **Ich glaube, sich in den anderen hineinzuversetzen. Als Cindy einmal Streit hatte und weinte, habe ich mich in sie hineinversetzt und mich auch richtig wütend und traurig gefühlt. Ich habe dann geholfen, den Streit zu schlichten.**

Was macht Ihr mit zwei großen starken Jungs, die sich einfach nicht vertragen wollen?
Lena: **Wir hatten mal solche Jungs, einer sollte vom anderen die Fußballkarten geklaut haben. Die haben ständig herum gezappelt und sich dann noch mal geprügelt, obwohl wir dabei waren. Die haben wir rausgeschmissen. Es ist wichtig, die Regeln zu befolgen: Wir beschimpfen uns nicht und hören uns zu.**

The Fährstrasse Mediator School

Five years ago this Wilhelmsburg school developed an exemplary scheme for the prevention of violence and the mediation training has been in the hands of Ragna Tetzlaf and Hans Urbig for three years now. Third grade pupils with "the capacity for empathy, a sense of responsibility, and assertiveness" (Urbig), are trained during the longer breaks, every day for six months, by the two teachers in the techniques of conflict resolution. Each mediator group comprises two or three children, who set up the appointments, carry out role plays, write the minutes, and ensure that the rules for the adversaries are adhered to. "It is really difficult sometimes," say Lena-Marie Völz (11 years old, first row, fifth from the left) and Cindy-Sarina Voss (10 years old, second row, third from the right).

Why did the two of you want to become mediators?
Lena: **It is fun helping the other children to resolve their arguments. And now when I have an argument with someone, I know how to solve it without anyone else having to get involved.**

How do you do it?
Lena: **We have a room where we are able to meet with the pupils. They have to sit there with their backs to each another. Each of them has to describe the argument. And then they have to change seats and we say: "Imagine that such and such happens to you, how would you feel?" At the end everyone has to think about what can be done to prevent the argument from ever occurring again.**

What makes you so well suited to this task?
Cindy: **Because we are quiet and not so aggressive. And because we are reliable and we stick to the rules. My report says that the other children are able to learn from me and that I am reliable.**
You have learnt a great deal as mediators; what has been the most important?
Lena: I think it's being able to put yourself in the other person's position. When Cindy had an argument once and was crying, I put myself in her position and also felt really angry and upset. Then I helped to settle the argument.

What do you do with two big strong boys who simply do not get on with one another?
Lena: **We had boys like that once: one was supposed to have stolen the other's football cards. They fidgeted around all the time and then hit each other again, even though we were there. We threw them out. It is important to follow the rules: we do not shout at each other and we listen to one other.**

Architektur als Pädagogik oder Architektur für die Pädagogik? Diese Fragen sind nur in der Art des „Sowohl als auch" sinnvoll zu beantworten. Im dritten Kapitel kommen deswegen weithin Stimmen zu Gehör, die versuchen, beide Aspekte einzufangen, die das Miteinander von Ansätzen aus zwei doch recht unterschiedlichen Disziplinen betonen und damit die These vom „Raum als dritten Pädagogen" vielfältig unterstützen. Eine Quintessenz könnte sein, dass weder pädagogische Ansätze noch der (Schul-)Raum allein die Herkulesaufgabe einer nachhaltigen Bildung in unserem Jahrhundert alleine stemmen können. Eine autoritäre Pädagogik in schlecht belichteten Klassenzimmern wird in architektonisch fehlerfreien Räumen für die Schüler nicht erträglicher – genauso, wie eine fortschrittliche Lernvermittlung in schlecht belichteten und zu engen Häusern wohl schnell an ihre Grenzen stößt. Begriffe wie Schönheit und Qualität müssen aufeinander abgestimmt werden, und zwar zwischen Pädagogen und Architekten, aber natürlich auch unter der Partizipation von Schülern, Lehrern und Eltern. Wege dorthin in Theorie und Praxis zeigt dieses Kapitel.

Architecture as education or architecture for education? A meaningful answer to these questions can only be given on the basis of "both." Therefore, the third chapter largely features approaches endeavouring to capture both aspects, emphasising cooperation from the perspective of two very different disciplines, thus providing diverse support for the notion of "the room as the third teacher." At the end of the day, it could be that neither educationalist approaches nor the (school) room alone are able to take on the Herculean task of sustainable education in the current century. Authoritarian education in badly illuminated classrooms will not become any more bearable for the pupils in architecturally faultless rooms—just as progressive teaching methods in dimly lit and cramped buildings soon reach their limits. Terms such as attractiveness and quality need to complement one another, both between educationalists and architects, as well with the participation of pupils, teachers, and parents of course. This chapter illustrates some paths leading in this direction, both in theory and in practice.

PÄDAGOGIK UND ARCHITEKTUR

EDUCATION AND ARCHITECTURE

Verschulte Planungen verhindern gute Schulen

Ein Gespräch zwischen Peter Hübner und Arno Lederer

Die Architekten Peter Hübner und Arno Lederer haben viele Gemeinsamkeiten: Lehrstühle an der TU in Stuttgart und große Meriten im Schulbau – seit Jahrzehnten schon. Sie vertreten durchaus unterschiedliche Positionen, Hübner ist so etwas wie der Vater der Partizipation im Schulbau, Lederer setzt auf das klassische Vokabular eines Architekten. Aber beide sind sich darin einig, menschliche und qualitätvolle Orte jenseits reiner Wissensvermittlung schaffen zu wollen, Orte, die integrativer Bestandteil der Gesellschaft sind. Beide glauben auch, dass die Milliarden aus der Konjunkturspritze für den Schulbau verpuffen, weil sie mit der Gießkanne und nicht gezielt vergeben werden.

Wie bauen wir heute Schulen? Als Spiegel eines eingeübten Vorschriftengerüsts? Als Abbild zu eng gesteckter Budgets?

Peter Hübner (PH): Schulbau heute? Schulen werden immer uniformer, werden mit genormten Klassenräumen und Fluren flächenoptimiert. Das sind für mich unerotische Orte. Hier können sich Menschen nicht so wohl fühlen, wie es der Anspruch eines jeden Architekten ist, wie es mein Anspruch ist. Wir beide, Arno Lederer und ich, wollen besondere Orte schaffen, die es auf dieser Welt in dieser Form nur einmal gibt. Nach den Erfahrungen, die wir in unserem Büro gemacht haben, kann man besondere Häuser bauen, wenn man die Nutzer frühzeitig mit ins Boot holt. Wir reden mit allen Beteiligten, mit dem Kollegium, den Eltern und natürlich den Schülern. Selbst bei von uns gewonnenen Wettbewerben gehen wir diesen Schritt zurück, fragen nach – und stellen in aller Regel fest, dass die Wettbewerbsanforderungen falsch aufgestellt waren, eben weil man die zukünftigen Benutzer nicht involviert hatte.
Selbstverständlich entwerfen wir die Schulen selbst – aber mithilfe des kreativen Potenzials, das in diesen Gesprächen als ein relativ wildes Angebot auf uns einströmt. Wir nutzen es als Inspirationsquelle für Ideen, die einem ausgehend von dem vorgegebenen Raumprogramm niemals gekommen wären. Dazu muss man wissen, dass die Architekten bei Wettbewerben häufig angehalten sind, völlig veraltete Programme umzusetzen. Der Spielraum ist minimal, wir sind tatsächlich gezwungen, antiquierte Schulen zu bauen. Wenn wir anderer Meinung sind, müssen wir das vermitteln, und das ist wahrlich nicht immer einfach.

Arno Lederer (AL): Diese Programme beruhen in den seltensten Fällen auf pädagogischen Erwägungen. Meist spielen finanzielle Vorgaben die wichtigste Rolle. Daher wird die Größe eines Klassenzimmers nach der Anzahl der Kinder und nach den Fluchtwegen bestimmt. Und die Flure, also die Zwischen- und Freiräume, definieren sich nach den Brandschutzrichtlinien, die heute selbst Bilder an den Wänden verbieten. Eine Garderobe für die Mäntel ist ebenfalls ausgeschlossen.
Damit nicht genug: Die Gesellschaft verlässt sich anscheinend blind darauf, dass Schule automatisch zu Bildung und damit zu Wissen führt. Klassenzimmer werden daher schlicht

Arno Lederer: „Die Programme für den Schulbau beruhen in den seltensten Fällen auf pädagogischen Erwägungen. Meist spielen finanzielle Vorgaben die wichtigste Rolle." Arno Lederer: "School building programmes are only very seldom based on educational considerations. Financial specifications usually play the most important role."

Regimented Planning Obstructs Good Schools

A Discussion between Peter Hübner and Arno Lederer

Peter Hübner: „Schulen werden immer uniformer und werden mit genormten Klassenräumen und Fluren flächenoptimiert!" Peter Hübner: "Schools are becoming more and more uniform and are optimised for space with standardised classrooms and corridors."

The architects Peter Hübner and Arno Lederer both have a great deal in common: professorships at the University of Stuttgart and good track records when it comes to school buildings—over past decades. They represent very different perspectives, with Hübner being the mastermind of participatory school construction while Lederer favours the classic architect's vocabulary. Both agree, however, on the need to create humane locations of high quality that go beyond simple knowledge transfer, sites that are integrative components within society. Both architects also believe that the billions aimed at boosting the economy and allocated for the construction of school buildings will be without lasting effect because the funds will be applied using a scatter approach instead of being targeted.

How do we Build Schools Today? As the Reflection of a Practised Regulatory Structure? As the Embodiment of Tight Budgets?

Peter Hübner (PH): School buildings today? Schools are becoming more and more uniform, they are optimised for space with standardised classrooms and corridors. To me these are non-sensual places. Places where people are not able to enjoy the sense of wellbeing that every architect aims for, which I aim for. Both of us, Arno Lederer and I, want to create special places unique anywhere in the world.
Based on the experience we have gained in our practice you can construct special buildings if you get the users involved early on. We talk to all of those concerned, with the council, with the parents, and of course the pupils. Even in the case of competitions we have won we take this step backwards: we enquire—and as a rule we discover that the competition parameters were drawn up incorrectly because the future users were not involved.
Of course we design the schools ourselves—but with the help of the creative potential that flows our way in the form of a relatively wild torrent during these discussions. We use it as a source of inspiration for ideas that you would never think of, working from the specified space allocation plan. What you also need to consider is that, with competitions, the architects are often urged to implement completely out-dated plans. There is minimal leeway; we are literally forced to build antiquated schools. When we have a differing opinion we have to put this across, which is really not always easy.

Arno Lederer (AL): These plans are only very rarely based on educational considerations. Financial specifications usually play the most important role. Consequently, the size of a classroom is determined by the number of children and according to the emergency exits. And the corridors, meaning the spaces in between and the empty areas, are defined according to the fire protection regulations, which today even prohibit pictures on the walls. Coat hooks are also out of the question.
But that's not all: society seems to have blind faith in schools automatically leading to education and thereby to knowledge. Classrooms are

als Wissensvermittlungsräume verstanden. Ich glaube aber, dass draußen, im Zwischenraum, viel mehr geschieht als in der Klasse. Hier, auf dem Flur, kommt es zu Gesprächen, Späßen und Diskussionen, hier findet sich ein Trainingslager für soziale Kompetenz.
Seit der Antike wissen wir um die Bedeutung des Zwischenraums als öffentlichem Raum. In der Stadt ist es die Straße und der Platz, in der Schule sind es Flure und Treppenräume. Aber: Wir müssen immer ein bestimmtes Verhältnis zwischen Klassenräumen und Fluren einhalten. Sonst kann man einen Wettbewerb nicht gewinnen, braucht gar nicht anzutreten.

PH: Wie soll unter solchen Voraussetzungen ein modernes Unterrichtskonzept mit Eigenarbeit, Teamarbeit, Großgruppen oder Kleingruppen funktionieren? Es geht nicht. Wir hinken da einfach hinterher. Ich denke beispielsweise an Südtirol. Dort hat man jüngst die Regeln vom Kopf auf die Füße gestellt: Die Quadratmeter richten sich nicht mehr an der Klasse aus, sondern an der Schülerzahl insgesamt – mit dem Ergebnis, dass ich als Architekt über den entsprechenden Raum frei verfügen kann. Im nächsten Schritt müssen Architekten und Pädagogen das Programm für die jeweils gewünschte Schule gemeinsam erstellen. Die Aufgabe lautet, einen Lernraum zu organisieren, eine Lernumgebung. Oder wie wir sagen: einen Lebensraum. Denn schließlich verbringen die Schüler 60 Prozent – bei einer Ganztagsschule sogar noch mehr – ihres bewussten Lebens in der Schule.

Gibt es Lösungen und Strategien, den engen Kordon übermäßiger Verwaltung aufzubrechen?

AL: Am einfachsten ist es natürlich, wenn ein Schulträger das Budget aufstockt. So ist es mit unserer Grundschule im Scharnhauser Park geschehen. Die Stadtverwaltung war so vernünftig zu sagen: Machen Sie das ein bisschen größer! Doch die meisten Budgets, auch die größeren, werden durch immer mehr Vorschriften klein gefressen. Ein Beispiel sind die Behindertenvorschriften. Streng genommen müssten wir zwei Türdrücker übereinander installieren, überall braucht man Aufzüge. Das ist aber nur die technische Lösung. Andere Ideen, die sich an den Bedürfnissen der Schüler mit und ohne Behinderung ausrichten, werden sofort ausgebremst.

PH: Diese „Zerwaltung", ich nenne das Zerwaltung, nicht mehr Verwaltung, diese Vorschriftenflut, die nimmt ständig zu. Bleiben wir bei den Vorschriften für behindertengerechtes Bauen. Wir bauen im Moment die Justus-von-Liebig-Schule in Moers: Im Hauptgebäude befinden sich drei behindertengerechte Toiletten und in jedem der beigeordneten Klassenhäuser eine weitere. Wir bauen also insgesamt 15 Behindertentoiletten. Aber es gibt gegenwärtig gar keine Schüler mit Behinderungen an dieser Schule, was sich allerdings irgendwann ändern könnte. Soweit verstehe ich das noch. Und trotzdem: Muss es immer die komplette Lösung sein? Ob dieses Anspruchs wird ein Projekt glatt um zehn Prozent teurer, aber der Etat bleibt natürlich der gleiche.
Nehmen wir ein anderes Thema, genauso heikel: Energie sparen! Gebäuden, in denen ich lauter

Grundschule im Scharnhauser Park, Ostfildern (Architekten: Lederer Ragnarsdóttir Oei), trotz enger Brandschutzvorschriften nutzbare Flure (oben)
2. Bauabschnitt in architektonischer Strenge (rechts)
Scharnhauser Park primary school, Ostfildern (architects: Lederer Ragnarsdóttir Oei): useable corridors despite strict fire protection regulations (above).
The architectural severity of the building's second construction phase (right)

therefore simply seen as knowledge transfer rooms. I believe, however, that much more happens outside the classroom, in the spaces in between. It is here, in the corridors, that you will find conversations, fun, and discussions; this is the social skills training camp.
We have known since Antiquity of the importance of the spaces in between as public places; in a town these are the streets and the square, in a school these are the corridors and the staircases. However: we always have to adhere to a specific ratio of classrooms to corridors. Otherwise you can't win any competitions; you need not even bother to enter them.

PH: How is a modern teaching philosophy with individual work, team work, large groups or small groups to function under such conditions? It doesn't work. We are therefore simply straggling behind. I can think of South Tyrol, for instance, where they have recently turned the rules around: the square metres are no longer based on the class but on the overall number of pupils—with the result that, as the architect, I have the relevant space freely available. The next step needs to be for the architects and educators to compile together the agenda for the desired school. The task is one of organising a learning space, a learning environment. Or, as we say: a living space. After all, the pupils spend

kleine Heizungen habe – die Kinder! –, will man nun den Passivhausgedanken aus dem Einfamilienhaus überstülpen. Das kostet jede Schule in einer normalen Größenordnung 800.000 Euro für die Zwangsbelüftung. Nichts funktioniert mehr richtig, alle sind sauer. Aber es wird per Ratsbeschluss zum Credo erhoben.
Übrigens habe ich mir vor einigen Jahren im Vorarlberg eine Grundschule angesehen, die in dieser Hinsicht als vorbildlich gilt. Während meines Besuches wurden gerade die heimischen Vogelarten durchgenommen. Durch das geschlossene Fenster konnten die Kinder eine Amsel sehen, sie hatte den Schnabel geöffnet und sang – unhörbar für die Schüler. In diesem wie in so vielen anderen Fällen verhindert die technisch perfekte Lösung Erlebnisse und Wahrnehmungen, die Lernen ausmachen.

Wie arbeiten Arno Lederer und Peter Hübner? Wie entwerfen sie eine Schule? Wo liegen die Unterschiede, wo die Gemeinsamkeiten?

AL: Was uns beide unterscheidet, ist die Art und Weise, wie wir „kochen“. Dabei interessiert mich zunehmend die Frage nach der Schule als Teil der Stadt. Aus gegebenem Anlass habe ich mein altes Gymnasium in Bad Cannstatt aufgesucht: gebaut 1906, Jugendstilelemente, das Viertel ist etwa zeitgleich entstanden. Es ist

60 per cent of their waking lives at school–in case of all-day schools even more.

Are There Solutions and Strategies to Avoid the Tight Cordon of "Over-Regimentation"?

AL: The simplest is of course when the school authority increases the budget, as happened with our primary school in Scharnhauser Park. The city council had the sense to say: make it a little bit bigger! Yet the majority of budgets, even the larger ones, are eaten away by a constant increase in regulations. One example: the regulations with regard to the disabled. Strictly speaking we ought to install two door handles, one above the other, and you need lifts everywhere. That is only the technical solution, however. Other ideas directed at the needs of pupils with and without disabilities are immediately thwarted.

PH: This "over-regimentation"-it is no longer simply a question of extreme order. Instead the flood of regulations is increasing constantly. Let's stick to those for disability-adapted buildings. We are currently building the Justus-von-Liebig-Schule (Justus von Liebig School) in Moers: there are three disabled access toilets in the main building and another one in each of the adjoining classroom blocks. We are therefore building a total of fifteen such toilets. Yet there are no disabled children at this school at present (a situation that may change later, I am aware of that). But nevertheless: does it always have to be the full solution? This requirement can easily make a project 10 per cent more expensive, but the budget of course remains the same.

Let's look at another issue, one that is just as precarious: energy saving! Buildings that have lots of little radiators in them–namely the children–now have to be subjected to the passive building approach applied to single family homes. That costs every normal-sized school 800,000 Euros for controlled ventilation. Nothing works properly anymore, everyone is peeved, but a decision taken by the council gives it doctrine status.

A few years ago I looked at a primary school in Vorarlberg, by the way, which is a prime example of this. They were going through the local bird species while I was visiting. The children could see a blackbird through the closed window; it had its beak open and was singing–inaudible for the pupils. In this, as in so many other cases, the technically perfect solution prevented the experiences and perceptions that are what learning is all about.

Gesamtschule Scharnhauser Park, Ostfildern (Architekten: Lederer Ragnarsdóttir Oei), 1. Bauabschnitt, 1999: Schönheit durch Zurückhaltung (unten), Kunstsaal, 1. OG (links) Scharnhauser Park comprehensive school, Ostfildern (architects: Lederer Ragnarsdóttir Oei), first construction phase, 1999: less is more (below). Art room, first floor (left)

How Do Arno Lederer and Peter Hübner Work? How Do They Design a School? What Are Their Differences, Where is the Common Ground?

AL: What distinguishes the two of us is the manner in which we go about the "cooking." I am increasingly interested in the question of the school as part of the city. For this reason I recently visited my old grammar school in Bad Cannstatt: built in 1906, with Art Nouveau elements, the neighbourhood having developed at about the same time. It is a solid building, wonderfully cool in summer, with corridors that would be seen as much too big from today's

ein festes Gebäude, wunderbar kühl im Sommer, dazu aus heutiger Bürokratensicht viel zu große Flure und ein offenes Treppenhaus. In derselben Straße, vis-à-vis der Schule, gab es einen Konditor, daneben auch ein Schreibwarengeschäft. Alles war kohärent, der Schulweg war Teil des Ganzen. Anders gesagt: Wir wissen inzwischen, dass es ein Fehler war, die Schulen wie Gewerbebetriebe außerhalb der Stadt anzusiedeln. Weil das urbane Umfeld mit schult, soziale Kompetenz abverlangt und vermittelt. Deshalb ist unser Ansatz sehr stark aus dem Städtischen heraus entwickelt. Das führt zwangsweise mitunter zu Formen, die wie bei der Grundschule im Scharnhauser Park nur aus dem jeweiligen städtischen Umfeld zu erklären sind.

PH: Seit dem Bau der Evangelischen Gesamtschule Gelsenkirchen ist bei uns die *Community Education* ein wichtiger Programmpunkt: Schule muss – wie auch in Berlin, wo wir gerade eine Plattenbau-Schule umbauen – in den Stadtteil gehen. Nur diese Nähe verspricht einen Zuwachs auch an sozialer Kompetenz.
Viele Besucher der Gelsenkirchener Schule sind verwirrt, sie fragen sich: Wo ist denn die Schule? Sie stellen sich diese Frage, weil die Schule an sich sehr städtisch wirkt. Sie besteht aus Klassenhäusern. Auch heißt es dort Theater und nicht Aula, Rathaus und nicht Verwaltung, und „Gasthaus zum goldenen Löffel" statt Mensa. Die Apotheke beschreibt den Chemietrakt, der vom Apothekerverein gesponsert wird. Wie übrigens auch die Sporthalle, die Arena genannt wird, von Schalke 04 unterstützt wird. Das Stadthaus, gleich am Eingang, das war ursprünglich die Sozialstation für den Stadtteil. Das bildet alles eine ganz enge Verzahnung. Und es bildet diese Verzahnung, weil es wichtig ist, dass man auf den jeweiligen Ort reagiert, dass die Schule sich ganz eng auf die dort Lebenden und Arbeitenden bezieht. Genau aus diesem Grund sollte sich der Architekt zurücknehmen: Lasst uns schöne Museen oder Theater bauen – aber lasst bei der Schule erst einmal die Schüler und Lehrer mit ihren Bedürfnissen zu Wort kommen.

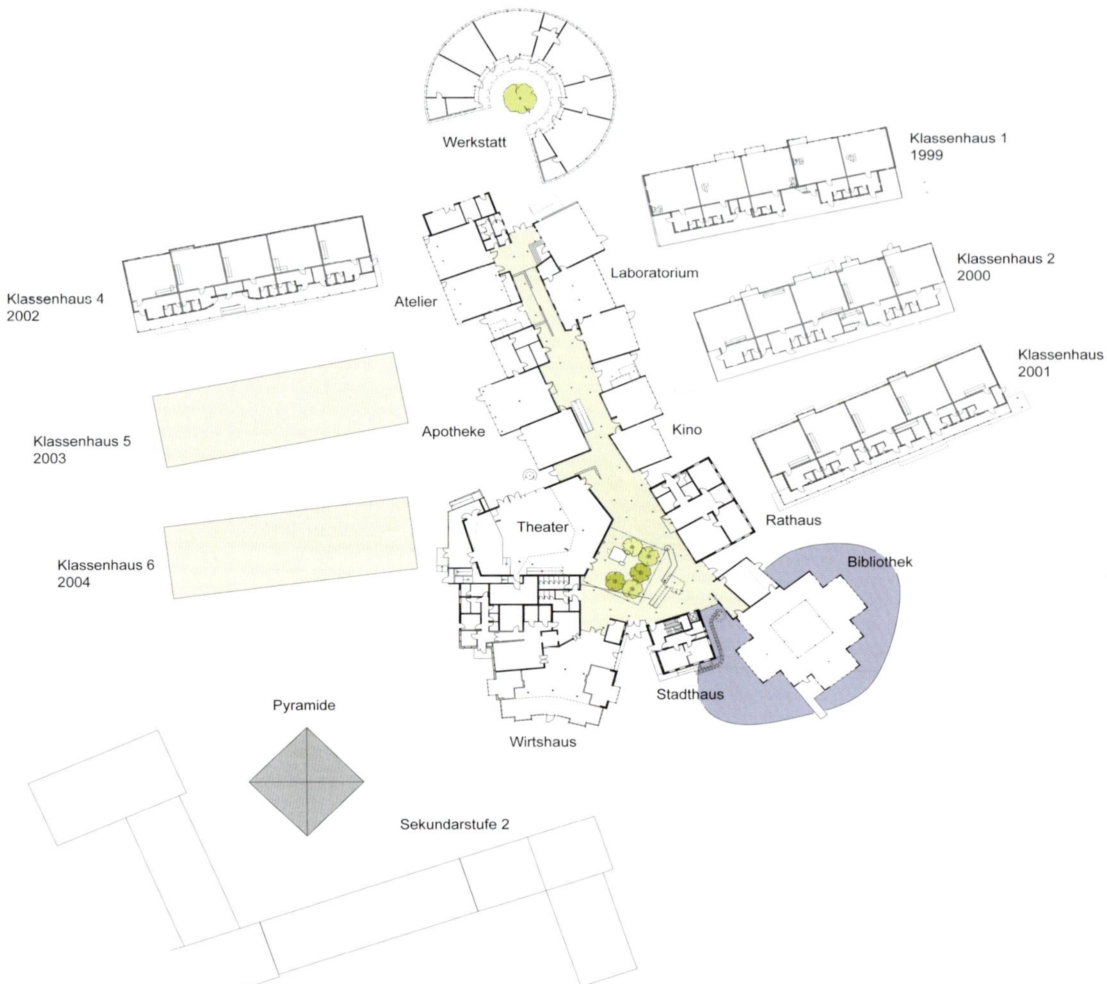

Deshalb fangen wir eher demütig an. Unsere erste Frage an die Schüler lautet: Was ist das Wichtigste an eurer Schule? Im Kindergarten sagen die Kinder ganz unmittelbar: Ich! Wir! Fünftklässler hingegen sprechen von Wasserhähnen oder Hängematten. Wir sagen dann: Jeder, für den wir bauen, ob Schüler oder Lehrer, ist wichtig. Das ist gar nicht so einfach zu vermitteln. Aber die Diskussion kann erst weitergeführt werden, wenn diese Voraussetzung allen Beteiligten klar ist.
Diese Vorgehensweise hat mich anfänglich viel Schlaf gekostet: Was hatte ich damals, bei der Waldorfschule in Köln, auf Wunsch der Kinder nur angerichtet? Sternförmige Klassen und Hängematten unter dem Dach, es war ein bisschen beängstigend.

Evangelische Gesamtschule, Gelsenkirchen (Architekten: plus + bauplanung GmbH Hübner – Forster – Hübner): Hier heißen die Schulbereiche Apotheke, Wirtshaus, etc. Die Schule war ein Leitprojekt der IBA Emscher Park in den 1990er Jahren (oben). Individuelle Klassenhäuser bilden die Schulstadt (rechts).
The Protestant Comprehensive School, Gelsenkirchen (architects: plus + bauplanung GmbH Hübner – Forster – Hübner): Here the different parts of the school are known as the pharmacy, the inn, etc. The school was a main project of the IBA Emscher Park in the 1990's (above). The school town comprises individual classroom buildings (right).

bureaucratic perspective, and an open staircase. In the same street, opposite the school, was a baker, and next door a stationer's shop. It was all coherent; the route to school was part of the whole. In other words: we now know that it was a mistake to position schools outside towns as if they were industrial premises. Because the urban environment is part of schooling, it requires and imparts social skills. Our approach is therefore very strongly derived from the environment. This compels us to use shapes that, like those of the primary school in Scharnhauser Park, can only be explained against the urban background.

PH: Community education has become an important item on our agenda since building the Protestant comprehensive school in Gelsenkirchen: the school—as in Berlin, too, where we are currently converting a prefabricated concrete school—has to be in the neighbourhood. Only this proximity will bring with it an increase in social skills.
Many visitors to the school in Gelsenkirchen are bewildered, asking themselves: where is the school then? They ask the question because the school itself looks very urban. It is comprised of class buildings. It also has a theatre and not an assembly hall, a town hall and not an administration block, and the "Gasthaus zum goldenen Löffel" (The Golden Spoon Inn) instead of a canteen. The chemistry wing is known as the pharmacy and is sponsored by the pharmacists' association. The sports hall as well, by the way, is called Arena and is supported by Schalke 04. The townhouse, right at the entrance, was originally the neighbourhood welfare centre. It all dovetails very neatly.
And this is because it is important to react to the location in question, and that the school is very closely related to the people who live and work there. This is precisely why the architect ought to take a back seat: let us build fine museums or theatres—but let the pupils and the teachers have their say about their needs when it comes to building schools.
We therefore adopt more of an unassuming approach at the outset. The first question we put to the pupils is: what is the most important thing about your school? The nursery school answer is right away: me! us! The fifth graders, on the other hand, talk about taps or hammocks. We then say: everyone for whom we are building, be it pupils or teachers, is important. Getting this across is not easy at all but the discussion can only continue once this point is clear to all of those involved.
This procedure brought me a great many sleepless nights at the beginning: what had I done back then with the Waldorf school in Cologne, at the request of the children? Star-shaped classrooms and hammocks hanging from the ceiling. It was a little scary.
In the meantime I now find the children's sincerity just as convincing as it is surprising. Be it in Moers at the moment, in Gelsenkirchen, or with the Protestant school in Berlin—they are in the know within just two days: about escape routes, about fire protection, or about the seating in an assembly hall. And that's not all: the thirteen year olds come over as experts, they are the ones who explain what's going on to the local mayor. Knowledge leads to communication.

Längst aber bin ich von der Ernsthaftigkeit der Kinder ebenso überrascht wie überzeugt. Ob wie jetzt in Moers, Gelsenkirchen oder bei der Evangelischen Schule Berlin – die wissen binnen zweier Tage Bescheid: über Fluchtwege, über Brandschutz oder über die Bestuhlung einer Aula. Und damit nicht genug: Die 13-jährigen treten auf wie Fachleute, die erklären dem Bezirksbürgermeister mal eben, wo es lang geht: Wissen führt zu Kommunikation.
Außerdem haben wir das Gefühl, dass durch die vielen Gespräche mit allen Beteiligten eine ganz dichte Atmosphäre entsteht, die sich in den Bau einnistet. Das ist genau das, was ich mir als Architekt wünsche: Dass das Gebäude eine besondere Ausstrahlung besitzt und aus sich selbst heraus spricht und vermittelt.

AL: Die Pädagogen haben ständig neue Modelle im Kopf, die bisherigen Schulbauten werden von ihnen rundweg abgelehnt. Aber wenn man sie fragt, welchen Schulbau sie persönlich bevorzugen, als ihr Wohnhaus, dann wollen sie alle in ein Gründerzeithaus einziehen. Warum? Weil diese Gebäude ein städtisches Urbild spiegeln, sie sind ein Stück Stadt – und genau darum geht es: Bevor wir über Architektur reden, müssen wir die Schulen in die Städte zurückholen.
Hinzu kommt, dass wir im Osten schrumpfende Städte vorfinden. In Aschersleben etwa bauen wir das Bildungszentrum Bestehornpark in eine aufgelassene Fabrik hinein – das wird eine Schule mit irrsinnig viel Platz, mitten in der Stadt! Sicherlich, die Pädagogen schrecken noch davor zurück. Aber es ist gar keine schlechte Idee, Schulen in Fabriken oder auch Kasernen des 19. Jahrhunderts anzusiedeln. Damals hatte das Militär einen ganz anderen gesellschaftlichen Stand als heute, weshalb es sich bei den wilhelminischen Kasernen mitunter um unglaublich schöne Bauten handelt. Es sind Gebäude von hohem handwerklichem Anspruch, liebevoll gemacht. Beim Anblick solcher Architekturen geht mir immer Goethe durch den Sinn: Er forderte Schulbauten, in denen die rohesten Kerle heiteren Gemüts und fröhlich ihrer Tätigkeit nachgehen.

Welche Wege der Entwicklung gibt es vom ersten Schulentwurf bis zur Nachhaltigkeit?

PH: Was erwartet ein kleines Kind von einer Schule? Das ist die zentrale, die erste Frage. Dann fällt einem auch sofort auf, dass Kinder zu Erwachsenen hochschauen müssen. Aus diesem Grund legen wir großen Wert auf die Gestaltung der Decke. Außerdem haben wir festgestellt: Das Kind will es klein – und groß. Deswegen setzen wir uns häufig über die Einheitshöhe von 2,7 Metern für Kindergärten oder drei Metern für Schulen hinweg, liegen darunter oder mit 6,5 Metern deutlich darüber.
Und dann das Licht: In unseren Bauten kommt es von oben, von rechts, von links, da erkennt man meine Prägung durch Christoph Alexander. Auch muss die ewige Standardisierung ein Ende haben. Es geht mir um Materialien, die den Menschen ansprechen, seine Sinne, es geht mir um Handschmeichelqualitäten.

AL: Nachhaltigkeit hat auch damit zu tun, Bildungsorte zu schaffen, die Generationen übergreifen. Wir müssen Gehäuse erschaffen, in denen in zehn Jahren etwas anderes stattfinden kann und in 20 Jahren wieder etwas anderes. Das setzt Qualitäten voraus, die nur gutes Handwerk einlösen kann.

PH: Das Prinzip der Partizipation führt bei uns zu nachhaltigen Bauten. Denn es ist mit diesen Schulen ähnlich wie mit einer alten Stadt – Orte, die einmal geliebt wurden, übertragen diese

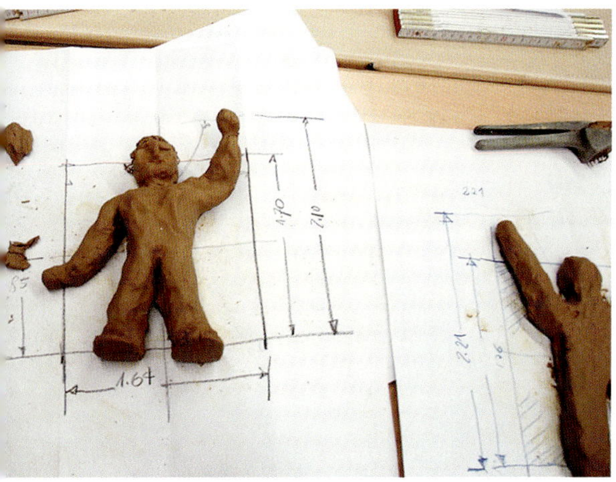

In der Justus-von-Liebig-Schule, Moers (Architekten: plus + bauplanung GmbH Hübner - Forster - Hübner): Planen und Bauen mit Schülern (oben), Modell (links), Schüler werden am Planungsprozess beteiligt: Hilfsmittel Tonmännchen (unten) Planning and building with pupils in the Justus von Liebig school, Moers (architects: plus + bauplanung GmbH Hübner - Forster - Hübner) (above), model (left), clay models as tools (below)

We also have the feeling that the many discussions produce a very intimate atmosphere, which becomes instilled in the building. That is precisely what I hope for as an architect: that the building possesses a special charisma, speaking and communicating from within itself.

AL: The educators constantly have new models in mind and they reject the former school buildings outright. Yet when you ask them which type of school building they would personally favour as their home, then they all want to move into a nineteenth century building. Why? Because these all reflect an urban archetype; they are part of the city. And that is precisely the point: we need to get the schools back into the cities before we start talking about architecture. Then there is also the fact that we have shrinking towns in East Germany. In Aschersleben, for instance, we are building the Bestehornpark educational centre within an abandoned factory—that is going to be a school with a fantastic amount of space, right in the middle of town! Of course, the educators still shy away from the idea. But establishing schools in factories or nineteenth century barracks is not a bad concept at all. In the past, the military enjoyed a very different social status in comparison to today, which is why late nineteenth and early twentieth century barracks include some unbelievably attractive architecture. They are buildings of very high technical quality, built with a great deal of care and attention. Looking at this type of architecture always makes me think of Goethe: he called for school buildings in which the roughest of ruffians happily went about their tasks with good humour.

What are the Development Paths from the First School Plans through to Sustainability?

PH: What does a young child expect from a school? That is the key question, the first question. You then notice straightaway that children have to look up to adults. This is the reason why we attach tremendous significance to the ceiling design. We have also established that children want things to be small—and big. Hence we often flout the standard height of 2.7 metres for nursery schools or three metres for schools, going lower or much higher with 6.5 metres. And then there is light: in our buildings it comes from above, from the right, from the left, there you can see Christoph Alexander's influence in my work. The perpetual standardisation also needs to come to an end. I am interested in materials that appeal to people, to their senses, I am interested in the "nice-to-touch" qualities.

AL: Sustainability is also about creating educational locations that span generations. We need to create structures able to accommodate something else in ten years' time and something else again twenty years from now. This requires standards of quality that can be provided only by good artisans.

PH: With us it is the principle of participation that leads to sustainable buildings. These are schools that have an effect similar to that of an old town—places that have been loved pass this charisma on to the following generations. In Gelsenkirchen, for instance, the pupils who were involved in the planning process fifteen years ago have long since moved on. And yet the current pupils feel as comfortable as if they had been there back then.

Summary: More Money, More Opportunities?

AL: It always comes back to the same point: we spend too little money on education today. That is the main problem. We have an enormous backlog of schools whose buildings are in a state of disrepair. And my blood boils when I think of Volkswagen's "Die Gläserne Manufaktur" (The Transparent Factory) in Dresden, where the Phaeton is built with white gloves and how much space they have for every one of their production stages.
That is the way it is in the private sector, of course. Yet anyone wanting to build a Waldorf

Ausstrahlung auf die nächsten Generationen. In Gelsenkirchen etwa sind die Schüler, die vor 15 Jahren in den Planungsprozess mit eingebunden waren, längst nicht mehr da. Und doch fühlen sich die heutigen Schüler so wohl, als wären sie damals dabei gewesen.

Resümee: Mehr Geld, mehr Möglichkeiten?

AL: Wir kommen immer an denselben Punkt zurück: Wir geben heute für Bildung zu wenig Geld aus. Das ist das Hauptdilemma. Wir erleben einen enormen Stau an Schulen, die baulich nicht mehr in Ordnung sind. Und wenn ich an die gläserne Manufaktur in Dresden denke, wo mit weißen Handschuhen der Phaeton gebaut wird – da geht mir die Galle auf. Natürlich, so ist das in einer Privatwirtschaft. Aber wenn eine Waldorfschule bauen will, muss sie das Geld zusammenkratzen, das ist ein Skandal. Und dieser Skandal wird nicht dadurch wettgemacht, dass jetzt ein bisschen Geld verteilt wird, die Summe reicht ja eben gerade für energetische Sanierungen. Wirklich sinnvolle Verbesserungen, auch mit Blick auf die Pädagogik, sind nicht möglich.

PH: Es gibt etwa 40.000 Schulhäuser in Deutschland, das macht etwa 100.000 Euro pro Gebäude. Das langt tatsächlich gerade fürs Scheißhaus und die Fenster. Aber damit geht das Problem erst los. Mit diesen Eingriffen wird nämlich das System dieser Schule zerstört, die plötzlich baurechtlich nicht mehr korrekt ist: Jetzt braucht es einen Aufzug, ein höheres Geländer, dann stimmt die Fluchttür nicht mehr – Folgekosten, die sich die Kommunen nicht leisten können, weshalb sie von vornherein auf die Sanierung verzichten.
Auch deshalb träume ich davon, mit zehn Prozent dieses Geldes, also für 800 Millionen Euro, 20–40 Leuchtturmschulen zu bauen.

Gesprächsführung und Redaktion:
Olaf Bartels und Dirk Meyhöfer

Freie Waldorfschule, Köln-Chorweiler (Architekten: plus + bauplanung GmbH Hübner – Forster – Hübner): bewegte Außenansicht (oben). Die Klassenräume sind sternförmig um einen „Baum" angeordnet (rechts).
The Free Waldorf School, in Cologne's Chorweiler district (architects: plus + bauplanung GmbH Hübner – Forster – Hübner,): dynamic exterior view (above). The classrooms are star-shaped and arranged around a "tree" (right).

school has to scrape the money together, and that is scandalous. And it is a scandal that cannot be compensated for by handing out a bit of money amounting to just about enough for quick-fix renovations. Truly meaningful improvements taking educational aspects into consideration are not possible.

PH: There are about 40,000 school buildings in Germany, which means about 100,000 Euros per building. That is literally just enough for the toilets and the windows. But that is just the start of the problems because this sort of intervention destroys the school's system, suddenly it no longer complies with the building regulations: now it needs a lift, a higher balustrade, then the emergency exits are no longer correct–consequential costs that the municipalities are unable to afford, which is why they do without the renovations in the first place. That is also why I dream of building twenty to forty landmark schools, all over Germany with ten per cent of this money, namely for 800 million Euros.

Moderators and editors:
Olaf Bartels and Dirk Meyhöfer

OLIVER G. HAMM

Schularchitektur nach dem PISA-Schock in Deutschland

Die zaghaften Ansätze für eine neue Baukultur

Acht Jahre sind vergangen, seit der sogenannte PISA-Schock 2001 manche Pädagogen und Bildungspolitiker in Deutschland aus ihrer Selbstzufriedenheit aufgeweckt und Eltern schulpflichtiger Kinder zutiefst verstört hat. Das Ergebnis der ersten von der OECD veranlassten internationalen Schulleistungsuntersuchung (Programme for International Student Assessment, kurz: PISA), die seitdem alle drei Jahre wiederholt wird, war in der Tat niederschmetternd, bescheinigte es dem deutschen Bildungssystem doch lediglich einen Platz im hinteren Mittelfeld. Seitdem wurde viel über die Ursachen des schlechten Abschneidens diskutiert und nach Wegen aus der Misere gesucht. Im Wesentlichen gerieten dabei drei Themen in den Fokus der Öffentlichkeit: die mangelnde Förderung leistungsschwacher Schüler, insbesondere jener mit Migrationshintergrund, die frühe Selektion im dreigliedrigen Schulsystem mit dem „Problemkind" Hauptschule und das völlig unzureichende Angebot an Ganztagsschulplätzen in allen Schulformen.

Die Diskussionen und einige hastig aufgelegte Programme – auch eine Folge des massiven Investitionsstaus an vielen staatlichen Schulen – blieben nicht ohne Auswirkung auf den Schulbau in Deutschland. Zum einen profitierten private Schulträger von einem nie zuvor erlebten Zulauf, weil immer mehr Eltern staatlichen Schulträgern offenbar keine ausreichende Bildungskompetenz mehr zutrauen. Nicht zuletzt der Neugründungsboom von Privatschulen hatte in den letzten Jahren – und hat auch weiterhin – außergewöhnlich qualitätvolle Schulneubauten zur Folge. Zum anderen versuchten viele Schulen – erst jetzt, angesichts des sich abzeichnenden zunehmenden Wettstreits um Schüler und damit um die eigene Existenzberechtigung – durch neue Ganztagsangebote ihre Wertschätzung zu steigern, doch fehlten ihnen allzu häufig die Räume dafür.

Um dem Missstand fehlender Ganztagsbetreuung und dafür geeigneter Räume abzuhelfen, rief die Bundesregierung im Jahr 2003 das Investitionsprogramm „Zukunft Bildung und Betreuung" (IZBB) ins Leben, mit dem sie die – für die Bildung allein zuständigen – Bundesländer beim „bedarfsgerechten Auf- und Ausbau von Ganztagsschulen" unterstützt. Mit dem inzwischen bis Ende 2009 verlängerten, mit vier Milliarden Euro ausgestatteten Programm konnten bis Mitte 2007 – aktuellere Zahlen liegen nicht vor – rund 16.000 Maßnahmen an bundesweit 6918 Schulen bereits durchgeführt oder zumindest angemeldet werden. Die Entscheidung, welche Schulen und Schulformen gefördert werden, obliegt dabei ebenso den Ländern wie die inhaltliche Ausgestaltung und Personalausstattung der Schulen. Förderfähig sind Investitionen zum Aufbau neuer Ganztagsschulen, zum Ausbau bestehender Schulen zu Ganztagsschulen sowie zur Erweiterung der Plätze an bestehenden Ganztagsschulen – und schließlich Maßnahmen zu deren qualitativer Weiterentwicklung.

Herausforderung durch Erweiterungen im Bestand

Ein besonders gelungenes Beispiel für die mittlerweile zahlreichen IZBB-Ergänzungsbauten

Durch die Ergänzung zweier äußerer Querriegel wurden die vormaligen Außenräume der Grundschule Schulzendorf (zanderroth architekten) zu Atrien und durch die „Entkernung" des Altbaus entstand ein luftiges Raumkontinuum in kräftigen Farben.
The extension of two exterior transverse blocks converted the former outside facilities of the Schulzendorf primary school into atriums, while the removal of the "core" of the old building produced airy spatial continuity with vibrant colours (zanderroth architekten).

OLIVER G. HAMM

School Architecture Following the PISA Shock in Germany

Tentative Steps towards a New Building Culture

ist das Hortgebäude der Birken-Grundschule und der Schule am Grüngürtel in Berlin-Spandau (huber staudt architekten, Berlin, 2008). Der Neubau für den offenen Ganztagsbetrieb mit Mensa, Küche, Mehrzweckraum und jeweils vier Klassenzimmern und Gruppenräumen stellt sich quer zu dem die beiden Schulen verbindenden breiten Band aus Grünflächen und Sportanlagen. Ein Dach aus Sichtbeton, das an den Schmalseiten als Wand bis zum Boden reicht, bildet den Rahmen für die durch große Fenster zwischen gebäudehohen Holzlamellen geprägten Längsfassaden – und lässt an der Südseite (mit Haupteingang) Platz für eine zweigeschossige Arkade. In seiner ganz eigenen Formensprache vermittelt der Neubau zwischen der gründerzeitlichen Blockrandbebauung im Süden und den viergeschossigen Wohnzeilen der 1950er Jahre im Norden. Ergänzungsbauten ganz anderer Art – die als solche auf den ersten Blick nicht mal erkennbar sind – verbergen sich hinter den Fassaden der Grundschule Schulzendorf (Brandenburg).

Das Berliner Büro zanderroth architekten (mit Guido Neubeck) vollendete 2007 die Sanierung und Erweiterung eines DDR-Normschulbaus vom Typ „Magdeburg" aus dem Jahr 1965, dessen im Grundriss H-förmiges Volumen – zwei Längsriegel mit Klassenräumen und ein Querriegel mit so genannten dienenden Räumen – geschickt modifiziert wurde. Durch die Ergänzung zweier äußerer Querriegel – wodurch die vormaligen Außenräume zu Atrien umgewandelt wurden – und die Entkernung des zentralen alten Querriegels, dessen Ebenen nun als mehrgeschossiger Gemeinschaftsraum nutzbar und mit den beiden Atrien verbunden sind, entstand im Inneren ein luftiges Raumkontinuum mit einem durch kräftige Farben geprägten zentralen „Leerraum". Von außen erscheint das Gebäude nun kompakt und wohlproportioniert – eben wie aus einem Guss. Über dem anthrazit verputzten Erdgeschoss schweben zweigeschossige Fassaden aus Weidengeflecht, die von Fensterbändern mit grazilen Aluminiumrahmen

Ein Hortgebäude für die Birken-Grundschule und die Schule am Grüngürtel in Berlin-Spandau (huber staudt architekten) schaffen die räumlichen Voraussetzungen für den Ganztagsbetrieb. A day-care building for Birken primary school and the Schule am Grüngürtel (Greenbelt School) in Berlin's Spandau neighbourhood (huber staudt architekten) provide the necessary space for all-day schooling.

Die Erweiterung der Schreienesch Schule in Friedrichshafen (Architekten: Lederer Ragnarsdóttir Oei mit Staub Architekten) ist so homogen ausgeführt worden, dass sie nicht auf Anhieb erkennbar ist. The extension of Schreienesch school centre in Friedrichshafen (architects: Lederer Ragnarsdóttir Oei with Staub Architekten) was attached so smoothly that the join is not visible at first glance.

It has been eight years since the so-called PISA (Programme for International Student Assessment) shock of 2001 jolted a number of educationalists and education politicians in Germany out of their complacency, while greatly distressing the parents of school-age children. The results of the first of the international school performance assessments carried out by the OECD, which have since been repeated every three years, were indeed devastating, awarding the German education system no more than a place in the lower midfield. There has since been a great deal of discussion about the causes of this poor performance, together with a search for ways out of the calamity. There were essentially three issues attracting public attention: the lack of support for under-achievers, particularly those with a migrant background, the early selection in the tripartite school system, with the Hauptschule (secondary modern school) as the "problem child," and the wholly inadequate availability of all-day school places across all school types.

The effects of these discussions and a number of hastily devised programmes—also a consequence of the massive investment backlog at many state schools—have also made themselves felt when it comes to school buildings in Germany. Firstly, private school bodies benefited from unprecedented intakes because an increasing number of parents evidently no longer had any faith in state schools' educational competence. A whole series of unusual, high quality new school buildings has been and continues to be just one consequence of the boom in new private schools in recent years. Secondly, many schools have tried—belatedly, in the face of increasing competition for pupils and thus their own right to exist—to improve their images with new all-day opportunities, but for which they have all too often lacked the space.

In 2003 the German federal government initiated the "Zukunft Bildung und Betreuung" (IZBB; The Future: Education and Supervision) investment programme in order to redress this problem of a lack of all-day supervision, and the appropriate facilities, providing support for the federal states—which are solely responsible for education—in the "building and development of all-day schools as needs require". Endowed with four billion Euros and now extended through to the end of 2009, the programme had already by mid-2007 undertaken or at least announced around 16,000 measures at 6918 schools throughout the whole country—more recent figures are not available. The decision as to which schools and school types are to receive support lies with the federal states, as does the content design and staffing of the schools. Eligible measures are investments for the building of new all-day schools, for the extension of existing schools into all-day schools, as well as increasing the number of places at existing all-day schools, and, finally, measures related to enhanced quality.

(innen: Holzrahmen) rhythmisch strukturiert werden.
Auch beim Schulzentrum Schreienesch in Friedrichshafen handelt es sich, wiederum nicht auf Anhieb erkennbar, um die Sanierung und Erweiterung eines Bestandsgebäudes, in diesem Fall einer 1973 gebauten Hauptschule mit Waschbetonfassaden. Nach einem umfassenden Eingriff der Planungsgemeinschaft Arno Lederer + Jórunn Ragnarsdóttir + Marc Oei, Stuttgart, mit Staub Architekten, Friedrichshafen, erscheint das Gebäude seit 2007 wie ein Neubau. Tatsächlich ist nur die nördliche Spange (mit Mensa, Lehrküche und Schulverwaltung) neu hinzugekommen – und ein aufgeständertes Brückenbauwerk im schrägen Winkel, das die Haupt- mit der benachbarten Grundschule (von Markus Scheible, 1954/59) verbindet und die Lehrerzimmer beider Schulen birgt. Die Nahtstelle zwischen Bestand und Erweiterungstrakt kaschierten die Architekten durch die Verwendung einer umlaufenden Holzfassade, die im Bereich des Altbaus die Waschbetonplatten und die aufgebrachte Wärmedämmung verkleidet. Dank großflächiger Fensteröffnungen – auch zu dem neu in die Kubatur eingefügten Innenhof mit originellem Sonnenschutz aus Well-Eternit-Bändern – erscheinen die Räume nun hell und nicht mehr so introvertiert wie vor dem Umbau. Wer es nicht weiß, käme vermutlich nie auf die Idee, sich in einer der seit langem verschrienen „Bildungsmaschinen" der 1970er Jahre zu befinden, in denen Raumqualitäten oft nur eine untergeordnete Rolle spielten.

Chancen im Neubau

Neben zahlreichen Ergänzungs- und Umbauten vorhandener Schulen prägten in den letzten Jahren auch einige sehenswerte Neubauten den Schulbau in Deutschland – gelegentlich sogar in Verbindung mit weiteren Bildungsangeboten, die solche Orte gewissermaßen zu Bildungslandschaften adelten. Zum Beispiel im neuen Frankfurter Stadtteil Preungesheim-Ost, an der Schnittstelle zwischen künftiger Bebauung und offener Landschaft, wo nach Plänen von Cheret und Bozic Architekten, Stuttgart, 2007 eine Ganztags-Grundschule mit Sporthalle, Kindertagesstätte und Jugendhaus in Passivhausstandard entstand. Die Baugruppe öffnet sich über einen zentralen Platz, an dem alle Eingänge liegen, zum Stadtteil und über weitere, differenzierte Freiräume zur Landschaft. Die konstruktiven Materialien Beton und Holz sind in den ansonsten vor allem von Ziegeln geprägten Innenräumen sichtbar, außen wechseln sich robuste Fassaden aus Sichtmauerwerk (zum öffentlichen Raum) bzw. aus einer Holzschalung (zur Landschaft) ab. Wenngleich am Rand des neuen Stadtteils gelegen, birgt die kraftvolle Neubaugruppe mit ihren attraktiven Freiräumen das Potenzial eines Stadtteilzentrums – hier feiert das Konzept einer Schule als (kleiner) Stadt eine Renaissance.
Einen ähnlichen Ansatz mit architektonisch völlig anderem Ergebnis wählten Grüntuch Ernst Architekten, Berlin, bereits 2005 beim Neubau des Marie-Curie-Gymnasiums in

Die Theobald-Ziegler-Schule im neuen Stadtteil Preungesheim-Ost, Frankfurt am Main (Architekten: Cheret & Bozic), ist als Ganztags-Grundschule mit Sporthalle, Kindertagesstätte und Jugendhaus in Passivhausstandard entstanden. Rechts: Holzoberflächen und Ziegelfassaden bestimmen auch in den Innenräumen das Bild. Theobald Ziegler School in the new neighbourhood of Preungesheim-Ost, Frankfurt am Main (architects: Cheret und Bozic), is an all-day school with a sports hall, day-care centre, and youth centre, built according to passive building standards. Right: Exterior and interior spaces are characterised by timber cladding and brickwork façades.

The Challenge of Expanding Existing Buildings

An especially successful example from what are now a great many IZBB building conversions is the day care building at the Birken primary school and the Schule am Grüngürtel in Berlin-Spandau (huber staudt architekten, Berlin, 2008). The construction of a new canteen, kitchen and multi-purpose room, as well as four classrooms and four group rooms for all-day schooling did not fit with the wide expanse of greenery and sports fields linking the two schools. An exposed concrete roof, extending edgeways as a wall as far as the ground, forms the framework for the longitudinal façades, characterized by large windows with wooden slats extending up the height of the building, leaving space on the south side (with the main entrance) for a two-storey arcade. With its very own design idiom, the new building forms a transition between the nineteenth-century perimeter block development in the south, and the four-storey nineteen-fifties housing row to the north.

Building extensions of a very different kind—which do not even appear as such at first glance—are hidden behind the façades of the Schulzendorf primary school (Brandenburg). In 2007 the Berlin architectural practice zanderroth architekten (with Guido Neubeck) completed the renovation and expansion of a standard "Magdeburg-type" GDR school building dating from 1965, cleverly modifying the H-shaped layout comprising two longitudinal blocks with classrooms and a transverse block with so-called service rooms. The addition of two external transverse blocks—converting what were formerly outside facilities to atriums—and the gutting of the old central transverse block, the floors of which can now be used as a multi-storey common room linked to the two atriums, resulted in an airy spatial continuum in the interior with a central "empty area" characterised by vibrant colours. From the outside the building now appears compact and well-proportioned—as if it were a single unit. Above the anthracite hues of the ground floor are two-storey wicker façades that are given a rhythmic structure by the subdued aluminium window frames (wooden frames on the inside). The Schreienesch School Centre in Friedrichshafen is also the result of the renovation and expansion of an existing building, which is again not immediately evident at first glance. The building in this case was a Hauptschule with exposed aggregate concrete façades, built in 1973. Following a comprehensive makeover completed in 2007 by the design team comprising Arno Lederer + Jórunn Ragnarsdóttir + Marc Oei, Stuttgart, as well as Staub Architekten, Friedrichshafen, the building now appears as if new. In fact, only the north wing (with the canteen, training kitchen, and school administration) and an angled, floor-mounted bridge structure, which links the Hauptschule with the neighbouring primary school (by Markus Scheible, 1954/59) and houses the staff rooms for both schools, are new additions. The architects concealed the interface between the old and the new sections by using an encircling wooden façade to encase the exposed concrete and the overlaid heat insulation in the area of the old building. The large windows—also facing the newly created courtyard with the innovative sun protection comprised of corrugated fibrated cement— mean that the rooms are now light and less introverted than before the conversion. Anyone who did not know otherwise would probably never suspect that they were inside one of the notorious "education machines" of the nineteen-seventies, in which spatial quality usually played only a subordinate role.

The Opportunities Presented by New Buildings

In addition to the numerous extensions and conversions of existing schools, recent years have also been characterised by a number of appealing new school buildings in Germany—some of them even having been developed in conjunction with other educational facilities—elevating such locations to a form of educational landscape. In the new Frankfurt neighbourhood of Preungesheim-Ost, for example,

Dallgow-Döberitz (Brandenburg). Am Rand einer eintönigen, nach der Wende entstandenen Einfamilienhaus-Siedlung fassten sie mit zwei im Grundriss L-förmigen Klassentrakten einen großzügigen Freiraum, der den Blick in die Landschaft öffnet. Die umlaufende Fassade aus in Gelb- und Grüntönen gefärbten Glastafeln erzeugt bereits tagsüber eine Dynamik, die der angrenzenden Wohnsiedlung völlig abgeht – und sie erstrahlt in der Dämmerung wie ein funkelndes Juwel. Die in das Sockelgeschoss eingefügten Sonderräume – Aula und Sporthalle – animieren zu interessanten Aus- und Durchblicken. Das gesamte Gebäude lädt ein zu einem permanenten Perspektivwechsel – und verdeutlicht den Schülern, dass es eine Welt jenseits des uniformen Einfamilienhaus-Ambientes nebenan gibt.
Während die beiden zuletzt genannten Beispiele für Schulneubauten am Rand expandierender Städte stehen, sind in den letzten Jahren auch einige sehenswerte innerstädtische Neubauten entstanden. Zum Beispiel in Bernburg (Sachsen-Anhalt), wo ein Neubau zugleich ein Stück Stadt- und Gemeinderevitalisierung bewirkte. Die schrumpfende Martinsgemeinde machte aus der Not – auch der unter Raumnot leidenden kirchlichen Einrichtungen Grundschule, Hort und Kindergarten – eine Tugend und erfreut sich seit 2007 am sogenannten Martinszentrum, das die denkmalgeschützte Martinskirche (von Conrad Wilhelm Hase, 1882) einbezieht. Das Leipziger Büro Weis & Volkmann Architektur umgab den neugotischen Sakralbau dreiseitig mit einer im Grundriss U-förmigen Folge von aufgeständerten, holzverkleideten Pavillons, die sich über geschosshohe Glasfronten, eingeschnittene Höfe und eine breite, von einer Pergola bekrönte Veranda zur Kirche und auch zu den angrenzenden Straßen öffnen. Ein frei in die Kirche gesetzter, über eine gläserne Faltwand wahlweise verschließbarer oder zum Langschiff öffenbarer Kubus dient unter anderem dem Werk- und Musikunterricht der Grundschule, wird aber auch für Gemeinschaftsveranstaltungen genutzt. Auf der Orgelempore fand die Schulbücherei Platz. Mit dem Martinszentrum entstand in

Am Rande einer eintönigen Einfamilienhaussiedlung setzt das Marie-Curie-Gymnasium in Dallgow-Döberitz (Architekten: Grüntuch Ernst) farbige Akzente.
Rechts: Ein permanenter Perspektivwechsel verdeutlicht den Schülern, dass es eine Welt jenseits eines uniformen Einfamilienhaus-Ambientes gibt.
Marie-Curie-Gymnasium in Dallgow-Döberitz (architects: Grüntuch Ernst) adds a touch of colour on the periphery of a dull suburb of single-family houses.
Right: The permanent changes in perspective make it clear to the pupils that there is a world beyond the uniform suburban atmosphere of the school's setting.

at the interface between future built-up areas and open landscape, an all-day primary school with a sports hall, day care centre, and youth centre was built in 2007 according to passive building standards and designed by Cheret und Bozic Architekten, Stuttgart. The assembly of buildings opens onto a central square where all of the entrances are to be found, onto the neighbourhood, and onto the landscape via further, differentiated open spaces. The construction materials, concrete and wood, are visible in the interior, which is otherwise dominated by brickwork. On the outside, robust exposed brickwork façades (facing the public spaces) alternate with timber cladding (facing the landscape). Although located at the periphery of the new neighbourhood, this vibrant assembly of new buildings, with its appealing open spaces, presents the potential of a neighbourhood centre—here the concept of a school as a (mini) city has undergone a renaissance.

A similar approach, with a completely different architectural outcome, was used by Grüntuch Ernst Architekten, Berlin, as early as 2005 with the construction of the new Marie-Curie-Gymnasium in Dallgow-Döberitz (Brandenburg). Located on the periphery of a drab suburb of single-family houses developed following the

Zeiten der Schrumpfung vieler ostdeutscher Städte und Gemeinden ein bemerkenswertes Beispiel dafür, wie durch eine intelligente Verschränkung kirchlicher und profaner Nutzungen einem innerstädtischen Quartier neues Leben eingehaucht werden kann.
Wer sich auf die Suche nach einer neuen Schularchitektur nach dem PISA-Schock begibt, der wird eine erstaunlich reichhaltige und vielgestaltige Welt entdecken. Wie könnte es auch anders sein, sorgen doch schon der berühmt-berüchtigte Föderalismus, unzählige alte, neue und wiederentdeckte pädagogische Konzepte und nicht zuletzt natürlich die Vielfalt kontextueller – vor allem räumlicher und architektonischer – Bezüge in Deutschland für eine große Vielfalt. Und für immer wieder neue Antworten auf die Frage, ob Orte der Bildung für die jeweils angesagten pädagogischen Konzepte maßgeschneidert werden oder vielmehr offen für didaktische, räumliche und eben auch atmosphärische Veränderungen sein sollten, ob sie von einem universal geschulten Architekten von leichter Hand entworfen oder in einem mühsamen partizipatorischen Prozess gewissermaßen errungen werden müssten. Doch nun heißt es bis Ende 2010 zunächst einmal, viele ambitionierte Planungen für Neu- und Ergänzungsbauten sowie durch aktuelle pädagogische bzw. organisatorische Notwendigkeiten veranlasste Umbauten in der Schublade verschwinden zu lassen. Denn dank K II, dem milliardenschweren Geldfluss des zweiten Konjunkturpakets, dürften auf absehbare Zeit erst einmal überwiegend energetisch wirksame Schnellschüsse gefördert werden. Ob dabei für Fragen neuer Unterrichtsformen, der Architektur und gar eines neuen Verständnisses von Schulen als Zentren generationenübergreifender Bildungslandschaften noch Zeit bleiben wird, steht in den Sternen; vielleicht ab 2011 wieder, wenn K II bewältigt sein und sich der PISA-Schock zum zehnten Mal jähren wird.

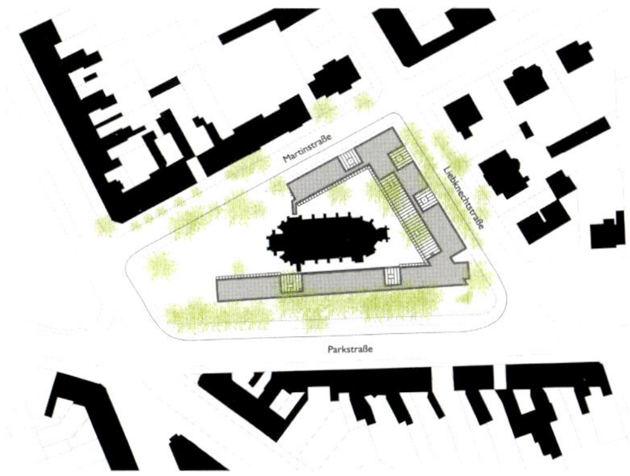

Die Architekten Weis & Volkmann umgaben den neugotischen Kirchenbau in Bernburg an drei Seiten mit dem U-förmigen Neubau aus aufgeständerten holzverkleideten Pavillons (links). Lageplan (oben)
To create the Martinszentrum in Bernburg, the architects Weis & Volkmann encircled the neo-Gothic church on three sides with a U-shaped structure of elevated, timber-clad pavilions (left). Layout (above)

fall of the Berlin Wall, a generous open space was designed looking out onto the landscape on the basis of an L-shaped layout of classroom wings. The encircling façade of glass panels in shades of yellow and grey creates a daylight dynamism that completely sets it apart from the adjoining neighbourhood—and it shines in the dark like a glistening jewel. The function rooms—the assembly hall and the sports hall—built into the basement create interesting views outside and through the building. The structure as a whole invites a permanent changing of perspective—and makes it clear to the pupils that there is a world beyond the uniform, single-family house atmosphere next door.
While the latter two examples represent new school buildings on the periphery of expanding cities, recent years have also seen a number of appealing new inner city buildings: in Bernburg (Saxony-Anhalt), for instance, where a new building has revitalised both a section of the town and its social function. The shrinking community of St Martin—including the church primary school, after-school care, and nursery school facilities, all suffering from a shortage of space—turned necessity into the mother of invention and has, since 2007, enjoyed the use of the so-called Martinszentrum (St. Martin's Centre), incorporating St Martin's Church (by Conrad Wilhelm Hase, 1882), which is a listed building. The Leipzig practice of Weis & Volkmann Architektur encircled the neo-Gothic religious building on three sides with a U-shaped layout of elevated, timber-clad pavilions, opening out via high glass fronts onto sculptured courtyards and a wide veranda crowned with a pergola facing the church, as well as onto the adjoining streets. A free-standing cube located in the church can be closed off, if required, via a glass partition or can open out onto the nave; it can be used for handicraft and music lessons for the primary school, amongst other things, and is also available for community events. The school library is housed in the organ loft. At a time when many towns and municipalities in the east of Germany are shrinking, the Martinszentrum is a remarkable example of how the intelligent fusion of church and secular usage can bring a breath of fresh air into an inner city neighbourhood.
Anyone going in search of a new form of school architecture in the aftermath of the PISA shock will be astounded at the wealth and diversity of examples to be discovered. What else is to be expected? After all, our famously infamous federal system, the countless old, new, and rediscovered educational concepts, as well as the multitude of contextual—especially spatial and architectural—references in Germany ensure a tremendous diversity. The same applies to the continual new answers to the question of whether educational locations should be tailor-made for the respective educational concepts, or whether they should rather be open to didactic, spatial, and even atmospheric changes; whether they should be designed by a universally trained architect at the stroke of a pen, or whether they should be striven for in a laborious, participatory process. For now, however, and to the end of 2010 initially, a great many ambitious plans commissioned for new and extended buildings, as well as for building conversions, necessitated by current educational and/or organisational requirements are to be put on the back burner. Thanks to K II, the billions of Euros in cash flow for the second economic stimulus package, it is largely only hasty "quick fixes" that are to be allowed to receive support for the foreseeable future. Whether this will leave time for issues of new teaching practices, the architecture, and a new understanding of schools as the centres of multi-generational educational landscapes, remains to be seen: perhaps in 2011 again, when K II has been overcome and the PISA shock reaches its ten year anniversary.

REINHARD KAHL

Der Dritte Pädagoge

Die Entdeckung von Raum und Zeit in Schulen

Milieu

Deutsche Pädagogen besichtigen eine Schule im dänischen Sønderborg. Schon der erste Eindruck verwirrt sie. So schöne Türklinken. Sind das Designerlampen an den Decken? Die Besucher blicken sich befremdet an. Kunst an den Wänden? Sogar lauter Originale. Und das in einer Berufschule. Ist doch wohl ein bisschen übertrieben, oder?
Das sagen sie aber nicht. Sie fragen, was die Schule alles tun muss, damit die schönen Dinge nicht von Schülern zerstört werden. Morton Andersen, der dänische Lehrer, der die Delegation durch die Schule führt, kennt das schon, aber er wundert sich immer wieder. Warum fällt den Deutschen zu einer schönen Schule als erstes Vandalismus ein? Warum passen gute Dinge und schöne Räume irgendwie nicht zu ihrem Bild von Schule?
Andersen ist der Umweltbeauftragte seiner Schule. Auch darüber mosern die Deutschen. Sie sind doch gekommen, um etwas über skandinavische Pädagogik zu hören. Aber genau das ist sie. „Umwelt ist bei uns etwas anderes als bei Ihnen", antwortet der Däne. „In Deutschland ist Umwelt, wenn irgendwo Öl ausläuft, bei uns bedeutet Umwelt, ein gutes Milieu zu schaffen."
Langsam werden die verdutzten Deutschen neugierig. Wie kommt denn so viel Kunst an die Wände? Ganz einfach. Die Schule bekommt von der Kommune Geld, um Bilder von Künstlern aus der Region zu kaufen. Die Künstler werden auf diese Weise unterstützt und die Schulen werden kultiviert. Ach so. Als die Delegation Vorbereitungen für ein Schulfest beobachtet, kommt sofort die Frage: „Aber dann hängen Sie die Bilder doch sicher ab?" „Nein!" Andersen grinst. „Wenn wir die Kunst abhängen müssten, wenn wir festen," antwortet er in seinem verschmitzten dänischen Idiom, „dann würden wir lieber nicht festen."

Schönheit – Das Geheimnis guter Schule

Nach der Auswertung landesweiter Vergleichsarbeiten in Brandenburg wurde Ulrike Kegler, die Leiterin der staatlichen Montessori-Oberschule in Potsdam, zum Schulrat bestellt. Mit weichen Knien machte sie sich auf den Weg. Plötzlich überkamen sie Zweifel an vielem, was sie die vergangenen Jahre begonnen hatte. Weniger belehren, mehr Gelegenheiten zum Lernen schaffen. Mindestens so wichtig wie das zu vermittelnde Wissen sollte die einladende Atmosphäre nach skandinavischem Vorbild sein. Nun fragte sie sich, ob so eine Schule, die Schülern und Lehrern weniger gegen den Strich geht, vielleicht doch Einbußen bei den Leistungen hinnehmen muss? Einen Moment lang dachte sie wieder so wie die meisten Menschen in Deutschland. Entweder mehr Freude oder bessere Leistungen. Ist denn die Schule dazu da, Spaß zu machen?
„Ihre Schule ist Spitze", begrüßt sie der Schulrat. Ein Stein fällt vom Herzen. „Verraten Sie uns bitte Ihr Geheimnis!" Die Antwort in einem Satz: Die Schule muss schön sein, ein Lebensraum. Es kommt auf die Rhythmisierung der Zeit an, auf die Art des Umgangs und auf die

Die Montessori-Oberschule in Potsdam. Das besondere pädagogische Konzept der Schule bedingt auch ein innovatives Raumverständnis. Dafür ist sie 2007 mit dem deutschen Schulpreis ausgezeichnet worden, der von der Robert Bosch und der Heidehof Stiftung vergeben wird. Rechts: Die freie Raumaufteilung ist Teil der Unterrichtsgestaltung. Unten: Außenansicht
Potsdam Montessori secondary school. The school's particular educational philosophy requires an innovative spatial concept, for which the school was awarded the Deutscher Schulpreis by the Robert Bosch Foundation and the Heidehof Foundation. Right: the open plan spaces are part of the lesson design. Below: exterior view

REINHARD KAHL

The Third Teacher

The Discovery of Space and Time in Schools

vielen kleinen Dinge, von denen keines egal ist. Vor allem muss man Erfahrungs- und Bewegungsräume schaffen. Abschied von einer Schule des Stillsitzens. Abschied vom Lernen im Gleichschritt und der ganzen Kasernenchoreografie. Nicht dass die Inhalte, das Wissen und die Fertigkeiten der Schüler unwichtig wären. Sie ergeben sich, wenn respektiert wird, dass jeder anders ist und deshalb auch anders lernt. Und das ist kein Nachteil, auf den man Rücksicht nehmen muss. Es ist ein Vorteil, verschieden zu sein und die Schule muss dieses Eigene der Kinder herausfordern. Das gibt man nämlich nicht preis, wenn man nicht willkommen ist, wenn man sich nicht wohl fühlt. Es geht nicht um etwas Kunst am Bau. Es geht um kein pädagogisches „Schöner Wohnen". Es geht nicht um Wellness-Pädagogik. Es geht um eine Einladung in die Welt. Und mit jeder Türklinke oder Lampe in der Schule zeigen die Erwachsenen den Kindern und Jugendlichen, was ihnen wert und teuer ist.

Das *Wie* kommt eben vor dem *Was*. Formen bringen Inhalte hervor. Aus einer veränderten Ästhetik ergibt sich eine andere Ethik mit anderen alltäglichen Umgangsformen, mit einer anderen Arbeitshaltung und am Ende mit verbesserter Leistung. Dem guten Abschneiden der Potsdamer Schule bei den Vergleichsarbeiten folgte Ende 2007 der Deutsche Schulpreis.

Wir wollen uns diese Schule genauer ansehen. Der erste Eindruck ist allerdings desillusionierend. Es ist ein Gebäude, wie es in der DDR zu Hunderten gebaut wurde: Verzicht auf Architektur als kulturelles Prinzip. Der Einheitsbau signalisiert jedem: „Du sollst kein Individuum sein! Versuche ein möglichst perfektes Exemplar zu werden." Aber dann öffnet sich eine ganz andere Innenwelt. Überall in den Klassen finden sich diese für die Montessoripädagogik typischen kleinen, man möchte sagen: Altäre in der Mitte des Raums. Eine Decke liegt auf dem Fußboden mit Dingen, die gerade Thema sind: Bücher, vielleicht auch eine Blume, Alltagsgegenstände. Dieses kleine, unübersehbare Zentrum verlangt Achtung, nein, es stiftet Achtung und strahlt auf die ganze Schule aus. Ein Dementi der schultypischen „Ist-doch-egal"-Einstellung.

In der Pausenhalle zwischen dem Treppenaufgang und dem Ausgang zum Schulhof unterbricht ein runder Teppich, vielleicht 20 Quadratmeter groß, den hallenartigen Raum. Darauf Spiele und Bücher, nicht sehr viele. Neben den Grundschülern hocken ältere Schüler. Eine junge Lehrerin sortiert Dominosteine. Schule kann Heimat sein. Schönheit, die nichts mit Aufhübschen zu tun hat. Kein Vandalismus weit und breit, nichts von der Normalverwahrlosung vieler, ja, der meisten Schulen in Deutschland.

Die Klassen sind „altersgemischt", wie die Pädagogen sagen, also mit Kindern, die sonst fein sortiert in eine erste, zweite oder dritte Klasse gingen. Die Verschiedenheit ist gewollt. Mischung soll sein. So wird ein Feld für Neugier und gegenseitige Anregungen aufgeladen. Der Raum wird zur Lernlandschaft. Die Kinder haben gerade Freiarbeit. Wie vorsichtig und rücksichtsvoll sie miteinander umgehen. Dabei macht in diesen beiden Stunden jedes etwas anderes: Vorträge vorbereiten, sich gegenseitig Rechtschreibübungen diktieren, mit Perlen rechnen oder an einer Wasserschüssel mit kleinen Schiffchen Experimente zum Schwimmen und Sinken. Und manche machen scheinbar gar nichts.

Lernen ist so verschlungen und diskontinuierlich wie ein Forschungsprozess oder wie Musik. Langsam baut sich etwas auf. Verschiedenes wird ausprobiert. Nicht alles will passen, und dann das Aha, leuchtende Augen, ein Crescendo der Neuronen.

In Bewegungsräumen, mit viel Zeit und angeregt durch die „vorbereitete Umgebung", die von Lehrern geschaffen wird, die nicht mehr ständig unterrichten, entsteht eine Lernwelt, die die herkömmliche Belehrungsschule ablöst. Überzeugender noch als Leistungsvergleiche beglaubigen die Gesichter der Schüler, was hier passiert. Diese Schönheit beim Erwachen der Intelligenz ist ein unschlagbares Argument. Kein Wunder, dass manch einer, der das gesehen hat, wegen dieser Schule von Berlin nach Potsdam gezogen ist.

Vor allem muss man Erfahrungs- und Bewegungsräume schaffen. Abschied von einer Schule des Stillsitzens. Abschied vom Lernen im Gleichschritt und der ganzen Kasernenchoreografie.

It is necessary to create space for movement and experience. To abandon the sort of school where everyone sits still. To leave behind everyone learning the same thing at the same time and the whole marching-in-step principle.

Milieu

German teachers are visiting a school in Sønderborg in Denmark. The first impression is enough to confuse them. What fantastic door handles! Are those designer lights on the ceiling? The visitors look at one another, not knowing what to make of it. Art on the walls? And original artworks too. All of this in a vocational training college. A bit over the top, isn't it?

But that isn't what they say. They ask what the school needs to do to stop such lovely things being destroyed by students. Morton Andersen, the Danish teacher showing the delegation around the school, is familiar with this response, but it surprises him every time. Why is it that the first thing the Germans think of when they see a beautiful school is vandalism? Why do attractive objects and well-designed rooms somehow not fit with their image of a school? In his own school, Andersen is the teacher responsible for the environment. That too has the Germans grumbling. After all, they've come to hear about Scandinavian education. But the two are the same thing. "The environment is something different for us than it is for you," the Dane replies. "In Germany, the environment is when there's an oil spill, but, for us, the environment means creating good surroundings." Slowly, the astonished Germans become curious. How do the Danes get so much art on the walls? It's quite simple. The school receives money from local government to buy paintings from artists in the area. This supports local artists and brings culture into schools. Oh, right. While the delegation are watching preparations for a school party, the question is immediately asked: "But surely you'll remove the paintings for the party?" "No!" Andersen grins. "If we had to take down the artworks when we partied," he replied in his whimsical Danish idiom, "then we'd rather not party."

Beauty—the Secret of a Good School

After the evaluation of a series of comparative studies throughout the Federal State of Brandenburg, Ulrike Kegler, head of the state Montessori secondary school in Potsdam, was asked to report to the schools inspector's office. Her knees rather wobbly, she set out. Suddenly she was overcome by doubt about so many things she had begun over the past few years. Less instruction, more creation of opportunities for learning. A welcoming atmosphere, following Scandinavian models, should be at least as important as the knowledge to be imparted. Now she was asking herself whether such a school, while agreeable for teachers and students, did perhaps after all have to suffer some loss of performance? For a moment, she thought as most people do in Germany: either more enjoyment or better performance. After all, is school meant to be fun?

"Your school is first-rate," was the greeting she received from the schools inspector. A load fell off her shoulders. "Please let us in on your secret!" The answer in a single sentence: the school needs to be beautiful, a space to live in. Essential features are: the rhythmic arrangement of time, the kind of interaction, and many small things, of which all are important. Above all, it is necessary to create space for movement and experience. To abandon the sort of school where everyone sits still. To leave behind everyone learning the same thing at the same time and the whole marching-in-step principle. Not that content or the knowledge and skills of the students are unimportant. They arise when the fact is respected that every student is different and will therefore learn in a different way. This is not a disadvantage that must be taken into consideration. It is an advantage to be different, and schools must encourage children to show their individuality. For it is not easy to reveal your differences if you are not welcome, if you do not feel comfortable. This is not about a bit of art in the building. This is not about an educational "House Beautiful." This is not about feel-good treatment, education-style. This is about an invitation to join the world. And with every door handle or light in the school, adults are showing children what they value.

It's simple; *how* comes before *what*. Form brings out content. From a change in aesthetics, a different ethic arises, with different forms of daily

Zwischenruf: Landsknechte!

Nun sagt man vielleicht „Vorzeigeschule", ein Leuchtturm oder das Bild einer Idylle. Das ist die Potsdamer Schule nicht. Man erlebt hier das Selbstverständliche, das allerdings nicht selbstverständlich ist. Und das, was andernorts der Normalfall ist, sollte nicht selbstverständlich bleiben.

Ein anderes Beispiel. Einladung in den Leistungskurs Deutsch eines Hamburger Gymnasiums. Der Lehrer möchte seine Schüler in eine Diskussion mit dem Journalisten und „Bildungsexperten" über die Idee guter Schulen verwickeln. Es ist Winter und die Schule ist bestens geheizt. Doch keiner, wirklich keiner der Schüler hat seinen Parka oder die wattierte Jacke ausgezogen. Es wird ihnen warm. Ab und zu müssen sie sich wie mit Flügelschlagen etwas Luft machen, als sei das Naheliegende verboten. Die Jacken bleiben an. Vor mir präsentiert sich, wie eine Beuys'sche soziale Plastik, diese Mitteilung: Das ist hier nicht unsere Welt und führen Sie uns bitte nicht in Versuchung, das zu ändern. Die Schüler, immerhin fast Volljährige, demonstrieren, dass sie in dieser Schule nicht zu Hause sind und sie es auch gar nicht sein wollen. Sich hier wohl fühlen zu wollen, das wäre fast schon Verrat.

In der Tat, schöne Dinge, zum Beispiel Kunst an den Wänden, wären hier wohl gefährdet. Und das, wohlgemerkt, war keine Hauptschule im sozialen Brennpunkt, sondern ein in der 70er Jahren errichtetes deutsches Gymnasium.

Peter Sloterdijk bemerkte einmal, Schüler in Deutschland verließen die Schulen nach zehn oder 13 Jahren wie Landsknechte eine aufgelöste Armee. In der Tat. Landsknechte! Aufgelöste Armee! Die Tradition der Schule ist stark militärisch bestimmt. Die Ordnung von Raum und Zeit in Schulen und Kasernen war ähnlich. Strikte Skandierung des Tagesablaufs und eine Architektur langer Gänge. Sie führen immer nur von A nach B, sie sind niemals Zwischenräume, in denen sich etwas Unerwartetes entwickeln könnte. Alles ist fixiert auf Zwecke, die weit außerhalb liegen.

Man muss diesen industrie-zivilisatorischen Prozess andeuten, um zu verstehen, worum es den reformpädagogischen Versuchen seit 100 Jahren geht. 1904 entbrannte bei einer Konferenz deutscher Gymnasialdirektoren ein heftiger Streit darüber, ob Schülerfragen im Unterricht überhaupt zugelassen werden sollten. Und an einem Tag im Mai 1967 kam die inzwischen fusionierte Tageszeitung *Industriekurier* mit der Schlagzeile: „Demokratie hat in Betrieben so wenig zu suchen wie in Schulen, Krankenhäusern und Gefängnissen." Das war das Zitat eines Wirtschaftsbosses. Aber es war nicht mehr weit hin, dass Mitte der 80er Jahre in Kalifornien bei Rank Xerox erstmals eine Art Mittagsmeditation im Management einführt wurde, bei der die alte Frage „Hast du heute schon einen Fehler gemacht?" ganz anders betont wurde als in der alten Tradition der Fehlerinquisition. Fehler wurden nun als unvermeidliche Erfahrungen von Grenzgängern betrachtet, ja als eine Spur, an der man diese erkennt. Wer auf die Frage nach dem Fehler nichts zu erzählen hatte, musste sich vorwerfen lassen, vielleicht noch gar nichts gemacht zu haben. Weitere 20 Jahre später werden, ebenfalls im amerikanischen Westen, Sergey Brin und Larry Page, zwei ehemalige Montessori-Schüler, eine Firma gründen, die eher an ein Caféhaus oder an ein Sommercamp erinnert und nichts mehr von der alten Schul- und Fabrikordnung an sich hat: Google.

Umbau

In der Helene-Lange-Schule in Wiesbaden fing alles mit dem Einreißen von Wänden an. Diese Schule, die inzwischen zu den renommiertesten in Deutschland gehört – PISA-Werte weit über dem Durchschnitt und mit dem Deutschen Schulpreis ausgezeichnet – war Mitte der 80er Jahre in mancherlei Krisen geraten und versuchte den Neuanfang. Weil die Zahl der Anmeldungen nachgelassen hatte, wurden nicht alle Klassenräume gebraucht, und so ließ die neue Schulleiterin Enja Riegel kurz entschlossen die Flurwände jedes fünften Klassenraums einreißen. So entstanden Räume, die es bisher in Schulen noch nicht gegeben hatte, Zwischenräume. Sie heißen Schülertreffs. Jeder Jahr-

Die Helene-Lange-Gesamtschule Wiesbaden hat mit Wanddurchbrüchen neue räumliche Qualitäten geschaffen, die einen reformierten Unterricht möglich machen. Die Schule wurde mit dem Deutschen Schulpreis 2007 ausgezeichnet. Rechts: Die Bundesministerinnen Edelgard Bulmahn (Bildung) (links) und Heidemarie Wieczorek-Zeul (Entwicklung) applaudieren nach einer Probe von Schülern der Theater-Werkstatt. Helene Lange comprehensive school in Wiesbaden has knocked down walls to create new spatial attributes enabling reformed lesson formats. The school was awarded the Deutscher Schulpreis in 2007. Right: Helene Lange comprehensive school: Federal Ministers Edelgard Bulmahn (Education, left) and Heidemarie Wieczorek-Zeul (Development) applaud following a rehearsal by pupils in the theatre workshop.

interaction, with a different attitude to work, and in the end, improved performance. The good results of this Potsdam school in the comparative studies were followed, at the end of 2007, by the Deutsche Schulpreis (German Schools Prize).
Let's take a closer look at the school. The first impression is rather disappointing. This is a building like hundreds of others built under the former German Democratic Republic. It dispenses with architecture as a cultural principle. The uniform construction is a signal to everyone: "You are not to be an individual! Try to become the most perfect copy possible." But then a whole different world opens up inside.
In all the classes, in the middle of the rooms, you can see the little—you almost want to call them altars—typical of Montessori education. There is a blanket lying on the floor with the things that are the topic of the moment: books, perhaps also a flower, everyday items. This small but unmissable centre demands respect; no, it gives out respect, which radiates throughout the whole school. A denial of the typical school "whatever" attitude.

In the recreation space between the stairs and the exit to the schoolyard, a circular carpet, perhaps twenty square metres in size, breaks up the hall-like room. On this lie games and books, not very many. Older students sit with the primary school children. A young woman teacher is sorting dominoes. School can be a kind of home. Beauty that has nothing to do with prettification. No vandalism in sight, and none of the dilapidation that is normal in many, indeed most, of the schools in Germany.
The classes are "mixed age," as teachers say, meaning there are children in them who are usually precisely sorted into first, second, or third form. This variety is deliberate. Mixture is what is wanted. This prepares the field for curiosity and mutual stimulation. The classroom becomes a learning landscape. At the moment, the children have a free period. How carefully and considerately they treat one another. And yet, in these two hours, each child is doing something different: preparing a talk, dictating spelling exercises to someone, calculating with beads, or carrying out experiments on sinking and swimming with a little boat and a bowl of water. And some appear to be doing nothing at all.
Learning is as involved and discontinuous as a research process or music. Slowly, something is built up. Various things are tried out. Not everything fits, but then comes the "ah yes!", shining eyes, a crescendo of neurones.
In rooms that allow movement, with plenty of time and stimulation by the "prepared environment" created by teachers who are not spending all their time instructing, a world of learning is created to replace the customary top-down instruction in schools. Even more convincingly than comparisons of performance, the faces of the students confirm what is happening here. This beauty when intelligence awakens is an incontrovertible argument. It's no surprise that many who have seen it have moved from Berlin to Potsdam because of this school.

An Interjection: Medieval Mercenaries!

Now you might say "showcase school", a beacon, the image of an idyll. This is not what the Potsdam school is. Here you can experience the self-evident that is not, however, self-evident. And the situation that is normal elsewhere ought not to remain self-evident.
Another example. An invitation to attend a Leistungskurs (advanced class) in German in a Hamburg grammar school. The teacher would like to involve his students in a discussion with a journalist and "education expert" on the topic of good schools. It's winter and the school's heating is most efficient. But not one, really, not a single one of the students has removed their parka or quilted jacket. They are getting warm. Now and then they have to fan themselves a little, as if beating their wings, and as if the most obvious action were prohibited. They keep their jackets on.
I can see before me, like some "social sculpture" by Joseph Beuys, the message: this space here is not our world and please don't try tempting us to change the situation. The students, who are, after all, almost adult, are demonstrating that they are not at home in

gang hatte nun einen Flur und wurde jeweils von einem Lehrerteam unterrichtet, das seine Arbeit selbst organisiert. Es entstanden lauter kleine Schulen in der großen. Der neu entstandene Zwischenraum gab dem Informellen einen Ort, er wurde ein Zentrum und Treffpunkt, wie der Marktplatz. Auch wenn sich während des Unterrichts Arbeitsgruppen zurückziehen wollen, finden sie dort ihren Platz. Schnell sind in den Schülertreffs Podeste für Theaterproben aufgebaut. Theater wurde das Herz dieser Schule. Und obwohl Schüler zum Teil über Wochen Theater spielen und dann der Fachunterricht ausfällt, zunächst von Enja Riegel, der Schulleiterin hart erkämpft gegen die Fachlehrer, wurden die Schüler in diesen Fächern immer besser. Nach einiger Zeit sagte man nicht mehr, sie sind besser, „obwohl", sondern „weil" ein Drittel des normalen Unterrichts großen Projekten wie dem Theater geopfert wird. Schließlich prägte Enja Riegel die Parole: „Wer viel Theater spielt, wird auch besser in Mathematik."

Mitte der 80er Jahre ist in Deutschland zunächst vereinzelt, dann immer schneller ein pädagogischer Umbau der Schulen in Gang gekommen. Er setzte sich zunächst eher gegen

Die Wartburg-Grundschule in Münster (Architekten: Boockhoff und Rentrop), Ansicht von der Straße
Rechts: Die Schule ist Hauptpreisträgerin des von der Robert Bosch und der Heidehof Stiftung vergebenen Deutschen Schulpreises 2008. Im Forum sind die Schüler zur Überreichung des Preises durch Bundespräsident Horst Köhler versammelt. Wartburg primary school in Münster (architects: Boockhoff und Rentrop): view from the street. Right: The school is the winner of the 2008 Deutscher Schulpreis awarded by the Robert Bosch Foundation and the Heidehof Foundation. The pupils gather in the forum for the award ceremony with the Federal President Horst Köhler.

this school and they don't want to be at home here. To feel comfortable in this place would come close to treachery. Beautiful things, for example art on the walls, would indeed be endangered here. And this was no basic secondary school in an area of social unrest, but a German grammar school built in the nineteen-seventies. Peter Sloterdijk once remarked that, after ten or thirteen years of education, students in Germany leave school like medieval mercenaries leaving a disbanded army. Indeed. Medieval mercenaries! A disbanded army! School tradition is strongly conditioned by military influence. The ordering of space and time in schools and barracks is much the same. A strict division of the day's routine and an architecture of long corridors. These always lead only from A to B; there are never intermediate spaces in which something unexpected might happen. Everything is fixed on goals that lie far to the outside. It is necessary to refer to this industrial civilising process in order to comprehend what educational reform attempts over the last hundred years have been trying to change. In 1904, at a conference of German grammar school head teachers, a furious dispute arose as to whether pupils should even be allowed to ask questions during lessons. And one day in May 1967, the *Industriekurier* (daily newspaper, now merged) carried the headline: "There is as little place for democracy in companies as there is in schools, hospitals, and prisons." That was a quotation from a company boss. But it would not be long until, in the mid-eighties at Rank Xerox in California, a kind of lunch hour meditation for management was introduced for the first time, in which the old question "Have you made a mistake today?" was given quite a different emphasis than in the ancient tradition of error inquisition. Mistakes were now considered unavoidable experiences made by those on the frontiers, even as a sign by which such people could be recognised. Those who had nothing to say when asked about mistakes were open to the reproach that perhaps they had done nothing that day. Another twenty years on, also in the American West, Sergey Brin and Larry Page, both former Montessori students, founded a company that was more reminiscent of a café or a summer camp and had nothing left of the old school or factory routine: Google.

Reconstruction

In the Helene-Lange-Schule in Wiesbaden, it all started with pulling down walls. This school, now one of the most famous in Germany—Programme for International Student Assessment (PISA) values are well above average, and the school has been awarded the Deutsche Schulpreis— had by the mid-eighties slid into more than one crisis and was aiming at a new start. Because the number of students on the roll had dropped, not all classrooms were being used, and therefore the new head teacher, Enja Riegel, took the decision, in every fifth classroom, to have the walls to the corridor taken out. This created rooms such as there had never been in schools: spaces, gaps. They were called student meeting points. The pupils of every year now had a corridor and each year was taught by a team of teachers who organised their own work. The result was lots of little schools within the large school. The newly created space provided a home for informal activities; it became a centre, a focus, like a market place. And when working groups want to withdraw during lessons, they can now find their place here. Stages for theatrical rehearsals are quickly set up in the student meeting points. Theatre has become the heart of this school. And although some students are involved in theatre productions for weeks on end and classes in other subjects are cancelled—a concession initially gained by Enja Riegel in a tough struggle with the subject teachers—the performance of the students in those subjects continued to improve. After a while, people were no longer saying that things were better "although", but "because" a third of normal classes were sacrificed to large projects such as theatre. Finally, Enja Riegel came up with the slogan: "Act in the theatre and improve your maths."
In the mid-eighties, at first in individual cases, then faster and faster, educational reconstruction of schools got under way in Germany.
At first it had to make headway against state

die staatliche Bildungspolitik und Administration durch. Fachunterricht durch Theater zu ersetzen war eigentlich nicht erlaubt. Inzwischen wird dieser Aufbruch von den meisten Bildungspolitikern begrüßt, vor allem dann, wenn wieder mal eine dieser eigenwilligen Schulen aus der Hand des Bundespräsidenten den Deutschen Schulpreis erhält und ein strahlender Kultusminister eine Sonntagsrede halten darf.

Lernlandschaften

Der Umbau begann in Grundschulen. „Nicht Fächer, sondern Schüler unterrichten," war eine der Maximen. Beispielhaft ist die Wartburg Grundschule in Münster, die im Dezember 2008 mit dem Deutschen Schulpreis ausgezeichnet wurde – und zwar auf Platz eins der seit 2006 jährlich ausgezeichneten sieben Schulen.
Wer die Schule betritt, ist sofort überrascht. Wir erleben den noch seltenen Fall einer pädagogischen Architektur. Die Schule wurde um den Versammlungsplatz, das Forum, herum gebaut. Von dort geht es zu den Lernhäusern. Sie gehen wie Hausboote, die an einem Hafenpier ankern, vom Foyer ab. Die Wartburg Schule hat eine mehr als 30-jährige Biografie der Verwandlungen. Schon in den 80er Jahren entschloss sie sich, Ganztagsschule zu werden. Ein Glücksfall war, dass diese Pioniersschule 1995 einen passenden Neubau bekam. Was im alten Gebäude der Helene-Lange-Schule immer etwas improvisiert blieb, wurde hier von Architekten gestaltet. Die Lernhäuser sind kleinen Dorfschulen nachempfunden, vier Klassen gehören zu jedem Lernhaus.
Jeden Morgen stehen zwei Stunden WAP, der Wochenarbeitsplan, auf dem Programm. Stundenpläne gibt es nicht mehr. Fächer wurden abgeschafft. Der Tag wird großflächig, wie man hier sagt, rhythmisiert. In allen Klassen sieht man, wie tatsächlich jedes Kind an etwas anderem arbeitet. Man könnte auch sagen, jeder arbeitet an sich selbst. Sie üben. Die an manchen Schulen vergessene Tugend wurde hier rehabilitiert und wird nun so verstanden, wie Üben ursprünglich gemeint war: wiederholen und variieren. Aus der Gleichschrittschule wurde das Variieren herausgekürzt. Es blieb das bloße, dann häufig nervende Wiederholen, oftmals in Form von Drills.
Die Kinder haben Arbeitskarten aus ihrem Wochenplan vor sich. Mal haben sie sich selbst die Aufgaben gestellt und mit der Lehrerin besprochen, und manchmal hat die Lehrerin sie gestellt. Wenn es zu laut wird, geht ein Kind nach vorn, schlägt leise auf das Xylofon und sagt, „bitte etwas ruhiger." Auch eine Art Schülertreff gibt es hier, vor den Klassenzimmern jeweils der Vorraum, ein Zwischenraum zum Hauptgebäude. Hier arbeiten Kinder allein, in Gruppen, hier gibt es Ausstellungen und überall sieht man Kinder, die voller Hingabe mit Kappler-Steinen – kleinen, schlanken Hölzern – gewagte Holztürme bauen. Es ist unübersehbar. Die Kinder sind Baumeister und Konstrukteure ihrer Welt.
Die Schule arbeitet zusammen mit anderen Schulen an „Lernlandkarten." Darauf trägt jeder Schüler seine Ziele ein, zeichnet seine Lernwege und malt voller Stolz Ergebnisse aus. Es gibt verschlungene Mäander und Lernschnellwege. Jede Karte sieht anders aus. Kein Notenzeugnis könnte so komplex, so wahr, so leistungssteigernd und so ermutigend sein wie diese Karten, die eigentlich Kunstwerke sind. Der Name „Lernlandkarten" für diese Form von Rückmeldung und Selbstkontrolle hat den gleichen Wortstamm wie die „Lernlandschaften", von denen neuerdings Pädagogen und Architekten sprechen, wenn sie sich von der Belehrungsschule verabschieden und eine Lernschule entwerfen. Eine vielgestaltige Landschaft, die unübersichtlich sein darf, scheint für die neue Schule das zu werden, was für die alte Schule die Disziplin war: Ordnung der Zeit, der Fächer, des Verhaltens. Aber von jener Disziplin ist in den meisten Schulen, die sich heute nicht auf den Weg zur Lernlandschaft machen, nur das alltägliche, paralysierende Disziplinproblem übrig geblieben. Dass man sich über die Selbstdisziplin, sagen wir lieber Arbeitshaltung der Kinder keine großen Sorgen machen muss, zeigen die neuen Schulen durchweg. Tatsächlich überraschen Kinder ihre Lehrer dort umso mehr, je weiter sich die Lehrer ins Neuland einer anderen Schulkultur hineinwagen.

Das integrierte, aber räumlich differenzierte Lernen gehört zum pädagogischen Konzept der Wartburg-Grundschule in Münster (Architekten: Boockhoff und Rentrop). Integrated but spatially differentiated learning is part of the educational approach at the Wartburg primary school (architects: Boockhoff und Rentrop).

Das Rechnen mit dem Rechenschieber ist wie das jahrgangsübergreifende Lernen Teil des Unterrichtsprinzips an der Wartburg-Grundschule. Arithmetic using an abacus as well as the mixed-age learning arrangement is part of the Wartburg primary school's educational principle.

educational policy and administration. Replacing classes in curriculum subjects by theatre was not really allowed. This new start has now come to be welcomed by most educational policy makers, especially when one of those stubbornly eccentric schools once again receives the Deutsche Schulpreis from the hand of the Federal President and a beaming Minister of Culture is allowed to make an uplifting speech.

Learning Landscapes

Reconstruction began in primary schools. "Don't teach subjects, teach the children," was one of its slogans. An example is the Wartburg Grundschule (primary school) in Münster, which in December 2008 was awarded the Deutsche Schulpreis—in first place among the seven schools which have received the prize every year since 2006.

To enter the school is to be immediately surprised. Here we can experience educational architecture, still a very rare case. The school was built around a meeting place, the forum. From here you go to the learning houses. These lead off the foyer like houseboats anchored at a harbour pier. The Wartburg school has a biography of change going back more than thirty years. By the eighties it had already decided to become an all-day school. It was fortunate that this pioneering school received a suitable new building in 1995. The very features that in the old building of the Helene-Lange-Schule always remained a little improvised were here designed by architects. The learning houses were inspired by small village schools; each contains four classes.

Every morning the schedule calls for two hours of WAP (Wochenarbeitsplan, weekly work schedule). No more timetables. Separate subjects have been done away with. The day's rhythm is set, as they say here, on a large scale. In all the classrooms you can see how each child really is working on something different. You could say that each child is working on him or herself. They are practising. This virtue, forgotten in some schools, has been rehabilitated here and is now understood in the way practising was originally meant: repetition and variation. Variation has been extracted and concentrated out of the type of school where all students learn the same thing in the same way at the same time. There, all that remains is mere, often irritating repetition, often in the form of drills.

The children have the work cards from their weekly plan in front of them. Sometimes they have set themselves the tasks and discussed them with their teachers, and sometimes the teacher has set the tasks. If the class becomes too loud, a child goes to the front, gently strikes a xylophone and says, "Please be a bit quieter." There is also a kind of student meeting point; here, it is the anteroom in front of each classroom, a space between classroom and main building. Here the children work alone or in groups; there are exhibitions, and everywhere you can see children working with great attention and enthusiasm with Kappler blocks—small, slender wooden blocks—to build daring wooden towers. You cannot miss the message. These children are the constructors and designers of their world.

The school works together with others to make "learning maps." On these, every student enters his or her goals, draws in the learning routes, and proudly colours in the results. There are intricate meandering paths and learning short cuts. Every map is different. No grades in a report could be as complex, as true, as performance-boosting and encouraging as these maps, which are actually works of art. The name "learning maps" for this kind of feedback and self-monitoring has the same linguistic origin as the "learning landscapes" that educationalists and architects are now talking about when they leave the idea of school with top-down instruction behind and go on to design a learning school. A varied landscape, where you can't see everything at once, seems for the new school to have taken the place of discipline in the old school: order of time, subjects, behaviour. But today, in most schools that have not taken the route towards a learning landscape, all that remains of that old discipline is the everyday, paralysing discipline problem. The new schools have comprehensively shown that there is no need to worry too much about the children's

Back to the Roots

Ursprünglich, in der griechischen Antike, bedeutete Schule so viel wie *Muße, frei sein von Geschäften*. Könnte das nicht eine Idee für die Zukunft sein? Ein Ort, an dem Gymnastik oder Mathematik betrieben werden, weil sie schön sind, und nicht, um jemanden fit zu machen für eine angebliche Zukunft, was doch nur auf das Trimmen für jeweilige Anwendungszwecke hinausläuft und die Zukunft, also das Offene und Unbekannte verfehlt. Aber die Paradoxie erregt Widerstand, dass eine Schule, die kein Zweckbetrieb mehr ist, im Ergebnis ungleich produktiver ist als eine, die den Zwecken unterworfen ist und in den Kinder und Jugendliche lernen, sich Zwecken zu fügen.

Die industriegesellschaftliche Logik, in der viele Menschen als Maschinenmodule nur funktionieren sollten, hat längst ihre Basis verloren. In fast allen Berufen geht es nicht mehr darum, bloß auszuführen. Die Kernkompetenz heißt inzwischen „Probleme lösen". Immer weniger reicht es, die ein für alle Mal gelernten Routinen – gelernt im Sinne von eingebläut – nur noch anzuwenden. Der Übergang von der Industriegesellschaft zu einer Wissens- und Ideengesellschaft verlangt Bildung endlich zu dem zu machen, was sie immer schon sein sollte.

„Kinder sind keine Fässer, die gefüllt, sondern Feuer, die entfacht werden wollen." Das schrieb der Schriftsteller, Arzt und Priester François Rabelais bereits vor fast 500 Jahren.

Einladende Orte und anregende Räume ermöglichen es, ganz gegenwärtig und vollkommen da zu sein. Wäre das nicht die wirksamste Investition in das Bildungssystem? Wie viele Milliarden Stunden kämen schon in kurzer Zeit zusammen, wenn man diejenigen addierte, in denen Schüler und Lehrer nur so tun, als wären sie da? Eine Schule, die Gegenwart schafft, zieht nach oben. Im Gegensatz zu den depressiven Zirkeln, die das Jammertal inszenieren und es, haben sie sich darin erstmal eingerichtet, verteidigen. Dann wird auf das „spätere Leben" vertröstet oder gar mit der Zukunft als dem „Ernst des Lebens" gedroht. Diese Kultur zehrt die Gegenwart aus und entwertet den Ort zum bloßen Container für die Vermittlung von Inhalten der Lehrpläne. Dabei bleibt der Raum stumm. Er verwahrlost. Der Raum, der heute an vielen Schulen entsteht, ist von ganz anderer Art. Er „ist der dritte Pädagoge". So nannte ihn der 1994 verstorbene Begründer der „Reggio-Pädagogik", Loris Malaguzzi. In den kommunalen Vorschulen der norditalienischen Reggio Emilia Romagna begann man schon in den 80er Jahren, Kinder als Forscher und Dichter anzusehen. Respekt und Neugier wurden als kognitive Stärken und moralische Tugenden entdeckt. Der schöne Satz vom Raum als dem dritten Pädagogen hat auf dem Umweg über Skandinavien nun auch die deutschen Schulen erreicht. Atmosphäre und Architektur, also eine gut gestaltete und intelligent vorbereitete Umgebung, sind für das Gelingen der Bildung entscheidend. Die Brisanz des Satzes vom dritten Pädagogen wird deutlich, wenn man ihn vollständig zitiert: „Die anderen Kinder sind der erste Pädagoge. Lehrer sind der zweite und der Raum ist der dritte Pädagoge." Die Zeit noch als vierten Pädagogen hinzuzufügen, wäre gewiss in Malaguzzis Sinn. Betrachtet man die hierzulande üblichen Klassenzimmer unter diesem Aspekt, dann wird schlagartig klar, was schief läuft. Die deutsche Schule setzt traditionell nur auf den einen Pädagogen, den Lehrer, überfordert und schwächt ihn dabei.

Wenn die Schule schön wird, ist sie eine Einladung ins Leben. Eine starke, aufgeladene Gegenwart steht also überhaupt nicht im Widerspruch zu einer starken Zukunft, im Gegenteil, in ihr kommt Neues zur Welt.

Alles schön und gut, sagt nun manch einer. Aber wie wird man denn „fit for the struggle of life"? Wie übt man denn in dieser schönen Schule, seine Ellbogen zu gebrauchen und all das, was man braucht, um später über die Runden zu kommen? Lesen Sie Darwin! Aber richtig, so wie Cord Riechelmann, der an den Pflanzen, Vögeln und all den anderen Kreaturen zeigt: „Nicht der Fitteste überlebt, sondern der Prächtigste!"

Der Raum, der heute an vielen Schulen entsteht, ist von ganz anderer Art. Er „ist der dritte Pädagoge".

The space created today in many schools is quite different in nature. It is the "third teacher."

self-discipline or, as we should rather say, their attitude to work. Children in these schools are, in fact, increasingly surprising their teachers, the further the teachers move into the new country of a different school culture.

Back to the Roots

Originally, in Ancient Greece, *school* meant something like *leisure, freedom from business.* Couldn't that become an idea for the future? A place where you can do gymnastics and mathematics because they are beautiful, and not to make yourself fit for a supposed future, a process that often only adds up to training for specific applications and completely misses the future, which is open and unknown. But it is a controversial paradox that a school no longer oriented towards functional purposes can as a result be incomparably more productive than one subject to functional goals, to which children and young people learn to submit themselves. The logic of the industrial society, in which many people are only intended to function as modules of a machine, has long lost its foundation. In almost all jobs it is no longer enough simply to follow instructions. The core competence is now called "problem solving." Increasingly, it is no longer sufficient just to apply routines, learned—in the sense of hammered into you—once and for all time. The transition from an industrial society to one of knowledge and ideas demands that we finally make education into what it was always meant to be. "Children are not barrels to be filled, but fires that want to be lit." That was written almost five hundred years ago by the author, doctor, and priest François Rabelais. Inviting spaces and stimulating rooms enable learners to be absolutely present and attentive in their space. Would these not be the most effective investment in the educational system? How many billions of hours would mount up, even in a short space of time, if we added together those in which learners and teachers were just acting as if they were present? A school that can create conscious presence is aiming upwards. This is in contrast to those depressive coteries that set the scene for the traditional vale of tears and, once they made themselves comfortable in it, defended it. Then learners are fobbed off with "later in life" or indeed threatened with the future as "real life," when things get serious. This culture devours the present and devalues the school to a mere container for the transmission of curriculum content. And the space remains silent. It decays. The space created today in many schools is quite different in nature. It is the "third teacher." That was what the founder of the so-called "Reggio educational theory" (Loris Malaguzzi, who died in 1994) termed it. In the local authority pre-schools of Reggio Emilia Romagna in northern Italy, children were recognised as researchers and poets as early as the eighties. Respect and curiosity were discovered as cognitive strengths and moral virtues. The fine description of space as the third teacher has now reached German schools via a detour through Scandinavia. Atmosphere and architecture, that is to say a well-designed and intelligently prepared environment, are decisive for educational success. The controversial nature of the saying about the third teacher is made clear when the sentence is quoted in full: "The other children are the first teacher. The teaching staff are the second and space is the third." It would definitely be in harmony with Malaguzzi's thinking to add time as the fourth teacher. If you view the classrooms customary in this country with that in mind, it is instantly clear what is going wrong. German schools traditionally rely on only one teacher, the class teacher, who thereby becomes overtaxed and weakened.

If a school is beautiful, it becomes an invitation to life. A strong, charged present is by no means in conflict with a strong future. The opposite is true: out of it, new things are born.

That's all very well, some may now say. But how do you become "fit for the struggle of life?" How, in this beautiful school, are you going to practice elbowing your way up in the world, and all the things you need to get by later in life? Read Darwin! But read him correctly, as has Cord Riechelmann, who has shown with plants, birds, and all other creatures, "It's not the fittest that survives, but the most splendid!"

INGRID KELLERMANN, CHRISTOPH WULF

Vom Bildungscharakter des Raums

Das Verhältnis Mensch und Schulraum

Mit der Einführung der allgemeinen Schulpflicht vor knapp 100 Jahren wird die Schule zu einer universalen gesellschaftlichen Einrichtung, in der ausnahmslos alle Kinder kulturelle Bildung erhalten sollen. Die Bildungsangebote zielen darauf, das Kind in das Wertesystem der Gesellschaft einzuführen und es auf seine zukünftige Aufgabe als ihr Mitglied vorzubereiten. Der Schulraum stellt einen spezifischen Ort jenseits des familiären Einflusses dar, dessen architektonische Gestalt sich zumeist von der Umgebung abhebt und dessen interne Gestaltung soziales Verhalten vorstrukturiert. Hier werden schultypische Interaktionen anhand wiederkehrender Handlungsmuster eingeübt, die die unterschiedlichen Rollen des Lehrers und der Schüler festschreiben. So erfordert zum Beispiel die Eröffnung von Unterricht die sitzende, aufmerksame Haltung der Schüler auf ihren Plätzen, während der Lehrer vorn im Tafelbereich steht und den Ablauf der Stunde vorgibt. Auf dem Schulhof dagegen haben peerbezogene Aktivitäten den Vorrang und die im Unterricht dominierende Funktion der Lehrer tritt in den Hintergrund. Daraus wird ersichtlich, dass architektonische Gestaltung und räumliche Arrangements ihre kulturelle und soziale Wirkung nur durch die Anwesenheit der Menschen entfalten. In der raum-zeitlichen Rhythmisierung des Schultages, der Schulwoche und des Schuljahrs und dem damit verbundenen Raumarrangement verändert sich die Bedeutung des Begriffs „Bildungsraum" immer wieder. Denn das räumliche Arrangement enthält unterschiedliche symbolische Hinweise, die Handlungs- und Bewegungsmöglichkeiten eröffnen oder beschränken, wie ein Vergleich zwischen dem Sport- und dem Kunstunterricht deutlich macht. In Sportbekleidung und nur mit Turnschuhen zu betreten, bietet die Weite der Sporthalle Bewegungsfreiheit und zielt mit ihren Angeboten und Sportgeräten auf körperliches Training, das mitunter mit einem hohen Geräuschpegel verbunden ist. Im Kunstunterricht dagegen dient der Arbeitsplatz als halboffener „Gestaltungsraum", an dem außerunterrichtliche Kommunikationsformen erlaubt sind, während zu einer thematischen Vorgabe ein Kunstwerk meist in Einzelarbeit erstellt wird. Auf diese Weise nimmt die räumliche Ordnung im Raum Einfluss auf die Sozialität der Gruppe und das subjektive Erleben und vermittelt über Bildungs- und Lerninhalte hinaus kulturelle Haltungen und Einstellungen. In Ritualen wie dem Stuhlkreis oder rituellen Interaktionen wie dem Lehrer-Schüler-Gespräch werden Interaktionsmuster eingeübt, die den spezifischen Charakter der Schule prägen. Beispielsweise wird der Stuhlkreis zum geschlossenen Versammlungsort im Klassenraum, der die Lerngruppe schon durch die räumliche Anordnung nach außen hin abgrenzt. In Abwesenheit der Tische werden hier kommunikative Interaktionsmuster wie Erzählen, Berichten und Erklären sowie Zuhören und Nachfragen eingeübt, die auf einen gegenseitigen Austausch der Gruppenmitglieder und ein Interesse füreinander zielen und insofern einen Gemeinschaft stiftenden Aspekt aufweisen. Demgegenüber dokumentiert das Lehrer-Schüler-Gespräch als frontale Unterrichtsgestaltung den Aufführungscharakter von Bildung.[1] Hier steht der Lehrer im Tafel-

Auf dem Schulhof haben peerbezogene Aktivitäten den Vorrang und die im Unterricht dominierende Funktion der Lehrer tritt in den Hintergrund. Freiherr-vom-Stein-Gymnasium, Münster (Kresing Architekten)
Peer group activities take precedence in the schoolyard and the role of the teacher, which dominates lessons, takes a back seat. Freiherr vom Stein Gymnasium, Münster (Kresing Architekten)

INGRID KELLERMANN, CHRISTOPH WULF

The Educational Character of Spaces

The Relationship between Man and Educational Space

bereich auf der „Bühne", während die Schüler im „Zuschauerraum" an ihrem Platz sitzen. Dieses Arrangement impliziert bereits räumlich-materiell den symbolischen Hinweis, den Blick nicht wie im Stuhlkreis aufeinander, sondern auf die Lehrerin zu richten, um im entsprechenden Augenblick mit Wortmeldungen auf ihre Fragen reagieren zu können.
Es wird deutlich, dass das Bildungspotenzial des (Schul-)Raums eine statische und eine dynamische Dimension beinhaltet, die sich aus der Wechselwirkung zwischen den strukturellen Raumvorgaben und der sozialen Raumkonstitution ergeben.[2] Diese sollen im Folgenden näher betrachtet werden.

Bildungsraum als Gestaltungsraum

Die Schulzeit nimmt einen großen Teil des Bildungs- und Sozialisationsprozesses ein. Kulturell tradierte, kollektive Vorstellungsbilder von Schule beeinflussen dabei schon vor Schulbeginn die individuellen Imaginationen, die mit dem Bildungsbegriff verbunden sind. In der Schule selbst wird die Lernmotivation des Schulanfängers unter anderem durch seine sinnlich-emotionalen Eindrücke geprägt, die durch die atmosphärischen Qualitäten des Raums und der darin handelnden Menschen hervorgerufen werden.
Bildungsprozesse werden zu Erfahrungs-, Handlungs- und Lernräumen, die zugleich „Prozess und Ergebnis einer Veränderung"[3] darstellen. Das bedeutet, dass der Lernende im Bildungsraum der Schule auf der Basis seiner Erfahrung, dem Ergebnis der vorhergehenden Lernprozesse und im Prozess des gemeinsamen Handelns einen weiteren Wissens- bzw. Könnenszuwachs erzielt und damit zu einem veränderten Selbst- und Weltverständnis gelangt.[4] Da sich die Schulzeit, nicht zuletzt durch den erreichten Bildungsabschluss, nachhaltig auf das Leben des Einzelnen auswirkt, soll die Wechselwirkung zwischen Raumvorgaben, handelnden Menschen und der Atmosphäre aufgezeigt werden. Ein reflexiver Blick ermöglicht es, die Wirkungsmechanismen der verschiedenen Dimensionen des Raums zu verstehen sowie den selbstgestalterischen, den performativen Aspekt von Bildung zu erfassen.
Zunächst verweist der Begriff des Raums auf das leiblich-sinnliche Eingebundensein des Menschen in seine Umwelt. Die räumliche Welt wird vom eigenen Körper aus wahrgenommen, der links und rechts, vorn und hinten, oben und unten unterscheidet.[5] Auch die sinnlich-emotionalen Eindrücke, die dem vorhandenen Raum seine atmosphärische Färbung geben, werden als körperliche Empfindungen erlebt. Die gefühlsmäßigen Raumwirkungen sind über die objektiven Faktoren wie zum Beispiel Helligkeit, Farben oder Weite des Raums hinaus auch abhängig von den darin handelnden Personen.[6] So erlebt Walter Benjamin den Klassenraum während des Unterrichts als „Schauplatz [s]einer Erniedrigung", und die Pause in demselben Raum als „Viertelstunde ..., um derentwillen [ihm] das ganze Elend des öden Schulbetriebs erträglich vorkam".[7]
Das Schulgebäude ist architektonisch für eine mehr oder weniger große Menge von Lernenden und eine Gruppe von Lehrenden konzipiert. Es stellt mit seinem Raumangebot unterschiedliche Bildungsräume wie die Klassenzimmer, verschiedene Fachräume, den Schulhof oder das Lehrerzimmer zur Verfügung. Der Klassenraum ist ein Begegnungsort, an dem sich täglich eine Gruppe von Schülern versammelt, deren Zusammensetzung nicht frei gewählt ist und mit der die Kinder meist über einige Jahre hinweg eine Lerngemeinschaft bilden. Schüler und Lehrer haben unterschiedliche Rollen auszufüllen, die mit Rechten und Pflichten verbunden sind und schülertypische sowie lehrertypische Verhaltensweisen zur Darstellung bringen.

Bildungsraum Bühne

Die Wandtafel bestimmt als integrales Ausstattungsmerkmal eines Klassenraums nicht nur die Ausrichtung nach vorn, sondern teilt die Klasse mit der Freifläche davor in „Bühnen-" und „Zuschauerraum", in dem wiederum die Schülertische angeordnet sind.[8] Der Bühnenraum ist zumindest im Unterricht das Territorium des Lehrers, das nur mit seiner Erlaubnis

Die Sporthalle bildet in der Schule einen besonderen Raum. Nur in Sportbekleidung und mit Turnschuhen zu betreten, bietet die Weite der Halle Bewegungsfreiheit und zielt auf körperliches Training. Weinbrennerschule, Karlsruhe (Architekten: Chestnutt_ Niess) The sports hall constitutes a special place within the school. To be entered only in sportswear and training shoes, the expansive space provides freedom of movement and is focussed on physical training. Weinbrenner School, Karlsruhe (architects: Chestnutt_Niess)

Das Lehrer-Schüler-Gespräch als frontale Unterrichtsgestaltung dokumentiert den Aufführungscharakter von Bildung. Kepler-Humboldt-Gymnasium, Ulm (KSP Engel und Zimmermann Architekten) The teacher–pupil dialogue in a frontal lesson setting is testimony to education's performative character. Kepler Humboldt Gymnasium, Ulm (KSP Engel und Zimmermann Architekten)

The introduction of compulsory schooling almost 100 years ago turned schools into universal social facilities in which all children, without exception, were to receive cultural education. From now on, the educational opportunities are aimed at familiarising children with society's value system and preparing them for their future role as members of society. The schoolroom constitutes a specific place beyond the influence of the family, its architectural design usually setting it apart from its surroundings and its internal layout basing on social conduct. This is a place of typical school interaction based on recurrent patterns of behaviour that determines the different roles of the teachers and the pupils. For instance, the start of the lesson demands that the pupils be seated at their desks and paying attention, while the teacher stands at the front near the blackboard and stipulates the course of the lesson. In the schoolyard, on the other hand, peer activities take precedence and supersede the dominant function enjoyed by the teacher during the lesson. This shows that architectural design and spatial arrangement acquire their cultural and social impact only through the presence of people. The meaning of the term "educational space" changes time and again with the spatial-temporal rhythm of the school day, the school week, and the school year, as well as the related spatial arrangement. It is this that contains a variety of symbolic references, which either facilitate or restrict opportunities for activity and movement, as is clearly illustrated by a comparison between a sports and an art lesson. To be entered only when wearing sportswear and trainers, the expansive sports hall offers freedom of movement, its activities and sporting equipment being aimed at physical training, which also involves a higher noise level. In the art lesson, on the other hand, the work station serves as a semi-open "design space," where extracurricular forms of communication are permitted, while a work of art is usually produced on an individual basis according to a prescribed theme. In this way the spatial arrangement of the room exerts an influence on the group's social behaviour and its subjective experience, as well as communicating cultural approaches and attitudes that reach beyond the educational and teaching content. Patterns of interaction are practised with behaviour such as placing the chairs in a circle or ritual interactions like teacher-pupil discussions, which determine the specific character of the school. The circle of chairs, for instance, becomes a closed gathering place in the classroom, delimiting the group of learners externally through the spatial arrangement alone. Communicative patterns of interaction such as telling stories, reporting, and explaining, as well as listening and asking questions, are practised when there are no tables, activities aimed at mutual exchanges between the members of the group and at taking an interest in one another, thus exhibiting a community-like aspect. As a frontal lesson form, the teacher-pupil discussion, on the other hand, demonstrates education's performative character.[1] Here the teacher at the front of the classroom stands on the "stage," while the pupils sit at their places in the "auditorium." The spatially and materially symbolic suggestion that eyes should not be on one another (as with the circle of chairs), but on the teacher, in order to be able to answer his or her questions at the right moment, is already implicit in this arrangement.

It is clear that the educational potential of the (school)room possesses both static and dy-

betreten werden darf; die Tafel gehört ebenso dazu. In frontalen Unterrichtssituationen finden unter seiner Regie auf diesen Bereich zentrierte Interaktionen statt. Der Lehrer inszeniert die Bildungssituation in der Erwartung, die Aufmerksamkeit der Schüler auf die von ihm präsentierten Inhalte zu fokussieren, selbst wenn er sich mit dem Rücken zu ihnen drehen muss, um an die Tafel schreiben zu können. An der aufmerksamen Stille bzw. der aktiven Mitarbeit der Schüler lässt sich die Anerkennung der Autorität der Lehrerin ablesen, das heißt über die Bildungsinhalte hinaus enthält der handelnde Umgang mit den Raumvorgaben symbolische Hinweise und vermittelt Informationen über die Machtverhältnisse, die im Verhalten der Beteiligten zum Ausdruck gebracht werden. Wird ein Schüler auf die „Bühne" gerufen, steht er nicht nur im Fokus der Lehrerin, sondern ist der „Öffentlichkeit" seiner Mitschüler ausgesetzt. Abhängig vom aktuellen Wissensstand und der Verortung im Gruppenverband, kann dies zur Zufriedenheit, aber auch zur Belastung des Einzelnen führen. Einen wichtigen Anteil daran hat die Atmosphäre, für deren Gestaltung der Lehrer verantwortlich ist. Über den klassenöffentlichen Umgang mit guten Leistungen oder Fehlern und Schwächen setzt er institutionelle Normen, die entweder ein kooperatives oder konkurrierendes Klassenklima fördern bzw. behindern. Denn auch wenn Bildungssituationen auf die Vermittlung von Lerninhalten zielen, ist die Art und Weise der Vermittlung von signifikanter Bedeutung, da die impliziten und expliziten Erwartungen und Einstellungen von den Schülern internalisiert werden. In Bezugnahmen auf die Lehrerin interpretieren sie deren Geisteshaltung, übernehmen die Grundwerte für den Umgang mit ihren Mitschülern und beeinflussen somit das Lernklima.

Bildungsräume im Schulraum

Bildungsräume im Klassenraum sind jedoch nicht auf die Bühne oder den Zuschauerraum beschränkt. Sie konstituieren sich nicht nur durch die materialen Begrenzungen des (Klassen-)Raums, sondern auch durch die Anordnung von Gegenständen und/oder Personen. Im Bereich der Schülertische können unterschiedliche Räume konstituiert werden, die verschiedene Bildungssituationen bereitstellen. Die Gruppentischordnung grenzt jede Sitzgruppe räumlich-physisch nach außen hin ab und stellt damit parzellierte Interaktionszentren dar, an denen Raum für gemeinsames Arbeiten in Gruppen zur Verfügung steht. Dazu ist die frontal auf die Tafel ausgerichtete Sitzordnung weniger geeignet, bei der die Schüler dem kontrollierenden Blick der Lehrerin ausgesetzt sind. Kreativ gestaltend unterlaufen die Schüler diese vorstrukturierten räumlich-materiellen Vorgaben immer wieder, indem sie durch Handlungen wie Tuscheln, Körperkontakt, Herumlaufen im Klassenraum, das Austauschen von Briefchen eigene Räume herstellen.[9] In der Öffentlichkeit der Klasse können sie auf diese Weise flüchtige oder intensive Räume schaffen, die exklusive bzw. inklusive (Selbst-)Inszenierungen darstellen.

Es wird deutlich, dass die Konzeptionierung des pädagogischen Raums die Mehrdimensionalität von Raum berücksichtigen muss. Mit einem ge-

Das Arrangement des frontalen Unterrichts impliziert räumlich-materiell den symbolischen Hinweis, den Blick nicht wie im Stuhlkreis aufeinander, sondern auf die Lehrerin zu richten, um im entsprechenden Augenblick mit Wortmeldungen auf ihre Fragen reagieren zu können. The frontal lesson arrangement is a spatially and materially symbolic agreement not to face each other as when in a circle, but to face the teacher in order to be able to react to her questions at the right time.

namic dimensions, deriving from the interplay between the structural space requirements and the social constitution of the room.[2] We will take a closer look at these below.

Educational Space as Design Space

The school years form a major part of the educational and socialisation process. Culturally established, collective notions of school influence individual imaginings related to the term education even before we start school. In the school itself, the school beginner's motivation to learn is determined by his or her sensory and emotional impressions, amongst other things, which are evoked through the atmospheric qualities of the room and the people present in it.

Educational processes become the realm of experience, activity, and learning, which themselves constitute a "process and the outcome of change."[3] This means that learners in the school's educational space achieve further growth in knowledge and/or ability on the basis of their experience, as a result of the prior learning process, and in the process of joint activities, thus attaining a changed understanding of themselves and of the world around them.[4] Since the school years have a sustained influence on the life of the individual, not least due to the educational grades achieved, the interaction between spatial requirements, the people involved, and the atmosphere ought to be highlighted. A reflexive perspective enables an understanding of the active mechanisms of the various spatial dimensions as well as the comprehension of the self-projection and performative aspect of education.

Firstly, the term space denotes a person's physical and sensory integration within his or her surroundings. We perceive the spatial world through our own body, which is able to distinguish between left and right, front and back, top and bottom.[5] The sensory and emotional impressions that give the space in question its atmospheric character are experienced as physical sensations. Unlike objective factors, such as the brightness, colour, or expanse, for instance, the emotional effects of a space are also dependent on the people active within it.[6] Hence Walter Benjamin experienced the classroom during the lesson as the "setting for [his] humiliation," and the break in the same room as a "quarter of an hour ..., in which the whole misery of the bleak business of school seemed bearable."[7]

Architecturally, the school building is designed for a more or less numerous crowd of learners and a group of teachers. Its spatial possibilities provide a variety of learning venues such as classrooms, different specialist rooms, the schoolyard, or the staff room. The classroom is a meeting place in which a group of pupils gathers on a daily basis, its composition not the result of free choice, and within which the children form a learning community usually lasting several years. Pupils and teachers have different roles to fulfil, which are associated with rights and obligations, and which represent typical pupil and teacher behaviour patterns.

Educational Space as Stage

As an integral amenity within the classroom, not only does the blackboard determine the forward direction, it also divides the classroom, with the open space at the front of the "stage area" and the "auditorium area" where the pupils' desks are arranged.[8] During the lesson at least, the stage area is the teacher's territory and may only be entered with his or her permission; the blackboard also belongs to this zone. In frontal lessons, centralised interaction takes place in this area under the direction of the teacher. The teacher orchestrates the educational setting in the expectation of focussing the pupils' attention on the content presented by him or her, even when they have to turn their back to the pupils in order to be able to write on the blackboard. Recognition of the teacher's authority is measured by the attentive silence and/or the active participation of the pupils, meaning that, in addition to the educational content, the active handling of the spatial specifications contains symbolic references and

stalterischen, das heißt performativen Bildungsbegriff wird dem kognitiven Lernprozess eine handelnde und inszenatorische Komponente hinzugefügt, mit der sich Lehrer und Schüler, aber auch die Schüler untereinander gegenseitig beeinflussen und auf die Atmosphäre im Raum einwirken. Die statische Dimension der Raumkonstitution hilft dabei, die Situation zu erkennen und enthält symbolische Verweise, die Verhalten vorstrukturieren. In der Wechselwirkung zwischen den Strukturen und den handelnden Personen kommt ihre dynamische Dimension und damit ihre Wirkungsweise zum Ausdruck.

Montessorischule in Bonn-Dottendorf: In Abwesenheit der Tische werden kommunikative Interaktionsmuster wie Erzählen, Berichten und Erklären sowie Zuhören und Nachfragen eingeübt. The Montessori school in Bonn's Dottendorf district: Communicative patterns of interaction such as storytelling, reporting, and explaining, as well as listening and asking questions, are carried out without tables.

Anmerkungen

1 Vgl. Ingrid Kellermann: *Vom Kind zum Schulkind. Die rituelle Gestaltung der Schulanfangsphase. Eine ethnographische Studie.* Opladen/Farmington Hills 2008.

2 Vgl. Martina Löw: *Raumsoziologie.* Frankfurt/Main 2001.

3 Christoph Wulf/Jörg Zirfas (Hg.): *Pädagogik des Performativen. Theorien, Methoden, Perspektiven.* Weinheim/Basel 2007, S. 29.

4 Vgl. ebd.

5 Nach Alfred Schütz, zit. in: Markus Schroer: „‚Bringing space back in' – Zur Relevanz des Raums als soziologischer Kategorie". In: Jörg Döring/Tristan Thielmann (Hg.): *Spatial Turn. Das Raumparadigma in den Kultur- und Sozialwissenschaften.* Bielefeld 2008, S. 125–148, hier S. 130.

6 Vgl. Christian Rittelmeyer: *Schulbauten positiv gestalten. Wie Schüler Farben und Formen erleben.* Wiesbaden/Berlin 1994; Christian Rittelmeyer: „Anthropologie des Schulraums. Aspekte einer imaginativen Phänomenologie". In: Eckart Liebau/Gisela Miller-Kipp/Christoph Wulf (Hg.): *Metamorphosen des Raums. Erziehungswissenschaftliche Forschungen zur Chronotopologie.* Weinheim 1999, S. 180–191.

7 Walter Benjamin: *Berliner Kindheit um Neunzehnhundert.* Frankfurt/Main 2006, S. 101.

8 Vgl. Erving Goffman: *Wir alle spielen Theater. Die Selbstdarstellung im Alltag.* München/Zürich 2006.

9 Vgl. Georg Breidenstein: „KlassenRäume – eine Analyse räumlicher Bedingungen und Effekte des Schülerhandelns". In: *Zeitschrift für qualitative Bildungs-, Beratungs- und Sozialforschung,* Heft 1/2004, 5. Jg., S. 87–107.

communicates information about the balance of power, as expressed by the behaviour of those involved. A pupil called to the "stage" not only forms the focus of the teacher's attention but is also exposed to the "public," comprising his or her classmates. Depending on his or her current level of knowledge and positioning within the group, this can be either a source of satisfaction for the individual or else of stress. The atmosphere, for which the teacher is responsible, plays an important role in this situation. The teacher establishes institutional norms in dealing with good performance or mistakes and weaknesses in front of the class, norms that promote and/or hinder a cooperative or a competitive classroom atmosphere. For even if educational situations are aimed at the communication of learning content, the manner of this communication is of key significance because the implicit and explicit expectations and attitudes of the pupils are internalised. It is in reference to the teacher that they interpret mind-sets, adopt basic principles for dealing with their schoolmates, and thus influence the learning climate.

Educational Spaces in the Schoolroom

Educational spaces in the classroom are not limited to the stage or the auditorium, however. They constitute not only the material limits of the (class)room, but also the arrangement of objects and/or individuals. The pupils' desk area can constitute differing spaces, which provide a variety of educational settings. The group desk arrangement externally delimits any seating group spatially and physically, and thus represents subdivided centres of interaction, providing scope for joint group work. The frontal seating arrangement facing the blackboard is less suitable for this as the pupils are exposed to the teacher's controlling view. Pupils are always finding creative ways to undermine these predetermined spatial and material specifications, creating their own space through activities such as whispering, physical contact, running around the classroom, and exchanging notes.[9] In this way they are able to create fleeting or intense spaces within the public sphere of the class, spaces that represent exclusive and/or inclusive (self-)orchestrations.

It is clear that the concept of educational space needs to take the multi-dimensionality of space into consideration. A creative, namely a performative educational concept, adds an active and dramaturgical component to the cognitive learning process, with which the teacher and the pupils influence one another, as well as the pupils influencing each other, this affecting the atmosphere in the room. The static dimension of the spatial constitution helps in the recognition of the situation and contains symbolic references that predetermine behaviour. Its dynamic dimension and thus its effectiveness is expressed in the interaction between the structures and the people involved.

Notes

1 Cf. Ingrid Kellermann: *Vom Kind zum Schulkind. Die rituelle Gestaltung der Schulanfangsphase. Eine ethnographische Studie.* Opladen/Farmington Hills 2008.

2 Cf. Martina Löw: *Raumsoziologie.* Frankfurt/Main 2001.

3 Christoph Wulf/Jörg Zirfas (eds.): *Pädagogik des Performativen. Theorien, Methoden, Perspektiven.* Weinheim/Basel 2007, p. 29.

4 Cf. ibid.

5 Quoted by Alfred Schütz in: Markus Schroer: "'Bringing space back in'–Zur Relevanz des Raums als soziologischer Kategorie.". In: Jörg Döring/Tristan Thielmann (eds.): *Spatial Turn. Das Raumparadigma in den Kultur- und Sozialwissenschaften.* Bielefeld 2008, pp. 125–48, here p. 130.

6 Cf. Christian Rittelmeyer: *Schulbauten positiv gestalten. Wie Schüler Farben und Formen erleben.* Wiesbaden/Berlin 1994; Christian Rittelmeyer: "Anthropologie des Schulraums. Aspekte einer imaginativen Phänomenologie." In: Eckart Liebau/Gisela Miller-Kipp/Christoph Wulf (eds.): *Metamorphosen des Raums. Erziehungswissenschaftliche Forschungen zur Chronotopologie.* Weinheim 1999, pp. 180–91.

7 Walter Benjamin: *Berliner Kindheit um Neunzehnhundert.* Frankfurt/Main 2006, p. 101.

8 Cf. Erving Goffman: *Wir alle spielen Theater. Die Selbstdarstellung im Alltag.* Munich/Zurich 2006.

9 Cf. Georg Breidenstein: "KlassenRäume–eine Analyse räumlicher Bedingungen und Effekte des Schülerhandelns." In: *Zeitschrift für qualitative Bildungs-, Beratungs- und Sozialforschung,* Issue 1/2004, Vol. 5, pp. 87–107.

KAREN VAN DEN BERG, MARKUS RIEGER-LADICH

Widerstreitende Interessen?

Schularchitektur zwischen Imagefabrikation und Communitybuilding

Schulen und Universitäten, Museen und Bibliotheken sind stets zweifach codiert: Zum einen handelt es sich um Einrichtungen, die Prozesse der Weltaneignung, Wissensvermittlung und Bildung zu befördern suchen und dabei bestimmte pädagogische Konzepte verkörpern. Zum anderen spiegeln sie aber auch lokale, kommunale oder gar nationale Repräsentationsbedürfnisse. Bildungseinrichtungen verdanken ihre Identität und materiale Gestalt daher nicht allein jenen Vorkehrungen und Arrangements, die auf pädagogische Zwecke verweisen, sondern eben auch gesellschaftlichen Konkurrenzbeziehungen. Sie sind deshalb – das zeigen die Debatten um ramponierte Klassenzimmer und baufällige Hörsäle ebenso wie die Diskussionen um spektakuläre Neubauten – in der jüngsten Vergangenheit Gegenstand einer globalen *Ökonomie der Aufmerksamkeit* geworden.[1]

Der sogenannte Bilbao-Effekt – also das Errichten imageträchtiger Gebäude durch Stararchitekten, die nicht allein zu einer Aufwertung ihres jeweiligen städtischen Umfeldes beitragen, sondern ökonomisch relevanten „Traffic" bewirken –, hat längst einen ganz eigenen Sog entwickelt. Zwar ist es durchaus nicht neu, Museen oder Bibliotheken als repräsentative Aushängeschilder von Städten und Kommunen zu begreifen; aber diese Praxis hat im Rahmen der sich verschärfenden Konkurrenz in globalisierten Gesellschaften eine neue Qualität gewonnen. Es muss daher auch nicht überraschen, dass Schulen etwa von Unternehmerverbänden mittlerweile als wichtiger „Standortfaktor" betrachtet werden. Dabei rücken diese nicht allein Fragen lokaler Identifikation oder Bildungsideale ins Zentrum, sondern immer stärker auch kompetitiv-ökonomische Aspekte. Dieser Logik war es auch geschuldet, dass Günther Beckstein 2008, anlässlich der Einweihung des Neubaus der Franconian International School in Erlangen erklärte, Schul- und Bildungspolitik sei die Wirtschaftspolitik des 21. Jahrhunderts.[2]

Renditeerwartungen

Eine Konsequenz dieser Wettbewerbsorientierung besteht darin, dass in den letzten Jahren vermehrt repräsentative Schulbauten entstanden sind, die nicht zuletzt den Zweck verfolgen, als Attraktoren und Werbeträger für Städte und Gemeinden zu dienen. Ein Beispiel hierfür ist die 2008 eröffnete A. P. Møller-Skolen in Schleswig, die mit Baukosten von ca. 70 Millionen Euro vom dänischen Großreeder Arnold Mærsk Mc-Kinney Møller gestiftet wurde. Bei deren Eröffnung bezeichnete der Vorsitzende des dänischen Schulvereins das Gebäude als „einzigartiges, edles Geschenk", das „eine neue Messlatte für Schulgebäude" darstelle.[3]

Dies zeigt, dass Schulen auf eine neue Weise in den Blick geraten: Kommunen unternehmen immer häufiger Anstrengungen, die finanzkräftigen *high potentials* und die bildungsaffine *creative class* für sich zu gewinnen[4] – und Bildungseinrichtungen werden dabei zu einem wichtigen Entscheidungskriterium bei der Wahl eines Wohnortes. Es muss vor diesem Hintergrund nicht überraschen, dass von den lokalen Entscheidungsträgern meist bestimmte Schultypen favorisiert werden, verspricht doch die Investition in den repräsentativen Neubau eines

Die Møller Skolen in Schleswig (Architekten: C. F. Møller) wurde von dem dänischen Großreeder Arnold Mærsk Mc-Kinney Møller gestiftet. A.P. Møller-Skolen in Schleswig (architects: C.F. Møller) was funded by the large Danish shipping company Arnold Mærsk Mc-Kinney Møller.

KAREN VAN DEN BERG, MARKUS RIEGER-LADICH

Conflicting Interests?

School Architecture: Image Fabrication and Community Building

Schools and universities, museums and libraries always have a dual agenda. On the one hand, they are facilities aimed at promoting the processes of global awareness, knowledge transfer, and education, thus embodying specific educational concepts. On the other hand, they also reflect local, communal, or even national presentational needs. Educational institutions

bilingualen Gymnasiums für eine Kommune eine ungleich höhere Rendite als die Sanierung einer Hauptschule.
Zu fragen bleibt allerdings, wie sich diese Entwicklung zu dem demokratischen Selbstverständnis westlicher Gesellschaften verhält – und zu der häufig vorgetragenen Aussage, dass durch Schule die Chancengleichheit gefördert werde. Auch fragt sich, wie sich der architektonische Diskurs über baukünstlerisch prämierte Schulgebäude zu sozialen und pädagogischen Zielsetzungen verhält und ob die Fixierung auf prestigeträchtige Neubauten die Segregationseffekte des deutschen Bildungssystems womöglich noch verstärkt.[5] Dies auch deshalb, weil manches dafür spricht, dass sich der Konkurrenzdruck zwischen den Kommunen unmittelbar in die Ausprägung der Bildungslandschaft übersetzt.
Gerade deshalb aber gilt es näher zu betrachten, inwieweit durch unterschiedliche architektonische Strategien pädagogische Zielsetzungen, Repräsentations- und Distinktionsbedürfnisse befördert, ignoriert oder auch irritiert werden können. Dabei könnte sich erweisen, dass insbesondere solche Gebäude, die gemeinhin als gelungene Beispiele gelten, gegenüber pädagogischen Konzepten der Identifikation, Partizipation und Aneignung resistent sind. Unterstellt man, dass spezifische Anforderungsprofile auch spezifische architektonische Ansätze erfordern, ist es nur naheliegend, an dieser Stelle potenzielle Konflikte und widerstreitende Interessen zu vermuten. Zuvor gilt es allerdings, an einige bildungstheoretische Überlegungen zu erinnern, um die doppelte Codierung von Schularchitekturen genauer in Augenschein nehmen zu können.

Habitusaffinitäten

Auch wenn in den zeitgenössischen Schulen physische Gewalt keineswegs mehr zu den Instrumenten der Disziplinierung zählt, gehen von den zeitlichen Rhythmen, der räumlichen Positionierung, dem Regime der Blicke, den Hierarchien, Kommunikationsmustern und von den Räumen einer Schule beträchtliche soziale Effekte aus.[6] Selbst moderne, reformorientierte Schulen werden von einem „heimlichen Lehrplan" (Zinnecker) regiert, der nicht eben selten das offizielle Curriculum konterkariert.
Betrachtet man nun insbesondere jene Effekte, die von Räumen ausgehen, spricht vieles dafür, dass die schulischen Raum- und Zeitordnungen nicht auf alle Schüler und Schülerinnen gleichermaßen wirken. Vielmehr lassen sich ganz unterschiedliche Aneignungsmuster und Rezeptionsformen beobachten. So weist etwa der französische Soziologe Pierre Bourdieu nach, dass jedes Gebäude wie ein symbolisches Universum organisiert ist. Von dem Eingangsbereich und den Treppenhäusern, von den Wänden und Decken, von den Tischen und Stühlen gehen stumme Signale aus, für die wir leiblich empfänglich sind. Diese „heimlichen Gebote" wirken wie ein Skript, das deren „angemessenen Gebrauch" vorschreibt.[7]
Bildungstheoretisch ist dies insofern interessant, als die Fähigkeit, insbesondere die repräsentativen Gebäude, die von gesellschaftlichen Eliten frequentiert werden, zu nutzen, höchst unterschiedlich ausgeprägt ist: Um ein Elite-

Das Salem-College in klösterlicher Abgeschiedenheit (Architekten: Lederer Ragnarsdòttir Oei) Salem International College, in monastery-like seclusion (architects: Lederer Ragnarsdòttir Oei)

therefore owe their identity and material design not only to provisions and arrangements relating to the educational aims, but also to rival social relationships. Hence, as is demonstrated by debates concerning run-down classrooms and dilapidated lecture halls, as well as by discussions about spectacular new buildings, in the recent past they have become the object of a global *economy of attention*.[1] The so-called Bilbao effect—namely the construction of prestigious buildings by star architects, contributing not only to an upgrading of the urban environment in question, but also producing economically relevant traffic—has long since developed its very own appeal. The function of museums or libraries as prestigious signboards for towns and municipalities is far from new, but it is a practice that has acquired a new dimension within the parameters of intensified competition in globalised societies. It must therefore come as no surprise either that trade associations now see schools, for instance, as important "location factors." This places the main focus, not on issues of local identification or educational ideals alone, but also increasingly on competitive economic aspects. This was the thinking behind the assertion by Günther Beckstein, on the occasion of the 2008 inauguration of the Franconian International School in Erlangen, that schooling and educational policy is the economic policy of the twenty-first century.[2]

Expected Return on Investment

One consequence of this competitive orientation is the increase in recent years in the construction of prestigious school buildings that serve, not least, as incentives and advertising media for cities and municipalities. One example of this is the A. P. Møller-Skolen in Schleswig, opened in 2008, the construction costs amounting to around 70 million Euros, donated by the major Danish shipping company Arnold Mærsk Mc-Kinney Møller. At the official opening, the chairman of the Danish school association referred to the building as a "unique, prized gift," constituting "a new benchmark for school buildings."[3]

This shows that schools are becoming the object of a new focus: municipalities are going to ever greater efforts to attract the financially strong high potentials and the education-orientated creative class[4]—and educational facilities are thus evolving into an important decision criterion in the choice of a place to live. Against this background it must, therefore, come as no surprise that local decision-makers usually favour specific school types, while the investment in a prestigious new building for a bilingual secondary school promises disproportionately higher returns for a municipality than the renovation of a comprehensive secondary school.

The question remains, however, regarding the extent to which this development complies with Western societies' democratic self-image—and with the often repeated assertion that schools promote equal opportunity. There is also the matter of the relationship of architectural discourse on design award-winning school buildings with social and educational objectives and whether the fixation with prestigious new buildings does in fact increase the segregational effects of the German educational system,[5] all the more so because there is some evidence of the competitive pressure between municipalities being directly reflected in the development of the educational infrastructure.

For this very reason, the extent to which differing architectural strategies can promote, neglect or even frustrate educational objectives and requirements for prestige or distinction needs closer consideration. It could prove to be the case that such buildings in particular, which are generally seen as successful examples, are resistant to educational concepts of identification, participation, and assimilation. If we assume that specific requirement profiles also necessitate specific architectural approaches, then it is only to be expected that this might be a potential source of dispute and conflicting interests. Beforehand, however, we need to revisit a number of educational theory considerations in order to be able to approach more closely the dual agenda of school architecture.

Internat tatsächlich „bewohnen" zu können, reicht es eben nicht aus, dass die Eltern die entsprechenden Gebühren entrichten können. Um sich beispielsweise in der strengen, kühl-klösterlichen Ordnung des Salem International College wohlfühlen zu können, ist es ungleich wichtiger, über den entsprechenden Habitus zu verfügen – also über jene Einstellungen, Gewohnheiten und Verhaltensmuster, die erst eine Aneignung der besonderen Angebote ermöglichen. Entsprechend wäre zu unterscheiden zwischen der Gruppe jener, die über die Voraussetzungen verfügen, um sich in einem Elite-Internat unmittelbar „heimisch" zu fühlen, und jenen, welche diese nicht mitbringen – und sich entsprechend deplatziert fühlen. Sie reagieren unter Umständen mit Gefühlen der Beklemmung, so wie jene, die in einem exklusiven Restaurant speisen und realisieren müssen, dass sie weder den herrschenden Dresscodes entsprechen noch mit den unausgesprochenen Verhaltensregeln vertraut sind.

Widerstandspraktiken

Aber auch wenn mit diesen Überlegungen auf einen „blinden Fleck" der Debatte um soziale Ungleichheit verwiesen wird[8], steht eine auf die herrschaftskritischen Aspekte fixierte Perspektivierung ihrerseits in der Gefahr, den

Die Heinz-Galinski-Schule in Berlin (Architekt: Zvi Hecker), Luftbild (links) und Eingangssituation (oben)
Heinz Galinski School in Berlin (architect: Zvi Hecker): aerial view (left) and entrance area (above)

Affinities of Habit

Even though physical violence is certainly no longer one of the instruments of discipline in contemporary schools, the temporal rhythms, the spatial positioning, the visual regime, the hierarchies, the communication patterns, and the spaces in a school exercise considerable social effects.[6] Even modern, reform-orientated schools are ruled by a "secret curriculum" (Zinnecker) that frequently hinders the official curriculum.
If, in particular, we consider the effects of rooms, there is plenty of evidence that school space and time structures do not have the same effect on all school children. Instead, very different assimilation patterns and types of receptiveness can be observed. The French sociologist Pierre Bourdieu demonstrates, for instance, that each building is organised like a symbolic universe. The foyer and the staircases, the walls and the ceilings, the tables and the chairs emit silent signals to which we are physically receptive. These "secret messages" are like a script prescribing their "proper use." [7]
This is interesting from an educational theory perspective in that the ability, in particular, to make use of high-status buildings, which are the territory of the social elite, shows very distinct differences: to actually be able to "attend" an elite boarding school, it is not sufficient that the parents are able to pay the relevant fees. To be able to feel comfortable with the strict, cold, monastery-like regime of Salem International College, for instance, possession of the appropriate habits—namely the attitudes, practices, and behavioural patterns that enable acceptance of particular offer in the first place, is disproportionately more important. There is a corresponding distinction to be made between the group with the prerequisites to feel directly "at home" in an elite boarding school, and those without them, who consequently feel out of place. These react to certain circumstances with the same feelings of anxiety as someone eating in an exclusive restaurant who realises that they are neither familiar with the prevailing dress code nor with the unspoken code of conduct.

Resistance Practices

Even though these considerations reveal a "blind spot" in the debate on social inequality,[8] a perspective focussing solely on authority-relevant aspects runs the risk of underestimating the considerable "obstinacy" of those who populate the classrooms. School buildings do not only promote the development of specific behavioural traits; they also provide a stage for a wide variety of activities in which the school children are always testing themselves. This is a phenomenon that distinguishes school buildings from educational facilities frequented only sporadically, such as libraries, in that the latter are never "occupied" by their users. In classrooms, however, it is not just the restrictive school culture that finds expression; the various youth cultures are no less present here. Underestimating their opposition would be fatal:[9] even though they are not able to completely override the prescribed temporal rhythms nor really ever to determine the furnishing of their classroom themselves, they are usually extraordinarily creative in "shifting" these coordinates.[10] Anyone viewing video studies of lesson practice, for instance, will soon realise that a chair is clearly an object that constantly provokes new use variants: the famous chair "rocking," for example, is an interface between school and youth culture, creating a merger of disciplinary effects and resistant practices.
These observations are certainly nothing new. A study commissioned by the Institut für Schulbau (Institute for School Building) in Stuttgart in the nineteen-seventies investigated where school children spent their breaks and free time. One of the results of the review, which was based, amongst others, on the Osterburken all-day school, was the evidence that designated leisure facilities were hardly used and that the pupils preferred to gather in the corridors and on the stairs.[11] An easy explanation would be to see these findings as indicative of a planning mistake. In fact, it has to be concluded that not even conceptually competent architects are immune to unforeseen forms of use.

beträchtlichen „Eigensinn" jener, welche die Klassenzimmer bevölkern, zu gering zu veranschlagen. Schulgebäude fördern nicht allein eine Herausbildung bestimmter Verhaltensdispositionen; sie bieten auch eine Bühne für die unterschiedlichsten Aktivitäten, in denen sich Schüler und Schülerinnen immer wieder aufs Neue erproben. Dieses Phänomen unterscheidet Schulhäuser von nur sporadisch frequentierten Bildungseinrichtungen wie Bibliotheken insofern, als letztere nie von ihren Nutzern „bewohnt" werden. In den Klassenzimmern aber kommt eben nicht allein die restriktive Schulkultur zum Ausdruck; kaum weniger präsent sind hier die unterschiedlichen Jugendkulturen. Deren Widerständigkeit zu unterschätzen, wäre fatal[9]: Auch wenn sie die vorgegebenen zeitlichen Rhythmen nicht völlig außer Kraft setzen und das Mobiliar ihres Klassenzimmers kaum einmal selbst bestimmen können, so sind sie doch meist überaus kreativ in der „Verschiebung" dieser Koordinaten.[10] Wer etwa Videostudien zur Unterrichtspraxis betrachtet, wird schnell erkennen, dass der Stuhl offensichtlich ein Objekt ist, das immer neue Varianten des Gebrauchs provoziert: Hier, etwa beim berühmten „Kippeln", treffen Schul- und Jugendkultur aufeinander, verschlingen sich disziplinierende Effekte und widerständige Praktiken.
Diese Beobachtungen sind durchaus nicht neu. Bereits in einer in den 1970er Jahren vom Institut für Schulbau in Stuttgart in Auftrag gegebenen Studie wurde untersucht, wo sich Schüler und Schülerinnen während der Pausen und Freistunden aufhalten. Ein Ergebnis der Analyse, die unter anderem die Ganztagsschule Osterburken betraf, bestand im Nachweis, dass vorgesehene Freizeiträume kaum genutzt wurden und sich die Schüler und Schülerinnen stattdessen lieber auf den Gängen und Treppen aufhielten.[11] Nun würde man es sich jedoch zu leicht machen, bewertete man diesen Befund schlicht als Hinweis auf eine planerische Fehlleistung. Vielmehr lässt sich feststellen, dass nicht einmal konzeptuell überzeugende Architekturen gefeit sind vor unvorhergesehenen Nutzungsformen.

Communitybuilding

Unterstellt man, dass die Identifikation mit einem Gebäude eine besondere Qualität von Schularchitektur darstellt, gilt es den unterschiedlichen planerischen Strategien nachzuspüren, die genau hierauf abzielen. Zwei Schulbauten – die von Zvi Hecker entworfene Heinz-Galinski-Schule in Berlin und die von Peter Hübner und seinem Büro plus+ bauplanung erbaute Evangelische Gesamtschule in Gelsenkirchen-Bismarck – machen augenfällig, wie verschieden hierbei vorgegangen werden kann. Während Hecker bei seinem dekonstruktivistischen Gebäude für die Grundschule der Jüdischen Gemeinde auf einen symbolträchtigen Entwurf setzt, steht für Hübner der offene Planungsprozess, an dem Eltern, LehrerInnen sowie SchülerInnen gleichermaßen beteiligt sind, im Vordergrund.
Zvi Hecker bewirkt mit seiner Architektur vor allem eine bemerkenswerte Dynamisierung des Raumgefüges. Die Inszenierung von sich windenden Gängen und überraschenden Ein- und Durchblicken bietet keine rational verständliche Raumordnung, sondern macht erlebbar, dass Orientierung eine jeweils von den Benutzern selbst zu stiftende Leistung ist. Architektur fungiert hier als eine symbolisch aufgeladene Erfahrungsofferte.[12] Das Dekor und die Möblierung der Klassenräume durch die Nutzer hingegen unterscheiden sich freilich kaum von jenem in konventionellen Grundschulen. Insofern orientiert sich die Architektur nicht an spezifischen pädagogischen Praktiken, sondern verkörpert ein Statement, das sich vor allem im Kontext ästhetischer und politischer Diskurse erschließt. Die Jüdische Gemeinde in Berlin hat sich mit diesem Gebäude daher einerseits ein prestigeträchtiges „Denkmal" gesetzt – und profitiert von der repräsentativen Funktion der Architektur. Andererseits widersetzen sich aber die Nutzungspraktiken sowohl der Schüler und Schülerinnen als auch der Lehrer und Lehrerinnen eher der Eleganz des Baukörpers und stellen ihm die ästhetische Konventionalität gängiger Grundschulklassenräume entgegen.

Die Klassenzimer in der Heinz-Galinski-Schule in Berlin (Architekt: Zvi Hecker) sind im Gegensatz zur äußeren Erscheinung des Gebäudes konventionell gestaltet.
Contrary to the building's exterior, the classrooms in the Heinz Galinski School (architect: Zvi Hecker) are designed conventionally.

Community Building

If we assume that identification with a building represents a particular quality of school architecture, then we need to retrace the various planning strategies with this very aim. Two school buildings—the Heinz Galinski Schule (Heinz Galinski School) in Berlin, designed by Zvi Hecker, and the Evangelische Gesamtschule (Protestant Comprehensive School) in Gelsenkirchen-Bismarck, built by Peter Hübner and his plus+ bauplanung practice—are striking examples of how different the approaches can be. While Hecker opted for a deeply symbolic design with his deconstructivist building for the Jewish community's primary school, Hübner's focus was on an open planning process in which parents, teachers, and pupils were able to enjoy equal participation.

Zvi Hecker's architecture has a remarkably dynamic effect on the spatial structure in particular. The orchestration of winding corridors and surprising views and perspectives does not provide for a rationally coherent spatial arrangement; instead, it demonstrates that orientation is an accomplishment to be performed by each user individually. Here architecture functions as a symbolically charged invitation to experience.[12] The decoration and furnishing of the classrooms by the users, on the other hand, in fact, differs very little from that in conventional primary schools. In this regard the architecture does not orientate itself towards specific educational practices, but embodies a statement developing primarily in the context of aesthetic and political discourse. On the one hand the Jewish community in Berlin has created a prestigious "monument" with this building, while also benefiting from the prestigious function of the architecture. On the other hand, however, the usage practices of both the pupils and the teachers tend to conflict with the elegance of the construction and contradict the aesthetic conventions of established primary school classrooms.

The Gelsenkirchen example pursues a different strategy. The architectural design of this school, located in a so-called "social hotspot", derives initially from the charm of a "DIY" eco house. What is unusual, is the open planning process and the competent implementation of educational reform measures. It can be speculated that the building complex would sacrifice none of its integrity if an extension were added on or if the uses of the individual rooms changed. The architectural design of the Gelsenkirchen comprehensive school does not have any elevated cultural aspirations. It refrains from pretentious gestures—and opts for the distinguishing energies unleashed by a participative planning process.

Lines of Conflict

These contrasting examples illustrate not only the challenges presented in the field of school architecture development; opposing strategies are also evident. This demonstrates that discussions on the evolution of school construction

Die Evangelische Gesamtschule in Gelsenkirchen-Bismarck, ein Leitprojekt der IBA Emscher Park (Architekten: plus+ bauplanung Hübner – Forster – Hübner): Klassenhaus 3 mit Blick auf „Rathaus" und Bibliothek.
Protestant Comprehensive School in Gelsenkirchen's Bismarck neighbourhood, a lead project of the IBA Emscher Park (architects: plus+ bauplanung Hübner – Forster – Hübner): classroom block 3 with a view of the "city hall" and the library

Das Gelsenkirchener Beispiel folgt einer anderen Strategie. Die in einem sogenannten sozialen Brennpunkt angesiedelte Schule zehrt in ihrer architektonischen Gestalt zunächst vom Charme eines Ökohauses „Marke Eigenbau". Das Ungewöhnliche besteht hier in dem offenen Planungsprozess und der überzeugenden Umsetzung reformpädagogischer Überlegungen. Der Gebäudekomplex würde – so ließe sich spekulieren – nichts von seiner Integrität einbüßen, käme noch ein Anbau hinzu oder änderte sich die Nutzung einzelner Räume. In der architektonischen Gestalt der Gelsenkirchener Gesamtschule materialisiert sich gerade kein hochkultureller Anspruch. Sie verzichtet auf prätentiöse Gesten – und setzt auf die identifikatorischen Kräfte, die ein partizipativer Planungsprozess freisetzt.

Konfliktlinien

In der kontrastiven Gegenüberstellung dieser Beispiele werden nun nicht allein die Herausforderungen deutlich, die es im Bereich der Entwicklung der Schularchitektur zu beachten gilt – es zeichnen sich auch gegensätzliche Strategien ab. Dabei zeigt sich, dass die Debatten über die Entwicklung des Schulbaus nicht in einem rein ästhetischen oder pädagogischen Raum jenseits gesellschaftlicher Konfliktlinien stattfinden; vielmehr sind Schulen Orte, an denen auch über Teilhabe am gesellschaftlichen Leben und Partizipation am demokratischen Gemeinwesen verhandelt wird. Berücksichtigt man zudem, dass innerhalb der Stadtsoziologie vor einer bedrohlichen Verschärfung der „sozialen Spaltung in den Städten" gewarnt wird[13], scheint es von besonderer Dringlichkeit, künftig größere Anstrengungen in die Entwirrung des skizzierten Geflechts zu investieren. Wenn es zutrifft, dass immer mehr Gemeinden in Konkurrenz zueinander geraten und die segregierenden Effekte des deutschen Schulsystems sich fortschreiben, gilt es, die einzelnen Diskurse nicht isoliert zu betrachten: Die Architektur von Schulgebäuden erzeugt immer auch Bilder, die nicht nur bildungstheoretisch reflektiert werden müssen, sondern auch vor dem Hintergrund knapper Ressourcen mitei-

do not take place within purely aesthetic or educational parameters, removed from lines of social conflict; schools are, in fact, places where societal involvement and participation in democratic communities are debated. If we also take into consideration the fact that urban sociology warns of a threatening intensification of "social rifts in cities,"[13] the investment in the future of greater effort in disentangling the convoluted network outlined here seems to be especially urgent. If it is the case that ever more municipalities are competing with one another and the segregational tendencies of the German school system are on the increase, then individual reports need to be considered out of isolation: the architecture of school buildings always evokes images that require reflection, not only from an educational theory perspective but also against the background of the slender resources of competing municipalities and related segregational effects.

"Schools of To-Morrow"

Comparison of the Heinz Galinski Schule and the Gelsenkirchen comprehensive school demonstrates that even that valuable resource, attention, cannot be gained by prestigious "design architecture" alone. For, however unpretentious the graphic language of the school in Gelsenkirchen seems at first, it has rapidly become an internationally discussed model that has provoked reaction beyond narrow specialist audiences.[14] So, attention can indeed be attracted in the face of increased competition with a limited budget, underpinned by ideas based on participation and democratisation.[15] Very often it is precisely those schools, existing within location-specific problem situations, as well as with limited opportunities, but featuring cooperation between architects and a user community, that can be seen as particularly successful examples of educational architecture. This is not a new perception, of course, because even John and Evelyn Dewey, in their study Schools of To-Morrow (1915), cite examples of schools developed in accordance with location- and user-specific requirements that consequently became vibrant social centres and successful educational facilities. Such efforts need to be extended in the future—not despite the fact that, but precisely because it is not foreseeable that the competition between municipalities is going to become any less vehement.

Notes

1 Georg Franck: *Ökonomie der Aufmerksamkeit. Ein Entwurf.* Munich 1998.

2 Cf.: Hans-Diether Dörfler: "Das große Einmaleins der Wirtschaftsförderung". In: *Trendletter Innovators Club.* http://www.tic-magazin.de/index.php?article_id=69 (accessed on 27.05.2009).

3 Hamburger Abendblatt, 02.09.2008.

4 Cf.: Richard L. Florida: *The Rise of the Creative Class: And How It's Transforming Work, Leisure, Community and Everyday Life.* New York 2004.

5 Cf.: Werner Georg (ed.): *Soziale Ungleichheit im Bildungssystem: Eine empirisch-theoretische Bestandsaufnahme.* Konstanz 2006.

6 Cf.: Ludwig A. Pongratz: *Pädagogik im Prozess der Moderne. Studien zur Sozial- und Theoriegeschichte der Schule.* Weinheim 1989.

7 Pierre Bourdieu et al. (eds): *Das Elend der Welt. Zeugnisse und Diagnosen alltäglichen Leidens an der Gesellschaft.* Konstanz 1997 p. 162.

8 Cf.: Markus Rieger-Ladich, Norbert Ricken: "Macht und Raum: Eine programmatische Skizze zur Erforschung von Schularchitekturen". In: Jeanette Böhme (ed.): *Schularchitektur im interdisziplinären Diskurs.* Wiesbaden 2009 (work in progress).

9 Cf.: Paul E. Willis: *Spass am Widerstand. Gegenkultur in der Arbeiterschule.* Frankfurt/Main 1982.

10 Cf.: Georg Breidenstein: *Teilnahme am Unterricht. Ethnographische Studien zum Schülerjob.* Wiesbaden 2006.

11 Walter Kroner (ed.): *Zur Qualität gebauter Schulumwelt.* Villingen-Schwenningen 1977.

12 Hecker made the following comment about his design: "The school was designed in a form of a flower, as a gift to the children of Berlin." Cited by: Mark Dudek: *Architecture of Schools. The New Learning Environments,* Oxford et al. 2006 p. 200.

13 Hartmut Häussermann: "Städte, Gemeinden und Urbanisierung". In: Hans Joas (ed.): *Lehrbuch der Soziologie.* Frankfurt/Main-New York 2007 p. 622.

14 Cf.: Wüstenrot Stiftung (publ.): *Schulen in Deutschland. Neubau und Revitalisierung.* Stuttgart-Zurich 2004 pp. 332ff.

15 John Dewey, Evelyn Dewey: *Schools of To-Morrow.* Mineola-New York 2008 (1915).

nander konkurrierender Kommunen und den damit verknüpften Segregationseffekten zu betrachten sind.

„Schools of To-Morrow"

Dabei zeigt die Gegenüberstellung der Heinz-Galinski-Schule und der Gelsenkirchener Gesamtschule, dass selbst die kostbare Ressource Aufmerksamkeit nicht allein durch prestigeträchtige „Entwurfsarchitektur" erlangt werden kann: Denn so unprätentiös die Formensprache der Gelsenkirchener Schule zunächst wirkt, ist sie doch rasch zu einem international diskutierten Modellfall geworden, der nicht allein in der engeren Fachöffentlichkeit große Resonanz ausgelöst hat.[14] Es lässt sich daher durchaus auch mit beschränkten Budgets und mit Konzepten, die an Partizipation und Demokratisierung orientiert sind[15], im verschärften Wettbewerb um Aufmerksamkeit bestehen. Und so sind es oft gerade jene Schulen, die aus ortsspezifischen Problemlagen sowie beschränkten Möglichkeiten heraus und in der Kooperation zwischen Architekten und einer Nutzercommunity entwickelt wurden, die als besonders gelungene Bildungsarchitekturen gelten können. Dies ist freilich keine neue Erkenntnis, denn schon John und Evelyn Dewey nennen in ihrer Studie *Schools of To-Morrow* (1915) Beispiele, die nach orts- und nutzerspezifischen Anforderungen entwickelt wurden und gerade dadurch zu lebendigen gesellschaftlichen Zentren und erfolgreichen Bildungseinrichtungen wurden. An diese Bemühungen gilt es künftig wieder stärker anzuknüpfen – nicht obwohl, sondern weil nicht abzusehen ist, dass der Wettbewerb zwischen den Kommunen in seiner Vehemenz nachlassen wird.

Anmerkungen

1 Georg Franck: *Ökonomie der Aufmerksamkeit. Ein Entwurf.* München 1998.

2 Vgl.: Hans-Diether Dörfler: „Das große Einmaleins der Wirtschaftsförderung". In: *Trendletter Innovators Club.* http://www.tic-magazin.de/index.php?article_id=69 (abgerufen am 27.05.2009).

3 *Hamburger Abendblatt*, 02.09.2008.

4 Vgl.: Richard L. Florida: *The Rise of the Creative Class: And How It's Transforming Work, Leisure, Community and Everyday Life.* New York 2004.

5 Vgl.: Werner Georg (Hg.): *Soziale Ungleichheit im Bildungssystem: Eine empirisch-theoretische Bestandsaufnahme.* Konstanz 2006.

6 Vgl.: Ludwig A. Pongratz: *Pädagogik im Prozeß der Moderne. Studien zur Sozial- und Theoriegeschichte der Schule.* Weinheim 1989.

7 Pierre Bourdieu et al. (Hg.): *Das Elend der Welt. Zeugnisse und Diagnosen alltäglichen Leidens an der Gesellschaft.* Konstanz 1997, S. 162.

8 Vgl.: Markus Rieger-Ladich/Norbert Ricken: „Macht und Raum: Eine programmatische Skizze zur Erforschung von Schularchitekturen". In: Jeanette Böhme (Hg.): *Schularchitektur im interdisziplinären Diskurs.* Wiesbaden 2009 (i.E.).

9 Vgl.: Paul E. Willis: *Spaß am Widerstand. Gegenkultur in der Arbeiterschule.* Frankfurt/Main 1982.

10 Vgl.: Georg Breidenstein: *Teilnahme am Unterricht. Ethnographische Studien zum Schülerjob.* Wiesbaden 2006.

11 Walter Kroner (Hg.): *Zur Qualität gebauter Schulumwelt.* Villingen-Schwenningen 1977.

12 Hecker kommentiert seinen Entwurf wie folgt: „The school was designed in a form of a flower, as a gift to the children of Berlin." Zitiert nach: Mark Dudek: *Architecture of Schools. The New Learning Environments*, Oxford et al. 2006, S. 200.

13 Hartmut Häußermann: „Städte, Gemeinden und Urbanisierung". In: Hans Joas (Hg.): *Lehrbuch der Soziologie.* Frankfurt/Main-New York 2007, S. 622.

14 Vgl.: Wüstenrot Stiftung (Hg.): *Schulen in Deutschland. Neubau und Revitalisierung.* Stuttgart-Zürich 2004, S. 332ff.

15 John Dewey/Evelyn Dewey: *Schools of To-Morrow.* Mineola-New York 2008 (1915).

Die Bibliothek der Evangelischen Gesamtschule in Gelsenkirchen-Bismarck (Architekten: plus+ bauplanung Hübner – Forster – Hübner) Library of the Protestant Comprehensive School (architects: plus+ bauplanung Hübner – Forster – Hübner)

SUSANNE HOFMANN

Form Follows Kids' Fiction

Partizipative und interaktive Architektur für Schulen und Kindergärten

Ob es Architekten gefällt oder nicht, die Nutzer der Gebäude, die sie entwerfen, drängen mit ihren Wünschen und ihrem Begehren immer stärker in den Bau- und den Entwurfsprozess der Architektur, die ihr Leben bestimmt. Ob sich die Architekten diese „Einmischung" verbitten, sich isolieren und damit der Kritik der Arroganz und Selbstverliebtheit aussetzen oder ob sie sich beim Entwurf dem Nutzer in einem Mitwirkungsprozess öffnen, ist zu einer existenziellen Frage geworden. „Die Autorität und der elitäre Status des Architekten" sind nicht länger zu halten, sagt der Soziologe Lucius Burkhardt. Der britische Architekturtheoretiker Jeremy Till spricht in diesem Zusammenhang von einem Eindringen der Nutzerbegierden in die *comfort zone* der Architekten, die noch immer an den dereinst von Vitruv publizierten Grundsätzen der Nützlichkeit, der Schönheit und der Konstruktion festhielten. Zumindest der Grundsatz der Nützlichkeit wird ausgehöhlt, wenn der Kommunikationsprozess zwischen Architekt und Bauherren respektive den Nutzern gestört ist, weil Architekten glauben, besser zu wissen, was die Nutzer ihrer Architektur brauchen als diese selbst.

Aber stört die Partizipation wirklich den sorgfältig ausgearbeiteten Architekturplan und missachten die Nutzer tatsächlich die Wertewelt wohlproportionierter und akademisch errechneter Architektur oder bringt nicht gerade ihre Einbindung und die Auseinandersetzung mit ihren Ideen genau die notwendige Verknüpfung mit der alltäglichen Wirklichkeit? Dieses Verfahren kann bedeuten, dass der Architekt einen Teil seiner Kontrolle über das Entwurfs- und Baugeschehen abgeben muss, aber es muss nicht bedeuten, dass er seine schöpferische Kreativität einschränkt und damit zum bloß technisch Ausführenden der Nutzervorstellungen wird. Das Wissen der „Leute" um ihre Ansprüche an die Nutzung und das Erleben von Räumen ist ein gesellschaftliches Potenzial, das in der Architektur Berücksichtigung finden muss, wenn eine stärkere Identifikation der Nutzer mit ihrem Gebäude erreicht werden soll, die wiederum eine höhere gesellschaftliche Akzeptanz der Architektur unterstützt. Darauf sind Architekten angewiesen, wenn sie sozial, ökonomisch und ökologisch nachhaltig bauen wollen. Partizipation kann also auch für ihre Arbeit durchaus bereichernd und anregend sein.

Es hat sich mittlerweile auch die Erkenntnis weitgehend durchgesetzt, dass die Atmosphäre eines Gebäudes mindestens so wichtig ist wie seine tatsächliche materielle Gestaltung und Ausführung. Wir spüren oft instinktiv, wie sehr sich die Atmosphäre eines Ortes oder Raumes ganz unmittelbar auf unser Wohlbefinden auswirkt. Und natürlich gehört es zu den wichtigen Aufgaben des Architekten, diese Qualität durch die – mehr oder weniger – bewusste Gestaltung der architektonischen Form, den Einsatz von Materialien und Farben, natürlicher und künstlicher Beleuchtung oder die Einbindung in den Ort zu erzeugen.

Die bewusste Auseinandersetzung mit der Atmosphäre eines zu entwerfenden Gebäudes kann aber darüber hinaus auch zu einem wichtigen Kommunikationsmittel werden, mit dem die zukünftigen Nutzer ihre Vorstellungswelten einbringen und sich so am Entwurfsprozess beteiligen können. Weder Kinder noch viele

Eine mit den Schülern und Schülerinnen der Evangelischen Schule Berlin Zentrum (ESBZ) im Rahmen eines Partizipationsprozesses erarbeitete „Lichterzählung" A "Lichterzählung" (Light Story) developed with the pupils at the Protestant Secondary School in central Berlin (ESZB) as part of a participatory process

SUSANNE HOFMANN

Form Follows Kids' Fiction

Participatory and Interactive Architecture for Schools and Nurseries

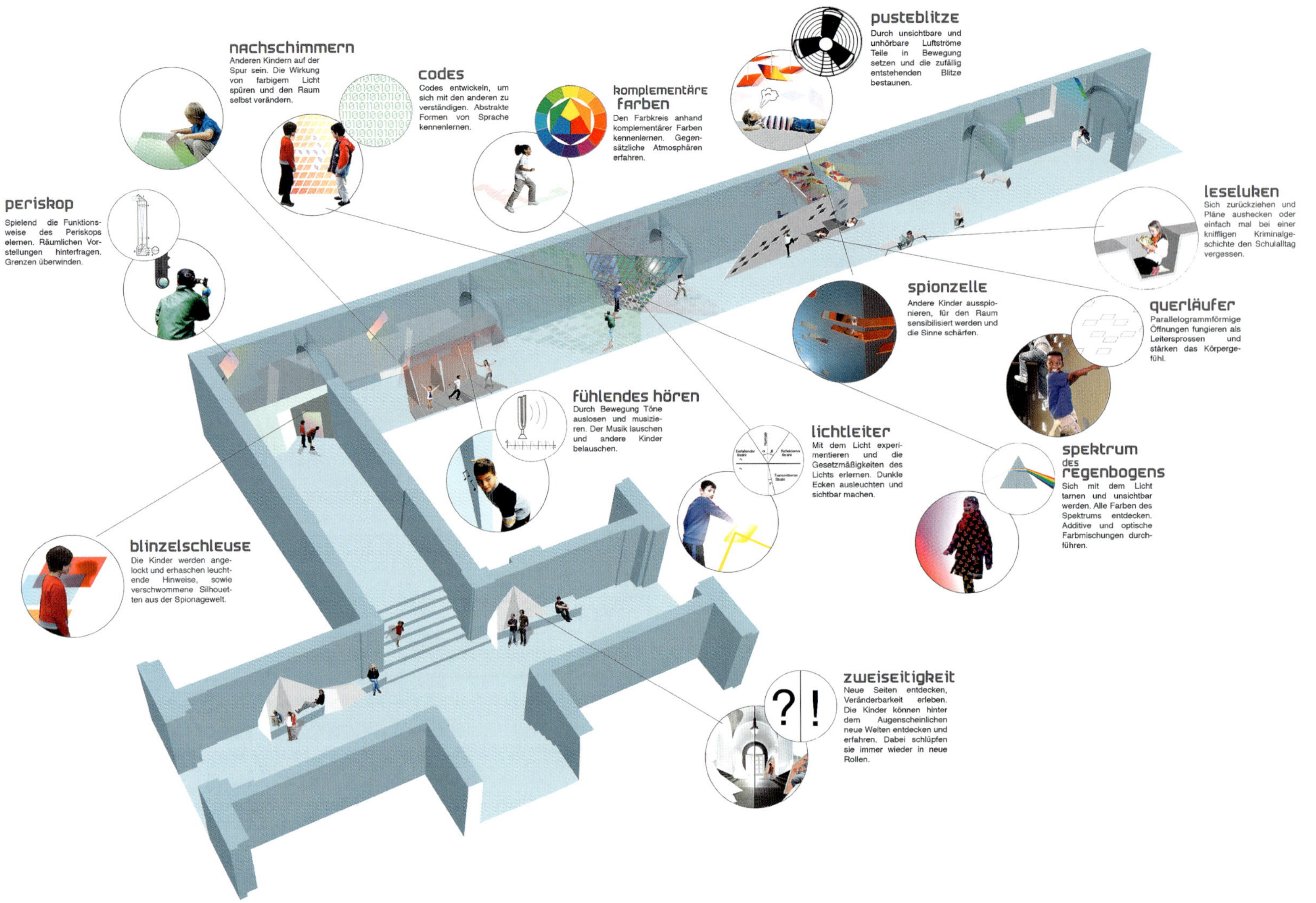

erwachsene Laien können sich über Grundrisse oder Schnitte austauschen. Die Kommunikation über Atmosphären umgeht dagegen den festgelegten Code des Plans und erleichtert es, auch komplexe, jedoch oft unbewusste und schwer vermittelbare Bedürfnisse und Wünsche zum Ausdruck zu bringen.[1] Die sinnliche Erfahrung der Architektur wird dabei zu einem wichtigen Element der Kommunikation. Sie basiert auf dem gegenseitigen Wissen um die atmosphärische Wirkung des Raumes.

Das sind wesentliche Erkenntnisse meiner theoretischen und praxisorientierten Arbeit mit den Baupiloten an der TU Berlin. Seit 2003 besteht dieses Studienreformprojekt als ein Joint Venture meines Architekturbüros mit der TU Berlin. Die Studierenden realisieren unter meiner Anleitung Bauten vom Entwurf bis zur Baubetreuung mit direkter Beteiligung der Nutzer.[2] Als ein Schwerpunkt unserer Arbeit hat sich der Entwurf von Kindertagesstätten und Schulen herausgebildet.

Schulkinder und Jugendliche sind für das Leben, welches sie in Schulen verbringen, Experten und aus diesem Grund sind ihre Ansprüche an die atmosphärische Umgebung entscheidend für den Entwurf von Schulen. Lehrerinnen und Lehrer sind wiederum Experten der Pädagogik, aber auch für ihren Arbeits- und Lebensraum Schule. Sie schöpfen ihr Wissen aus alltäglichen

Die Carl-Bolle-Schule in Berlin-Moabit arbeitet nach dem pädagogischen Prinzip „Entdeckendes Lernen“. Das wurde zum Hintergrund für die Gestaltung eines neuen Freizeitbereiches der Schule, die der Geschichte des „Spions mit dem schillernden Deckmantel“ folgt.

Carl Bolle Primary School in Berlin's Moabit neighbourhood works according to the pedagogical principle of "Discovery Learning." This inspired the design of the school's new leisure area, which is based on the story of the "Spy with the Shimmering Cloak."

Whether architects like it or not, the users of the buildings they design are becoming ever more insistent that their wishes and desires be incorporated into the building and design process of the architecture that determines their lives. Whether architects refuse to tolerate this "interference", isolate themselves, and thereby leave themselves open to accusations of arrogance and self-regard, or whether they open themselves to users in a cooperative process at the design stage, has become an existential question. "The authority and the elite status of the architect," according to the sociologist Lucius Burkhardt, can no longer be upheld. The British expert on architectural theory, Jeremy Till, talks of the intrusion of users' desires into the "comfort zone" of architects, who are still holding on to the principles, laid down long ago by Vitruvius, of usefulness, beauty, and construction. The principle of usefulness, at the very least, will turn out hollow if the process of communication between architect and client is flawed with regard to the users because the architects believe that they know better than the users what the latter need in their architecture. But does participation really disrupt the carefully worked out architectural plan and do users actually have no regard for the world of well-proportioned and academically calculated architectural values, or is it not, in fact, their very integration and the discussion of their ideas that provides the necessary link with everyday reality? This process can mean that the architect has to surrender part of his or her control of the design and construction process, but it does not have to mean that originality and creativity are limited and the architect is, therefore, only the person carrying out the technical implementation of the users' ideas. What "people" know about the demands they have for the use and experience of spaces is a potential social resource, which must be taken into account in architecture if a stronger identification of the users with their buildings is to be achieved, which in turn supports social acceptance of the architectural design. Architects will have to rely on this if they are to build in a socially, economically, and ecologically sustainable manner. Participation can, of course, also have an enriching and stimulating effect on their work.

The realisation that the atmosphere of a building is at least as important as its actual material construction and equipment has now become widely accepted. We are often instinctively aware of the way the atmosphere of a place or room very directly affects our well-being. And, of course, it is one of the architect's most important tasks to create this quality by—more or less—conscious design of the architectural form, the use of materials and colours, natural and artificial light, and integration into the surroundings.

Conscious consideration of the atmosphere of a building to be designed can, however, also become an important means of communication, which future users can employ to bring in their own ideas and visions and thus take part in the design process. Neither children nor many adults outside the profession are able to exchange views on ground plans or sections. Communication about atmosphere will, on the other hand, circumvent the fixed code of the plan and make it easier to express even complex, but often unconscious, needs and ideas that are often difficult to communicate.[1] The sensory experience of architecture will thereby become an important element of communication. It is based on the mutual knowledge of the atmospheric effect of the space.

These are the essential findings of my theoretical and practice-oriented work with Baupiloten at the TU Berlin (Technical University of Berlin). This study reform project has existed since 2003 as a joint venture between my architectural practice and the TU Berlin. Under my direction, the students create buildings from design to building supervision stage with the direct participation of the users.[2] The design of crèches, nurseries, and schools has become the focal point of our work.

Schoolchildren and young people are experts on the time they spend in school and, for this reason, the demands they make regarding the atmosphere of their environment are decisive for the design of schools. Teachers are experts

Erfahrungen des praktischen und des sinnlichen Erlebens. Wenn Synergien zwischen Pädagogik und Architektur entdeckt und herausgearbeitet werden können, kann Architektur für die Pädagogik katalysatorische Wirkung entfalten. Deshalb steht das Denken in Atmosphären von Anfang an im Mittelpunkt unseres Entwurfs. Dabei haben wir je nach Alter der Nutzergruppen sehr unterschiedliche Verfahren entwickelt, die ich im Folgenden beispielhaft erläutern möchte. Für alle Projekte haben die Baupiloten mit den Nutzergruppen gemeinsame Workshops veranstaltet. Die dabei eingesetzten Instrumente unterscheiden sich nach dem Alter der späteren Akteure. Wesentlich sind bei dieser Arbeit konzeptionelle und künstlerische Anregungen, die gezielt außerhalb des schulischen Kontextes gesucht werden.

Umbau der Carl-Bolle-Grundschule in Berlin-Moabit (2006–2008)

Im Zuge der Umstellung auf einen Ganztagesbetrieb sollte in das denkmalgeschützte Gebäude der Carl-Bolle-Grundschule in Berlin-Moabit (Architekt: Ludwig Hoffmann, 1903) ein Freizeitbereich eingebaut werden, der den Schülern einen rhythmisierten Wechsel zwischen Lern- und Freizeit gestattet. In den verschiedenen mit den Schülern veranstalteten Workshops entstand die Geschichte des „Spions mit dem schillernden Deckmantel“, die dann zu einem „Storyboard“ für die Gestaltung eines bisher unzugänglichen, geräumigen Flurbereiches wurde. Aber nicht die Figur des Spions oder sein direktes Abbild wurden zum Gegenstand der Gestaltung, sondern räumliche Qualitäten, die das Verstecken und das Entdecken, das Sehen und das Gesehen werden, das Suchen und Finden und so weiter thematisieren. In der Raumgestaltung findet sich dies unter anderem in Materialien wieder, die nur von einer Seite durchsichtig sind und von der anderen farbig spiegeln. Es gibt Wände, die mithilfe von MP3-Playern Geschichten erzählen, geheime Gänge und Beobachtungspositionen. Die Kinder kommen durch das Erlebnis der neuen Architektur und ihrer akustischen und optischen Raumphänomene dem Spion auf die Spur. Zu sehen ist er aber nicht. Die Kinder haben Bewegung an Kletterwänden, nehmen den Raum aus immer unterschiedlichen Perspektiven wahr, können sich in Leseluken zurückziehen und spielerisch ernsthafte naturwissenschaftliche Beobachtungen machen. An dieser Idee haben sie selbst mitgearbeitet und die Baupiloten angeregt, ihre Neugier und ihren Entdeckergeist zu beflügeln.

Partizipationsprozess für die weiterführende Evangelische Schule Berlin Zentrum (ESBZ) (2008)

Der Partizipationsprozess kann nicht schematisch entwickelt werden, er muss dem Alter und der Zusammensetzung der Nutzergruppe entsprechend aufgebaut werden. Die jugendlichen Schüler der Carlo-Schmid-Oberschule

Die Eingangshalle der Carl-Bolle-Schule in Berlin-Moabit hat zwei Gesichter, die sich dem Ankommenden (oben) und dem Hinausgehenden (rechts) sehr verschieden präsentieren. The entrance hall of the Carl Bolle Primary School has two very different faces, which it presents to those arriving (above) and leaving (right).

Tiefseeschaukel

Bewegungsinsel

Kletterstuhl

Klettergletscher

der geheime Beobachter

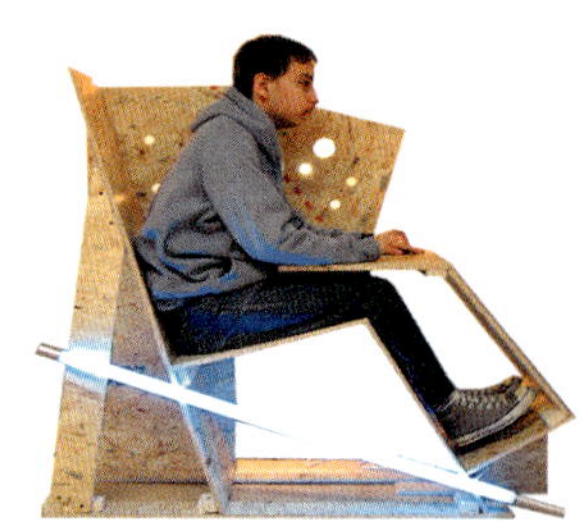

Forsch-Kapsel

In einem Workshop der Baupiloten mit den SchülerIn-nen der Carlo-Schmid-Oberschule in Berlin-Spandau entwickelte „body extensions" "Body extensions" were developed in one of Baupiloten's workshops with the pupils of the Carlo Schmid Secondary School in Berlin's Spandau district.

in education, but also in the space in which they spend their working life, the school. They gather their knowledge from everyday practical and sensory experience. If points of synergy can be discovered between education and architecture and worked upon, architecture can develop education like a catalyst. This is why thinking of atmosphere is central to our design right from the start. We have developed very different procedures for this purpose, based on the ages of the user groups, and in the following I would like to take some of these as examples and describe them. Baupiloten have held workshops together with the user groups for all projects. The instruments deployed vary according to the age of those taking part. The essential components of this work are conceptional and artistic stimuli, which have to be specifically sought outside the school context

Modification of the Carl-Bolle-Grundschule in Berlin-Moabit (2006-2008)

As part of the school's conversion to all-day opening, a leisure area was to be incorporated into the listed building of the Carl-Bolle-Grundschule (Primary School) in Berlin-Moabit (architect: Ludwig Hoffmann, 1903). Its purpose was to enable pupils to alternate in rhythmic fashion between learning and leisure time. In the various workshops held with the pupils, the story of the "Spy with the Shimmering Cloak" was created, which was then made into a storyboard for the design of a previously inaccessible, spacious corridor area. But it was not the figure of the spy or his direct image that became the object of the design, but spatial qualities on the themes of hiding and discovery, seeing and being seen, searching and finding, and so on. This is found in the design of the space in, among other things, materials that are transparent on one side only and reflect colourfully on the other. There are walls that tell stories with the aid of MP3 players, secret passages, and observation points. Through experiencing the new architecture and the acoustic and visual phenomena of its space, the children find themselves on the track of the spy. Yet he cannot be seen. The children experience movement on climbing walls, perceive the space from ever-changing perspectives, are able to withdraw into reading nooks, and can make playful yet serious scientific observations. They themselves have worked on this idea and encouraged Baupiloten to enable their curiosity and spirit of discovery to soar.

Participation Process for Weiterführende Evangelische Schule Berlin Zentrum (ESBZ) (2008)

The participation process cannot be developed in a prescribed manner: it must be built up in a way that corresponds to the age and the composition of the user group. The young students in the Carlo-Schmid-Oberschule in

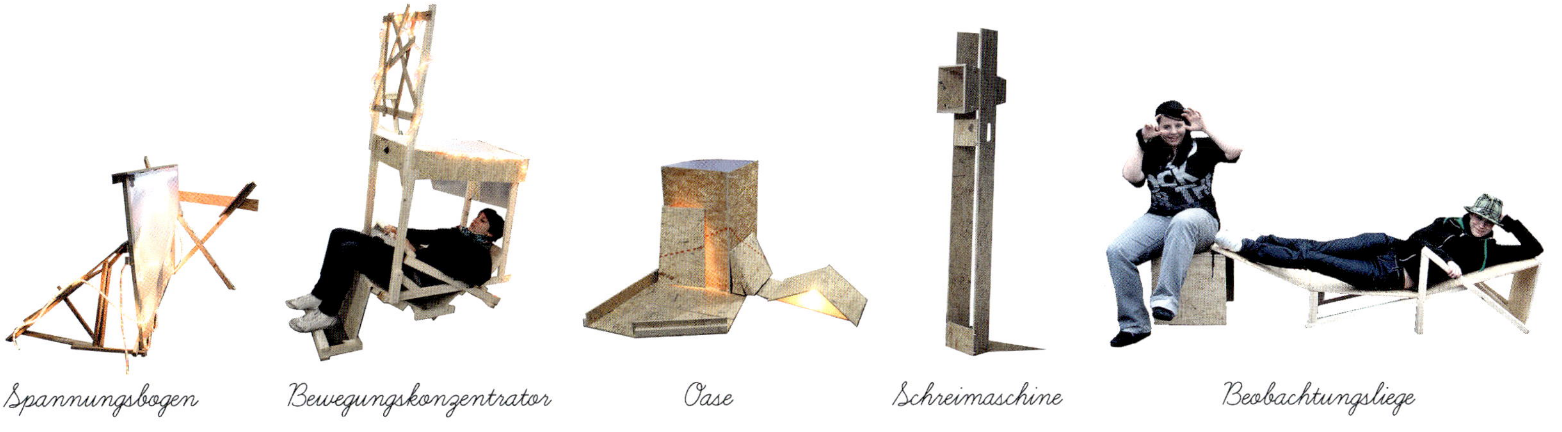

in Berlin-Spandau (Projekt seit 2008) entwickelten mit den Baupiloten beispielsweise nach atmosphärischen Untersuchungen möbelartige „body-extensions" im Maßstab 1:1 als Anregung für neue „Lerninseln" in ihrer Schule.
Ein ganz eigenes Partizipations- und Interaktionsmodell haben die Baupiloten für die Jugendlichen (Klassenstufe 6 und höher) der neu gegründeten weiterführenden Evangelischen Schule Berlin Zentrum (ESBZ) entwickelt. Als geeignetes Kommunikationsmedium für diesen Prozess wurde Film gewählt.
Es galt, Ideen für die Gestaltung eines neuen und zentralen Ortes in dem bestehenden Komplex eines DDR-Plattenschulbaus zu entwickeln. Konkret sollte ein Forum mit Bühne entstehen, das auch abwechselnd als Aula oder Mensa genutzt werden kann. Die Baupiloten richteten ein Studio im Schulgebäude ein, um gemeinsam mit den etwa 100 Jugendlichen, ihren Eltern und Lehrern an der Konzeption ihres Schulgebäudes zu arbeiten.
Im ersten Schritt spürten die Schüler und Schülerinnen in Begleitung der Baupiloten ihre Lieblingsorte in der Stadt auf, setzten sich mit deren Aufenthaltsqualitäten filmisch auseinander und suchten dann einen konkreten Anwendungsort ihrer Raumideen auf dem Schulgelände. Aus dem noch rohen Filmmaterial erarbeiteten die Baupiloten einen einminütigen Clip. In steten Verhandlungen mit den Schülern wurden diese Clips kritisch diskutiert, Szenen und Standbilder ausgesucht. Mit Selbstporträts und Standbildcollagen versetzten sich die Jugendlichen dabei in die von ihnen entworfenen „Welten". In intensiver Zusammenarbeit mit dem Medienkünstler Philipp Geist entstanden daraufhin aus diesen Clips Videoprojektionen an den ausgewählten Orten in der Schule. 13 Lichterzählungen ließen in und um den Plattenbau neue Räume erscheinen und gaben einen sinnlichen Startschuss für die Transformation der Schule. Der Platz unter einem Baum wurde zu einem „Rendezvous Theater", die Turnhalle zur „Kontaktstelle", zwei Gebäudestirnseiten verwandelten sich in einen „geheimen Garten", in einem Waschbecken versteckte sich eine „kleine Welt".
Die Stimmungsqualitäten der neu entstandenen Räume waren dann die Grundlage für die architektonische Ausarbeitung der Baupiloten, mit deren Hilfe Parameter wie die Öffnung der Schule zum umgebenden Stadtteil oder die Anordnung des Forums als ihr Herzstück in dem Gebäudekomplex als Grundlage für den danach veranstalteten Architektenwettbewerb festgelegt werden konnten.

Kommunikation über Atmosphären

Aus diesen und einigen anderen Projekten, die die Baupiloten bearbeitet haben, lässt sich der Schluss ableiten, dass in der Kommunikation über Atmosphären ein Schlüssel für die Interaktion zwischen Architekten und Nutzern liegt. Kinder wie auch Erwachsene können spielerisch ihre Wunschwelten mitteilen. Collagen aus vorgefundenen Bildern, gemalte Bilder, Modelle, aber auch die Ergebnisse gezielt konzipierter Planspiele, Interviews, gemeinsam erfundene Geschichten oder der Film und dessen räumliche Projektion können ein solches Medium sein. Architekten haben die Möglichkeit, aus den so formulierten Wunschvorstellungen atmosphärische Modelle zu entwickeln, in die sich die Nutzer wiederum hineinversetzen und sie so konkret erfahren können. Hier beginnt ein dialektischer Prozess, in dem sich die Kinder wie Erwachsene anschaulich artikulieren und auch Sinnesreize benennen, die für ihre Lebensumwelt wichtig sind.

Anmerkungen

1 Siehe auch den Beitrag von Silke Edelhoff in diesem Band, Seite 44-48.

2 Meine Doktorarbeit zum Thema „Atmosphären als partizipative Entwurfsstrategie" steht vor dem Abschluss.

Partizipationsprozess an der Evangelischen Schule Berlin Zentrum   A participatory process at the Protestant Secondary School Berlin Zentrum

Berlin-Spandau (a project since 2008), for example, worked with Baupiloten, after studies on atmosphere, to develop furniture-like "body extensions" as a stimulus for new "learning islands" on a scale of 1:1 in their school.
Baupiloten have devised their very own participation and interaction model for the young people (German Year 6 and above--approximately twelve years old or older) in the newly founded Weiterführende Evangelische Schule Berlin Zentrum (ESBZ; Protestant Secondary School Berlin Zentrum). Film was chosen as a suitable medium of communication for this process.
The intention was to develop ideas for the design of a new, central location, within the existing complex of a school building, in the prefabricated concrete slab style of the former German Democratic Republic. The plan was for a forum with a stage to be created that could also be used, alternatively, as a school hall or school canteen. Baupiloten set up a studio within the school to work together with about one hundred young people, their parents, and their teachers on the design of their school building.
The first stage was for the pupils, accompanied by Baupiloten, to search out their favourite places in the city, to display their qualities on film, and to look for a place within the school grounds where their spatial ideas could be put into practice. Baupiloten processed the raw film material to produce one-minute clips. In ongoing discussions with the students, these clips were critically discussed, and scenes and stills were selected. As part of this process, the young people placed themselves in the "worlds" they had designed, using self-portraits and collages of stills. Intensive cooperation with the media artist Philipp Geist then used these clips to create video projections at the selected places within the school. Thirteen light shows allowed new rooms to appear in and around the prefabricated concrete building and provided a sensory starting point for the transformation of the school. The space under a tree became the "Rendezvous Theatre", the gym became the "Contact Space", two front façades of the building were transformed into a "Secret Garden", and a "Small World" was hidden in a washbasin. The mood of the newly created rooms then became the foundation for the architectural work by Baupiloten, with the help of which, parameters, such as how the school was to open toward the neighbouring city district or the arrangement of the forum as the central place within the building complex, were set to become the foundation for the architectural competition subsequently held.

Communication about Atmosphere

From these and several other projects worked on by Baupiloten, we can draw the conclusion that communication about atmosphere is crucial for the interaction between architects and users. Both children and adults can playfully communicate the worlds they desire. Collages of found images, painted pictures, models, but also the results of targeted planning games, interviews, storytelling, or film and its spatial projection, can serve as such a medium. Architects have the opportunity to develop models of atmosphere from the requirements thus formulated, in which the users, for their part, can imagine themselves and thus experience them directly. This is the start of a dialectical procedure in which both children and adults can clearly articulate and also nominate sensory stimuli that are important for the environment they live in.

Notes

1 See also Silke Edelhoff's contribution in this volume, pp. 45-49.

2 My PhD thesis on the topic "Atmosphären als partizipative Entwurfsstrategie" (Atmosphere as a participative design strategy) will shortly be completed.

CLAAS GEFROI

Mitmachen und Lernen

Science Center in Bremerhaven und Stralsund

Seit geraumer Zeit erhalten die klassischen Museen in Deutschland Konkurrenz durch Science Center, in denen das Mitmachen und Erleben im Vordergrund steht. In diesen *Hands-on*-Museen amerikanischer Herkunft werden die Besucher zu Akteuren: Wissen soll nicht durch Anschauen und Lesen erlernt, sondern durch sinnliches Erfahren und spielerisches Ausprobieren angeeignet werden.
Science Center sind deshalb geprägt von Experimentierstationen, Exponaten zum Anfassen und komplexer Medientechnik. Die Erforschung, Interpretation und Präsentation von Originalen, seit der Aufklärung Kern der europäischen Museumsidee, spielt dabei bestenfalls noch eine untergeordnete Rolle. Und anders als im Museum ist hier eine kritisch-distanzierte Haltung in Bezug auf das Gezeigte kaum möglich, und auch nicht gewollt. Die Ausstellungsgegenstände, zumeist Reproduktionen und Versuchs- oder Mitmachobjekte, sind Teil einer allumfassenden Inszenierung. So nähern sich Science Center wieder der Frühform unserer Museen an, den Wunderkammern, die beim Besucher Erstaunen und Verwunderung hervorrufen. Das birgt Gefahren: wenn der emotionalen Überwältigung keine Erkenntnis folgt oder aber die Grenze zur Manipulation überschritten wird.

Global und lokal

Dennoch gibt es mittlerweile Dutzende solcher Erlebniswelten in Deutschland, die sich zunehmend mit der Lebenswelt unseres Planeten befassen – gerade im norddeutschen Raum. Dabei ist zwischen zwei Typen zu unterscheiden: Center wie das Universum (Bremen) und das Klimahaus (Bremerhaven) folgen globalen, nicht ortsspezifischen Themen; Einrichtungen wie das Ozeaneum (Stralsund) oder das Müritzeum (Waren/Müritz) sind hingegen dem Naturraum ihrer jeweiligen Standorte gewidmet. Entsprechend unterscheiden sie sich in Größe, Ausrichtung und Gestaltung.

Breitenbildung als strategische Maßnahme für die Region

Das Universum und das Klimahaus sind zuvorderst strategische Investitionen in eine wirtschaftlich stagnierende Region. In Bremerhaven ist dabei nahe dem traditionsreichen Deutschen Schifffahrtsmuseum mit den Havenwelten ein touristischer Cluster mit Zoo, Hotelhochhaus, Science Center und dergleichen mehr entstanden. Ob die in Nutzung und Gestaltung äußerst heterogene Ballung von Großprojekten direkt an der Weser tatsächlich zu den erhofften Synergieeffekten führt, bleibt abzuwarten. Das erst vor Kurzem eröffnete Klimahaus Bremerhaven 8° Ost ist ein weiterer architektonischer Solospieler. Die eigenwillige Form des Baukörpers, die man als Amöbe, Wal oder Wolke interpretieren mag, stammt vom Architekten Thomas Klumpp, der bereits das ähnlich solitärhafte Universum entworfen hat. Wie bei fast allen Science Centern bleibt die Abkoppelung des Äußeren vom Inneren gestalterisch problematisch: Der Baukörper ist tatsächlich nicht mehr als eine Hülle; im Inneren findet sich im Regelfall eine Ansammlung von *black boxes*, also Räumen ohne optische und

CLAAS GEFROI

Join in and Learn

Science Centres in Bremerhaven and Stralsund

Universum Bremen (Architekt: Thomas Klumpp): Die große Form für die globalen Themen unserer Lebenswelt Universum Bremen (architect: Thomas Klumpp): our global environment issues presented in a generous shape

For quite some time now, classical museums in Germany have been facing competition from science centres, whose special emphasis is on participation and experience. Visitors become actors in these hands-on museums, originally established in America: knowledge is appropriated through sensual experience and playful experiment rather than through looking and reading.

Science centres are therefore characterised by experimentation stations, touchable exhibits and complex media technology. The research, interpretation, and presentation of originals, which has formed the core of European museum concepts since the enlightenment, has, at most, a secondary role. In contrast to museums, a critical and distanced approach to exhibits is neither possible nor intended. The exhibits—usually reproductions and test or participation objects—are part of an all-encompassing orchestration. Science centres are thus closer to early museum-like chambers of wonder, which drew astonishment and amazement from visitors. They can also harbour dangers: when emotional overpowering is not followed by insight or when the boundaries to manipulation are overstepped.

Global and Local

Nevertheless, dozens of science centres, which increasingly address the environment of our planet, have since been established in Germany—particularly in the north. There are two main types: centres like the Universum (Bremen) and the Klimahaus (Bremerhaven)

akustische Verbindung zur Außenwelt. Zeigt das Universum dies mit seiner Metallfassade noch deutlich, gibt sich das Klimahaus transparent und transluzent - ohne es zu sein. Hinter der aufwändig gekurvten Stahl-Glas-Hülle verbergen sich Betonwände und das Belüftungssystem. Wer das Gebäude durch die zentrale Eingangshalle betritt, ist folglich verwirrt: Was außen homogen erschien, zerfällt im Inneren in mehrere Gebäudeteile.
Damit nicht genug: Statt eines Rundgangs durch alle Räume gibt es mehrere Ausstellungsbereiche auf verschiedenen Ebenen mit jeweils eigenen Eingängen (Ausstellungsgestaltung: Kunstraum GfK mbH), die alle einzeln aufgesucht werden müssen - was infolge der unübersichtlichen Gebäudestruktur und eines unbefriedigenden Leitsystems recht schwierig ist. Die zentrale Idee, die Klimazonen unseres Planeten auf einer imaginären Reise entlang des (durch Bremerhaven verlaufenden) achten Längengrads zu entdecken, leidet unter diesem Überfluss, genauer, unter den zusätzlichen Ausstellungsbereichen „Elemente" (Experimente zu Klima und Wetter), „Perspektiven" (über den Klimawandel und seine Auswirkungen) sowie „Chancen" (Möglichkeiten zum Klimaschutz). Dies sind alles bedeutsame Themen - und doch wären deren stärkere Integration in die Haupterzählung und ein unmittelbarer Bezug zu den jeweils vorgestellten Orten empfehlenswert gewesen.

Schweizer Bergbauern oder norddeutsche Halligbewohner

Ansätze dazu gibt es: Wenn Schweizer Bergbauern oder norddeutsche Halligbewohner über ihre Erfahrungen berichten, wird anschaulich, wie der Klimawandel sich bereits auf Umwelt und Lebensweisen auswirkt. Diese persönlichen Erzählungen aus verschiedenen Klimazonen der Welt - in jeweils zwei Minuten kurzen Filmen dokumentiert - ermöglichen einen einzigartigen, weil unverfälschten Blick auf unterschiedliche Lebenswelten rund um den Globus. Das inszenatorische Feuerwerk um die Ausstellung herum ist teilweise recht originell und kurzweilig, das Verständnis steigert es jedoch nur mäßig: Muss man wirklich bei 30 Grad schwitzen oder bei Minusgraden frieren, um sich das heiße Kamerun und die eisige Antarktis vorzustellen? Was lerne ich durch simulierten Kuhmistgeruch über Schweizer Almen? Und was macht den Reiz möglichst realistisch gestalteter Kulissenwelten aus, wenn heute jeder Pauschaltourist das Original in Afrika problemlos per Flugzeug erreichen kann?
Ein anderes Konzept hat man in Stralsund gewählt. Seit fast 50 Jahren beherbergt dort das alte Katharinenkloster das noch heute beliebte Deutsche Meeresmuseum, ein hochinteressantes Naturkundemuseum alten Typs mit Ausstellungen zu Meereskunde, Fischerei sowie zu Flora und Fauna der Ozeane. Als man um eine Erweiterung nicht umhin kam, war schnell klar, dass der Neubau nach neuesten museumspädagogischen Erkenntnissen gestaltet werden sollte - ohne den wissenschaftlichen Hintergrund zu leugnen. So ist das Ozeaneum kein Science Center herkömmlichen Typs, sondern eher eine Vorwegnahme des naturkundlichen Museums der Zukunft.

Stadtverträglich und gut organisiert

Schon die bauliche Struktur zeigt dies: Das von Behnisch Architekten (Stuttgart) entworfene Gebäude direkt am Hafen besteht aus vier mit weißen Stahlblechen verkleideten, gerundeten Baukörpern - eine Komposition wie „vom Wasser umspülte Steine" (Architekten). Die Gliederung in mehrere Baukörper öffnet den großen Komplex und reduziert ihn auf ein stadtverträgliches Maß - eine Rücksichtnahme, die wichtig ist inmitten der zum Weltkulturerbe erklärten Altstadt. Die vier „Kiesel", die in ihrem Inneren die lichtempfindlichen Großaquarien bergen, sind miteinander verbunden durch eine große gläserne Halle für Erschließung, Foyer, Shop und Restaurant.
Anders als in Bremerhaven gibt es hier einen einzigen Rundgang, der sich zudem aufgrund der funktionalen Anordnung der Baukörper intuitiv erschließt. Der Aufteilung in vier Gebäude entspricht die Struktur der Ausstellung mit

Müritzeum in Waren (Architekt: Gert Wingårdh): Die Form der Arche entspricht der Aufgabe dieses Museums, der Information zum Natur- und Artenschutz. Rechts: Inszenierung der Naturräume, nur durch eine Glasscheibe getrennt Müritzeum in Waren (architect: Gert Wingårdh): the shape of the ark corresponds to this museum's task of providing information on nature and species conservation. Right: the design of the nature rooms separates them only with glass panels.

cover global, non place-specific topics, while facilities such as the Ozeaneum (Stralsund) or the Müritzeum (Waren/Müritz) are dedicated to the natural space of their respective environments. They correspondingly differ in size, focus, and design.

General Education as a Strategic Investment Measure for the Region

The Universum and the Klimahaus are, first and foremost, strategic investments in an economically stagnating region. A tourism cluster with a zoo, high-rise hotel, science centre and so forth has thus been established in Bremerhaven, close to the tradition-steeped German Maritime Museum with its harbour worlds. It remains to be seen whether this agglomeration of large projects on the River Weser, which are extremely heterogeneous in function and design, will really lead to the desired synergy effects. The recently opened Klimahaus Bremerhaven 8° Ost is a further architectural solo player. Its unconventional shape, which can be interpreted as an amoeba, a whale or a cloud, was created by the architect Thomas Klumpp who also designed the equally solitaire Universum.

As in the case of most science centres, the disconnection between the design of interior and exterior remains problematic: the building volume is, in fact, no more than a mantle, usually with a collection of black boxes inside—rooms without visual and acoustic connection to the outside world. While the metal façade of the Universum clearly reflects this, the Klimahaus appears transparent and translucent without really being so. Concrete walls and a ventilation system are concealed behind the steel-glass envelope. After entering the building through the central entrance hall, confusion arises as the structure that appears homogenous from the outside breaks up into several parts inside. If that were not enough: instead of a circuit through all of the rooms, there are several exhibition areas on different levels, each with its own entrance (Exhibition design: Kunstraum GfK mbH), and which must each be visited separately. The confusing building structure and an unsatisfactory guidance system make this very difficult. The main idea: to discover the climate zones of our planet on an imaginary journey along the eighth degree of longitude (that runs through Bremerhaven) suffers from this abundance, or, more precisely, from the extra exhibition areas: "Elements" (experiments on climate and weather), "Perspectives" (about climate change and its effects) and "Chances" (climate protection opportunities). Although these are all significant topics, it would have been advisable to integrate them more strongly into the main narrative and to directly relate them to each of the places presented.

Swiss Mountain Farmers or North German Hallig Island Inhabitants

Attempts to do so have been made: when Swiss mountain farmers or North German islanders report of their experiences it becomes comprehensible how climate change is already ef-

ihren vier Themenbereichen: Weltmeere, Nord- und Ostsee sowie die „Riesen der Meere" mit Walnachbildungen im Maßstab 1:1.
Der Ablauf überzeugt ebenfalls: Im ersten Gebäudeteil wird der Besucher mit dreieckigen, beleuchteten Glasvitrinen in die Grundlagen der Meereskunde eingeführt. Man erfährt durch Texte, Bilder und Modelle etwas über die Lebensräume vom Polarmeer bis zu karibischen Riffen. Der nächste Abschnitt erläutert das Biotop vor der Haustür: die Ostsee. Auch hier findet sich zunächst eine „trockene" Einführung in die Materie mit Tierpräparaten, Schaukästen und einem interaktiven Reliefmodell des baltischen Meeres - ein hervorragendes Beispiel dafür, wie man spielerisch, aber nicht effekthascherisch Wissen vermitteln kann. Gelungen sind auch die nachfolgenden Ostsee-Themenaquarien, die verschiedene Lebensräume vom benachbarten Hafenbecken über Bodden, Kattegat bis zu den Schären zeigen. Der wohldosierte Kontrast zwischen den gerundeten Baukörpern und den spitzwinkligen, gebrochenen Strukturen der Aquarien zeugen von der engen Zusammenarbeit zwischen Behnisch Architekten und dem Szenografen Fabian Lohrer (Atelier Lohrer). Die immer gleiche Anordnung von Aquarien und umlaufenden Wegen erleichtert dabei die Orientierung.
Über einen Wechselausstellungsbereich gelangt man schließlich in den Nordseebereich, der ähnlich aufgebaut ist, jedoch mit Brandungs- und Gezeitenbecken, einem Glasgang durch ein Aquarium sowie einem riesigen Schwarmfischbecken besondere Höhepunkte bietet.
Der Rundgang endet in der für die „Riesen der Meere" leer geräumten letzten Halle, in der gigantische Walmodelle mit wenigen Licht- und Toneffekten kunstvoll in Szene gesetzt werden. Die Kooperation mit Greenpeace sorgt dafür,

Klimahaus Bremerhaven (Architekt: Thomas Klumpp): Amöbe, Wal oder Wolke als Vorbild für den Baukörper
Rechts: Die Ausstellung wird wie in einer Blackbox ohne Bezüge zur Architekturhülle inszeniert.
Klimahaus (Climate House) in Bremerhaven (architect: Thomas Klumpp): amoeba, whale, or cloud as inspiration for the building
Right: the exhibition is designed like a black box with no reference to an architectural shell.

fecting the environment and ways of life today. These personal stories from different climate zones throughout the world—each documented in short films of two minutes—provide a unique and genuine perspective of diverse living environments worldwide. The scenographic fireworks about the exhibition are occasionally quite original and entertaining, however, they only moderately contribute to comprehension: is it really necessary to sweat at thirty degrees or to freeze at sub zero temperatures in order to imagine hot Cameroon and icy Antarctica? What do I learn about Swiss mountain pastures from a simulated smell of cow dung? And what is so interesting about far-away worlds constructed as realistically as possible when every package tourist can now easily reach the original in Africa by plane?

A different concept was chosen for Stralsund. Old Saint Catherine's Monastery has housed the still-popular German Oceanographic Museum for almost fifty years; it is a fascinating old-school natural history museum with exhibitions on oceanography, fishery and the flora and fauna of the oceans. When an extension became indispensible, it was clear that the new building would have to be true to contemporary insights into museum education—without denying scientific background. So rather than being a typical science centre, the Ozeaneum is a vision of the natural history museum of the future.

City-Friendly and Well-Organised

Already demonstrated by its structure: the building, designed by Behnisch Architects (Stuttgart) located directly at the port, consists of four rounded building volumes clad in white sheet steel—a composition like "stones awash with water" (according to the architects). Its fragmentation into several building volumes opens up the large complex, reducing it to a city-friendly scale—an important consideration in the midst of a world cultural heritage old town. The four "pebbles," each accommodating light-sensitive large aquariums, are connected to each other by a large glazed hall housing the foyer, a shop, and a restaurant.

In contrast to Bremerhaven, there is only one circuit here; it can be followed intuitively as a result of the functional arrangement of the building volumes. The building's separation into four volumes corresponds to the exhibition structure and its four topical areas: World Oceans, North and Baltic Seas as well as "Giants of the Seas" with replicas of whales in a scale of 1:1.

The order of exhibits is equally convincing: in the first part of the building, illuminated triangular glass cabinets introduce the visitor to the basics of oceanography. One learns of habitats from polar seas to Caribbean reefs through texts, pictures and models. The next section explains the biotope out front: the Baltic Sea. It also involves a "dry" introduction to the subject with animal preparations, display cabinets and an interactive relief model of the Baltic Sea—an excellent example of how to confer knowledge playfully but not over-sensationally. The Baltic Sea thematic aquariums that follow also work well, showing diverse habitats from the neighbouring port basin to boddens (bays of the Baltic Sea), the Kattegat, and the archipelago. The well-dosed contrast between rounded building volumes and acute-angled broken-structured aquariums tell of a close collaboration between Behnisch Architects and scenographer Fabian Lohrer (Atelier Lohrer). The identical arrangement of aquariums and the paths about them make orientation easier.

One then passes through a temporary exhibition area to reach the North Sea area that is similarly structured. It has particular highlights including a surf and tidal basin as well as a glass passage through an aquarium and a huge schooling fish basin.

The circuit ends in the last hall, which has been cleared for the "Giants of the Sea"; gigantic whale models have been artistically orchestrated with minimal light and audio effects. The collaboration with Greenpeace ensures that, apart from enthusiasm for marine mammals, information about their endangerment by humans is not forgotten. A particular feeling of responsibility to protect the precarious natural spaces of the seas can, therefore, grow from fascination.

dass neben der Begeisterung für die Meeressäuger auch die Information über ihre Gefährdung durch den Menschen nicht zu kurz kommt. So kann aus der Faszination ein besonderes Verantwortungsgefühl entstehen, die prekären Naturräume der Meere zu schützen.

Natur- und Umweltschutz als Leitmotiv der Planung

Damit ist das Leitmotiv des Ozeaneums angesprochen: Informieren, faszinieren, Handlungsmöglichkeiten aufzeigen. Und das alles ohne belehrenden Zeigefinger – und ohne vordergründige Schaueffekte. Dieses effektive Lernen wird ergänzt durch eine nachhaltige Bauweise des Gebäudes. Erstmalig bei einem Science Center spielten Natur- und Umweltschutz bei Planung, Bau und Betrieb eine wichtige Rolle: So wurden nur PVC-freie Rohre und Kabel sowie Hölzer aus nachhaltiger Waldwirtschaft verwendet und die Energiekosten durch den Einsatz von LED-Beleuchtungen erheblich gesenkt. Man sieht: Science Center und Museen müssen nicht zueinander im Gegensatz stehen. Die populäre Vermittlung komplexen Wissens können Science Center vielleicht sogar besser leisten als Museen, die, wie eingangs geschildert, noch ganz andere Aufgaben zu erfüllen haben. Voraussetzung dafür ist allerdings ein stringentes Konzept mit der Fokussierung auf ein markantes Thema und die sinnvolle Ergänzung von Information, Anschauung und Experiment mittels didaktischer und pädagogischer Konzepte. Das sollte auch in der Architektur zum Ausdruck kommen: Statt verwirrender Vielgestaltigkeit ist eine prägnante bauliche Form vorteilhaft, die Inneres und Äußeres miteinander verbindet und den Besucher intuitiv durch das Gebäude mit seinen Abteilungen leitet. Und gerade im Umfeld der Städte sollte der Tendenz von Science Centern zur Isolation und Introvertiertheit gestalterisch etwas entgegengesetzt werden. Wenn Hamburg weiterhin ein naturwissenschaftliches Science Center in der HafenCity plant, sollte es diesen Ansprüchen genügen.

Ozeaneum in Stralsund (Behnisch Architekten)
Oben: mutiger Weiterbau vor einer von der UNESCO geschützten deutschen Altstadtkulisse
Unten: Eingangsbereich zwischen den einzelnen Museumsteilen als Fortsetzung des öffentlichen Raumes
Rechts: gigantische Walmodelle mit wenigen Licht- und Toneffekten kunstvoll in Szene gesetzt

Ozeaneum in Stralsund (Behnisch Architekten).
Above: bold extension of a German old town cityscape under UNESCO protection Below: foyer between individual museum sections as continuation of the public space
Right: gigantic model whales skilfully arranged with minimal lighting and sound effects

Nature and Environmental Protection as Planning Leitmotiv

The leitmotiv of the Ozeaneum is: to inform, to fascinate and to introduce alternative courses of action. All without pointing a cautionary finger—and without superficial sensationalist effects. This way of learning is complemented by the sustainable construction methods of the building. For the first time in a science centre, nature and environmental protection were given a significant role during planning, building and operation: PVC-free piping and cables as well as wood from sustainable forestry were used and the energy costs were significantly lowered by installing LED lighting.
Obviously, science centres and museums must not stand in opposition to one another. Perhaps science centres can even communicate complex knowledge to the populace better than museums can; as outlined above, the latter have completely different tasks to fulfil. However, the prerequisite for success is a stringent concept that focuses on one particular topic and the meaningful supplementation of information, approach and experiment using didactical and educational concepts. This should also be expressed in the architecture: instead of confusing polymorphism, a succinct built form that connects inside and outside to one another is favourable, as is one that intuitively guides the visitor through its sectors. Also, the tendency towards isolation and introversion of science centres should be counterbalanced on a design level, particularly those in urban areas. If Hamburg still plans to build a science centre in the HafenCity, it should meet these demands.

CLAUS KÄPPLINGER

Die Faszination des Transitorischen

Anderhalten Architekten

Auf Kontinuität im Wandel setzen Anderhalten Architekten, die sich vor allem der Transformation bestehender Bauten verschrieben haben. Nicht radikale Neuerfindung, sondern Neuinterpretation des bereits Existierenden ist ihr architektonisches Credo. Nicht die grüne Wiese oder leer geräumte Areale, sondern die dichte Stadt ist ihr bevorzugtes Gebiet der Aktion. Wo andere Architekten Einschränkungen sehen, erkennen die Berliner neue Möglichkeiten, weshalb sie alle ihre Hochschulbauten in Bestandsituationen schufen. In alten Fabrik-, Verwaltungs- oder Schlossanlagen entstanden so unerwartete, fast schon provokant neue Räume.

Es ist das Zusammentreffen von Historie, Patina und Gebrauchsspuren mit neuen Nutzungen und Sichtweisen, was Claus Anderhalten und seine Partner Petra Vondenhof-Anderhalten, Hubertus Schwabe und Wolfgang B. Schöning an solchen Um- und Anbauten reizt. Souverän verstehen sie es, Zwänge in Freiheiten zu verwandeln und, dabei einerseits den Denkmalschutz und andererseits die neuen Eigentümer und Nutzer von einer Architektur zu überzeugen, welche auf den Dialog von Alt und Neu zielt, die mit wenigen klaren Eingriffen das Existierende in neue Zusammenhänge versetzt. Und neue Bildungsbauten in alten Gebäuden geben ihnen dazu die größten Möglichkeiten, da hier die all zu engen, auf Funktion und Quadratmeter festgelegten Raumprogramme der Gegenwart nie schematisch, sondern immer nur individuell variiert realisierbar sind.

Einen Eigensinn besitzen die Altbauten, die zumeist für ganz andere, viel profanere Nutzungen entstanden sind. Nie passt ganz genau das Neue in oder an das Alte, woraus sich spannende Situationen und Entscheidungen für die Architekten und Auftraggeber ergeben, was mit den vielen Zwischenräumen geschieht, welche Form und welchen Inhalt sie erhalten können. Dass heute keine konkrete Vorstellung existiert, wie, wann und was gelehrt und gelernt werden soll, dass heute nicht nur im Zuge der Bologna-Hochschulreform alles im Fluss der Veränderung begriffen ist, kommt den Architekten zugute. Jenseits der sehr spezifischen Partikularinteressen der Denkmalschützer, der Bautechniker sowie der „Territorialinteressen" einzelner Professoren sehen sich die Architekten als die Interessenvertreter für das Ganze, nicht nur für das Gebäude selbst, sondern auch seiner Umgebung und seines Charakters.

Drei Hochschulgebäude haben Anderhalten Architekten bislang verwirklicht, an drei weiteren Schulen in Graz, Berlin und Schwarzenberg arbeiten sie. In den alten Marstall der Hohenzollern in Berlins Mitte implantierten sie 2005 die Hanns-Eisler-Hochschule für Musik. In Wildau, am südöstlichen Rande Berlins, schufen sie in der Halle 14 einer früheren Lokomotivenfabrik das Institut für Telematik und Maschinenbau der Technischen Fachhochschule Wildau. Und in Halle an der Saale erweiterten und verwandelten sie einen unscheinbaren Bau der 1950er Jahre in den neuen Fachbereich Industriedesign der Kunsthochschule Giebichenstein.

Für drei sehr unterschiedliche Hochschulen fanden sie drei höchst individuellen Lösungen. In Wildau und Berlin wählten sie die Introversion, das Haus-im-Haus-Prinzip, um – von außen fast unsichtbar – den Altbauten im Inneren neues

Hanns-Eisler-Hochschule für Musik, Berlin 2005, Außenansicht
Rechts: Konzertsaal
Hanns Eisler Academy of Music, Berlin, 2005, exterior
Right: concert hall

CLAUS KÄPPLINGER

The Fascination of the Transitory

Anderhalten Architekten

Leben einzuhauchen. In Halle hingegen ergänzten sie ein Ensemble heterogener, teilweise in der Kaiserzeit, teilweise in der Frühzeit der DDR entstandener Bauten um einen fast schon demonstrativ neuen Hauskörper, dessen golden leuchtendes Metallplattenkleid unmissverständlich deutlich macht: Hier ist etwas passiert, hier ereignet sich ein neuer Aufbruch. Dort, wo ein neues Zeichen nötig ist, setzen Claus Anderhalten und seine Partner es. Dort, wo Zurückhaltung gegenüber dem Gewachsenen geboten ist, beschränken sie sich freiwillig auf neue Räume hinter alten Hüllen.

Introversion muss keineswegs Rückzug und weniger Gestaltung bedeuten. Im alten, gegen Ende des Zweiten Weltkriegs weitgehend ausgebrannten Gemäuer des Marstalls räumten die Architekten alle störenden Einbauten radikal aus. Wo ehemals die Kutschen der Hohenzollern standen, schufen sie effizient und raumsparend eine zweigeschossige, vielfarbige Galerie von schallisolierten Probekabinen für Musiker. Wo sich ehemals ein Tanzsaal erstreckte, erdachten sie einen attraktiven Konzertsaal mit preisgünstigen Kalotten und einem Kugelhimmel aus Plastik, die nun einerseits die Akustik optimieren und andererseits dem Raum der Musikhochschule einen unverwechselbaren Charakter verleihen – als transitorischer Raum zwischen Nachempfindung der Vergangenheit und einer greifbaren nahen Zukunft.

Für die Maschinenbauer in Wildau wagten sich Anderhalten Architekten noch weiter heraus. Einem Raumschiff gleich erstrecken sich dort hoch technoid, gläsern und metallisch die Labore, Büros und ein Hörsaal inmitten einer Fabrikhalle des 19. Jahrhunderts. Hart sind die Kontraste zwischen Alt und Neu. Hightech trifft unvermittelt auf alte Handwerksarbeit. Stahl trifft auf Eisenguss, weite Glasflächen auf schlichte Mauerwerksverbünde. Die Hülle ist nur noch ein Klimapuffer für neue Funktionsräume, die sich sehr eigenständig in den Bestand einfügen. Geschichte ist auratisch aufgeladene Erinnerung an die Zeit großer Maschinen, die von Wissensproduktion und Software abgelöst wurde. Allein der Respekt vor dem wunderbaren Ensemble alter Fabrikhallen gebot hier

Hanns-Eisler-Hochschule für Musik, Berlin 2005, individuelle Übungsräume Hanns Eisler Academy of Music, Berlin 2005, individual rehearsal rooms

Anderhalten Architects, who have committed themselves first and foremost to the transformation of existing buildings, focus on continuity in the midst of change. Their architectural declaration of faith does not involve radical new inventions, but new interpretations of what is already there. Their favoured fields of action are not green meadows or empty, cleared areas, but the densely built-up city. Where other architects see limitations, these Berliners recognise opportunities, which is why they created all their higher education buildings on sites with pre-existing construction. In this way, unexpected, almost provocative spaces have been created on old factory, administrative, or royal sites.

The meeting of history, patina, and traces of use with new functions and new perspectives is what attracts Claus Anderhalten and his partners Petra Vondenhof-Anderhalten, Hubertus Schwabe, and Wolfgang B. Schöning to such building conversions and extensions. They are masters at turning restrictions into freedoms, which they do by convincing listed buildings protection officers, on the one hand, and the new owners and users, on the other, of the value of architecture aimed at a dialogue of old and new, one that uses a few clear interventions to put what is already there in a new context. New educational structures in old buildings provide them with their greatest opportunities to do so, as here the all too narrow spatial programmes of contemporary building, fixed according to function and square metres, can never be implemented according to schedules, but only in individual variations.

Old buildings have a mind of their own; most of them were built for quite other, much more profane uses. The new never fits exactly into, or onto, the old, which results in exciting situations and decisions for architects and clients: what to do with the many gaps, what form and content they should be given. The fact that there is no exact concept of what is to be taught and learned, when and how, that everything is in flux (not only due to the Bologna higher education reforms), is to the architects' advantage. Once beyond the very specific particular interests of listed buildings' protectors and construction technicians, as well as the "territorial interests" of individual professors, the architects see themselves as representatives of the interests of the whole, not just the building itself, but also its environment and its character.

Anderhalten Architects have, to date, completed three university projects and are working on three further schools in Graz, Berlin, and Schwarzenberg. In 2005, they implanted the Hanns-Eisler-Hochschule für Musik (Hanns Eisler College of Music) in the former Hohenzollern Marstall (Royal Stables) in the centre of Berlin. In Wildau, on the southeastern edge of Berlin, they created the Institut für Telematik und Maschinenbau (Institute of Telematics and Mechanical Engineering) of the Technische Fachhochschule Wildau (Wildau Technical University of Applied Science) in Shed 14 of a former locomotive factory. And in Halle an der Saale, they extended and transformed an unimpressive nineteen-fifties building to create the new Department of Industrial Design of the Kunsthochschule Giebichenstein (Giebichenstein Art College).

For these three very different university-level educational institutions, the firm found three highly individual solutions. In Wildau and Berlin they chose introversion, the principle of a house within a house, in order to breathe new life—almost invisible from the outside—into the interiors of the old buildings. In Halle, on the other hand, they expanded an ensemble of heterogeneous buildings, some built in German imperial times, some in the early years of the former German Democratic Republic, to surround an almost ostentatiously new structure with a covering of gold metal plaques that made matters unmistakably clear—something is happening here, we are making a new start. Where a fresh statement is needed, Claus Anderhalten and his partners will make it. Where restraint is required in the face of what has grown up over the years, they voluntarily limit themselves to new spaces within old shells. Introversion does not have to mean withdrawal and less design. Inside the Marstall, burned almost to just its walls at the end of the Second

eine Haus-in-Haus-Lösung, die sich jedoch mit einem neuen Eingangsbauwerk aus Beton und Glas viel stärker ins Bewusstsein arbeitet, als es beim ehrwürdigen Marstall der Fall ist.
Mit einem weit leuchtenden Hauskörper und seinem Kleid aus horizontal geschichteten und golden eloxierten Aluminiumpaneelen gingen Anderhalten Architekten in Halle noch einen Schritt weiter. Im wahrsten Sinne des Wortes haben sie dort einen Teil des Altbestands ins Neue inkorporiert. Eher einem Amalgam als einem Implantat gleicht ihre Lösung dort, wo der Fakultät für Industriedesign neue Büroräume, Ateliers und ein Hörsaal zu schaffen waren. Ganz bewusst setzten sie hier auf neue, geschützte Räume für informelle Kommunikation, auf ein von außen verborgenes Atrium mit offenen Galerien, die den Austausch unter Studierenden und Lehrenden fördern. Ganz bewusst stellt sich die ungewöhnliche Hülle ihres Baukörpers als ein Thema der seriellen Gestaltung dar, es ist weniger eine Hausfassade als ein Zeichenträger.
Auf wenige erkennbare Eingriffe reduziert sich der Zugriff der Architekten auf den Altbestand. Alt und Neu sind klar voneinander abgegrenzt, weshalb die Denkmalschützer zumeist keine Probleme mit ihrem Vorgehen haben. Ob nun bei ihrem Brandenburgischen Kunstmuseum in einem ehemaligen Kraftwerk in Cottbus oder den aktuellen Projekten des Johann-Joseph-Fux-Konservatoriums in Graz, einer Tanzhochschule in einem früheren Straßenbahndepot in Berlin und einem Gymnasium im fränkischen Stammschloss der Fürsten von Schwarzenberg – immer bewahren die Architekten die Integrität des Vorhandenen und ergänzen es um etwas unmissverständlich Neues.
Nüchtern und einfach sind ihre Lehr- und Lernräume gestaltet, die sich darauf beschränken, räumlich erfahrbare Hüllen für die Interaktion von Menschen zu sein. Dabei leitet Anderhalten Architekten kein pädagogisches Konzept, wie es etwa noch die Hochschulreformbewegung der 60er und 70er Jahre besaß. Allein als Architekten handeln sie, als Spezialisten für Räume und Materialien. Applizierte Farben zur Orientierung werden nur selten und an wenigen Stellen gezielt eingesetzt. Eher bedienen sich Claus Anderhalten und seine Partner der haptischen und sensuellen Qualitäten der Materialien selbst, um einer Bauaufgabe und ihrem Ort eine neue

Technische Fachhochschule, Wildau 2007: Hightech trifft unvermittelt auf alte Handwerksarbeit, Stahl trifft auf Eisenguss, weite Glasflächen auf schlichte Mauerwerksverbünde.
Rechts oben: Außenansicht
Rechs unten: Der Treppenlauf signalisiert den Aufstieg auf die Ebene der Wissensgesellschaft.
University of Applied Sciences in Wildau, 2007: a direct encounter between high-tech and old-fashioned craftsmanship; steel meets cast iron, extensive glass panels meet simple brickwork.
Above right: exterior
Below right: the staircase represents the ascent to the level of the knowledge-based society.

World War, the architects radically removed all distracting fixtures from the interior. Where once the Hohenzollern coaches stood, they efficiently, and with economy of space, created a two-storey, multi-coloured gallery of sound-proofed practice booths for musicians. Where once there was a ballroom, they devised an attractive concert hall with economical domes and a ceiling of plastic spheres, which, on the one hand, optimise the acoustics and on the other, give this Musikhochschule room an unmistakable character—as a transitory space between memory of the past and a tangibly close future.

For the mechanical engineers in Wildau, Anderhalten Architects dared to go even further. Like a spaceship, the laboratories, offices and a lecture theatre rise, high-tech in glass and metal, in the middle of a nineteenth century factory shed. There are stark contrasts between old and new. High-tech meets old craft practices with no intermediary. Steel encounters cast iron, wide glass surfaces make contact with plain masonry work. The shell is no more than a weather buffer for spaces with new functions, very independently integrated into what remains. History is the auratic charged memory of the age of great machines, replaced now by the processing of knowledge and software. Respect for the marvellous ensemble of old factory sheds alone demanded a house-within-a-house solution here. However, with the new entrance building in concrete and glass, that solution makes a much stronger impression on the viewer's consciousness than is the case with the venerable Marstall.

In Halle, Anderhalten Architects went a step further with a building that shines from a distance in its covering of horizontally layered, golden anodised aluminium panels. Here they have incorporated, in the truest sense of the word, part of the old construction into the new. The solution implemented, to where the Faculty of Industrial Design was to have its new offices, studios, and a lecture theatre created, is more of an amalgam than an implant. Quite consciously, the architects focused here on new, protected rooms for informal communication; on an atrium, hidden from the outside, with open galleries that encourage exchanges between students and teaching staff. Quite consciously, the unusual shell of their structure presents itself as a topic of serial design: not so much a building façade as a series of signals. The architects' work on the old buildings is reduced to a few recognisable interventions. Old and new are clearly separated from one another, which means that the listed buildings department, for the most part, has no difficulties with the architects' plans. Whether in their work for the Brandenburg Museum of Art in a former power station in Cottbus, or in their current projects involving the Johann-Joseph-Fux-Konservatorium in Graz, a dance college in a former tram depot in Berlin, and a grammar school in the Franconian dynastic palace of the Princes of Schwarzenberg—always, the architects preserve the integrity of the existing structure and expand it with something unmistakably new.

The teaching and learning rooms, limited to being spatially experienced shells where people can interact, are soberly and plainly designed. Anderhalten Architects are not led by any educational concept such as was held, for example, by the higher education reform movement of the sixties and seventies. They act simply as architects, as specialists in space and materials. Colours applied for orientation purposes are used in a targeted manner, but rarely, and in

Bedeutung und Atmosphäre zu verleihen. Mit und neben den klaren Funktionsräumen wollen die Architekten den Bildungsinstitutionen wertvolle Zwischenräume und Nischen für Unvorgesehenes schaffen. Je abstrakter unsere Bildungsinhalte werden, desto sensueller müssen die Räume unserer neuen Wissensgesellschaft sein, ist ihre feste Überzeugung. Ergänzend zu den unvermeidlich nüchternen Räumen der Konzentration und Wissensproduktion muss es auch Bildung als Zerstreuung und Event geben können. Dafür geeignet sind in ihrer Architektur allem voran das Neben- und Miteinander von Alt und Neu, das eine individuelle Positions- und Urteilsfindung befördert. Dabei kommt dem Material Glas immer wieder eine besondere Rolle zu. Als Filter, Spiegel oder transitorisches Element ganz bewusst eingesetzt, schafft es Distanz oder Nähe.
Nicht Hemmschuh, sondern Katalysator kann dazu das Alte sein, wenn es noch die Erfahrungen seines früheren Gebrauchs vermitteln kann und sich selbstbewusst dem Neuen öffnet, so Claus Anderhalten, der längst schon in Kassel als Hochschullehrer lehrt und die Monotonie autistisch auf der grünen Wiese geplanter Hochschulkomplexe kennengelernt hat. Nur in der Stadt mit ihren Gebäuden sieht er Möglichkeiten, die rasanten Veränderungen der Gegenwart erträglicher zu gestalten. Durch das Wissen um früheren Wandel, durch die Spuren früheren Gebrauchs und Nutzens alter Gebäude kann sich das Individuum viel besser erfahren und den gegenwärtigen Herausforderungen stellen. Weshalb sonst gehen heute die kreativsten Industrien in alte Gebäude, um dort neue Produkte und Konzeptionen zu entwickeln? Dies fragen sich und so handeln auch Anderhalten Architekten, wenn sie sich an ein neues Projekt machen.

Hochschule für Kunst und Design, Halle 2007, in ihrer Außenansicht (oben) und mit der Aussicht aus den Büroräumen (links). Unten eine der Werkstätten.
Academy of Art and Design Halle, 2007, exterior (above) and view from the office spaces (left) Below: one of the workshops

few places. Claus Anderhalten and his partners would rather make use of the touch-related, sensual qualities of the materials themselves in order to give new meaning and atmosphere to one of their building projects and its site. Together with, and alongside the clear, functional rooms, the architects of these educational institutions want to create valuable connecting spaces and niches for unplanned activity. The more abstract the content of our education becomes, the more sensual the rooms of our new knowledge society need to be: that is their firm opinion. As a complement to the unavoidably sober rooms for concentration and the processing of knowledge, there must also be education as amusement and event. In their architecture, the existence of old and new, encouraging an individual discovery of opinion and judgement, with and next to one another, is especially suited for such education. Glass is a material that repeatedly plays a special part here. Deployed consciously as a filter, mirror, or transitory element, it creates distance or closeness.

Instead of a stumbling block, the old can be a catalyst, if it can still communicate the experience of its earlier use and self-confidently open up to the new. This is Claus Anderhalten's opinion: he has for some time been teaching as a university lecturer in Kassel and has come to know all about the monotony of university campuses planned out in green fields. Only in the city with its buildings can he see the opportunities to give the rapid changes of the present a slightly more bearable form. The knowledge of earlier changes, the traces of former use of old buildings, can enable the individual to learn to know him or herself much better and meet current challenges. Otherwise why do the most creative industries today move into old buildings in order to develop new products and ideas? That's what Anderhalten Architects ask themselves, and that's how they start a new project.

HUBERTUS ADAM

Zwischen Konvention und Radikalität

Zeitgenössischer Schulhausbau in der Schweiz

Von „Seelenmord" an den Schülern sprach Ellen Kay schon zu Beginn des vergangenen Jahrhunderts. Die schwedische Reformpädagogin und Publizistin machte sich für eine Schule der Zukunft stark, wobei es ihren in ganz Europa diskutierten Ideen allerdings an der architektonischen Gestalt fehlte. Erst mit dem Neuen Bauen konnten sich seit den 1920er Jahren vereinzelt experimentelle Ansätze durchsetzen: Fritz Schumachers Hamburger Walddörferschule gehört ebenso dazu wie die Openluchtschool in Amsterdam von Jan Duiker und Bernard Bijvoet oder die École de plein air in Suresnes nahe Paris von Eugène Beaudoin und Marcel Lods.
In der Schweiz war es Hermann Baur, der mit seiner Bruderholz-Schule in Basel (1938/39), der ersten Pavillonschule des Landes, Pionierarbeit leistete. 1950 veröffentlichte Alfred Roth, einer der wichtigsten Vertreter und Propagandisten des Neuen Bauens in der Schweiz, dieses Gebäude – neben weiteren Schweizer und internationalen Schulen – in seiner einflussreichen Publikation *Das neue Schulhaus*. Drei Jahre später folgte im Zürcher Kunstgewerbemuseum eine unter demselben Titel ebenfalls von Roth kuratierte Ausstellung, die auch neue Projekte von Hans Scharoun, Arne Jacobsen und Jaap Bakema umfasste.
Einen weiteren Wendepunkt in der Schweiz stellte das Schulhaus Letzi in Zürich dar, das Ernst Gisel 1955–57 in Backstein, Sichtbeton und Eternit errichtete. Gisel ließ die Baumassen nicht mehr wie beim reinen (eingeschossigen) Pavillontyp in die Landschaft ausgreifen, sondern konzentrierte sie doppelgeschossig um einen Hof, in dessen Mitte sich das Aulagebäude befindet. Die Kompaktheit stieß seinerzeit zwar verschiedentlich auf Kritik, wurde aber zum Vorbild für den Schweizer Schulbau nachfolgender Jahrzehnte.
Das heutige positive Image der Schweizer Architektur beruht jedoch weniger auf der heroischen Ära des Neuen Bauens als vielmehr auf späteren Entwicklungen. Um 1970 begann eine Gruppe junger Architekten im Tessin gegen den Bauwirtschaftsfunktionalismus der Spätmoderne zu opponieren und eine Architektur zu propagieren, die wieder mit den Kategorien von Stadt und Raum arbeitete. In den 80er Jahren verlagerte sich die Aufmerksamkeit auf die Stadt Basel, in den 90ern auf den Kanton Graubünden. Gerade hier waren es – bedingt durch kantonale Förderungsprogramme – Schulen, die als hervorragende Beispiele zeitgenössischer helvetischer Architektur gelten können: etwa die in Vella von Bearth & Deplazes oder die in Paspels von Valerio Olgiati. Es handelt sich dabei um formalästhetisch höchst anspruchsvolle Bauten, die dank ihrer Aufsehen erregenden Gestalt zu Kristallisationspunkten der Dorfidentität geworden sind; Bauten, auf welche die Gemeinden zurecht stolz sein dürfen.

Ästhetisch avanciert, aber nicht visionär

Der gegenwärtige Schulbau in der Schweiz wirkt indes mehrheitlich eher bedächtig und konventionell: ästhetisch avanciert, aber nicht visionär. Dennoch zählen einige Bauten zweifelsohne zu den Marksteinen zeitgenössischer Schularchitektur. So das Volta-Schulhaus in Basel (2000), das die Architekten Miller & Maranta

Volta-Schulhaus, Basel 2000 (Architekten: Miller & Maranta), Klassenzimmer mit Ausblick The Volta school building, Basel 2000 (architects: Miller & Maranta): classroom with a view

HUBERTUS ADAM

Between Convention and Radicality

Contemporary School Construction in Switzerland

auf dem Gelände eines früheren Schweröllagers errichtet haben. Das beengte Grundstück, das fast ohne jeden Freiraum auskommen muss, legte eine kompakte Lösung mit hoher Bautiefe nahe. Die Architekten entwickelten daher ein durch vier Lichthöfe akzentuiertes Schottensystem, bei dem die Klassenräume alternierend zur einen oder anderen Fassade orientiert sind und sämtlich über Lichthof und Außenfront belichtet werden. Entstanden ist eine abwechslungsreiche, fast schon labyrinthische räumliche Struktur, die mit der Monotonie der Korridorschule bricht und überdies der die Gegend prägenden industriellen Ästhetik entspricht.

Dass sich Architekten erfolgreich mit Fragen der Pädagogik auseinandersetzen und der Kultusbürokratie voraus sein können, zeigt das Schulhaus Im Birch in Zürich-Oerlikon (2005). Für das neue Prinzip des Co-Teachings, bei dem mehrere Klassen und Lehrpersonen eine Art von Kleinschule innerhalb eines größeren Schulkosmos bilden, hat Peter Märkli eine spezielle Grundrisslösung entwickelt: Ein Verbund aus einem Gemeinschaftsraum und drei angelagerten Räumen bildet das Grundelement, das nunmehr verschiedene Nutzungen ermöglicht. Nach Abschaffung des klassischen Frontalunterrichts zugunsten von Gruppen- und Teamkonzepten ist damit eine adäquate, für diverse Unterrichtsmodelle adaptierbare Struktur gefunden. Die Wände bestehen aus Glas; bei Bedarf können Vorhänge zur visuellen Trennung eingesetzt werden. Dabei wird längst nicht mehr strikt zwischen Unterrichts- und Freizeitzone getrennt; was heute geschieht, findet morgen seinen neuen Ort: Raum aneignen, mit Raum umgehen – auch das kann pädagogisches Ziel sein.

Das komplexe Raumprogramm, das diese Schule zur größten Zürichs macht, verteilte Märkli auf zwei viergeschossige Baukörper – der eine davon enthält neben der Sporthalle eine Aula und eine Musikschule. Diese Sonderräume stehen auch der Quartiersbevölkerung zur Verfügung, und dementsprechend zugänglich zeigt sich der Komplex: Keine Zäune verhindern den Zutritt, die Betonfelder ringsum sind zugleich Pausenplatz, Teil des öffentlichen Raumes und Verbindungsfläche zwischen den beiden Parks.

Volta-Schulhaus, Basel 2000 (Architekten: Miller & Maranta), Fassade des Hauptbaukörpers
Rechts: Grundriss 2. OG: durch Lichthöfe akzentuierte Schottenbauweise.
The Volta school building, Basel 2000 (architects: Miller & Maranta): façade of the main building
Right: plan of the second floor. Atriums formed by accentuated crosswall construction

Prosa der Rationalität und Poesie beiläufiger Schönheit

Eine Rasterfassade aus Betonfertigteilen verbindet beide Bauten. Man kann sie als repräsentative Geste lesen. Mit den vorgefertigten Elementen und ihrer dezidierten Rauheit atmet die Schule allerdings eher den Geist des architektonischen Strukturalismus der 1960er und 70er Jahre; letzteres um so mehr, als Märkli wesentliche Impulse für seine Raumorganisation beim Umbau einer Hallenschule von Viktor Hufnagl im österreichischen Wörgl empfing. Doch der Architekt beschränkt sich gerade nicht auf Addition, er sucht nicht den Weg der Reduktion auf möglichst wenige repetitive Elemente. Er erlaubt sich stattdessen die Freiheit, von einer einmal gewählten Lösung auch wieder Abstand zu nehmen.

Der Prosa der Rationalität antwortet er dabei mit der Poesie beiläufiger Schönheit – wenn die

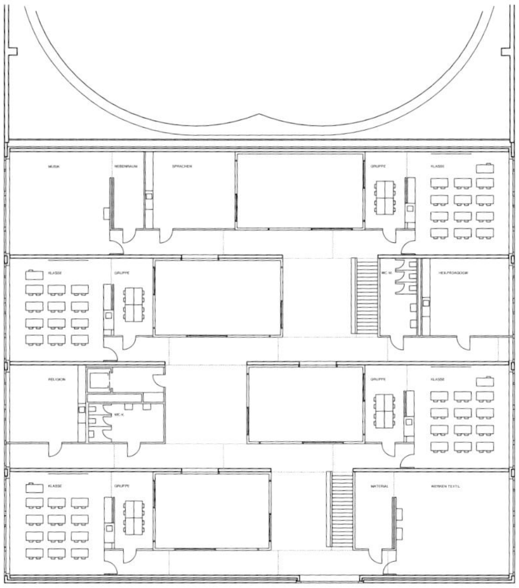

Already at the beginning of the last century, Ellen Ray spoke of "soul murder" in schools. The Swedish educational reformist and publicist campaigned for a school of the future; there was no architectural form to correspond to her ideas, which were being debated throughout Europe. Only with the emergence of New Building could isolated experimental approaches be tested: these include Fritz Schumacher's Walddörfer School in Hamburg, the Openluchtschool in Amsterdam by Jan Duiker and Bernard Bijvoet or the École de Plein Air in Suresnes near Paris by Eugène Beaudoin and Marcel Lods.
In Switzerland, it was Hermann Baur who did the pioneering work with his Bruderholz School in Basel (1938/39), the country's first pavilion school. In 1950, Alfred Roth, one of the most important representatives and propagators of New Building in Switzerland, included this building—along with other Swiss and international schools—in his influential publication *Das neue Schulhaus.* An exhibition of the same name at the Zurich Museum of Applied Arts was curated by Roth three years later and incorporated new projects by Hans Scharoun, Arne Jacobsen and Jaap Bakema.
The Letzi school building in Zurich, built between 1955 and 1957 by Ernst Gisel in brick, fair-faced (exposed) concrete and Eternit (fibre cement panels), marked a further turning point in Switzerland. Rather than having the building volumes extend into the landscape as was common in the (single-storey) pavilion type schools, he had his two-storey version oriented around a courtyard, at the centre of which was located the assembly hall. Although its compactness was occasionally received with criticism, it became the role model for Swiss school building in the decades that followed.
However, the positive image that Swiss architecture enjoys today is less a result of the heroic era of New Building than of later developments. Around 1970, a group of young architects in Tessin began to oppose the late functionalist building-industry modernism and to propagate an architecture that once again worked with the categories of city and space. Attention shifted to Basel in the nineteen-eighties and to the Swiss Canton of Grisons in the nineteen-nineties. In the latter, schools—as a result of canton-financed development programmes—became excellent examples of contemporary Helvetia architecture: the school in Vella by Bearth & Deplazes or in Paspels by Valerio Olgiati. These are buildings of the highest formal aesthetic quality, which became crystallisation points of village identity thanks to their sensational designs—buildings that they can be very proud of.

Aesthetically Advanced But Not Visionary

Contemporary school construction in Switzerland is generally rather cautious and conventional; aesthetically advanced but not visionary. Yet some of the structures built are undoubtedly among the milestones of current school architecture. For example the Volta school building in Basel (2000), erected by Miller & Maranta architects on the site of a former heavy fuel oil storage facility. The constricted site, which must make do with almost no open space, asked for a compact solution with a large building depth. The architects, therefore, developed a slab system accentuated by four light shafts. The classrooms are alternately oriented towards one or other façade and are entirely illuminated via the shafts or outer façade. The result is a diversified, almost labyrinthine, spatial structure that breaks with the monotony of corridor schools and furthermore corresponds with the industrial aesthetics that characterise the area.
The Im Birch school building erected in 2005, in the Oerlikon district of Zurich, demonstrates that architects can successfully and innovatively tackle matters of education and cultural affairs. Peter Märkli developed a special ground plan for the new principle of co-teaching in which classes and teaching staff create a kind of small school within the larger school cosmos. A combination of one communal space and three adjoining rooms forms the basic component, allowing for varying functions. Since classical frontal teaching has been

aufgrund des geforderten Energie-Standards dominanten Blechkästen der Lüftungsleitungen eine Klassenzimmerdecke umspielen und, die rohe Betondecke freilassend, wie ein Fries wirken. Oder wenn der Lack, mit dem der rohe Beton im Inneren überzogen wurde, wie Patina im alten Glanz erscheint. Helvetische Perfektion wurde dabei nicht angestrebt, es ging eher um kontrollierte Zufälligkeit.
Modellhafte Bedeutung besitzt schließlich der im August 2009 eröffnete Schulhausneubau Leutschenbach im Zürcher Norden. Mit insgesamt 22 Klassenzimmern, einer Doppelsporthalle, Mediathek, Bibliothek, Multifunktionssaal, Mensa, Kindergarten und einer Reihe von Werkstätten und Spezialräumen handelt es sich um das (nach der Schule Im Birch) zweitgrößte Schulhaus der Stadt.
Der Zürcher Architekt Christian Kerez hatte die Jury mit einem ungewöhnlichen Konzept überzeugt: Während das umfangreiche Raumprogramm üblicherweise in einzelne Volumina gegliedert und nebeneinander angeordnet wird, verdichtete er es hier zu einem kompakten Baukörper, sodass die Freifläche des neu entstehenden Andreasparks nur in geringem Maße tangiert wird. Als 30 Meter hoch aufragendes Gebäude korreliert es mit den benachbarten Wohngebäuden, setzt einen Gegenakzent zu der kleinteilig strukturierten Wohnbebauung aus den 1950er und 60er Jahren ringsum und fungiert als Zeichen des urbanistischen Aufbruchs. Ungewöhnlich ist aber nicht nur die Stapelung sämtlicher Räume in einem einzigen Bauwerk, sondern auch die Anordnung der Funktionsbereiche: Die Doppelturnhalle, andernorts meist ebenerdig oder in den Boden vertieft angelegt, bildet den oberen Abschluss des Gebäudes. Dessen statischen Kern bildet das vierte Obergeschoss, eine Stahlfachwerkkonstruktion, die sich hinter die Fassade zurückzieht – und auf der die Sporthalle wie auf einem Tisch aufliegt. Zugleich sind die drei Schulgeschosse von dieser Ebene abgehängt, sodass sich eine Rhythmisierung und funktionale Differenzierung des Volumens ergibt: Die Erdgeschoss- und Eingangsebene mit Mensa und Schülerklub wird von dem Block der drei Klassenebenen, das

Schulhaus Im Birch, Zürich 2005 (Architekt: Peter Märkli)
Links: Ansicht mit Eingang
Oben: Konzentration auf das Wesentliche - Innenansicht
Unten: Grundriss 1. OG
The school building in Birch, Zurich, 2005 (architect: Peter Märkli)
Left: view of the entrance
Above: concentration on the essentials—interior view
Below: plan of the first floor

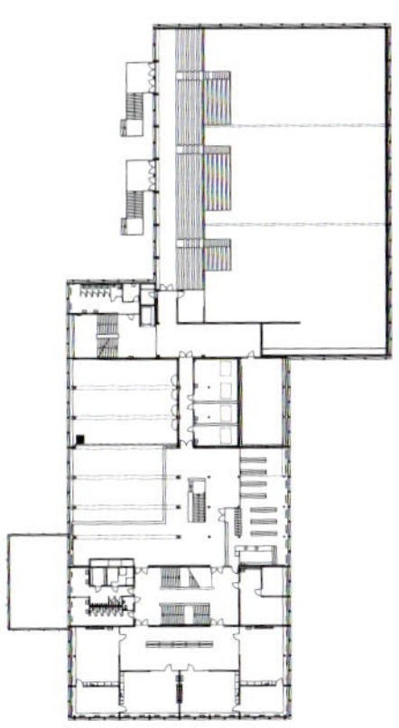

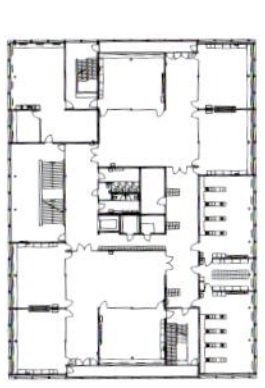

replaced by group and team concepts, this provides an adequate and adaptable structure for different models of teaching. The walls are made of glass and curtains can be drawn to provide visual separation if required. There is no strict division of teaching and leisure spaces something that happens today will find a new place tomorrow-appropriating space, and interacting with it, can also be an educational objective. Märkli arranged the complex spatial programme, making this school Zurich's largest, in two four-storey building volumes—one houses a music school in addition to a sports hall and an assembly hall. As these special rooms are also at the disposal of the surrounding populace, the complex behaves correspondingly accessibly: no fences block access to it, and the concrete fields around it provide room for breaks, they serve as public space, and as a connecting area between both parks.

Prose of Rationality and Poetry of Incidental Beauty

A modular façade made of pre-fabricated concrete components connects both buildings. This can be read as a representative gesture. However, its pre-cast elements and decided rawness give the school a spirit of the architectural structuralism of the nineteen-sixties and seventies; so much more so because Märkli received essential impulses for his spatial organisation while modifying a so-called "hall school" designed by Viktor Hufnagl in the Austrian town of Wörgl. Yet the architect precisely does not just limit himself to addition, he does not seek the path of reduction to the least possible amount of repetitive elements. He instead allows himself the freedom to again take his distance from a selected solution.
He responds to the prose of rationality with the poetry of incidental beauty—as the dominant metal boxes of the ventilation ducts, required to meet energy standards, skirt around a classroom ceiling, leaving the unclad concrete ceiling free, to look like a frieze, or as the paint with which the interior concrete is coated looks like a patina in ancient splendour. The objective was controlled randomness rather than Helvetian perfection.
The new Leutschenbach school building in the north of Zurich, opened in August 2009, is a model project. Its twenty-two classrooms, a double sports hall, media centre, multi-functional hall, canteen, kindergarten, and a series of workshops and other special rooms make it the city's second largest school (after the Im Birch school).
Zurich architect Christian Kerez managed to win over the jury with an unusual concept: while the extensive spatial programme would otherwise have been structured into individual volumes and arranged side by side, he compresses it into a compact building volume, leaving the open space of the newly-created Andreas Park only minimally affected by it. This thirty-metre high building correlates with neighbouring residential buildings, and counterbalances the small-scale structure of the surrounding nineteen-fifties and sixties residential houses, making it a symbol of urbanistic innovation.
Apart from the manner in which rooms are stacked upon each other in a single building volume, the arrangement of functional areas is also unusual: rather than being on ground level or sunken into the ground, the double sports hall forms the top of the building.
The fourth floor serves as its structural core, a steel frame construction that retreats behind the façade—the sports hall rests on it as if on a table. The three school levels are also suspended from that level, creating a rhythm and a functional distinction within the volume: the ground floor and entrance level with canteen and pupil's club is located below the three classroom levels while the fourth floor with multi-functional hall, library and media centre is beneath the similarly-proportioned sports hall box.
Central opposite-running staircases provide short yet separate connections to primary and senior classes. The classrooms themselves, of roughly square ground plan, are arranged parallel to the northern and southern longitudinal fronts. The in-between areas that are connected via the stairs can be used according to contemporary educational concepts for project

vierte Obergeschoss mit Multifunktionshalle, Bibliothek und Mediathek von der annähernd gleich proportionierten Box der Sporthalle überfangen.
Die gegenläufige Treppenerschließung in der Mitte ermöglicht kurze und voneinander getrennte Verbindungen für Primar- und Oberstufe. Die Klassenzimmer selbst, vom Grundriss her annähernd quadratisch, sind parallel zur nördlichen und südlichen Längsfront angeordnet. Die von den Treppen erschlossenen Bereiche dazwischen lassen sich gemäß aktuellen pädagogischen Konzepten für den Projekt- und Gruppenunterricht verwenden; Korridore als reine Erschließungszonen gibt es im Schulhaus Leutschenbach nicht. Eine mehrfache Funktion übernehmen ebenfalls die um die Schulgeschosse ringsum vorgelagerten Balkonzonen: Als Fluchtwege, als Verschattungselemente und als Aufenthaltsbereiche unterstützen sie die Flexibilität der Raumnutzung.
Neue Wege beschritt Christian Kerez auch bei der Materialisierung. Von den Treppenkernen und der Box des Untergeschosses (mit Werkräumen und Technikbereichen) abgesehen, gibt es keine klassischen Wände mehr. Die Abgrenzung der Klassenzimmer untereinander und zu den Aufenthaltsbereichen in der Geschossmitte hin erfolgt durch Konstruktionen aus transluzentem Industrieglas, sogenanntem Profilit. Entstanden ist eine informelle, urban anmutende Lernlandschaft mit Ateliercharakter – jenseits der Muffigkeit traditioneller Schulstuben. Und in der Dämmerung leuchtet das Schulhaus von innen wie eine riesige Laterne über dem neuen Stadtteil Leutschenbach.

Schulanlage Leutschenbach, 2009 (Architekt: Christian Kerez), die Schule als „Laterne“
Unten: Grundriss 3. OG. Die Schule ist zu einem kompakten Baukörper verdichtet, was im Grundriß ablesbar ist. Leutschenbach school complex, Zurich, 2009 (architect: Christian Kerez): the school as a "lantern" Below: plan of the third floor. As can be seen from the plan, the school is condensed in a compact building volume.

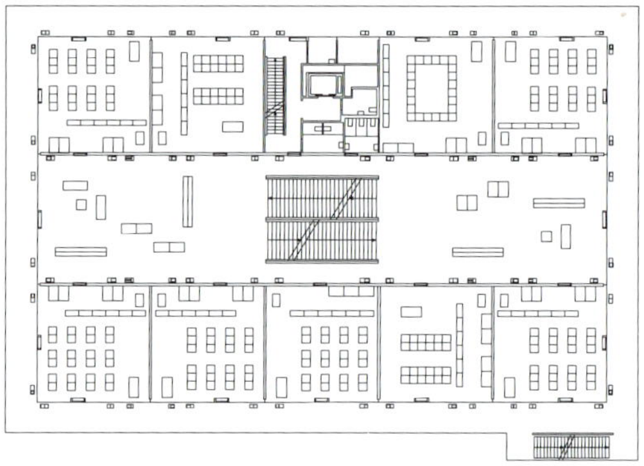

Klassenzimmer mit Blick durch
ein sogenanntes Schaltzimmer
Unten: Vorzonen der Unterrichtszimmer
Classroom with a view through a so-called switch room
Below: approach to the classrooms

and group lessons. Corridors do not exist as mere connecting spaces in the Leutschenbach school building. Balcony zones that project out around the school building take on several functions: they facilitate flexible spatial use and function as fire escapes, as shading elements, and as common areas.
Christian Kerez also embarked upon new paths from a materialisation point of view. There are no classical walls apart from the staircase cores and the ground floor box (with workshops and technology areas). A structure made of translucent industrial glass, so-called Profilit, separates the classrooms from one another and from the common areas at the centre of each level. This creates an informal, urban-like learning landscape of studio character—far beyond the mustiness of traditional schoolrooms. And at twilight the school building glows from inside, like a huge lantern, over the new district of Leutschenbach.

Klasse Jahrgang 7, Gesamtschule Wilhelmsburg

Für diese Siebtklässler der Gesamtschule Wilhelmsburg (Foto) wird das kommende Jahr besonders aufregend: Sie sind die Pioniere der neuen Profilklassen in Hamburg. Jedem Schüler ab der 8. Klasse wird an dieser Schule künftig die Möglichkeit geboten, zwischen sechs verschiedenen Schwerpunkten (unter anderem Kommunikation, Fremdsprachen, Künste, Naturwissenschaften, Planung und Produktion) zu wählen. Buket Nur Tarim (13 Jahre) und Kevin Ofori Boado (13 Jahre) haben sich für DSP (Deutsch, Schauspiel, Philosophie) und Musik entschieden. Drei Statements:

Ich will Ärztin werden. Ich weiß, dass es nicht leicht ist. Besonders in Wilhelmsburg. Wir sind hier benachteiligt, haben zum Beispiel keine Privatschulen. Aber, wenn ich etwas will, dann bin ich dazu imstande. Das sagt auch meine Mutter. Ich muss noch mehr lesen und mehr lernen. Die Lehrer unterstützen uns sehr und fragen uns auch nach unseren Problemen. Ich weiß, dass ich hier mehr kämpfen muss als ein Kind, das woanders lebt. Aber das macht nichts. Ich fühle mich deshalb trotzdem in Wilhelmsburg wohl. Buket Nur Tarim

Ich will Bankmanager werden. Ich kann das schaffen! Es liegt nicht an den anderen, es liegt nur an mir. Ich will hier Abitur machen. Die Schule ist gut, wir bekommen auch Nachhilfe von den Oberstufenschülern. Das Viertel ist eigentlich auch gut. Es gibt hier viele Spielplätze. Man kann überall Fußball spielen. Und die Landschaft ist schön. Der schlechte Ruf kommt durch ein paar Leute, die faul sind und nichts tun. Die hängen nur rum. Manche hassen auch die Schule. Wegen der schlechten Leute bekommen die Guten keinen Job. Das finde ich ungerecht. Hoffentlich ändert sich das bald. Kevin Ofori Boado

Immer wenn von Bildung auf den Elbinseln die Rede ist, wird das „Tor zur Welt" erwähnt. Das ist ärgerlich. Schon jetzt ist abzusehen, dass sich die Schülerströme verlagern. Die gesamte Oberstufe wird sich im „Tor zur Welt" konzentrieren. So viel Kritik sei mir gestattet: Das Sprach- und Bewegungszentrum ist mit dem „Tor zur Welt" nicht vergleichbar. Dort wird geklotzt, hier wird gekleckert. Wenn wir in Wilhelmsburg-West nichts Vergleichbares entgegensetzen, könnte es hier zur Verödung kommen.
Jörg Kallmeyer, Schulleiter der Gesamtschule Wilhelmsburg

Seventh grade, Wilhelmsburg comprehensive school

The coming year is going to be an especially exciting one for these seventh graders at the Wilhelmsburg comprehensive school (photo): they are the pioneers of the new profile classes in Hamburg offering each pupil from eighth grade on the choice of six different main topics (including communication, foreign languages, the arts, the natural sciences, planning and production). Buket Nur Tarim and Kevin Ofori Boado (both 13 years old) have opted for DSP (German, Drama, Philosophy) and Music. Three statements.

Buket: **I want to be a doctor. I know this is not easy. Especially in Wilhelmsburg. We are disadvantaged here; we don't have any private schools, for instance. But if I want something then I am capable of doing it. That's what my mother also says. I have to read even more and learn more. The teachers give us lots of support and also ask us where we have problems. I know that here I have to fight more than a child living somewhere else. But that doesn't matter. I still feel at home in Wilhelmsburg.**

Kevin: **I want to become a bank manager. I can do it! It is not up to other people, it is up to- me alone. I want to do my Abitur (school leaving examination) here. The school is good, and we also receive coaching from the sixth grade pupils. The neighbourhood is also cool actually. There are lots of playgrounds here. You can play football everywhere. And the landscape is nice. The bad reputation comes from a few lazy people who don't do anything. They just hang around. Some of them also hate the school. It is because of the bad people that the good ones don't get jobs. I find that unfair. Hopefully that will change soon.**

"The 'Tor zur Welt' is mentioned whenever the subject of education on the Elbe Islands comes up. That is annoying. The shift in school intakes is already evident. The whole of the sixth grade will be concentrated in the 'Tor zur Welt.' Allow me these words of criticism: the language and motion centre cannot be compared to the 'Tor zur Welt.' There things are happening, here it is just fiddling around. Wilhelmsburg-West could end up as a ghost town if we are not able to respond with something comparable."
Jörg Kallmeyer, Head of the Wilhelmsburg Comprehensive School

FörMig-Gruppe im Mietergemeinschaftsraum der SAGA/GSW

Seit knapp drei Jahren organisiert der Türkische Elternbund Wilhelmsburg die Förderung von Kindern und Jugendlichen mit Migrationshintergrund. Neben Mathematik und Englisch steht vor allem Deutsch auf dem Programm des „Mercator-FörMig-Treffs", der 2008 bereits mit dem IBA-Innovationspreis für vorbildliche Bildungsprojekte ausgezeichnet wurde. Die Leitung der Kurse übernehmen Studierende für das Lehramt, die von der Universität Hamburg gestellt werden und hier Praxiserfahrungen für ihren späteren Beruf sammeln können. Der Türkische Elternbund finanziert die Fahrkosten und einen Fortbildungs-Workshop im Jahr. Außerdem stellt er die Unterrichtsräume zur Verfügung. Özlem Ucan (Foto Mitte) gab während ihres Studiums zwei Jahre lang, an zwei Nachmittagen in der Woche, einer Gruppe von neun Schülern aus der Gesamtschule, dem Gymnasium und der Realschule Förderunterricht in Deutsch.

Wie würden Sie die Schüler charakterisieren, die Sie unterrichtet haben?
Diese Schüler besitzen auf jeden Fall den Ehrgeiz, weiterzukommen und höhere Ziele zu erreichen. Ob sie tatsächlich das Abitur schaffen werden, weiß ich nicht, aber ich hoffe, dass sie viel aus dem Unterricht mitgenommen haben. Wir haben Grammatik, Rechtschreibung und Textverständnis geübt. Lesen ist eine Schlüsselqualifikation. Ohne Lesen kann man keine Bildung erwerben. Das ist die Basis schlechthin, um am gesellschaftlichen Leben teilzunehmen.

Reichen die derzeitigen Bildungsprojekte in Wilhelmsburg, um den Stadtteil von seinem Stigma zu befreien?
Grundsätzlich denke ich, dass es die richtigen Ansätze sind. Mehr und höhere Bildungsabschlüsse müssen das Ziel sein. Ich glaube, dass das viele Eltern genauso sehen. Sie fördern die Kinder, so gut es geht. Aber man müsste die Eltern noch mehr einbeziehen. Man müsste ihnen zum Beispiel mehr Informationen über das deutsche Schulsystem geben. Viele wissen nicht genug, um die richtigen Entscheidungen für ihre Kinder zu treffen. Kann man von der Gesamtschule oder der Realschule aufs Gymnasium wechseln? Kann man auf der Gesamtschule das Abitur erreichen? Da besteht Informationsbedarf. Mit der Bildungsoffensive sind die richtigen Steine gelegt worden. Aber das Bildungsangebot muss in jedem Fall weiter ausgebaut werden. Bildung öffnet alle Türen. Ich stamme selbst aus einer Familie mit Migrationshintergrund und habe sicher auch Vorbildfunktion. Die Schüler merken im FörMig-Unterricht, was Zweisprachigkeit für ein Potenzial ist. Zweisprachige Menschen können Grenzen überschreiten – und das ist in unserer globalisierten Welt ganz wichtig.

FörMig-Group in the SAGA/GSW Tenants' Common Room

Almost three years ago the Wilhelmsburg Turkish Parents' Association set up a support scheme for children and young people with a migrant background. Next to mathematics and English, there is a particular focus on German in the "Mercator-FörMig-Treffs" ("Mercator-FörMig-Club") programme, which has already earned the IBA's innovation prize for exemplary education projects in 2008. The course is run by student teachers from the University of Hamburg who are able to gain practical experience here for their later careers. The Turkish Parents' Association finances the travel costs and one training workshop annually. It also provides the classrooms. While a student, Özlem Ucan (photo, centre) ran a German remedial teaching class two afternoons a week for two years for a group of nine pupils from all three secondary schools.

How do you characterise the pupils you have taught?
The pupils are certainly ambitious: they want to get on and achieve higher goals. As to whether they will really manage their Abitur, I can't say, but I hope that they benefited from the lessons. We practised grammar, spelling, and comprehension. Reading is a key qualification. You can't acquire an education without being able to read. That is the very basis for being able to participate within society.

Are the current education projects in Wilhelmsburg enough to free the neighbourhood of its stigma?
I think the approaches are fundamentally the right ones. Increased and higher educational qualifications need to be the objective. I think that many parents see it exactly the same way. If they support the children then things work well. But the parents need to be more involved. They need to be given more information about the German school system, for example. Many of them do not know how to make the right decisions for their children. Is it possible to change from the comprehensive school or the secondary modern school to the grammar school? Is it possible to do your Abitur at the comprehensive school? There is a need for more information. The right steps have been taken with the education drive. But the educational opportunities definitely need to be expanded further. Education opens all doors. I also come from a family with a migrant background and so I am, of course, a role model as well. The pupils in the FörMig lessons notice what an advantage it is to be bilingual. Bilingual people are able to overcome boundaries—and that is really important in our global world.

„Klotz im Park", Bunkerprojekt

Noch sieht der alte Bunker aus wie vor 66 Jahren, als Wilhelmsburg bombardiert wurde und die Bürger dort Schutz suchten. Doch demnächst wird er mit Solarzellen bestückt, um das neu gestaltete Weltquartier rund um die Weimarer Straße mit Energie zu versorgen. Für Margret Markert, Leiterin der Geschichtswerkstatt Wilhelmsburg in der Honigfabrik, war das anstehende Facelifting Grund genug, sich mit Schülern und Lehrern der Bonifatiusschule auf Spurensuche zu begeben. Die Klasse 7b befragte unter Anleitung ihrer Lehrerin Tina Looser 15 Zeitzeugen, sammelte Berichte und Bilder und verarbeitete das umfangreiche Material zu einer Ausstellung sowie einem Theaterstück. Nun ist sogar ein Buch über den „Klotz im Park" geplant, erzählt Horst Stanik (81). Er war als 16-Jähriger Flak-Helfer und unterstützt das generationenübergreifende Projekt nach Kräften.

Viele Schüler hätten ohne Sie und andere Zeitzeugen kaum die Chance, aus erster Hand etwas über den Bunker und Wilhelmsburg in Kriegszeiten zu erfahren. Welche Gesichtspunkte standen für Sie dabei im Vordergrund?
Als die Angriffe auf Hamburg 1943 losgingen, war ich Tag und Nacht an der Flak im Einsatz. Nicht an diesem Bunker, sondern ganz in der Nähe auf einem ganz normalen Wohnhaus mit Flachdach. Wie grausam alles zerbombt wurde, sehe ich auf den Fotos, die ich damals vom Dach aus gemacht habe. Die Bilder haben die Kinder auch sehr beeindruckt. Man liest immer nur die großen Dinge, aber man muss auch die Geschichten der Einzelnen kennen, wie es in Wirklichkeit war. Das ist doch für die Jugend wichtig.

Wie haben die Kinder reagiert? Kamen viele Nachfragen?
Ja, sie wollten genau wissen, wie es mir ergangen ist und was ich empfunden habe. Ich war ganz erstaunt, wie diszipliniert und wissbegierig die Kinder waren.

In dem Viertel, in dem Sie groß geworden sind, leben heute Menschen aus mehr als 30 Nationen. Wie haben Sie den strukturellen Wandel empfunden?
In dem Viertel waren schon immer viele Ausländer. Das fing mit der Industrialisierung an. Als der Veringkanal ausgehoben wurde, hat man Arbeiter aus Posen geholt. Die Polen waren alle katholisch. Die polnischen Frauen hatten damals auch alle große Kopftücher um, mit gestickten Rosen drauf. Man hörte überall Polnisch auf der Straße, so wie heute Türkisch. Das war ganz normal, damit bin ich groß geworden. Damals waren es Christen, heute sind es viele Muslime. Die Leute dürfen sich nicht wegen der Religion die Köpfe einhauen. Wenn so ein Projekt auch dazu beitragen kann, fände ich das gut.

"Klotz im Park" (Block in the Park), Bunker Project

The old bunker still looks as it did sixty-six years ago when Wilhelmsburg was being bombed and the residents sought shelter there. It is soon to be mounted with solar panels, however, to supply power to the newly designed Weimarer Strasse global neighbourhood. For Margret Markert, head of the Geschichtswerkstatt Wilhelmsburg (Wilhelmsburg History Workshop) in the Honigfabrik (Honey Factory), the imminent facelift was reason enough to take the pupils and teachers of the Bonifatiusschule (Bonifatius School) off in search of clues. Assisted by their teacher Tina Looser, class 7b interviewed fifteen local witnesses of history, collected reports and pictures, and developed the extensive material into an exhibition and a play. There is now even a book about the "Klotz im Park" being planned, explains Horst Stanik (81). At sixteen he was an anti-aircraft gun assistant and is an avid supporter of the cross-generation project.

Without you and other witnesses the pupils would have had little chance of learning first hand about the bunker and about Wilhelmsburg during the war. What were the predominant aspects for you?
When the attacks on Hamburg began in 1943, I was deployed day and night with the anti-aircraft guns. Not at this bunker but very close by on a completely normal residential block with a flat roof. The photos which I took from the roof back then show just how horrific the bombing was everywhere. The pictures also made a big impression on the children. It is one thing to read about historical events, but you also need to know the stories of the people affected by it to understand what it was like. That is what is important for young people.

What were the childrens' reactions? Did they ask a lot of questions?
Yes, they wanted to know exactly what I experienced and how I felt. I was really astounded at how disciplined and how inquisitive the children were.

The neighbourhood where you grew up is now home to people from more than thirty different nations. How do you feel about the structural changes?
Starting with industrialisation, there were always lots of foreigners in this neighbourhood. Back then workers from Poznan were brought in to dig the Vering Canal. The Poles were all Catholic. The Polish women also wore big scarves, with embroidered roses on them. You heard Polish everywhere on the streets, just as you hear Turkish today. That was completely normal–I grew up with it. Then it was Christians, now it's Muslims. People should not be fighting each other up because of religion. If a project like this could contribute to this aim I think it would be good.

ALLES WEG!

IBA at WORK

Projekte der Internationalen Bauausstellung Hamburg

Projects of the Internationale Bauausstellung Hamburg

Leitthema 01
Stadt im Klimawandel
S1.1 Energiebunker
S1.2 Energieberg
S1.3 Energieverbund Wilhelmsburg Mitte
S1.4 Tiefengeothermie Wilhelmsburg
S1.5 Urbanes Biogasprojekt (nicht verortet)
S1.6 Prima Klima Anlage (nicht verortet)
S1.6.1 IBA-Exzellenz-Sanierung (nicht verortet)
S2 IBA Dock
S3 Open House
S4 Klimahäuser Haulander Weg
S5 Hotel Veritaskai
S6 EcoCity (nicht verortet)
S7 Tideelbekonzept Pilotprojekt Kreetsand
Leitthema 02
Metrozonen - Stadt im Aufbruch
M1 Wilhelmsburg Mitte
M1.1.1 Hybrid Houses
M1.1.2 Smart Material Houses
M1.1.3 Smart Price Houses
M1.1.4 Water Houses
M1.2 igs-Hallenkomplex
M1.2.1 Hotelgebäude
M1.2.2 igs-Hallen
M1.2.3 Schwimmbad
M1.3 Neubau der Behörde für Stadtentwicklung und Umwelt
M1.4 S-Bahnhof Wilhelmsburg
M1.5 Schiffbarmachung der Rathauswettern
M1.6 Ausbau Kanustrecke und Wasserbecken
M2 Georg-Wilhelm-Höfe
M3 Öffnung des Spreehafens
M3.1 Erschließung und Freiflächengestaltung
M3.2 Fähranleger und Veringplatz am Ernst-August-Kanal
M3.3 Rundweg Spreehafen
M3.4 Spreehafen Landungsbrücken
M3.5 Kanuterrassen
M4 Harburger Schlossinsel
M4.1 Park auf der Schlossinsel
M4.2 Quartier am Park
M4.3 Wohnen auf der Schlossinsel
M5 Harburger Binnenhafen
M5.1 Maritimes Wohnen am Kaufhauskanal
K6 Quartier Veddel Süd
M7 Verlegung Wilhelmsburger Reichsstraße
Leitthema 03
Kosmopolis - Stadt der Vielfalt
K1.1 Tor zur Welt
K1.2 Haus der Projekte
K1.3 Sprach- und Bewegungszentrum
K1.4 Medienzentrum Kirchdorf
K1.5 Produktionsorientierung/Schülerfirmen
K2.1 Wohnungsbau Weltquartier
K2.2 Weimarer Platz
K2.3 Pavillon Weimarer Platz
K2.4 Welt-Gewerbehof
K3.1 Kreatives Zentrum Veringhöfe
K3.2 Produktionsstätten Veringhöfe (Süd)
K3.3 Kunst macht Arbeit (nicht verortet)
K4.1 Freizeitrundkurs (nicht verortet)
K4.2 Neugestaltung Berta-Kröger-Platz
K4.3 Rotenhäuser Feld
K5 Neue Hamburger Terrassen
K6 Universität der Nachbarschaften
K7 Veringeck
K8 Haus der Begegnung Veddel
K9 Erweiterung des Bürgerhauses Wilhelmsburg

Kosmopolis
Wie werden die Potenziale einer immer internationaler werdenden Stadtgesellschaft optimal genutzt? Wie können aufkommende Spannungen vermieden werden?

Mit der Vielfalt der Kulturen in unseren Städten nehmen auch die Konflikte zu: Wo es Unterschiede im Denken und Handeln gibt, sind Ab- und Ausgrenzung nicht weit. Aber wo an den Bruchstellen der Stadtgesellschaft Kulturen und Lebensstile aneinanderstoßen, eröffnen sich Chancen: Erst die Kombination aus verschiedenen Sichtweisen schafft wirklich neue Ideen, Produkte oder Lebensanschauungen – wenn es gelingt, die vorhandenen „Gräben und Zäune" zu überwinden. Mit über 40 Nationalitäten auf 28 Quadratkilometern können die Elbinseln modellhaft zeigen, wie unterschiedliche Kulturen und Schichten ein gemeinsames Stadtgefühl entwickeln können. Räume können geschaffen werden, die den komplexen Ansprüchen einer internationalen Stadtgesellschaft gerecht werden. Die IBA Hamburg möchte mit diesem Leitthema zwischen der HafenCity und Hamburg-Harburg eine „Kosmopolis" schaffen: differenzierte Stadträume, in denen sich die Kulturen der Stadtgesellschaft des 21. Jahrhunderts entfalten können – mit der Möglichkeit zum Brückenbauen. Es entstehen andere kulturelle und soziale Angebote und damit unerwartete Möglichkeiten, bei der Gestaltung der Stadtgesellschaft mitzuwirken. Denn Reibung erzeugt Energie – richtig genutzt ist sie somit ein Gewinn für die Stadt.

Cosmopolis
How is optimal use to be made of the potential within an urban society that is becoming more and more international? How can emerging tension be avoided?

The diversity of cultures in our cities means that conflicts are also on the increase: where there are differences in thinking and behaviour, there is also discrimination and ostracism. Yet the urban society's interfaces between cultures and ways of life provide opportunities: it is only the combination of different perspectives and ideas that really creates something new—ideas, products, or attitudes to life—with which, ideally, the existing "barriers and pitfalls" can be overcome. With over forty nationalities on twenty-eight square kilometres, the Elbe Islands are a prime example of how different cultures and classes can develop a common feeling for the city. Facilities can be created that meet the complex demands of an international urban society. It is with this theme that the IBA Hamburg intends to create a "Cosmopolis" between HafenCity and Harburg: diverse urban structures enabling the cultures of twenty-first century urban society to develop—with the possibility of building bridges. Other cultural and social opportunities arise, thus presenting unexpected options for becoming involved in the shaping of urban society. Friction generates energy—used properly, it is a plus for the city.

Kreatives Zentrum Veringhöfe
Günstig am Veringkanal und in unmittelbarer Nachbarschaft zum gründerzeitlichen Reiherstiegviertel gelegen, sollen die Veringhöfe, ein ehemaliger Gewerbe- und Verwaltungsstandort, als modellhaftes Projekt für die Kunst und die Kreativwirtschaft entwickelt werden. Die künftigen Nutzer und Betreiber wurden von Beginn an in den Entwicklungsprozess eingebunden; aus den Ergebnissen eines Workshops wurde im Mai 2009 das Konzept „Künstler Community Elbinseln" von „STATTBAU Hamburg" und „STADTKULTUR Hamburg" ausgewählt. Im Herbst 2009 nutzte der Elbinsel Sommer '09, der unter dem Motto „Akademie einer anderen Stadt" steht, temporär die Veringhöfe. Fertigstellung des ersten Bauabschnitts: Herbst 2010.

Veringhöfe Creative Centre
Ideally situated on the Veringkanal and in direct proximity to the nineteenth-century Reiherstieg neighbourhood, the Veringhöfe—formally a commercial and event site—is to be developed as an exemplary project for art and the creative industries. The future users and operators were included in the development process from the outset; the concept "Artists' Community Elbe Islands" by "STATTBAU Hamburg" and "STADTKULTUR Hamburg" was selected from the results of a workshop held in May 2009. In autumn 2009, the Elbe Islands Summer '09, themed "Akademie einer anderen Stadt", made temporary use of the Veringhöfe. The completion of the first phase of construction is planned for autumn 2010.

Veringeck: Älter werden in der Wohngemeinschaft
Auf unaufdringliche Art wird eine städtebauliche Lücke durch einen interkulturellen Bautypus für Wohn- und Pflegegemeinschaften mit Hammam geschlossen. In den Obergeschossen wird eine neue Form des gemeinschaftlich betreuten Wohnens angeboten, die durch ihre multikulturelle Ausrichtung modellhaft sein wird. Der erstrangige Entwurf von feddersenarchitekten (Berlin) stellt mediterrane Baumotive (Flachdach, Atrien, Porches) in den Kontext einer typischen Wilhelmsburger Ecke. So werden das IBA-Leitthema „Kosmopolis" und der Aspekt des interkulturellen Wohnens symbolisch umgesetzt und die Anforderungen der zukünftigen türkischen und deutschen Bewohnerinnen und Bewohner ansprechend gewürdigt.

Veringeck: Growing Old in a Residential Community
An urban planning gap is being closed unobtrusively with an intercultural building prototype for residential and care accommodation that is exemplary for Germany. The design by feddersenarchitekten (Berlin) places Mediterranean construction elements (flat roof, atria, porches) in the context of a typical Wilhelmsburg corner. This constitutes a symbolic interpretation of the IBA "Cosmopolis" theme and the aspect of intercultural living, with due attention being paid to the demands of future Turkish and German residents.

Innovatives Sprach- und Bewegungszentrum
Im Reiherstiegviertel entsteht ein elegantes zweigeschossiges Sprach- und Bewegungszentrum (Entwurf: eins:eins Architekten, Hamburg). Hier wird für alle Altersgruppen praktiziert, was bezüglich der Verbesserung der Sprachentwicklung bei Kleinkindern durch Bewegung wissenschaftlich belegt ist. In seiner Art und Ausrichtung stellt dies für Wilhelmsburg ein bislang einmaliges und innovatives Bildungsprojekt dar. Das Sprach- und Bewegungszentrum wird wichtige Impulse zur weiteren Vernetzung der bestehenden Einrichtungen und Bildungsangebote auf den Elbinseln setzen und den Bildungs- und Beratungsstandort Reiherstieg aufwerten.

Innovative Language and Motion Centre
An elegant, two-floor language and motion centre is being built in the Reiherstieg neighbourhood (concept : eins:eins Architekten, Hamburg). What has been scientifically shown to improve language development in young children through exercise is practised here for all age groups. Its nature and approach make this a unique and innovative educational project for Wilhelmsburg. The language and motion centre will provide important stimuli for further networking of existing facilities and educational opportunities on the Elbe Islands, raising Reiherstieg's standing as an educational and advisory centre.

Produktionsorientierte Bildung
In Kirchdorf haben sich die Bildungseinrichtungen auf ein Profil der produktionsorientierten Bildung für ihre Netzwerkarbeit verständigt. An der Stadtteilschule Stübenhofer Weg entsteht ein Ort für dieses Projekt. Der Architekt Marc-Oliver Mathez (Hamburg) hat hier einen Neu- und Umbau geplant, der neue Unterrichtsformen ermöglichen soll, sich in den Stadtteil hinein öffnet und den Jugendlichen bessere Übergangschancen in das Berufsleben eröffnen soll.

Production-Oriented Education
In Kirchdorf the educational facilities have agreed on a production-oriented educational profile for their networking activities. The Stübenhofer Weg neighbourhood school is one of the project sites. The architect Marc-Oliver Mathez (Hamburg) has planned both a new and a converted building here, intended to introduce new lesson forms, to open itself up to the neighbourhood, and to provide young people with better opportunities for the transition to working life.

Metrozonen
Welche städtebaulichen Möglichkeiten stecken in den Grenz- und Übergangsorten – den Bruchstellen – der Metropole?

Metrozones
What are the urban devlopment opportunities offered by the peripheral and transitional locations—the cracks—within the city?

Sie sind die Zukunftsträger und -räume einer modernen Stadtentwicklung: Industriebrachen, Verkehrsschneisen, Brücken, Bahngelände, Kanäle. Mit dem Leitthema Metrozonen entwirft die IBA Hamburg ein Zukunftsbild für diese inneren Stadtränder: Orte, die auf den Brüchen und der Vielfalt der inneren Stadtränder aufbauen und deren harte Gegensätze durch neue Verbindungslinien überbrücken. Innerhalb einer dieser Zonen in Wilhelmsburg, am nördlichen Eingangsbereich der igs internationale gartenschau hamburg 2013, wird es eine „Bauausstellung in der Bauausstellung" geben. Sie hat sich zum Ziel gesetzt, Antworten auf den Wohnungsbau im 21. Jahrhundert zu geben. In der Tradition des berühmten Programms der „Case Study Houses" sollen alternative Modelle für die Zukunft entwickelt werden, die in Form von realisierten „Case Studies" Anschauungs- und Diskussionsobjekte auch weit nach ihrer Fertigstellung darstellen und eine neue Typologie und Materialität des Bauens begründen sollen. In diesem Sinne soll die Bauausstellung in der Bauausstellung zu den „Case Study Houses" des 21. Jahrhunderts werden und die Herausforderungen unserer Zeit in Bezug auf die Nachhaltigkeit des Bauens und Zusammenlebens modellhaft umsetzen und weiterentwickeln.

They are the future sites of modern urban development: industrial wastelands, roadway jungles, bridges, railway yards, canals. Under the heading "Metrozones" the IBA Hamburg is proposing a future scenario for inner-city peripheries: places defined by the gaps and diversity of the inner-city peripheries and which overcome the harsh contradictions with new links. Within one of these zones in Wilhelmsburg, at the northern entrance area of the International Garden Show (igs; internationale gartenschau hamburg 2013), a "building exhibition within a building exhibition" will take place. Its objective is to provide answers to the problems of residential buildings in the twenty-first century. Alternative models for the future are to be developed in the tradition of the renowned "Case Study Houses" models which, in the form of actual "Case Studies," provoke discussion and opinion long after their completion and are intended to establish a new building typology and materiality. In this spirit, the building exhibition within the building exhibition is to become the "Case Study Houses" of the twenty-first century, providing a model for the implementation and further development of responses to the challenges of our age in terms of the sustainability of building and of communal life.

Hybrid Houses
Unter dem Motto Hybrid Houses sollen prototypische Bautypen gefunden werden, die die Aspekte Wohnen und Arbeiten verschmelzen – Gebäude, die sich mit den Bedürfnissen seiner Bewohner verändern und den Lebensweisen der Bewohner anpassen können. Der Entwurf für den ersten Bauabschnitt stammt aus der Feder von NÄGELIARCHITEKTEN (Berlin). Am Eingangsbereich der Gartenschau entsteht der Verwaltungssitz der igs 2013, der auch die Ausstellung „Wilhelmsburg Mitte" der IBA Hamburg aufnehmen wird. Nach 2013 kann das Gebäude sowohl zum Wohnen als auch gewerblich genutzt werden.

Hybrid Houses
Prototype buildings combining both living and working space are being sought under the Hybrid Houses label—buildings that change in accordance with their inhabitants' requirements, able to adapt to their lifestyles. The design for the first phase of construction was made by NÄGELIARCHITEKTEN from Berlin. The igs 2013 administrative centre, which is also to incorporate the IBA Hamburg's "Wilhelmsburg Mitte" ("Central Wilhelmsburg") exhibition, is being built at the entrance to the garden show. After 2013 the building will offer usage for either residential or commercial premises.

Smart Material Houses
Smart Material Houses sind eine neue Generation von Haustypologien. Ihr Ziel ist die Optimierung der ökologischen Gesamtbilanz von Gebäuden – indem sie zum Beispiel auf Veränderungen in ihrem mittelbaren und unmittelbaren Umfeld reagieren und sich darauf einstellen. Der Einsatz von „Smart Materials" und „Smart Technologies" ermöglicht die Optimierung von Energie- und Materialströmungen, da ein Großteil dieser Materialien und Technologien Energie und Materie aus der Umgebung bezieht. Dabei sollen die Wohnwünsche und ästhetischen Ansprüche der Bewohner intensiv berücksichtigt werden. Es geht um nicht weniger als eine neue Materialästhetik des Bauens.

Smart Material Houses
Smart Material Houses are a new generation of building types. Their goal is the maintenance of the overall ecological balance in a building by being able, for example, to react and adjust appropriately to changes in their immediate and general surroundings. The use of "Smart Materials" and "Smart Technologies" enables the optimisation of energy and material flows as the majority of these materials and technologies draw on energy and materials from the immediate or close vicinity. The living aspirations and aesthetic requirements of the residents and users are also taken into account. This is nothing less than a new building materials aesthetics.

Smart Price Houses
Auf einem Grundstück von ca. 4000 Quadratmeter entstehen Häuser, die das Wohnen in der Stadt wieder erschwinglich machen. Es sind Häuser für mittlere und niedrige Einkommensschichten, die versuchen, Ökologie, Nachhaltigkeit, Energie- und Ressourcenschonung sowie Veränderungen sozialer Muster des Zusammenlebens gleichwertig zu berücksichtigen. Intelligent geplant und kostengünstig umgesetzt, gibt diese Art von Architektur neue Antworten auf gesellschaftliche Fragestellungen – von der Wirtschaftlichkeit, den Nachhaltigkeitsaspekten bis zu Veränderungen sozialer Muster im Zusammenleben. Die Abbildung zeigt den modellhaften Entwurf „Loft Cube" von Studio Aisslinger Architekten (Berlin).

Smart Price Houses
Buildings that make living in the city affordable again are being constructed on an area of land comprising about 4000 square metres. These are homes for the middle- and low-income sectors, which attempt to pay equal consideration to ecology, sustainability, energy, and resource savings, as well as changing the social patterns of communal life. Cleverly planned and built cost-effectively, this form of architecture is able to provide a response to these social issues. The illustration shows the model "Loft Cube" design by Studio Aisslinger Architekten (Berlin).

Water Houses
Das Thema Water Houses umfasst Bauvorhaben, die die Elemente Boden und Wasser neu interpretieren. Im Zentrum der Elbinsel entstehen Häuser, die schwimmen, über dem Wasser schweben oder in sonstiger Kombination mit und vom Wasser leben. Prototypen sollen aufzeigen, wie man Wasserlagen als Wohnstandorte nutzen kann, ohne die Umweltbelange oder die Sicherheitsbedürfnisse der Menschen zu beeinträchtigen. Wichtig sind dabei Materialqualitäten, die auch dauerhaft den Anforderungen der Wasserlage gewachsen sind.

Water Houses
The Water Houses theme encompasses building projects embodying a new interpretation of the elements earth and water. In the centre of the Elbe Islands, buildings are being constructed that float, are suspended above the water, or live with and from the water in other combinations. Prototypes are intended to illustrate how water sites can be used as residential locations, without compromising environmental concerns or people's safety requirements. What is important is the quality of the materials, which need to be able to withstand the sustained demands made by the water setting.

Stadt im Klimawandel
Wie kann die Metropole den Weg in das postfossile Zeitalter beschreiten? Die Zukunft des Klimas entscheiden die Städte.

Cities and Climate Change
How are cities to find their way into the post-fossil fuel age? Cities decide the future of the climate.

Auf den Elbinseln treffen Wachstums- und Umweltbelange beispielhaft aufeinander. Und die Geschichte ist auf den Elbinseln allgegenwärtig. Wilhelmsburg erlebte 1962 eine der verheerendsten Sturmfluten in der bundesdeutschen Geschichte: Mehr als 200 Menschen starben, weil die Deiche brachen, die das tief liegende Inselareal schützen sollten. Damit ist eine der bedrohlichsten Auswirkungen des Klimawandels, der Anstieg der Meeresspiegel weltweit, für einen Teil der Bevölkerung in Wilhelmsburg auch heute noch sehr präsent. Andererseits ist der Wachstumsmotor Hamburgs, der Hafen, existentieller Bestandteil der Inseln. Die IBA Hamburg stellt sich an diesem konkreten Ort dem Thema Klimawandel und versucht, modellhafte Lösungen zu erarbeiten, um einen wesentlichen Beitrag für die Zukunft der Metropole zu leisten. Dabei liegt der Fokus des Handelns eindeutig auf den Klimaschutzmaßnahmen, also der Verminderung der Treibhausgase, der Nutzung regenerativer Energien, energieeffizienter Versorgungslösungen und natürlich dem Energiesparen. Denn die Verringerung der Treibhausgase, also vor allem von CO_2, ist die zwingende Voraussetzung dafür, dass die Anpassung an den Klimawandel (etwa durch Flutsicherungsmaßnahmen) überhaupt erfolgreich sein kann. Die klimaverträgliche Metropole und die Architektur im Klimawandel sind Themen der IBA, die sich baulich niederschlagen werden – die den eigentlichen Charakter einer „Bau"-ausstellung prägen werden. Die ersten Projekte werden jetzt konkret.

The Elbe Islands are a classic example of growth meeting environmental concerns. History, too, is omnipresent there. In 1962 Wilhelmsburg experienced one of the most devastating storm floods in the history of the Federal Republic of Germany: more than 200 people died because the dykes intended to protect the low-lying island area broke. One of the most threatening effects of climate change, namely the rise in sea levels worldwide, is therefore still very real in the minds of some members of the Wilhelmsburg population. On the other hand, Hamburg's growth engine, the harbour, is part of the islands' very existence. Thus, the IBA Hamburg in particular, needs to address the issue of climate change in this specific location and endeavour to come up with model solutions, in order to make a key contribution to the city's future. The focus of activities is very clearly on climate protection measures, i.e. the reduction of greenhouse gases, and the use of renewable energy, energy-efficient supply solutions, and energy saving, of course. The reduction of greenhouse gases, especially CO_2, is a prerequisite if climate change adjustments (flood protection measures, for instance) are to be at all successful. The climate-friendly city, as well as architecture in climate change, are IBA issues to be expressed in building terms; issues that will define the actual character of a "building" exhibition. The initial projects are currently taking shape.

Prima Klima-Anlage – Sanieren und Sparen
Mit der IBA zum „KLIMA_HAUS": Ziel dieser Kampagne ist es, das Wissen der Gebäudeeigentümer der Elbinseln über den Energiebedarf und die Einsparungspotenziale ihrer Immobilien zu verbessern und sie zu weitreichenden Sanierungen zu motivieren. Bis zum Sommer 2009 haben sich bereits 60 Gebäudeeigentümer um die Ausstellung eines Hamburger Energiepasses „IBA-Exzellenz" auf Grundlage des „IBA-Exzellenz-Sanierungsstandards" beworben. Projektpartner sind die Behörde für Stadtentwicklung und Umwelt, die Hamburgische Wohnungsbaukreditanstalt, der Bezirk Hamburg-Mitte, die Hamburger Sparkasse sowie Immosolar.

Top Climate Plan–Renovate and Save
The greatest energy-saving potential lies in existing assets, hence the IBA's "KLIMA_HAUS" (CLIMATE HOUSE). The goal of this campaign is to improve the Elbe Islands property owners' awareness of energy requirements and the energy-saving potential of their properties, to motivate them to renovate, and to provide with these projects a practical demonstration of energy-efficient renovation. By summer 2009, sixty property owners had already applied for a Hamburg "IBA Excellence" Energy Pass based on the seven "IBA Excellence Renovation Standards" criteria. The project partners are the urban planning and environmental authorities, the Hamburg Building Society, the central Hamburg municipality, the Hamburg Savings Bank, as well as Immosolar.

Open House

Im Reiherstiegviertel entsteht das „Open House" – ein gemeinschaftlich geplantes Gebäude, das den neuesten Standards des klimaschonenden Bauens verpflichtet ist. Hier wird innovatives Wohnen für junge Familien und Studenten angeboten. Die Wohnungsbaugenossenschaft Schanze e.G. errichtet 32 genossenschaftliche Mietwohnungen und die Stadtentwicklungsgesellschaft steg errichtet acht frei finanzierte Stadthäuser sowie vier Dachlofts am Ernst-August-Kanal. Nach dem Entwurf des Architekturbüros Onix (Groningen) wird das Y-förmige Gebäude im Passivhaus-Standard errichtet und nutzt ausschließlich regenerative Energien. Baufertigstellung: 2011.

Open House

The Reiherstieg neighbourhood is to be the setting for the "Open House"—a building planned by the community and committed to the latest standards in climate-friendly construction. It is to provide innovative living for young families and students. The Schanze e.G. housing cooperative is building thirty-two cooperative rental properties and the city development society steg built eight independently financed townhouses as well as four loft properties on the Ernst-August-Kanal. According to the plans by the Onix (Groningen) architectural practice, the Y-shaped building is being built according to passive house standards and uses renewable energy only. Opening 2011.

Energiebunker

Das Projekt besteht aus zwei Bausteinen: erneuerbare Energieversorgung und Instandsetzung einer Bauruine. Der ehemalige Bunker soll nach der Sanierung Besuchern und Bewohnern die Möglichkeit geben, von der Dachterrasse den Weitblick zu genießen und sich in einem Dokumentationszentrum über die (Kriegs-) Geschichte des Flakbunkers und des Stadtteils zu informieren. Der Energiebunker entspricht dem Grundsatz „Keine (städtische) Wärmeerzeugung ohne Stromerzeugung" und erweitert ihn um die Nutzung erneuerbarer Energien und industrieller Abwärme und Reststoffe.

Energiebunker (energy bunker)

This project has two cornerstones: renewable energy supply and the restoration of a ruined building. Following the renovations, the former bunker will give visitors and residents the opportunity to enjoy the view from the roof terrace and in the documentation centre to learn something of the (wartime) history of the flak bunker and the neighbourhood. The "Energy Bunker" corresponds to the principle of "No (urban) heat generation without electricity generation" and extends this to apply to renewable energy as well as industrial heat waste and residues. Technical details: power-heat coupling based on biomass; (heat) energy storage as a buffer and regulator for energy supplies; use of solar energy in a large plant of over 3000 square meters.

Energieberg

Der Energieberg wird zur neuen Landmarke und zu einem Symbol aktiver und offensiver Auseinandersetzung mit der Geschichte des Ortes und den energetischen Zukunftsfragen. Eine leistungsstarke Windkraftanlage und eine große Freiflächen-Photovoltaik-Anlage werden mindestens 2000 Haushalte auf den Elbinseln mit Strom versorgen. Dazu kommt die energetische Nutzung der Biomasse und der Deponiegase. Die Deponie erhält ein Informationszentrum. Entwurf: Häfner Jimenez – Büro für Landschaftsarchitektur (Berlin) sowie Konermann Siegmund Architekten (Hamburg). Baubeginn: 2010, Eröffnung: 2011.

Energieberg (energy hill)

The "Energy Hill" is to become a new landmark in the Wilhelmsburg neighbourhood. A high-performance wind turbine and a large, open-space photovoltaic plant will supply electricity to at least 2000 homes on the Elbe Islands. Then there is the efficient use of the biomass and the landfill gases. The landfill is to acquire an information centre and become an information landscape. The plans are by Häfner Jimenez – Büro für Landschaftsarchitektur (Berlin), and Konermann Siegmund Architekten (Hamburg). Construction is to start in 2010, opening 2011.

Dialog- und Beteiligungsmaßnahmen

Die Konzepte und Projekte der IBA Hamburg werden die Elbinseln verändern. Wie können sich Bürger informieren und mitwirken?

Die IBA Hamburg ist weit mehr als eine Bauausstellung – hier werden Themen diskutiert und Fragen gestellt, die die Zukunft der Metropole in all ihren Facetten untersuchen. Auf den Elbinseln finden regelmäßig Fachveranstaltungen und Workshops, Expertenrunden und Kongresse statt: IBA-Labore vertiefen Einzelaspekte und Fachthemen, während IBA-Foren in größerem Rahmen übergreifende Aspekte der Stadtentwicklung thematisieren.
Ob Umwelt, Klimawandel oder Migration, Globalisierung, kulturelle Diversität, Logistik oder Mobilität – die IBA Hamburg wagt immer wieder den Blick über den Tellerrand, diskutiert Fragen der Stadtentwicklung, entwickelt neue Lösungen und reflektiert sie im Spiegel unterschiedlichster Beziehungsfelder gesellschaftlicher Realität.
Dazu kommen führende Wissenschaftler und internationale Experten nach Hamburg, tauschen sich aus und stellen sich dem Dialog mit Bürgerinnen und Bürgern. Im Zentrum aller Veranstaltungen, Workshops und Debatten steht dabei immer die Frage, wie die Menschen ihr Zusammenleben, Wohnen und Arbeiten in der Metropole der Zukunft gestalten können.

Dialogue and Participation Measures

The IBA Hamburg's concepts and projects will bring change to the Elbe Islands. Where can citizens and interested parties obtain information?

The IBA Hamburg is much more than just a building exhibition—it is a forum where issues affecting the future of all facets of the city are discussed and questions raised. In addition, regular focused events and workshops, expert forums and congresses, for instance, also take place on the Elbe Islands: the IBA "laboratories" explore individual aspects and specialist topics, while the IBA forums address overall urban development issues on a larger scale.
Be it the environment, climate change or migration, globalisation, cultural diversity, logistics, or mobility—the IBA Hamburg always looks at the bigger picture, discussing urban planning issues, developing new solutions, and viewing them within the diverse range of relational contexts making up social reality.
Leading scientists and international experts come to Hamburg, exchange ideas, and enter into dialogue with residents. The question of how people can shape their communal life, homes, and work in the city of the future forms the focus of all of the events, workshops, and debates.

IBA FORUM

Es ist mittlerweile guter Brauch, das IBA-Jahr mit einem IBA FORUM zu beschließen. Der zweitägige, gemeinsam mit dem World Future Council ausgerichtete Kongress METROPOLE: RESSOURCEN widmete sich im Dezember 2008 dem Klimawandel und seiner Bedeutung für Hamburg und Wilhelmsburg. Der Schlüssel zum weltweiten Klimaschutz liegt in den Städten, dort werden 80 Prozent aller Ressourcen verbraucht. Mehr als 300 Experten und interessierte Bürgerinnen und Bürger diskutierten über die Fragen, ob eine Stadt wachsen und zugleich das Klima schützen kann und wie der Einklang von Wasserregime und Stadtentwicklung herzustellen ist.

The IBA FORUM

It has now become established practice to conclude the IBA year with an IBA FORUM. In December 2008, a two-day conference, METROPOLE:RESSOURCEN (METROPOLIS: RESOURCES), organised together with the World Future Council, was dedicated to climate change and its significance for Hamburg and Wilhelmsburg. The key to worldwide climate protection lies in the cities, which is where 80% of all resources are consumed. More than 300 experts and interested residents discussed whether a city can expand and protect the climate at the same time, and how water management and urban development are to be reconciled.

Updating Germany
Die IBA Hamburg war im Jahr 2008 zu Gast auf der 11. Architekturbiennale in Venedig und mit dem Wilhelmsburger Energiebunker in der Ausstellung im Deutschen Pavillon präsent. Der alte Flakbunker wird im Rahmen der IBA Hamburg umgewandelt: Zum energetischen Zentrum mit einem nachhaltigen und CO_2-armen Energiemix aus Solarenergie, Biomasse, industrieller Abwärme und biologischen Reststoffen, kombiniert mit einem Wärmespeicher. Unter dem Motto „Venezia goes Elbe" wurde die Ausstellung im Rahmen des Architektursommers 2009 in Hamburg gezeigt.

Updating Germany
In 2008 the IBA Hamburg was a guest at the 11th Architectural Biennale in Venice and participated in the exhibition at the German Pavilion with a display of the Wilhelmsburg "Energy Bunker." The former flak bunker is to become an active centre within the framework of the IBA Hamburg: it features a sustainable and reduced CO_2 energy mix comprising solar energy, biomass, industrial heat waste, and biological residues, together with heat storage. Titled "Venezia goes Elbe" the exhibition was shown as part of the "Architektursommer" (Summer of Architecture) 2009 in Hamburg.

Stadt für alle
Mit dem IBA-Labor „Stadt für alle – Interkulturelle öffentliche Räume" wurden Ideen für die Entwicklung interkultureller Freiräume auf den Elbinseln erarbeitet. Nach einer kurzen Theoriedebatte und der Vorstellung von Best-Practice-Beispielen drehte sich am zweiten Tag des Labors alles um die Praxis: In drei Workshops entwarfen Expertenteams aus Stadt- und Landschaftsplanung gemeinsam mit den Bewohnern der Elbinsel konkrete und ortsbezogene Konzepte. Einer der Workshops beschäftigte sich zum Beispiel mit dem Einfluss von Kunst- und Kulturprojekten im öffentlichen Raum auf das Zusammenleben der Anwohner. Die Ergebnisse des Labors dienen als Ausgangspunkt für Modellprojekte der IBA und der igs 2013.

City for All
The IBA "Stadt für alle—Interkulturelle öffentliche Räume" (City for All—Intercultural Public Spaces) laboratory has generated ideas for the development of intercultural open spaces on the Elbe Islands. Together with residents of the Elbe Islands, teams of urban and landscape planning experts created tangible, location-specific concepts in three workshops. One of the workshops was concerned with the influence of art and cultural projects in public spaces on the communal life for instance. The laboratory's results serve as the starting point for model IBA and igs 2013 projects.

IBA-Labor Klimafolgenmanagement – Herausforderung Wasser
Welche Herausforderungen kommen durch den Klimawandel auf Stadt- und Freiraumplanung zu? Wie wird zukünftig das Leben mit noch mehr Hochwasser und Sturmflutgefahr aussehen? Diesen Fragen stellte sich die IBA in Kooperation mit der Leibniz-Universität Hannover, der Technischen Universität Hamburg-Harburg und der HafenCity Universität Hamburg im Rahmen dieses Labors. Mit internationalen Experten und lokalen Akteuren aus Stadt- und Landschaftsplanung, Architektur, Wasserwirtschaft und wissenschaftlichen Einrichtungen wurden Ideen und Ansätze für eine „Wasserlandschaft" der Zukunft diskutiert und in drei Workshops gestalterische, technische und organisatorische Lösungen gesucht.

IBA Climate Impact Management Workshop—The Water Challenge
What are the challenges facing urban and open space planning as a result of climate change? What will life be like in the future with even greater flood risks? These are the questions posed by the IBA in cooperation with Leibniz University in Hannover, the Hamburg University of Technology, and the HafenCity University in Hamburg, within the framework of this working group. Ideas for a future "water landscape" were discussed together with international experts and local protagonists from the fields of urban and landscape planning, architecture, water management, and scientific institutions.

IBA meets IBA
Zur Zukunft Internationaler Bauausstellungen

Impulsgeber Driving forces:
Prof. Dr. Engelbert Lütke Daldrup, Staatssekretär im Bundesministerium für Verkehr, Bau und Stadtentwicklung (BMVBS) State Secretary, Federal Ministry of Transport, Building and Urban Affairs
Dr. Roger Willemsen, Autor und Journalist author and journalist

Im Zeitraum eines Jahrhunderts haben sich die Internationalen Bauausstellungen zu einem Experimentierfeld der Stadtentwicklung und damit zu einem besonderen „Markenzeichen" der Planungskultur in Deutschland entwickelt, das als „IBA" weltweit Anerkennung findet. Sie wandelten sich von Architektur- zu Bau-Kultur-Ausstellungen, bei denen neben ästhetischen und technologischen zunehmend soziale, wirtschaftliche und ökologische Aspekte sowie die Qualität von Prozessen und Partizipation in den Vordergrund traten.
Eine IBA verhandelt das Leben, Wohnen und Bauen in Stadt und Region mit einem weit darüber hinausgehenden Geltungsanspruch ihrer Inhalte, Organisation und Präsentation. Sie setzt Maßstäbe für die Alltagspraxis der planenden Verwaltungen und gibt wichtige Impulse für Theorie und Wissenschaft. Jede der bisher durchgeführten IBA hatte eine Bedeutung, die über ihre Zeit hinauswies. Hervorgegangen aus jeweils spezifischen örtlichen Handlungserfordernissen, aus besonderen Konstellationen lokaler Akteure und ausgeprägten, die üblichen Standards überragenden Qualitätsansprüchen, haben Internationale Bauausstellungen einen programmatischen, generalisierbaren Charakter. Eine IBA ist ein „Label" für ein international einzigartiges Instrument erfolgreicher Planungs-, Stadt- und Regionalpolitik. Anders als Weltausstellungen, Biennalen und Kulturhauptstädte sind IBA bisher ohne festen Kalender, ohne vorgegebene Regeln und normierte Qualitätskriterien entstanden. Bislang gab es keine feste Konvention darüber, was eine IBA ausmacht, was ihre Themen und Organisationsformen sein sollten. Gerade weil sich jede IBA immer wieder neu erfinden muss, ist aber eine kontinuierliche Qualitätssicherung erforderlich, die den Stellenwert der IBA für die Baukultur und die Stadtentwicklung sichert und die daraus abgeleiteten Erfahrungen für den Planungsalltag und für jede nachfolgende IBA fruchtbar macht.
Vor diesem Hintergrund hat die IBA Hamburg in Kooperation mit dem M:AI Museum für Architektur und Ingenieurkunst NRW bereits im Mai 2007 mit dem Labor „IBA meets IBA" einen Prozess zur Sicherung der Qualität und zur Weiterentwicklung Internationaler Bauausstellungen eingeleitet. Der Bund förderte die Einrichtung dieses Netzwerkes „IBA meets IBA" im Kontext der Nationalen Stadtentwicklungspolitik. Neben einem weiteren Labor fand im Juni 2009 schließlich der erste internationale Kongress zur Zukunft Internationaler Bauausstellungen in Hamburg statt. Kernelement war die Vorstellung des Memorandums zur Zukunft Internationaler Bauausstellungen und mehr als 400 Teilnehmer traten in einen regen Austausch darüber.

Drei Fragen für die Zukunft der IBA

In jeder IBA ist die Qualität an jedem einzelnen Projekt zu überprüfen, um mit der gewonnenen Erfahrung ihren Anspruch weiterzutragen und das Format weiter entwickeln zu können. Dabei ist eine Unterstützung des Erfahrungstransfers von IBA zu IBA notwendig, der von einem übergreifenden IBA-Netzwerk in regionalem, nationalem und internationalem Rahmen unterstützt werden sollte. Für die Zukunft gilt es, drei Fragen zu beantworten:

1. Wie können die Erfahrungen einer Internationalen Bauausstellung für den Planungsalltag, vor allem aber für jede nachfolgende IBA, im Sinne eines nachhaltigen Lernprozesses in der Entwicklung unserer Städte und Regionen fruchtbar gemacht werden?

2. Wie lässt sich eine kontinuierliche Qualitätssicherung herstellen, damit der Stellenwert der Internationalen Bauausstellungen für die Baukultur und die Stadtentwicklung in Deutschland erhalten bleibt und ausgebaut werden kann?

3. Wie lassen sich die deutschen Erfahrungen mit dem Instrument der Internationalen Bauausstellung auf europäischer Ebene vermitteln und wie können umgekehrt verstärkt internationale Erfahrungen in die IBA-Prozesse eingebracht werden?

IBA Meets IBA
On the Future of International Building Exhibitions

Within the space of a century, the international building exhibitions have become a test bed for urban development and a distinctive trademark of German planning culture now recognised worldwide as "IBA." The IBA have grown from architecture exhibitions to exhibitions of *baukultur* (understood as the culture of planning + building) in which social, economic, and ecological aspects and the quality of processes and participation have become increasingly important alongside aesthetic and technological issues.

An IBA addresses life, living and building in a city and region, but aims to offer content, organisation and presentation relevant outside its thematic field. It sets standards for planning authorities' daily work and provides a key stimulus for theory and science. Every IBA thus far has had a significance beyond its time. A product of specific local requirements, unique constellations of local players, and clear quality requirements over and above the usual standards, the objective and structure of international building exhibitions is such that the concept is universally applicable.

IBA is a "label" for a successful planning, urban, and regional policy tool unique in the world. Unlike world expos, biennales and capitals of culture, IBA have to date been organised without a fixed annual schedule, set rules, or standardised quality criteria. There is no established agreement on what defines an IBA; on the areas it should address or the way it should be organised. However, the very fact that IBA must constantly redefine themselves requires ongoing quality assurance—measures to secure the role of IBA in baukultur and urban development, and to ensure the experiences they offer benefit everyday planning work and each subsequent IBA.

Against this background, the IBA Hamburg in cooperation with the Museum für Architektur und Ingenieurkunst M:AI (Museum of Architecture and Engineering) initiated as early as May 2007 a process to assure the quality and ongoing development of international building exhibitions with the laboratory "IBA meets IBA." The federal government is promoting the establishment of the "IBA meets IBA" network in the context of national urban development policy. Along with another laboratory the first international conference on the future of international building exhibitions was held in Hamburg in June 2009. The core element was the presentation of the memorandum on the outlook for these exhibitions, and more than 400 participants engaged in a lively exchange of ideas.

Three questions for the future

The quality of each individual project in every IBA must be carefully examined, and the findings used to maintain standards and develop the format of the event. Passing on experience from one IBA to the next is key and should be supported through a general IBA network on a regional, national, and international scale. Three central questions must be addressed for the future:

1. How can the experiences gained in an international building exhibition benefit everyday planning work, and also and above all each subsequent IBA, thus furthering a long-term learning process in the development of our cities and regions?

2. How can we establish continuous quality assurance to ensure international building exhibitions' key role in baukultur and urban development in Germany is maintained and strengthened?

3. How can the German experience of using international building exhibitions be communicated at a European level and how can IBA processes draw more on international experience?

Ein Memorandum zur Zukunft Internationaler Bauausstellungen

Zehn Empfehlungen zur Durchführung einer Internationalen Bauausstellung

1
Jede IBA hat aus lokalen und regionalen Problemlagen jeweils drängende Aufgaben auf Bereiche der Architektur und Stadtplanung zentriert. Eine IBA zeichnet aus, dass sie **Zukunftsfragen gesellschaftlichen Wandels** auf solche Aspekte fokussiert, die räumliche Entwicklungen anstoßen und durch Gestaltung von Räumen beeinflusst werden können.

2
Eine IBA ist mehr als eine Architekturausstellung. Sie stellt gesellschaftliche Entwürfe zur Diskussion und gibt Antworten auf soziale Probleme nicht nur in der Gestaltung von Gebäuden, sondern auch in neuen Formen der **Aneignung städtischer Räume** und macht diese sichtbar. Im Erleben einprägsamer Orte sind die Botschaften einer IBA präsent.

3
Eine IBA entsteht aus konkreten Herausforderungen der Stadtgesellschaft, aus jeweils aktuellem Problemdruck: Zentrale Themen einer IBA müssen aus **Anlass und Ort** herausgearbeitet werden. Jede IBA hatte ihre Vorgeschichte durch lokal oder regional begrenzte Initiativen und Ereignisse, die als Impulse für weitergehende Programme wirkten. Zur Definition der Themen sind vorbereitende Diskurse und vorgeschaltete Werkstätten wichtig.

4
Eine IBA folgt dem Anspruch, **modellhafte Lösungen für aktuelle Probleme** in baukultureller, ökonomischer, ökologischer und sozialer Hinsicht zu entwickeln. Durch ihren programmatischen Anspruch gelingt es, diese im internationalen Maßstab aufzuzeigen, zur Diskussion zu stellen und dadurch nachhaltig Fragen des Städtebaus und der gesellschaftlichen Entwicklung insgesamt anzuregen.

5
Jede IBA lebt zunächst von ihren gebauten Ergebnissen. Mit einer IBA wird die Aufmerksamkeit jedoch nicht allein auf das Gebaute, sondern auch auf die Wahrnehmung der Entstehungsbedingungen und der Qualität von Prozessen gelenkt. Jede IBA steht dafür, über die **Qualifizierung von Verfahren** zu einer neuen Planungs- und Baukultur zu gelangen, die als Zusammenspiel von Prozess- und Ergebnisqualität erkennbar wird.

6
Eine IBA muss von Anbeginn in der **internationalen Dimension** angelegt sein. International wird eine Bauausstellung durch herausragende Beiträge aus dem Ausland, durch die in den Projekten angelegte internationale Relevanz und durch eine international ausgerichtete Öffentlichkeitsarbeit.

7
Eine IBA wird durch Konzentration der intellektuellen, künstlerischen und finanziellen Kräfte auf einen überschaubaren Zeitraum möglich, als ein **Ausnahmezustand auf Zeit**. Sie ist ein Entwicklungslabor, in dem durch intensive Kooperation zwischen Experten und Betroffenen sowie durch deren Erfahrungen und Erfolge Projekte andernorts ermutigt werden können.

8
Eine IBA verlangt **Mut zum Risiko**. Sie ist ein Experiment mit offenem Ausgang und generiert neue Ideen unter anderem durch Provokation, die auch Widerspruch erzeugen kann. Kontroversen sind ein wesentliches Element der Planungskultur. Dies muss allen Akteuren, Verbündeten und vor allem der Öffentlichkeit von Anbeginn bewusst gemacht werden, um Freiräume jenseits der Alltagspraxis eröffnen und ein breites Interesse an den Projekten wecken zu können.

9
Jede IBA braucht **angemessene Organisationsformen**, um zu exemplarischen und generalisierbaren Lösungen mit hoher Ausstrahlungskraft zu kommen. Nicht die bereits etablierten Verfahren und bewährten Handlungsmuster sind gefragt, sondern Phantasie in Programm, Gestaltung und Organisation sowie die Kunst der Improvisation und schnellen Reaktion auf Unvorhersehbares.

10
Jede IBA lebt von ihrer Verbreitung. **Zeitgemäße Strategien der Präsentation und der Kommunikation** sind Voraussetzungen ihres Erfolgs. Eine IBA ist darauf angewiesen, die jeweils neuesten, wirksamsten Kommunikationsformen, -formate und -wege zu nutzen und weiter zu entwickeln.

Verfasser: Prof. Dr. Werner Durth, Leiter des Fachgebiets Geschichte und Theorie der Architektur, Technische Universität Darmstadt, in Zusammenarbeit mit: Prof. Michael Braum, Bundesstiftung Baukultur, Potsdam; Dr.-Ing. Marta Doehler-Behzadi, Bundesministerium für Verkehr, Bau und Stadtentwicklung (BMVBS), Berlin; Dr. Ulrich Hatzfeld, BMVBS, Berlin; Uli Hellweg, IBA Hamburg GmbH; Dieter von Lüpke, Stadtplanungsamt der Stadt Frankfurt/Main; Michael Marten, BMVBS, Berlin; Reiner Nagel, Senatsverwaltung für Stadtentwicklung Berlin; René Reckschwardt, IBA Hamburg GmbH; Siegfrid Schneider, MLV Sachsen-Anhalt, Magdeburg; Dr. phil. Paul Sigel, TU Darmstadt; Gerti Theis, IBA Hamburg GmbH; Lars-Christian Uhlig, Bundesinstitut für Bau-, Stadt- und Raumforschung im BBR, Bonn; Prof. Kunibert Wachten, RWTH Aachen

Memo on the Future of International Building Exhibitions

Ten recommendations for staging international building exhibitions

1
Each IBA has identified urgent local and regional problems and focussed on their architecture and urban planning aspects. What defines an IBA is that it focuses **questions of future social change** on those issues that impact on spatial developments and can be shaped by spatial design.

2
An IBA is more than just an architecture exhibition. It brings social models up for debate and offers and illustrates solutions to social problems—not simply in the design of buildings, but also in new ways of **using urban space**.

3
IBA grow out of real challenges facing urban society and pressing current problems: the central focuses of an IBA must be defined on the basis of **place and circumstances**. The background to every IBA has been local or regional initiatives and events, which then acted as a trigger for more far-reaching action. Preparatory discourses and preliminary workshops are extremely important when deciding on the issues to be addressed.

4
IBA seek to develop **model solutions for current problems** from a baukultur, economic, ecological, and social perspective. Common objectives mean IBA succeed in drawing attention to these issues and sparking debate on an international level, thus promoting general town planning and social development issues in the long term.

5
Every IBA's success is defined first and foremost by the buildings it produces, but an IBA does not simply draw attention to buildings and the built environment: it also raises awareness of the conditions in which buildings are created and the quality of the processes involved. Every IBA seeks to create a new planning culture and baukultur by **improving the quality of procedures**, a culture expressed in the combination of process quality and high quality results.

6
An IBA must, from the outset, be **international**. Exceptional contributions from abroad, international aspects of projects presented, and global public relations work all make a building exhibition international.

7
IBA are a **short-term, exceptional** situation made possible through the concentration of intellectual, artistic, and financial resources over a brief period of time. They are a development platform where close cooperation between experts and those affected and their experience and success can encourage projects elsewhere.

8
An IBA demands **the courage to take risks.** It is an experiment whose outcome is uncertain. All players, participants, and above all the public must be made aware of this from the outset to ensure there is scope for development beyond daily practice and wide interest in the projects is generated.

9
Every IBA needs an **appropriate structure** if it is to offer universally applicable model solutions with broad appeal. People are looking not for established procedures and tried and tested approaches, but for an imaginative programme, form and structure; for the art of improvisation and for rapid response to the unforeseeable.

10
IBA thrive on publicity. **Modern communication strategies** are vital to their success. Every IBA must use and develop the latest, most effective types, formats, and channels of communication.

Authors: Prof. Dr. Werner Durth, Leiter des Fachgebiets Geschichte und Theorie der Architektur, Technische Universität Darmstadt [Head of the Department of Architectural History and Theory, Darmstadt University of Technology], in collaboration with: Prof. Michael Braum, Bundesstiftung Baukultur [German Federal Foundation for Baukultur], Potsdam; Dr.-Ing. Marta Doehler-Behzadi, BMVBS [German Federal Ministry of Transport, Building and Urban Affairs], Berlin; Dr. Ulrich Hatzfeld, BMVBS, Berlin; Uli Hellweg, IBA Hamburg GmbH; Dieter von Lüpke, Stadtplanungsamt der Stadt Frankfurt am Main [Frankfurt am Main City Planning Office]; Michael Marten, BMVBS, Berlin; Reiner Nagel, Senatsverwaltung für Stadtentwicklung [Senate Department for Urban Development] Berlin; René Reckschwardt, IBA Hamburg GmbH; Siegfrid Schneider, MLV Sachsen-Anhalt [Saxony-Anhalt State Ministry of Regional Development and Transport], Magdeburg; Dr. phil. Paul Sigel, TU Darmstadt; Gerti Theis, IBA Hamburg GmbH; Lars-Christian Uhlig, Bundesinstitut für Bau-, Stadt- und Raumforschung im BBR [German Federal Institute for Research on Building, Urban Affairs and Spatial Development, part of the German Federal Office for Building and Regional Planning], Bonn; Prof. Kunibert Wachten, RWTH Aachen [Aachen University of Technology]

Cidade Para Todos – Stadt für alle

Die IBA Hamburg GmbH richtete als Generalkommissarin den deutschen Beitrag unter dem Titel *Cidade Para Todos* auf der 8. Architekturbiennale von São Paulo aus.

30 Prozent der Stadtbewohner leben bereits in Slums. In den Städten entstehen 60 Prozent des weltweiten CO_2-Ausstoßes. Deshalb sind vor allen in den Städten auch die Antworten auf die großen Zukunftsfragen zu suchen: Wie erhalten alle Menschen Zugang zu den Segnungen der Städte? Wie machen wir die Hinterhöfe unserer Städte zu lebenswerten Orten? Wie schützen wir unser Klima und unsere Ressourcen?
Cidade Para Todos liefert in drei Zukunftsbildern Antworten: die Stadt als *Kosmopolis* – die all ihren Bewohnern Chancen eröffnet. Die Stadt der *Metrozonen* – der inneren Peripherien, die zu lebenswerten Orten werden. Die Stadt als *Ecoscape* – als Stadtlandschaft, die mehr Energie erzeug, als sie verbraucht. Dass diese Zukunftsbilder keine Utopie sind, zeigen die hier vorgestellten gebauten oder geplanten 30 Projekte: Häuser, Quartiere, Stadtentwicklungskonzepte, soziale Programme und künstlerische Interventionen – Projekte aus Deutschland, die einen Beitrag zur urbanen Agenda des 21. Jahrhunderts leisten. Zu jedem Zukunftsbild wurden vier Ebenen von Projekten vorgestellt: *Visions* – wegweisende Projekte für die Zukunft der Metropole. *Spaces* – die Bruchkanten der Stadt als Möglichkeitsräume für neue Urbanität. *Heroes* – Pioniere des Gemeinwesens und einer nachhaltigen Stadt. *Joker* – Kunst als urbane Intervention, Interaktion und Provokation.

Cidade Para Todos—City for All

The IBA Hamburg GmbH was commissioned with the overall organisation of the German contribution to the 8th Architecture Biennale in São Paulo, entitled *Cidade Para Todos*.

30 per cent of city residents live in slums. Cities produce 60 per cent of global CO_2 emissions. This is why the answers to the major questions about the future need to be sought in the cities in particular: how are all people to gain access to the benefits of the cities? How do we make our cities' backyards into places worth living in? How are we to protect our climate and our resources?
Cidade Para Todos provides answers with three future scenarios: the city as *Cosmopolis*—opening up opportunities for all of its residents. The city as *Metrozones*—the inner peripheries that are to become places fit to inhabit. The city as *Ecoscape*—as a city landscape generating more energy than it consumes.
The fact that these future scenarios are not Utopian is demonstrated by the thirty projects, either already built or planned, on display here: buildings, neighbourhoods, urban development concepts, social programmes, and artistic initiatives—projects from Germany that make a contribution to the urban agenda of the twenty-first century. Four project levels are presented for each future scenario: *Visions*—groundbreaking projects for the future of the city. *Spaces*—the raw edges of the city presenting options for a new urbanity. *Heroes*—pioneers of communal existence and the sustainable city. *Joker*—sart as an urban intervention, interaction, and provocation.

Beispiel *Kosmopolis/Spaces*: Mehrkulturenhaus, Wohnzeile Dresden, Prager Straße
240 Meter lang, 12 Geschosse hoch mit über 500 Wohnungen – früher ein starres und starkes Monument der sozialistischen Plattenbauweise. Nach der Rettung in letzter Minute leben hier seit 2007 Menschen aus unterschiedlichen Nationen und Gesellschaftsschichten unter einem Dach. Das Gebäude beherbergt Läden und Restaurants, Gewerbebetriebe und sehr unterschiedliche Wohnungen von Low Budget über altengerechtes Wohnen bis zu exklusi-ven Loftapartments in den neu ausgebauten Dachzonen. Im Ergebnis wurde aus der unterschätzten Bausubstanz der 1960er-Jahre ein Mehrgenerationen- und Mehrkulturenhaus im XXL-Format.

Examples of *Cosmopolis/Spaces*: "Mehrkulturenhaus" (House of different cultures), Dresden, Prager Strasse residential block
240 metres long, twelve floors high with more than 500 apartments—formerly a powerfully stark monument to socialist prefabricated construction. Having been salvaged at the last minute, people from different countries and of different social standing have been living here under one roof since 2007. The building houses shops and restaurants, commercial enterprises, and a wide variety of accommodation ranging from low budget to age-adapted, as well as exclusive loft apartments in the newly developed roof sections. The result has seen the underrated 1960s construction being transformed into a multigenerational and multicultural centre on an XXL scale.

Beispiel *Metrozonen/Visions*: BARCODE A 40, Ruhrschnellweg Bochum-Wattenscheid
Die Autobahn A 40 ist die zentrale Verkehrsader des Ruhrgebiets: Über 120.000 Fahrzeuge fahren hier täglich, zehntausende Menschen wohnen und arbeiten direkt an der Trasse. Mit „Barcode A 40" können die Menschen eine Lärmschutzwand zum Teil ihrer Alltagserfahrungen machen. Das Projekt zeigt, welche Bedeutung der Straßenbau für die Gestaltung der gebauten Umwelt hat. Es beteiligt Menschen, die auf diese Weise ihren Lebensraum gestalten, wo es bisher nicht erlaubt war. Von den 1290 eingereichten Farbmustern für jeweils acht Meter Lärmschutzwand wurden 160 Entwürfe zu einem drei Kilometer langen Gesamtmuster verbunden.

Example *Metrozones/Visions*: BARCODE A 40, Ruhrschnellweg Bochum-Wattenscheid
The A 40 autobahn is the main traffic artery in the Ruhr: it is utilised by more than 120,000 vehicles daily; tens of thousands of people live and work directly along the route. "Barcode A 40" enables them to make a noise barrier part of their everyday experience. The project demonstrates the significance of road building in terms of the design of the built-up environment. Its planning and building concepts involve people who design their living environment in places where this has not been permitted before. Of the 1290 colour patterns submitted for every eight metres of the noise barrier, 160 designs were linked together to form an overall pattern three kilometres long.

Beispiel *Ecoscapes/Spaces*: Ein Bürohaus öffnet sich – Unilever Hamburg HafenCity
Die neue Deutschlandzentrale von Unilever ist ein Pionierbauwerk des nachhaltigen Städtebaus und bietet den 1200 Angestellten hochattraktive Arbeitsplätze mit Elbblick. Der siebengeschossige Neubau ist als offene Bürolandschaft konzipiert. Zentraler Bereich ist das weitläufige Atrium, das sowohl für die interne Kommunikation als auch für das innovative Energiekonzept eine wichtige Rolle spielt. Die Verknüpfung mit dem umgebenden Stadtraum stellt das öffentlich zugängliche Erdgeschoss her. Das hochmoderne Gebäude erfüllt höchste ökologische Anforderungen und erreicht den Gold-Standard des Umweltzeichens HafenCity.

Example *Ecoscapes/Spaces*: An Office Block Opens Up—Unilever Hamburg HafenCity
Unilever's new German head office is a pioneering construction in terms of sustainable urban development and provides the 1200 employees with a highly attractive workplace complete with views of the Elbe. The new, seven-floor building is designed as an open office landscape. The central area is formed by the expansive atrium, which plays an important role in terms of both internal communication and the innovative energy concept. The ground floor, which is open to the public, constitutes the link with the surrounding urban setting. The ultra-modern building meets the highest ecological demands and achieved the HafenCity Gold Standard ecolabel.

Beispiel *Ecoscapes/Joker*: Installation „Tropenwald 10° 35′ 20,37″ S / 63° 36′ 50,50″ W"
Das Künstlerpaar Folke Köbberling und Martin Kaltwasser projiziert Bilder des Computerprogramms Google Earth auf gefundenes Tropenholz. Sie zeigen die Regenwälder im Gebiet des brasilianischen Bundesstaats Rondõnia aus der Satellitenperspektive. Aus Türen und Wänden wurde das ausgesägt, was von oben betrachtet noch als Regenwald zu sehen ist. Der Verbrauch von Holz wird in den nächsten Jahren weiter zunehmen und auch die letzten Teile des Regenwalds zerstören. Der dreidimensionale Plan zeigt die Bilder der Vernichtung von Lebensräumen und des unreflektierten Konsums durch die westliche Welt.

Example *Ecoscapes/Joker:* Installation "Tropenwald (Tropical Forest) 10° 35′ 20,37″ S / 63° 36′ 50,50″ W"
Artists Folke Köbberling and Martin Kaltwasser project images from the computer programme Google Earth onto salvaged tropical wood. They depict the rainforest in the federal Brazilian state of Rondõnia from a satellite view. Sawn out of doors and walls is that which, viewed from above, is still to be seen as rainforest. Wood consumption will continue to increase in the years to come, destroying the very last vestiges of rainforest. The three-dimensional plan displays images of the destruction of habitats and careless consumption on the part of the Western world. The fragile ecosystem is ready to collapse at any moment.

Autoren Authors

Hubertus Adam
*1965, Studium der Kunstgeschichte, Archäologie und Philosophie. Freier Kunsthistoriker seit 1992. 1996 bis 1998 Redakteur der Berliner Zeitschrift *Bauwelt*, seit 1998 Redakteur der Zürcher Zeitschrift *Archithese*. Daneben freier Architekturkritiker, vor allem für die *Neue Zürcher Zeitung*. Zahlreiche Aufsätze zur Architekturgeschichte des 20. Jahrhunderts und zur Architektur der Gegenwart.
*1965, studied art history, archaeology, and philosophy. Freelance art historian since 1992. Editor of the Berlin *Bauwelt* magazine from 1996 to 1998. Editor of the Zurich magazine *Archithese* since 1998. Also freelance architectural critic, for the *Neue Zürcher Zeitung* in particular. Numerous articles on the architectural history of the twentieth century and on contemporary architecture.
Hubertus_Adam@gmx.ch

Olaf Bartels
*1959, Dipl.-Ing. Architektur, Studium an der Hochschule für bildende Künste Hamburg, Architekturhistoriker und -kritiker. Buch- und Zeitschriftenpublikationen sowie Forschung zur Architektur-, Stadt- und Stadtbaugeschichte. Lebt in Hamburg und Berlin.
*1959, is a qualified architectural engineer, (studied at the College of Fine Arts, Hamburg), architectural historian, and critic. Book and magazine publications, as well as research on the history of architecture, urban history, and the history of urban development. Lives in Hamburg and Berlin.
olafbartels@gmx.de

Karen van den Berg
*1963, Prof. Dr., Studium der Kunstwissenschaft, Klassischen Archäologie und Nordischen Philologie in Saarbrücken und Basel, seit 1988 freie Ausstellungskuratorin, 1993–2003 Dozentin für Kunstwissenschaft an der Privaten Universität Witten/Herdecke, seit 2003 Inhaberin des Lehrstuhls für Kulturmanagement und inszenatorische Praxis an der Zeppelin University Friedrichshafen, forscht zu Inszenierungspraktiken und künstlerischen Arbeitsformen. Lebt in Überlingen am Bodensee.
*1963, holds a professorship and a doctorate, studied fine arts, classic archaeology, and Nordic philology in Saarbrücken and Basel, freelance exhibition curator since 1988, 1993–2003 lecturer in fine arts at the private University of Witten/Herdecke, professor of cultural management and practical production at the Zeppelin University in Friedrichshafen since 2003, research on production practice and artists' working forms. Lives in Überlingen on Lake Constance.
k.vandenberg@zeppelin-university.de

Sabine de Buhr
*1963, Dipl.-Ing., Dipl.-Soziologin, Studium der Soziologie an den Universitäten Marburg und Hamburg, Studium Städtebau und Stadtplanung an der Technischen Universität Hamburg-Harburg, 1996 Behörde für Stadtentwicklung und Umwelt Hamburg, 2002 Agentur für Baugemeinschaften, seit 2006 Projektkoordinatorin bei der IBA Hamburg GmbH. Lebt in Hamburg.
*1963, is a qualified engineer and sociologist, studied sociology at the Universities of Marburg and Hamburg, studied urban development and town planning at the Technical University of Hamburg-Harburg. 1996 Hamburg authority for urban development and environment, 2002 joint building venture agency, project coordinator with the IBA Hamburg GmbH since 2006. Lives in Hamburg.
sabine.debuhr@iba-hamburg.de

Jürgen Dege-Rüger
*1950, gelernter Lehrer für Politik und Sport. Seit 1975 in Hamburg tätig an Handels-, Haupt-, Real- und Gesamtschulen, 1982-1985 Aufbau Beruflicher Bildung an der Volkshochschule in Brunsbüttel. Bis 1988 wieder Lehrer an der Gesamtschule in Wilhelmsburg. Anschließend bis 2006 Leiter der Region Süd der Hamburger VHS, Umbau der behördlichen Dienststelle zum eigenständigen Landesbetrieb. Parallel Fortbildungen und berufsbegleitende Tätigkeiten als Organisationsberater und als Supervisor (DGSV). Seit 2006 Leiter der Koordinierungsstelle Bildungsoffensive Elbinseln, entsendet von der Behörde für Bildung und Sport zur IBA Hamburg GmbH. Lebt in Hamburg.
*1950, qualified politics and sports teacher. Has taught at commercial schools, secondary schools, and comprehensive schools in Hamburg since 1975, 1982–85 further vocational training at the adult education college in Brunsbüttel. Teacher at the Wilhelmsburg comprehensive school until 1988. Subsequently head of the adult education college for Hamburg South until 2006, transformation of the official agency into an independent regional authority. Parallel training courses and vocational activities as organisation consultant and as supervisor (DGSV). Head of the "Elbe Islands Education Drive" coordination centre since 2006, seconded to the IBA Hamburg GmbH by the education and sport authorities. Lives in Hamburg.
juergen.dege-rueger@iba-hamburg.de

Alexandre Delijaicov
*1962 in São Paulo City. 1985 Abschluss in Architektur. Seit 1992 Teil des Architektenteams der Abteilung für Projekte und Arbeiten des Dezernats für öffentliche Gebäude (EDIF) beim Sekretariat für Infrastruktur und öffentliche Arbeiten (SIURB) der Stadtverwaltung von São Paulo. 1982-1992 Zusammenarbeit mit der Agentur von Paulo Mendes da rocha. Seit 1992 Lehrer im Bereich Gebäudedesign. Seit 2000 Professor im Bereich Gebäudedesign am Institut für Architektur und Stadtplanung (Faculdade de Arquitetura e Urbanismo – FAU) der Universität São Paulo. Master und Doktor (FAU-USP) im Bereich der Architektur von Flussstädten und städtischer Netze schiffbarer Kanäle.
*1962, in São Paulo City. Graduated in architecture in 1985. Since 1992, part of the architectural team of the Division of Projects and Works of the Public Buildings Department (EDIF) at the Secretariat of Infrastructure and Public Works (SIURB) of São Paulo Municipality. From 1982 to 1992 collaborated in the office of architect Paulo Mendes da Rocha. Since 1992 working at the teaching studios of Building Design in Architecture College. Since 2000 he has been professor of building design in the Project Department at Architecture and Urbanism College (Faculdade de Arquitetura e Urbanismo – FAU), São Paulo University. Master's degree and PhD (FAU-USP) in the architecture of fluvial cities and urban networks of navigable canals.
delijaicov@usp.br

Silke Edelhoff
*1974, Dipl.-Ing., Studium des Städtebaus/Stadtplanung in Hamburg und Kopenhagen. Stadtplanerin, seit 2003 freiberuflich in der Planungspraxis. 2003–2007 Wissenschaftliche Mitarbeiterin am Fachgebiet Städtebau und Bauleitplanung der Universität Dortmund, 2007/08 Lehrbeauftragte an der HafenCity Universität Hamburg. Gründungsmitglied und stellvertretende Vorsitzende von JAS – Jugend Architektur Stadt e.V. Lebt in Hamburg.
*1974, is a qualified engineer, studied urban development/ town planning in Hamburg and Copenhagen. Freelance urban planner since 2003, working in practical planning. Research assistant with the department of urban development and urban land-use planning at the University of Dortmund, 2003-2007. Lecturer at the HafenCity University Hamburg, 2007/08. Founding member and deputy chairperson of JAS – Jugend Architektur Stadt e.V. (Youth, Architecture, City). Lives in Hamburg.
silke.edelhoff@jugend-architektur-stadt.de

Jan Esche
*1957, Dr. phil., München. Studium der Geschichte, Kunstgeschichte und Politologie in Hamburg. 1993-2007 Kommunikation und Marketing für verschiedene Architekten: gmp von Gerkan Marg und Partner, Ingenhoven Overdiek und Partner, RKW Rhode Kellermann Wawrowsky Architektur + Städtebau, Henn. Seit 2008 Objektleitung Design Süddeutscher Verlag onpact. Seit 2005 Lehraufträge FH Salzburg, FH Weihenstephan und FH München. Veröffentlichungen zu Architektur und Design.
*1957, holds a doctorate in philosophy from the University of Munich. Studied history, history of art, and politology in Hamburg. 1993-2007 communication and marketing for a variety of architects: gmp von Gerkan Marg and Partners, Ingenhoven Overdiek and Partners, RKW Rhode Kellermann Wawrowsky Architektur + Städtebau, Henn. Design management with Süddeutscher Verlag onpact since 2008. Lecturer at the Colleges of Higher Education in Salzburg, Weihenstephan, and Munich since 2005. Publications on architecture and design.
Jan.Esche@sv-onpact.de

Renate Freericks
*1961, Prof. Dr., Studium der Diplom-Pädagogik mit dem Schwerpunkt Freizeitpädagogik und Kulturarbeit an der Universität Bielefeld, Dr. phil., Professorin und Studiengangsleiterin des „Internationalen Studienganges Angewandte Freizeitwissenschaft" (ISAF) an der Hochschule Bremen, Dekanin der Fakultät Gesellschaftswissenschaften, Vorsitzende des Instituts für Freizeitwissenschaft und Kulturarbeit e.V. (IFKA), stellv. Vorsitzende der Kommission pädagogische Freizeitforschung der Deutschen Gesellschaft für Erziehungswissenschaft (DGfE), Mitherausgeberin der Zeitschrift *Spektrum Freizeit*. Forschungsschwerpunkte: Freizeit- und Tourismusforschung, Informelles Lernen in der Freizeit, Zeitforschung. Lebt in Bremen.
*1961, is a qualified educationalist, having majored in leisure studies and cultural work at the University of Bielefeld, holds a doctorate in philosophy, and is professor and course coordinator of the "International Degree Course in Applied Leisure Studies" (ISAF) at the University of Bremen, dean of the Faculty of Social Sciences, chairperson of the Institute for Leisure Studies and Cultural Work (IFKA), deputy chairperson of the educational leisure research commission within the German Society for Educational Science (DGfE), and joint editor of the magazine *Spektrum Freizeit*. Research focus: leisure and tourism research, informal learning in leisure time, time research. Lives in Bremen.
renate.freericks@hs-bremen.de

Claas Gefroi
*1968, Architekturstudium an der Hochschule für bildende Künste Hamburg, Referent für Presse und Öffentlichkeitsarbeit der Hamburgischen Architektenkammer, Redakteur des Jahrbuchs *Architektur in Hamburg*, freier Autor.
*1968, studied architecture at the University of Fine Arts in Hamburg, press and public relations consultant for the Hamburg chamber of architects, editor of the *Architektur in Hamburg* yearbook, freelance author.
gefroi@akhh.de

Christa Goetsch
*1952 in Bonn, 1973–1976 Studium der Chemie und Biologie in Frankfurt am Main, 1977–1980 Referendariat und anschließend Lehrerin an der katholischen Schule St. Bonifatius in Hamburg-Wilhelmsburg, 1979 Eintritt bei der Gewerkschaft Erziehung und Wissenschaft (GEW), 1980–1997 Mitglied im GEW-Ausschuss für Einwanderer und Flüchtlinge, 1980–2002 Studienrätin an der Theodor-Haubach-Schule in Altona, 1992–1998 Lehrbeauftragte an der Universität Hamburg und am Institut für Lehrerfortbildung, 1995 Parteieintritt bei Bündnis 90/DIE GRÜNEN, 1995–97 Sprecherin der GAL-Landesarbeitsgemeinschaft (LAG) für Schule, Berufs- und Weiterbildung, 1997–2008 GAL-Abgeordnete in der Hamburgischen Bürgerschaft und Fraktionssprecherin für Schule, Berufs- und Weiterbildung, 2002–2008 GAL-Fraktionsvorsitzende in der Hamburgischen Bürgerschaft, seit 7. Mai 2008 Präses der Behörde für Schule und Berufsbildung.
*1952 in Bonn, studied chemistry and biology in Frankfurt am Main 1973–76, 1977–80 intern and then teacher at the St Bonifatius Catholic school in Hamburg's Wilhelmsburg district, joined the teacher's union (GEW) in 1979, 1980–97 member of the GEW committee for immigrants and refugees, 1980–2002 teacher at the Theodor Haubach School in Altona, 1992–98 lecturer at the University of Hamburg and at the Teacher Training Institute. Joined the Bündnis 90/DIE GRÜNEN political party in 1995, 1995–97 spokesperson for the GAL state working group (LAG) for Schools, Vocational and Further Education, 1997–2008 GAL representative in Hamburg and parliamentary group spokesperson for Schools, Vocational and Further Education, 2002–2008 GAL parliamentary group chairperson in Hamburg, head of the school and vocational training authority since 7 May 2008.
www.christa-goetsch.de

Oliver G. Hamm
*1963, Dipl.-Ing. (FH) Architektur, Studium an der FH Darmstad). 1989–1992 Redakteur der *db – deutsche bauzeitung*, Stuttgart, 1992–98 Redakteur der *Bauwelt*, Berlin, 2000–2007 Chefredakteur *Deutsches Architektenblatt*, Berlin, 2008–2009 Chefredakteur *greenbuilding*, Berlin. Freier Autor, Herausgeber und Kurator (u.a. *NEU BAU LAND. Architektur und Stadtumbau in den neuen Bundesländern*, Deutsches Architekturmuseum, Frankfurt/Main 2007). Lebt in Berlin.
*1963, is a qualified architectural engineer (studied at the College of Higher Education in Darmstadt). 1989–92 editor of *db – deutsche bauzeitung*, Stuttgart, 1992–98 editor of *Bauwelt*, Berlin, 2000–07 editor-in-chief of the *Deutsches Architektenblatt*, Berlin, 2008–09 editor-in-chief of *greenbuilding*, Berlin. Freelance author, editor, and curator (for *NEU BAU LAND. Architektur und Stadtumbau in den neuen Bundesländern*, Deutsches Architekturmuseum, Frankfurt/Main 2007, amongst others). Lives in Berlin.
oliverghamm@web.de

Uli Hellweg
*1948, Architektur- und Städtebaustudium an der RWTH Aachen. 1980 freiberuflicher Stadtplaner in Berlin. 1982 Koordinator bei der IBA Berlin GmbH 1984/87 für Pilotprojekte. 1986 Planungskoordinator der S.T.E.R.N. GmbH für das Stadterneuerungsgebiet Moabit in Berlin. 1992 Dezernent für Planen und Bauen der Stadt Kassel. 1996 Geschäftsführer der Wasserstadt GmbH Berlin. 2002 Geschäftsführer der agora s.a.r.l., Luxemburg. Seit 2006 Geschäftsführer der IBA Hamburg GmbH.
*1948, studied architecture and urban development at the RWTH Aachen. 1980 freelance urban planner in Berlin. 1982 coordinator of the IBA Berlin GmbH 1984/87 for pilot projects. 1986, Planning coordinator of S.T.E.R.N. GmbH for the area of urban renewal Moabit in Berlin. 1992, head of the department for Planning and Building in the City of Kassel. 1996, managing director of Wasserstadt GmbH Berlin. 2002, managing director of agora s.a.r.l., Luxemburg. He has been managing director of the IBA Hamburg GmbH since 2006.
uli.hellweg@iba-hamburg.de

Isabelle Hofmann
*1956, Studium der Kunsterziehung in Hamburg und Genf. Nach einem Ausflug in den Lehrberuf ab 1987 Kulturredakteurin der *Hamburger Morgenpost*, 1990–1995 Kulturchefin der *Hamburger Morgenpost*. Seitdem freischaffend, u.a. für die *Kunstzeitung*, die *Weltkunst*, *Architektur in Hamburg* (Jahrbuch), etliche Tageszeitungen sowie diverse Stadt- und Kundenmagazine.
*1956, Studied art education in Hamburg and Geneva. Following a spell as a teacher she became the arts editor for the *Hamburger Morgenpost* in 1987 and was editor-in-chief for art and culture 1990–1995. Freelance since then, working for the *Kunstzeitung*, *Weltkunst*, *Architektur in Hamburg* (yearbook), numerous daily newspapers, as well as a range of city and client magazines.
isabelle.hofmann@alice-dsl.net

Susanne Hofmann
*1963, Prof. AA Dipl. Architektin, Studium an der TU München und an der Hochschule der bildenden Künste München, 1988–1992 DAAD-Stipendium, Architectural Association School of Architecture, London. 1987–1997 Mitarbeit in der Bürogemeinschaft Steidler und Kiessler Architekten, Hamburg, bei Alsop and Lyall Architects, London, bei sauerbruch hutton architekten, London und Berlin, und bei Gerhard Spangenberg, Berlin. Lehrtätigkeiten ab 1996: University of Westminster, London, TU Berlin und HAW Hamburg. Derzeit Vertretungsprofessur Entwerfen und Konstruieren, Wohnungsbau und Kulturbauten TU Berlin. Seit 2003 Büro Baupiloten, Berlin. Lebt in Berlin.
*1963, is a qualified architect, studied at the Technical University in Munich and at the Academy of Fine Arts in Munich, 1988–92 DAAD (German Academic Exchange Service) scholarship at the Architectural Association School of Architecture, London. 1987–97 worked for Steidler und Kiessler Architekten, Hamburg, Alsop and Lyall Architects, London, sauerbruch hutton architekten, London and Berlin, and with Gerhard Spangenberg, Berlin. Teaching activities since 1996: University of Westminster, London, Technical University in Berlin, and HAW in Hamburg. Currently visiting professor of design and construction, residential construction, and cultural facilities at the Technical University in Berlin. With the Baupiloten, Berlin, since 2003. Lives in Berlin.
hofmann@baupiloten.com

Reinhard Kahl
*1948, Erziehungswissenschaftler, Journalist und Filmemacher; zahlreiche Preise (Grimme, Zivis), Gründer des Archivs der Zukunft www.archiv-der-zukunft.de, aus dem das gleichnamige Netzwerk mit 1500 Mitgliedern hervorgegangen ist: www.adz-netzwerk.de. Kolumnen: „Wurzel und Flügel" auf *ZEITonline* und „PS" in der Zeitschrift *Pädagogik*. Lebt in Hamburg und dem Höhbeck.
*1948, is an educationalist, journalist, and filmmaker; numerous prizes (Grimme, Zivis), founder of the Archiv der Zukunft (Archive of the Future) www.archiv-der-zukunft.de, related network of the same name with 1500 members: www.adz-netzwerk.de. Columns: "Wurzel und Flügel" (Roots and Wings) on *ZEITonline* and "PS" in the magazine *Pädagogik*. Lives in Hamburg and Höhbeck.
www.reinhardkahl.de

Gert Kähler
*1942 in Hamburg, Prof. Dr.-Ing., Studium der Architektur an der TU Berlin, Promotion 1980, Habilitation 1984, freier Journalist, zahlreiche Veröffentlichungen. Autor des *Statusberichtes Baukultur* (2005).
*1942 in Hamburg, is a qualified engineer and holds a professorship. He studied architecture at the Technical University in Berlin, acquiring his doctorate in 1980 and his postdoctoral qualification in 1984. He is a freelance journalist with numerous publications. Author of *Statusbericht Baukultur* (2005).
GertKaehler@web.de

Claus Käpplinger
*1963, Studium der Sozialgeschichte, Kunstgeschichte, Soziologie an der FU Berlin, 1990 Magister FU Berlin. Initiierte und organisierte 1993–1996 die deutsch-österreichische Architekten-Initiative „Berlin und seine Zeit" und seit 1998 den interdisziplinären Diskussionskreis „Stadtsalon" (seit 2007 „BDA-Stadtsalon") zu Fragen der Stadt, Architektur und Wahrnehmung in Berlin. Zahlreiche Veröffentlichungen in verschiedenen Architekturzeitschriften sowie Bücher, darunter *Dictionnaire de l´Architecture du XXe siècle*, *Young French Architects* (1999) und *Hansen+Petersen* (Basel/Cambridge 1998). Seit 2009 Redakteur der Zeitschrift *greenbuilding*. Lebt und arbeitet als freier Architektur- und Stadtkritiker in Berlin.
*1963, studied social history, art history, and sociology at the Free University in Berlin, where he earned his master's degree in 1990. 1993–96 initiated and organised the German-Austrian architect initiative "Berlin und seine Zeit" (Berlin and its Time) and the interdisciplinary discussion group "Stadtsalon" (City Salon) since 1998 (known as the "BDA-Stadtsalon" since 2007), dealing with city, architecture and perception issues in Berlin. Numerous publications in a variety of architecture magazines and books, including *Dictionnaire de l´Architecture du XXe siècle, Young French Architects* (1999) and *Hansen+Petersen* (Basel/Cambridge 1998). Editor of the magazine *greenbuilding* since 2009. Lives and works in Berlin as a freelance architecture and urban critic.
c.kaepplinger@t-online.de

Theda von Kalben
*1956, Dipl.-Ing., Studium des Bauingenieurwesens und der Architektur an der FH Hamburg. Seit 1985 bei der Freien und Hansestadt Hamburg in den Bereichen Städtebau und Stadterneuerung tätig. Seit 2006 Projektkoordinatorin bei der IBA Hamburg mit den Schwerpunkten Bildung, Integration und Partizipation. Lebt in Hamburg.
*1956, is a qualified engineer who studied civil engineering and architecture at the Hamburg Technical College. Has worked for the Free Hanseatic City of Hamburg since 1985 in the fields of urban development and urban renewal. Project coordinator with the IBA Hamburg since 2006, focussing on education, integration, and participation. Lives in Hamburg.
theda.vonkalben@iba-hamburg.de

Ingrid Kellermann
*1956, Dr., Wissenschaftliche Mitarbeiterin im Exzellenzcluster „Languages of Emotion" der Freien Universität Berlin; Forschungsschwerpunkte: Ethnografische Schulforschung, Pädagogische Anthropologie, Emotionsforschung. Lebt in Berlin.
*1956, holds a doctorate and is research assistant with the "Languages of Emotion" cluster of excellence at the Free University in Berlin. Her research focuses on ethnographic school research, educational anthropology, emotion research. Lives in Berlin.
ingrid.kellermann@berlin.de

Andrea Knobloch
*1961, Studium der Freien Kunst an der HfbK Hamburg und an der Düsseldorfer Kunstakademie. Zahlreiche Auszeichnungen und Stipendien, u.a. 1994 Förderpreis für Bildende Kunst des Bundesministers für Bildung und Wissenschaft. Zusammen mit Ute Vorkoeper kuratiert sie die „Akademie einer anderen Stadt" im Rahmen des Elbinselsommers 2009, IBA Hamburg. Zahlreiche Ausstellungen und Ausstellungsbeteiligungen. Lebt in Düsseldorf.
*1961, studied fine art at the University of Fine Arts in Hamburg and at the Düsseldorf Art Academy. Numerous awards and scholarships, including the 1994 visual arts award from the Federal Minister for Education and Research. Together with Ute Vorkoeper, she is curator of the "Akademie einer anderen Stadt" (Other City Academy) as part of the Elbe Islands Summer 2009, IBA Hamburg. Numerous exhibitions and exhibition participation. Lives in Düsseldorf.
a.knobloch@freenet.de

Cornelia Koppetsch
*1967, Prof. Dr., Studium der Psychologie, Soziologie und Psychologie. Dipl.-Psychologin Hamburg 1992, Dr. phil. FU Berlin 1996, Habilitation zu „Das Ethos der Kreativen" Lüneburg 2006. 1995–1998 Wiss. Mitarbeiterin in einem Forschungsprojekt in Freiburg, 1998–2006 Hochschulassistentin in Lüneburg. Visiting Scholar an der University of Chicago. Gastprofessuren an der Universität Gießen und der Humboldt-Universität zu Berlin. Akademische Rätin an der Universität Jena. Ab Oktober 2009 Professorin für Soziologie an der TU Darmstadt. Lebt in Berlin und Darmstadt.
*1967, is a qualified psychologist who obtained her degree in psychology, sociology, and psychology in Hamburg in 1992, her doctorate in philosophy at the Free University in Berlin in 1996, and her postdoctoral qualification on "The Ethos of Creative Talent" in Lüneburg in 2006. 1995–98 research assistant with a research project in Freiburg, 1998–06 assistant lecturer in Lüneburg. Visiting scholar at the University of Chicago. Guest professor at the University of Giessen and the Humboldt University in Berlin. Academic counsellor at the University of Jena. Professor of sociology at the Technical University in Darmstadt from October 2009. Lives in Berlin and Darmstadt.
koppetsch@leuphana.de

Dirk Meyhöfer
*1950, Dipl.-Ing. Architektur und Stadtplanung, Studium an der TU Hannover, 1977–1987 Redakteur/Chef vom Dienst bei den Zeitschriften *Zuhause Wohnen* und *Architektur und Wohnen* in Hamburg. Seitdem freier Autor, Architekturkritiker, Ausstellungsmacher und Hochschullehrer. Herausgeber und Redakteur des Hamburger Architekturjahrbuches (seit 1989). Lebt in Hamburg.
*1950, is a qualified architectural engineer and urban planner (study at the TU Hanover). Editor/editor in chief of the magazines *Zuhause Wohnen* and *Architektur und Wohnen* in Hamburg from 1977–87. Since then, he has been a freelance author, architectural critic, exhibition organiser, and university lecturer. Publisher and editor of the Hamburg Architectural Yearbook (since 1989). Lives in Hamburg.

Frank Pansegrau
*1968, Studium der Architektur in Hannover. 2004/05 Volontariat bei der *DBZ* in Gütersloh. Seit 2006 Freier Journalist in Hamburg mit Schwerpunkt Corporate Publishing.
*1968, studied architecture in Hannover. 2004/05 traineeship with the *DBZ* in Gütersloh. Freelance journalist in Hamburg since 2006 focusing on corporate publishing.
frpHH@t-online.de

René Reckschwardt
*1974, Dipl.-Ing. Raumplanung, Studium an der Technischen Universität Dortmund. Tätigkeit in verschiedenen Büros in Dortmund, Wuppertal und Hamburg. Seit 2006 bei der IBA Hamburg GmbH. Lebt in Hamburg.
*1974, is a qualified spatial planning engineer (studied at the Technical University in Dortmund). Has worked for different practices in Dortmund, Wuppertal, and Hamburg. Has been with the IBA Hamburg GmbH since 2006. Lives in Hamburg.
rene.reckschwardt@iba-hamburg.de

Markus Rieger-Ladich
*1967, Studium der Philosophie, Germanistik und Erziehungswissenschaft in Marburg und Bonn. Lehraufträge in Frankfurt, Köln, Tübingen, Zürich und St. Gallen; Forschungsschwerpunkte: Symbolische Gewalt und Reflexive Erziehungswissenschaft; vertritt derzeit die Professur für Allgemeine Erziehungswissenschaft an der PH Freiburg. Lebt am Bodensee.
*1967, studied philosophy, German literature, and educational science in Marburg and Bonn. Teaching assignments in Frankfurt, Cologne, Tübingen, Zurich, and St. Gallen; his research focuses on symbolic violence and reflexive educational science; currently deputy professor of general educational science at the University of Education in Freiburg. Lives at Lake Constance.
mrieger-ladich@paed.uzh.ch

Ute Vorkoeper
*1963, Studium Kunst und Deutsch Sek. II, Universität Dortmund, Kuratorin und Autorin. Sie unterrichtet Kunsttheorie und war bis März 2009 Gastprofessorin an der Kunsthochschule Berlin Weißensee. Sie kuratiert die „Akademie einer anderen Stadt" im Rahmen des Elbinselsommers 2009, IBA Hamburg. Von 2001–2004 leitete sie den Hochschulmodellversuch „transmedien" an der HfbK Hamburg. Zahlreiche Ausstellungen und Buchpublikationen. Lebt in Hamburg.
*1963, studied art and German (Sec. II) at the University of Dortmund, curator and author. She teaches art theory and was guest professor at the Berlin Weissensee School of Art until March 2009. She is curator of the "Akademie einer anderen Stadt" (Other City Academy) as part of the Elbe Islands Summer 2009. She ran the "transmedien" (transmedia) university pilot scheme at the University of Fine Arts in Hamburg 2001–2004. Numerous exhibitions and book publications. Lives in Hamburg.
www.deponat.de
utevorkoeper@deponat.de

Jörn Walter
*1957, Studium an der Universität Dortmund. Nach 1990 Leiter des Stadtplanungsamtes Dresden und seit 1999 Oberbaudirektor der Freien und Hansestadt Hamburg. Lehrtätigkeiten an den Technischen Universitäten Wien und Dresden sowie an der Hochschule für bildende Künste Hamburg. Mitglied der Deutschen Akademie für Städtebau und Landesplanung, der Akademie der Künste Berlin und der Sächsischen Akademie der Künste. Zahlreiche Veröffentlichungen zu Fragen des Städtebaus und der Architektur.
*1957, studied at the University of Dortmund. Head of the urban planning bureau in Dresden from 1990 and director of urban development with the Free Hanseatic City of Hamburg since 1999. Teaches at the Technical Universities in Vienna and Dresden, as well as at the University of Fine Arts in Hamburg. Member of the German Academy for Urban Development and Regional Planning, the Academy of Arts in Berlin, and the Academy of Arts in Saxony. Numerous publications on urban development and architectural issues.
Joern.Walter@bsu.hamburg.de

Christoph Wulf
*1944, Prof. Dr., Professor für Allgemeine und Vergleichende Erziehungswissenschaft; Mitglied des Exzellenzclusters „Languages of Emotion", des Sonderforschungsbereichs „Kulturen des Performativen" und des Graduiertenkollegs „InterArts" an der Freien Universität Berlin; Stellvertretender Vorsitzender des Interdisziplinären Zentrums für Historische Anthropologie; Forschungsschwerpunkte: Pädagogische Anthropologie, Historische Anthropologie, Emotionsforschung, Performativitäts- und Ritualforschung, Mimesis- und Imaginationsforschung, ästhetische und interkulturelle Erziehung. Lebt in Berlin.
*1944, holds a doctorate and is a professor of general and comparative educational science; member of the "Languages of Emotion" cluster of excellence, the collaborative research project "Kulturen des Performativen" (Performative Cultures), and the postgraduate programme "InterArts" at the Free University in Berlin; deputy chairperson of the Interdisciplinary Centre for Historical Anthropology; his research focusses on educational anthropology, historical anthropology, emotion research, performance and ritual research, mimesis and imagination research, aesthetic and intercultural education. Lives in Berlin.
christoph.wulf@fu-berlin.de

UdN-Team

Benjamin Becker
*1973, Dipl.-Ing. Architektur, M. Arch, Reg-Bm. (Studium der Architektur in Karlsruhe, Wien, Delft und Los Angeles). Tätig als Architekt in Deutschland und Holland; Baureferendariat und große Staatsprüfung in Baden-Württemberg. Ab 2005 Stadtentwicklungs- und Wirtschaftsförderungsprojekte für den DED in Mali, Westafrika. Zurzeit wissenschaftlicher Mitarbeiter HafenCity Universität Hamburg (HCU), zuständig für das Projekt „Universität der Nachbarschaften" (UdN). Lebt in Hamburg.
*1973, is a qualified architectural engineer, holds a master's degree in architecture, and is a government architect (studied architecture in Karlsruhe, Vienna, Delft, and Los Angeles). Practices as an architect in Germany and Holland; internship and final state examination in Baden-Württemberg. Urban development and business development projects for the DED (German Development Service) in Mali, West Africa since 2005. Currently research assistant at the HafenCity University in Hamburg (HCU), responsible for the "Universität der Nachbarschaften" ("Neighbourhood University") project (UdN). Lives in Hamburg.
benjamin.becker@hcu-hamburg.de

Christopher Dell
*1965, Prof., Studium der Philosophie, Musik- und Komposition, Master of Arts Human Resources. Theoretiker und Performer. Leiter des ifit Institut für Improvisationstechnologie, Berlin. Prof. Urban Design Theorie, HafenCity Universität Hamburg. Buch- und Zeitschriftenpublikationen. Lebt in Hamburg und Berlin.
*1965, holds a professorship, studied philosophy, music, and composition, MA in Human Resources. Theorist and performer. Head of the ifit Institute for Improvisation Technology, Berlin. Professor of urban design theory, HafenCity University Hamburg. Published author and magazine contributor. Lives in Hamburg and Berlin.
christopher.dell@hcu-hamburg.de

Ellen Fiedelmeier
*1979, Dipl.-Ing. Stadtplanung (Studium an der TU Dortmund, TU Hamburg-Harburg und HafenCity Universität Hamburg). Engagement in verschiedenen Projekten zur nachhaltigen Befähigung und Selbstorganisation von

zivilgesellschaftlichen Akteuren in der Stadt. Wissenschaftliche Mitarbeiterin an der HafenCity Universität Hamburg, zuständig für das Projekt „Universität der Nachbarschaften". Lebt in Hamburg.
*1979, is a qualified urban planning engineer (studied at the Technical University in Dortmund, the Technical University in Hamburg-Harburg, and at the HafenCity University in Hamburg). Involvement in a variety of projects for the sustained empowerment and self-organisation of supporters of civil society in the city. Research assistant at the HafenCity University in Hamburg, responsible for the "Universität der Nachbarschaften" ("Neighbourhood University") project (UdN). Lives in Hamburg.
ellen.fiedelmeier@hcu-hamburg.de

Bernd Kniess
*1961, Prof., Studium Architektur und Städtebau in Darmstadt und Berlin. Seit 1996 als Architekt und Stadtplaner in eigenem Büro in Köln tätig. Professor für Urban Design an der HafenCity Universität Hamburg. Mitglied der Nordrhein-Westfälischen Akademie der Wissenschaften und der Künste. Lebt und arbeitet in Hamburg und Köln.
*1961, holds a professorship, having studied architecture and urban development in Darmstadt and Berlin. Has run his own practice as architect and urban planner in Cologne since 1996. Professor of urban design at the HafenCity University in Hamburg. Member of the North Rhine Westphalia Academy of Arts and Sciences. Lives and works in Hamburg and Cologne.
bernd.kniess@hcu-hamburg.de

Michael Koch
*1950, Prof. Dr. sc.techn. ETH, Architekt und Stadtplaner, Professor für Städtebau und Quartierplanung, HCU Hamburg, Teilhaber yellow z, urbanism architecture, Lebt in Berlin und Zürich.
*1950, holds a doctorate from the Federal Institute of Technology in Zurich (ETH), is an architect and urban planner, professor of urban development and neighbourhood planning at the HafenCity University in Hamburg, associate in yellow z, urbanism architecture. Lives in Berlin and Zurich.
michael.koch@hcu-hamburg.de

Renée Tribble
1978, Dipl.-Ing., Studium der Architektur an der Bauhaus-Universität Weimar, wissenschaftliche Mitarbeiterin am Fachgebiet Städtebau und Quartierplanung, HCU Hamburg, daneben als freie Mitarbeiterin in Stadtplanungs- und Architekturbüros tätig. Lebt in Hamburg.
*1978, is a qualified engineer, studied architecture at the Bauhaus University in Weimar, research assistant for urban development and neighbourhood planning at the HafenCity University in Hamburg, as well as working freelance for urban development and architectural practices. Lives in Hamburg.
renee.tribble@hcu-hamburg.de

Bildnachweise Picture Credits

7: ullstein bild - Roger Viollet
8, 9: © bpk, Berlin, 2009/Kunstbibliothek, SMB
10: © bpk, Berlin, 2009/Kunstbibliothek, SMB/Dietmar Katz
11: Quelle source: Wikimedia
12: © bpk, Berlin, 2009/Kunstbibliothek, SMB/Knud Petersen
15: ullstein bild
16: IBA Hamburg GmbH
Grafik erstellt auf Grundlage von diagram based on Lohn- und Einkommensteuerstatistik, Statistisches Amt für Hamburg und Schleswig-Holstein, 2004 und and Bildungsbericht Hamburg 2009, Freie und Hansestadt Hamburg, Behörde für Schule und Berufsbildung, Institut für Bildungsmonitoring, 2009
22: ullstein bild - Ex-Press
23: ullstein bild - CARO/Kaiser
24, 25: ullstein bild
26: Adolf Bereuter
27: © Klaus Frahm/arturimages
31: © Werner Huthmacher/arturimages
32: Foto photo: David Franck
34, 35: © Werner Huthmacher/arturimages
36, 37: IFKA e.V., Bremen/Grafik diagram: Tom Unverzagt
38 oben above: Quelle source: Ilja Hendel/Wissenschaft im Dialog
38 unten below: IFKA e.V., Bremen/Grafik diagram: Tom Unverzagt
39 oben above: Quelle source: Ilja Hendel/Wissenschaft im Dialog
39 unten below: IFKA e.V., Bremen/Grafik diagram: Tom Unverzagt
40: ullstein bild - Oberheide/CARO
41: © Bernadette Grimmenstein/arturimages
42: © Expedition Zukunft/ArchiMeDes, Foto photo: Wia
43: © Expedition Zukunft/ArchiMeDes
44 oben above: © JAS e.V., Päivi Kataikko
44 unten below: © JAS e.V., Martin Schmidt
45: © JAS e.V., Silke Edelhoff
46: © JAS WERK, Silke Edelhoff
47: © JAS WERK, Sybille Merbitz
48: bildarchiv-hamburg.de
51: © UdN/HCU Hamburg/IBA Hamburg GmbH
54: © International Summerschool 09/UdN/HCU Hamburg/IBA Hamburg GmbH
61, 63: © Akademie einer anderen Stadt
64: © Akademie einer anderen Stadt, Foto photo: Tranquillium, 2009
65: © Akademie einer anderen Stadt
66 oben above: © Akademie einer anderen Stadt, Foto photo: Tranquillium, 2009
66 unten below: IBA Hamburg GmbH/Alexandra Quint
67: © Akademie einer anderen Stadt, Foto photo: Tranquillium, 2009
68: © Thomas Wiczak
69: © Nevin Aladag
70: © Akademie einer anderen Stadt
71: © Akademie einer anderen Stadt, Foto photo: Tranquillium, 2009
73: studio NL-D, Rotterdam
74, 79: Jörg Block/IBA Hamburg GmbH
82: IBA Hamburg GmbH/Tim Hoppe
84: aus from: Schiffler, Winkeler: *Tausend Jahre Schule*. Stuttgart, Zürich 1994, S. p. 121
85: ullstein bild - Imagebroker.net
86 oben above: aus from: Architekten-Verein zu Berlin: *Berlin und seine Bauten*, Bd. 2. Berlin 1896, S. p. 296
86 unten below: Denkmalschutzamt Hamburg Bildarchiv/Foto photo: Herbert Eisenhauer
87: ullstein bild - Albrecht
88: Werkgruppe Lahr
90: picture-alliance/dpa
91: ullstein bild - Hartmann
92: aus from: *Baumeister* 5/1982, S. p. 433
95: Architekturbüro Schröder, BDA; Partner: H.P. Stichs
97, 99, 101, 103: Markus Dorfmüller, Markus Kröger
106: Grafik diagram: Dieter Braun, Carsten Thun
107: picture-alliance/dpa
110: ullstein bild - Sylent Press
111: picture-alliance/dpa
113: ullstein bild - Schroth
114: Annina Götz
115: © Plus 4930 Architektur
116, 118, 119: janbitter.de
120: bildarchiv-hamburg.de
121: Denkmalschutzamt Hamburg Bildarchiv
122: Denkmalschutzamt Hamburg Bildarchiv/Foto photo: Herbert Eisenhauer
123: ullstein Bild - Kujath
124: Foto photo: www.luftbilder.de
125: © Klaus Frahm/arturimages
128: © Werner Huthmacher/arturimages
129: Entwurf design: Marc-Olivier Mathez, Visualisierung visualisation: Erich Recke/Datenland
130: picture-alliance/dpa Themendienst
131: Code Unique Architekten
132: gmp - Architekten von Gerkan, Marg und Partner
133-135: H.G. Esch, Hennef
136, 137: © Novartis AG
138/139: Entwurf design: bof architekten, Hamburg mit with Breimann & Bruun Garten- und Landschaftsarchitekten, Hamburg; Visualisierung visualisation: bof architekten, Hamburg; Überarbeitung revision: IBA Hamburg GmbH/bloom images, Hamburg
140: Foto photo: Freie und Hansestadt Hamburg, Pressestelle des Senats
141: Foto photo: IBA Hamburg GmbH/büro luchterhandt
142: Foto photo: IBA Hamburg GmbH/Falcon Crest Air, Hamburg
143: Entwurf design: bof architekten, Hamburg mit with Breimann & Bruun Garten- und Landschaftsarchitekten, Hamburg; Visualisierung visualisation: bloom images, Hamburg; Luftbild aerial view: IBA Hamburg GmbH/Falcon Crest Air, Hamburg
144: Entwurf design: bof architekten, Hamburg mit with Breimann & Bruun Garten- und Landschaftsarchitekten, Hamburg; Visualisierung visualisation: bof architekten, Hamburg
149: Dirk Meyhöfer
150: Morley von Sternberg
151: Roderick Coyne
152: Alan Lai
153: Roderick Coyne
154: Alsop Architects
156: Archial Architects
159-161: 3XN, Foto photo: Adam Mørk
162, 163: Ulf Celander
164, 165: Björ Breitholz
166: Åke E:son Lindman
169: Nelson Kon
170, 171: David Rego Jr./ESTUDIO LUMEFOTO
172, 173: Nelson Kon
175, 177, 179, 181: Markus Dorfmüller, Markus Kröger
184: Klaus Mellenthin, Stuttgart
185: Foto photo: plus+ bauplanung GmbH Hübner-Forster-Hübner-Remes
186-189: © Roland Halbe/arturimages
190: Grafik diagram: plus+ bauplanung GmbH Hübner-Forster-Hübner-Remes
191: Foto photo: Cornelia Suhan
192, 193: Foto photo: plus+ bauplanung GmbH Hübner-Forster-Hübner-Remes
194, 195: Foto photo: Cornelia Suhan
197: Andrea Kroth, Berlin
198: © Werner Huthmacher/arturimages
199-201: © Roland Halbe/arturimages
202, 203: © Werner Huthmacher/arturimages
204, 205: Weis & Volkmann Architektur
206: Colin Benz/Wikimedia
207: Theodor Barth/Robert Bosch Stiftung GmbH
210: Gerster/laif
211-213: picture-alliance/dpa
214: Theodor Barth/Robert Bosch Stiftung GmbH
215: Theodor Barth/laif
219: © Christian Richters/VIEW/arturimages
220: © Werner Huthmacher/arturimages
221: © Barbara Staubach/arturimages
222: ullstein bild - Sven Simon
224: ullstein bild - JOKER/Gloger
227: Foto photo: Karen van den Berg
228: © Roland Halbe/arturimages
230: © Reinhard Görner/arturimages
231: © Dieter Leistner/arturimages
233: Foto photo: Karen van den Berg
234, 237: Foto photo: Cornelia Suhan
239, 240: Die Baupiloten
242 oben above: janbitter.de
242/243 unten below: Die Baupiloten
243 oben above: janbitter.de
244: Die Baupiloten
247: Bildquelle source: Universum® Bremen
248, 249: Åke E:son Lindman
250: Foto photo: Jan Rathke © Klimahaus® Bremerhaven 8° Ost
251: picture-alliance/dpa
252 oben above: Frank Ockert
252 unten below, 253: Johannes-Maria Schlorke
254-256, 258-261: © Werner Huthmacher/arturimages
263, 264: Ruedi Walti
265: Miller & Maranta Architekten
266, 267 oben above: Walter Mair
267 unten below: Märkli Architekt
268 oben above: Walter Mair
268 unten below: Christian Kerez
269: Walter Mair
271, 273, 275: Markus Dorfmüller, Markus Kröger
277: IBA Hamburg GmbH
278: IBA Hamburg GmbH/Jost Vitt
279 links left: IBA Hamburg GmbH/feddersenarchitekten, Berlin
279 Mitte middle: eins:eins Architekten, Hamburg
279 rechts right: Mathez Architekten, Hamburg
280: NÄGELIARCHITEKTEN, Berlin
281 links left: IBA Hamburg GmbH/bloom images, Hamburg
281 Mitte middle: Studio Aisslinger Architekten, Berlin
281 rechts right: IBA Hamburg GmbH/JO COENEN & CO Architekten, Maastricht/NL
282: IBA Hamburg GmbH/Johannes Arlt
283 links left: Entwurf design: Onix Architekten, Groningen/NL; Visualisierung visualisation: steg Hamburg GmbH/bloom images, Hamburg
283 Mitte middle: Rendering: HHS Planer + Architekten AG, Kassel
283 rechts right: HÄFNER JIMENEZ Landschaftsarchitekten, Berlin mit with Konermann Siegmund Architekten, Hamburg
284: IBA Hamburg GmbH/Stephan Pflug
285 links left: Mario Ermoli
285 Mitte middle: IBA Hamburg GmbH/Jost Vitt
285 rechts right: IBA Hamburg GmbH/Stephan Pflug
286: IBA Hamburg GmbH/Johannes Arlt
287: IBA Hamburg GmbH/René Reckschwardt
290: Christoph Reichelt, Dresden
291 links left: ORANGE.EDGE, Gelsenkirchen
291 Mitte middle: Behnisch Architekten, Stuttgart
291 rechts right: Köbberling/Kaltwasser © VG Bild-Kunst, Bonn 2009

Der Herausgeber und der Verlag danken den Inhabern von Bildrechten, die freundlicherweise ihre Erlaubnis zur Veröffentlichung gegeben haben. Wir haben uns bemüht, alle Rechteinhaber ausfindig zu machen. Etwaige weitere Inhaber von Bildrechten bitten wir, sich mit dem Herausgeber in Verbindung zu setzen.
The editor and publisher would like to thank image rights holders who have kindly given their permission for publication. Every effort has been made to identify all rights holders before publication. We would ask any rights holders we did not manage to contact to get in touch with the editor.

Herausgeber der Schriftenreihe METROPOLE:
Editor of the series METROPOLIS:
Internationale Bauausstellung IBA Hamburg GmbH
Uli Hellweg, Geschäftsführer Managing director
Am Veringhof 9
21107 Hamburg

www.iba-hamburg.de

Redaktion Editorial staff:
Olaf Bartels, Hamburg/Berlin; Büro Dirk Meyhöfer (Dr. Bettina Greiner, Dirk Meyhöfer), Hamburg/Berlin
Bildredaktion Photographic editor:
Annina Götz, Göttingen
Redaktionsbeirat der Schriftenreihe IBA Hamburg
Editorial committee of the series IBA Hamburg:
Olaf Bartels, Prof. Dr. Jörn Düwel,
Oliver G. Hamm, Prof. Dr. Gert Kähler,
Prof. Dr. Michael Koch, Dirk Meyhöfer,
Prof. Jörn Walter

Gesamtkoordination der Schriftenreihe und redaktionelle Verantwortung IBA Hamburg GmbH
Coordination of the series and editorial responsibility IBA Hamburg GmbH:
Gerti Theis, René Reckschwardt
Übersetzung Translation:
Katherine Taylor in association with First Edition Translations Ltd, Cambridge, UK; editing by Kay Hyman in association with First Edition Translations Ltd, Cambridge, UK.
Rachel Hill, Berlin (S. p. 247-253, 263-269)
Gestaltung und Satz Design and setting:
Tom Unverzagt, Leipzig
Lithografie Lithography:
Bild1Druck, Berlin
Druck und Bindung Printing and binding:
fgb freiburger graphische betriebe

Bibliografische Information der Deutschen Nationalbibliothek
Die Deutsche Nationalbibliothek verzeichnet diese Publikation in der Deutschen Nationalbibliografie; detaillierte bibliografische Daten sind im Internet über http://dnb.d-nb.de abrufbar.
Bibliographic information published by the Deutsche Nationalbibliothek
The Deutsche Nationalbibliothek lists this publication in the Deutsche Nationalbibliografie; detailed bibliographic data are available on the Internet at http://dnb.d-nb.de

jovis Verlag GmbH
Kurfürstenstraße 15/16
10785 Berlin

www.jovis.de

ISBN 978-3-86859-070-8